〔清〕魏源 撰

海國圖志

四

岳麓書社 · 長沙

海国图志卷六十二

欧罗巴人原撰　侯官林则徐译　邵阳魏源重辑

外大西洋_{北墨利加洲}北墨利加洲

弥利坚国东路二十部_{沿革分附各部}沿革分附各部

弥利坚洲之育奈士迭国，分士迭二十有六，士迭，华言大部落也；达厘多里①二，华言地方也；底士特力②一，华言国都也。在各士迭之中，又各分冈底士③，华言小部落也。惟雷西阿那④所属之小部落，不曰冈底士而曰巴里些士⑤。尚有因底阿土番所属四部在外。

戈揽弥阿部，幅员褊小，间于马里兰、洼治尼阿之中，滨波多墨河⑥，距阿兰底海二百里。千七百九十年，乾隆五十五年。头目洼申顿所定，因以名其国都，为颁政判事会议之总地。创筑三城：一曰洼申顿，一曰查治当⑦，一曰阿力山特厘阿⑧。此三者皆其都

①达厘多里（Territory），意为地区、准州。
②底士特力（District），现通译为特区或直辖区。
③冈底士（County），意为县。
④雷西阿那，即路易斯安那（Louisiana）。
⑤巴里些士（Parish），指 Louisiana 州的县。
⑥波多墨河，即波托马克河（Potomac R.）。
⑦查治当，即乔治城（Georgetown）。
⑧阿力山特厘阿，即亚历山德里亚（Alexandria）。

城，不在部落之数。地土燥湿不一，颇多胜景。河道通达，无论大小海舶，均可径抵都城，故贸易最盛。案：此部乃国都，在二十六部之外。

洼申顿城。国初千八百年创筑，街道平阔若棋局，车马络绎。中设加碧多尔①一座，为议事公所，周三百五十忽，中央高，两傍低平，四围石砌，饰以白垩，有土人战阵之图，勃列西领衙门一所，亦用石砌。楼高二层，旁即文武官衙门。余作书院、庙宇、民舍，并建桥梁，可通阿力山特厘阿、查治当两部。千八百十四年被英吉利人攻破，各衙门均被焚毁，后旋夺回修复。都内居民万三千三百七十九人，黑人三千三百二十九口，奴仆二千三百十九口。

查治当城。在洼申顿之西，中隔小河，相距三里，可谓洼申顿之外城。屋多砖砌，设有加持力书馆一所，公众书馆一所。读书幼童约四百名，铸炮局一所。商贾贸易，以此为最。居民三千四百四十名。

阿力山特厘阿城。在洼申顿对岸，相距六里，筑于小山，设有铸炮局、育婴馆、庙宇、手艺馆。商贾货物以麦面、烟叶两种为最。居民八千二百六十名。

缅部，东北俱界英吉利所属之新垦地，西半界纽（舍）〔含〕社，南界阿兰底海。域内多山，著名之加达领山②，高五百余丈。在缅部之北，有阿尔腊牙时河③、洼尔鲁士多河④、阿鲁士多河⑤，三水俱由英吉利所属之赞河⑥发源，而注于缅地。在缅南之河道，有北纳士葛河⑦、根尼碧河⑧，各长三百五十里，历曼峨⑨而出阿

①加碧多尔，指国会大厦（Capitol）。
②加达领山，即卡塔迪山（Katahdin Mount）。
③阿尔腊牙时河，即阿拉加什河（Allagash R.）。
④洼尔鲁士多河，即沃洛斯托克河（Walloostook R.）。
⑤阿鲁士多河，即阿鲁斯托克河（Aroostook R.）。
⑥赞河，即圣约翰河（St. John R.）。
⑦北纳士葛河，即皮诺布斯科特河（Penobscot R.）。
⑧根尼碧河，又作基尼伯河，即肯尼贝克河（Kennebeck R.）。
⑨曼峨，即班戈（Bangor）。

兰底海。模士迄湖①长五十里，宽自数里以至十五里不等。缅地河多湖广，水居六分之一，原属马沙朱硕士之地，千八百二十年_{嘉庆}二十五年始来归附，创部落，立冈色尔之官，每年一更代，由众推举。所举之人必居缅地经三载，而推举最多者方得充之。若小部落理事官，即由总领选择，会商冈色尔委授。如奉委之人果贤，即可常供厥职，非如冈色尔之岁更也。幅员三万五千方里，户三十九万九千口有奇，领小部落二十有五，俗奉波罗特士顿教、加特力教。岁按户收先士四十枚，为书馆脩脯膏火之费。土产煤炭、铁、石板、木料、腌鱼，尤多巨木，先冬斩伐，待春涨浮出山谷。原本。

《美理哥国志略》曰：明天启六年，有英吉利数人，始至基尼伯河畔创立一乡，后数十年与马沙诸些合而为一。道光元年始分立一部，曰缅部。东接新普伦瑞克②地，西北连（千尼底吉）〔魁北克〕之南，此二地皆属英吉利国，西南连新韩赛部，南接压澜的洋。南界隔赤道四十三度五分，北界隔赤道四十八度，自南而北，则四度五十五分矣；西隔中线东六度三分，东极隔中线东十度三分，由此观之，自东而西之地，则四度无疑矣。其地参差不成方圆，故以其南北极、东西极而言之，延袤与浙江省相似。其山则崭岩不等，最高者五百余丈。万山环绕，水皆注大西洋。其南境，海潮常长至二三丈，虽冬月严寒，冰难凝结；北境则寒冱，雪深四五尺，数月不消，水面冰坚，人马可渡，夏又炎蒸，故冬夏易于染疾。境南去西大洋约五六十里，沙砾泥潦，产五谷为最，蜀黍次之。腹内地则腴沃高平，大抵地旷人稀，树木葱郁。山内产铁。禽兽有马、牛、羊、豕，林木有松、橡、桦、榆，果实有

---

①模士迄湖，即穆斯里德湖（Moosehead L.）。
②新普伦瑞克，即新不伦瑞克（New Brunswick）。

林檎、桃、（苦）〔菩〕提、梨、梅等，惟材木极贱。渔户岁得银五十余万。贸易有大小呢、棉花、纸、熟皮、蜡烛、铁器等物，而以木材为最。洋艘皆赖乎此。次则畜牛、羊、豕、犬贩于他邦，又次有牛油、香硷、蜡烛、靴鞋、石砖、铁等，每年出口之货约八百余万，所收税饷约银三四十万圆。合计美理哥国贸易，缅部居十之五焉。道光十年，其居民共计三十九万九千四百六十二口，所务生业惟农渔商，无巨富，亦无极贫，皆暖衣足食。通部内分中部十、小部落三百，附基尼伯河新建会城，名奥吉士大①。其官有四等：首领一人，副领七人，巡按十二人，赞议数十人。其总制巡按议处，皆以三十岁为例，由民公选。各官皆以每年正月初礼拜之第三日会议。其副总制七人，于巡按议处内公选。总制每年俸银千五百圆，出缺则巡按之首署理。除副总制外，别有一善书助之。军务则总兵官保障封疆。每岁总制与巡按及议处同会议省律，法在必行，其行之必至上始。又省内有一正察院，其余分处各方，通省各员所用之项，共计银二十万圆为率。书院两所，别有大学公堂，乃儒者苦攻圣文之所。其乡中学馆共三十间，此外童蒙之馆各处皆有，每人岁捐银二钱八分送交首事而已。别有圣教会所，（其）〔共〕有五百余，每所内约六人至十人不等，内一师于每礼拜日升堂宣训，每年束脩银六百圆至千圆不等。别有仁会数处，以济鳏寡孤独疾病之人。今补。

纽含社部，东界缅，西界洼门，南界马沙朱硕士，北界英吉利所辖新地。（城）〔域〕内峰峦层叠，其最高之洼申顿山，六百余丈。其河俱由外部落山涧发源入境，湖泽最巨者为尼比西（河）

---

①奥吉士大，即奥古斯塔（Augusta）。

〔阿〕尼湖①，长二三十里，广十里，狭二三里。近渚遥山，螺翠掩映，沧涟澄漪，娱怀荡目。始麻臣②、俄尼士③二人于千六百二十三年明天启三年垦出那洼④、博士茂⑤两处，旋与马沙朱硕士并一部落。千六百七十九年，康熙十八年。复各分治，旋归附弥利坚国。设总领及冈色尔官，均于一年更易。领小部落二十一，幅员九千四百九十方里，户二十六万九千三百二十八口。俗奉加特力教、波罗特士顿教，设书馆千六百所，技艺馆三十五所。湖泽多鱼，民业渔贩。迩来泽国亦渐声教。土产洋参、冰糖、铜、铁、铅、木、牛、马、豕。原本。

《美理哥国志略》：初，明万历四十三年，英吉利人始得新韩赛⑥之地，迨天启三年，许其自立为政。后数十年，土人皆将其地与马沙诸些合为一部而不自专。及乾隆六年间，则自立为一部，改称新韩赛。东接缅部，北接干那大部⑦，西接华满部，南接马沙诸些部，东南界洋海。南界南极出地四十二度四十一分，北界北极出地四十五度一十一分，西界隔中线东四度三十分，东界隔中线东六度。其地斜衺不正，广如浙江省四分之一。自北而南，群峰秀峙，山路崎岖。其北山高者六七百丈，南山次之，亦二三百丈。惟北最高之峰积雪，四时皓然，呼曰白山。山险岭峻，为通国之最。近北有小湖，南注干尼底吉大河⑧，与华满部交界。又有

①尼比西阿尼湖，即温尼皮塞奥杰湖（Winnipiseogee L.）。

②麻臣（Mason），今译马松。

③俄尼士（Gorges），今译戈尔格斯。

④那洼，又作多发，即多佛（Dover）。

⑤博士茂，又作波子某，即朴茨茅斯（Portsmouth）。

⑥新韩赛，即新罕布什尔州（New Hampshire）。

⑦干那大部，即加拿大（Canada）。

⑧干尼底吉大河，又作滚特底格河，即康涅狄格河（Connecticut R.）。

大湖通贯美理麦大河①，南过马沙诸些，复转入东洋，尚有各小河湖在外。天时略暖于缅部，土气清和，故民多寿，越百年而逝者八十有三人。木最高者二十丈，厚径七尺，围二丈有余。山内多铁矿，且多人参。农皆立会，彼此相助以广耕种。工匠不可胜数。其纺织之所约六十间，织呢绒之所三十二间。亦有以人力、兽力而磨五谷之房，共六百有九间。以水轮锯木之房共九百五十二间，每间用一二人掌之。其水力可抵百人。桥梁共计二十有五。其贸易罕商他国，惟贾本都。道光十年，民户二十六万九千五百三十三口，百年以前不过万二千有奇而已。地分部八，小部二百二十。

其波子某府城附近，东洋海艘所汇，港口为二十六部之冠，隆冬不冰，波涛不险，最大之洋艘皆可进口，故国中兵船于此湾泊。别有造船厂一所，炮台二座。部东濒海有一河，名庇士驾木瓜②，有二桥，一长四十八丈，一长百七十五丈。会城在美理麦河畔，名曰公哥突城③，户口四千，房屋稀少。惟有一石监长七丈，阔三丈六尺，高丈四尺，监中五六十人，工作其中。各官员与缅部同。各乡学馆千六百间，府学馆三十五间。会城内有一大书院，院内为师者十位，肄业者约二百人。教会共有五百余，每会建一礼拜堂，每会约有八九百人，掌教者一人而已。仁会亦同。今补。

洼门部，东界纽含社，西界纽育，南界马沙朱硕士，北界英国属地。境内多（地）〔山〕，其最高之曼士非尔山④，高四百余丈。滚特底格河由洼门发源，而达衮特底格入海。（古）〔占〕勃

---

① 美理麦大河，即梅里马奇河（Merrimach R.）。
② 庇士驾木瓜，即皮斯卡塔圭河（Piscataqua R.）。
③ 公哥突城，即康科德（Concord）。
④ 曼士非尔山，即曼斯菲尔德山（Mansfreld Mt.）。

连湖①，广六百方里。始由英吉利人居马沙朱硕士者首垦其地，六年后佛兰西人亦至。千七百九十一（者）〔年〕，乾隆五十六年。即归附于弥利坚，以满比厘阿②为首区。设立总领一，副统领一，并有立法衙门、行法衙门，其逐年更易荐举之方，与纽含社同。领小部落二十五，幅员一万方里，户二十八万六百五十口，俗奉加特力教、波罗特士顿教。设书馆千六百一十二所，并有技艺馆、医馆，一切费用，定例每一小部供给三月，周而复始。产铁器、布匹、棉纱、粗呢、牲畜。每年计铁器银七万五千员，布（百）〔千〕五十〔万〕忽，棉纱十一万二（十）〔千〕棒。原本。

《美理哥国志略》：万历元年，法兰西人由干那大地寻至华满。迨雍正二年，英吉利人托足于马沙诸些省，由渐而据之。乾隆年间，别创华满部，东接干尼底吉河，南北交界之度数与新韩赛同；西接新约基部之汕毗连大湖，其内地较新韩赛略广；南山连峰而北，至会城分而为二，环抱左右，内多杉木，老叶未残，新叶又发，时人呼曰绿山，即译名华满也。其中瀑布有流入干尼底吉大河者，有流入西之汕毗连大湖者。其湖南北长四五百里，东西阔几十里，洋艘数十可航，更有联杉木为筏，贩运他乡。惟冬寒湖冻，舟不往来。北界有湖，名曰缅法喇美哥③，长百里，广十里。又百里外有小湖，水入之。嘉庆年间，夏月有人在大小湖之间建一面房，欲决水磨麦，水忽涨发泛溢，百里之内，庐舍皆没，湖亦不存。天时、土产、民俗皆同新韩赛。但山上冬春皆有积雪，山中产铅、铜、铁、锡，而铁尤旺。又产皂矾，每年不下万余石。内分部十三，小部二百四十五。居民则二十八万零六百七十九口。

---

①占勃连湖，又作汕毗连大湖，即香普兰湖（Champlain L.）。
②满比厘阿，又作满毗理即蒙彼利埃（Montpelier）。
③缅法喇美哥，即孟菲雷马戈湖（Memphremagog L.）。

会城在部中央，名曰满批理。首领、副领、理刑官各一，御史十有三。书院教会等皆同新韩赛。惟各官会议之期，不以正月而以十月。今补。

马沙朱硕斯部，东界阿兰底海，南界衮特底格、律爱伦[①]，西界纽育，北界纽含社、洼门，地崎岖多大山。千六百二十年，明泰昌元年。英吉利人向奉加特力教者以犯英国新例，逃至勃（士茂）〔茂士〕[②]，辟地而居。旋垦至洼治尼阿，与土人不睦。移垦马沙朱硕士，生齿日盛。千六百九十二年康熙三十一年复归英吉利国管辖。及各部落怨叛自立，遂亦翕然背英，而附弥利坚。设立总领一，副总领二，并立法、行法、判事衙门，每岁更易如例。其推举人之人，须居部内一年，曾输纳丁粮，方能举人。判事之官，即由统领率同冈色尔选择，定例亦是一年一更。如果孚众，亦有再续一二年者。综计幅员七千〔八〕百方里，户六十一万零四百口。领小部落二十有九，以摩士顿为首区。俗奉波罗特士顿教，加特力教。书馆二千三百九十七所，费用亦各小部轮给。土产铅、铁、白矾、石板、煤炭、大呢、布匹、鱼油、咸鱼，约值银四百六十七万二千七百四十余员，布匹共七千九百二十万一千码。每码计华尺二尺四寸。地虽崎岖，而道路桥梁宽大平坦，行旅无滞。原本。

《美理哥国志略》曰：曩者英吉利人初至马沙诸些，名其地曰新英吉利，后分其地为六：曰缅，曰新韩赛，曰华满，曰马沙诸些，曰干尼底吉，曰罗底岛。而马沙（些）〔诸〕些东濒大海，近海之地，陂陀稍平；近西则高山峻岭，与华满无异。又有干尼底吉河由北之新韩赛、华满交界流过是地，而入干尼底吉。其河流

---

①律爱伦，即罗得岛（Rhode Island）。
②勃茂士，即普利茅斯（Plymouth）。

在西境仅居地之一，东境则居其地之二矣。东北角又有美里麦河及四方各小河，港汊纷歧，岛屿亦众，大者曰南得吉岛①，天时颇和暖。因其地远于北，而渐近赤道也。每年春夏之际始雪，故至四月春晴雪散，万物始繁。地气如中国之江浙，民罕疾疫。山产金、银、铅、铜、铁、锡甚少，而草木、五谷、果实、禽兽，皆多于新韩赛、华满两部。业耕牧者十居七八，为二十六部之最，近年树桑养蚕日盛。工作之所二百五十间，织布、呢绒、玻璃器及铅、铜、铁、锡各器。鱼船共万一千一百六十只，惟得鱼叶其肉而取其油，每年得资不下数百万圆。贸易亦多，然在二十六部则居其次。内分大部十四，小部三百有五，居民六十一万零十四口。会城附东曰波士顿，然二十六部皆无城，故波士顿亦无也。

城中房屋或砖或石，有高至四五层者。有一会议之馆，高二十丈，中有华盛顿石刻之像。客旅寓馆甚多，大者高五层，内房百八十间，时人称曰三山客寓。又其市所冠于二十六部，楼高二层，广长五十三丈六尺。有左右街，左街有六丈五尺，右街有十丈二尺。其市所名曰法内离阿，内外四面皆通，百货阗溢，任求皆获。城内常留余地，广百亩，围以阑干，外环树木，马牛不容践踏。故人烟虽极稠密，而地气得以疏通。城中文学最盛，书楼数所，内一楼藏书二万五千本，各楼共藏公书约七八万本，官吏士子皆可就观，惟不能携归而已。通城学馆，每年用银五六万圆。济穷养疾之院亦如之。海内商船、火船甚众，陆地之车用马四匹，或五六匹，或一二匹，日行六七百里。其外更有火车，惟以火力旋轮，日可行千余里。城外市镇亦多。大书院共六所，内一所自始建迄今已历二百年，为二十六部书院之首，内为师者三十五人，受业

----

①南得吉岛，即楠塔基特岛（Nantucket I.）。

者三四百人，藏书四万本。今补。

律爱伦部，东、北俱界马沙朱硕士，西界衮特底格，南界阿兰底海，幅员千二百二十五方里，户九万七千一百九十九口。土不恶劣而寒冽，不宜种植，多捕鱼贸易为生。始有马沙朱硕士之罗查威廉①者迁谪此地，千六百三十六年明崇祯九年鸠众开垦，至千六百六十三年康熙二年创筑部落。始属英国，后归弥利坚国。领小部落七，以波罗威顿士②为首区。设正总领一人、副总领一人，会议公署一所，每季会议一次。设书馆三百二十三所，肄业学童万有七千。俗奉波罗特士顿教、加特力教。产铁、煤、石板。原本。

《美理哥国志略》曰：明崇祯九年，有马沙诸些人初至罗底岛，乾隆五十五年则自立一部，为二十六部中之最小。东北界连马沙诸些，南接压澜的洋，西接干尼底吉。内分中部五，小部落三十有一。其幅员仅如粤东之南（洋）〔海〕、番禺二县，居民九万七千二百一十二口。平原无高山，近城河畔有岛，故人呼曰岛部。所谓罗底岛者，即译名岛部也。岛上有小楼高十余丈，楼上小房四围玻璃，每夜然灯数十，光与水映，俾夜行海艘不致触岛沉礁。此皆国中首领及富户捐赀所设，各部滨海者无不有之。地气又略暖于马沙诸些。会城名普罗费典，在部之东北，与马沙诸些相近，城南海港通洋艘，名曰新湾③。其贸易多贩运出洋，故其人户虽不及马沙诸些之多，而贸易工作竟能与马沙诸些相毗，惟棉布更胜之。又部内地平无高山瀑布，不能借水磨谷，每于海傍旷地建楼高六七丈，上置风车，借风动轮而磨其谷。其境既小，各官往来会议不难，故每年三四次不等。今补。

---

①罗查威廉，今译罗杰·威廉。
②波罗威顿士，又作普罗费典，即普罗维登斯（Providence）。
③新湾，即新港（New Port），亦即纽黑文（New Haven）。

衮特底格部，东界律爱伦，西界纽育，南界海，北界马沙朱硕士，幅员（七）〔四〕千七百六十四方里，户二十九万七千六百七十五口。西多大山。河最长者衮特底格河，由缅地发源，经本部落五十里，至纽兰顿①而注之海。土虽不沃，种植尚易，近已栽桑畜蚕。溯其开址之始，一为马沙朱硕土人垦出赤活②之地，一为英吉利人垦出纽（兰）〔含〕汾之地。千六百六十二年，康熙元年。皆归英国管辖，遂并合为一。千八百一十八年，嘉庆二十三年。始归于弥利坚国。设立正总领一、副总领一，总会公署一所，更代推举如前例。领小部落十有三，以纽含汾为首区。俗奉加特力教、波罗特士顿教。书馆甚多，肄业学童八万四千，岁费银百有九十三万员。尚有医馆、律例馆不在此数。土产牛、马、羊、骡、铜、铁、石板、鱼油、咸鱼。原本。

《美理哥国志略》曰：明崇祯六年，马沙（朱）〔诸〕些人始至干尼底吉寄居，其后渐次开辟，皆属马沙诸些。迨十二年然后自立一部，名之曰干尼底吉。北界马沙诸些，东连罗底岛，西连新约基，南滨海。其方域有如中国直隶省十分之一。内有五山，高者七十余丈，余多平地。小河各处皆有，大者名干尼底吉河，径新韩赛、华满、马沙诸些三地，而后入干尼底吉，注于海。南有大港口，水不生波，而且回环西注而历地狱门③，其地狭隘，江流旋绕，小舟难渡，故土人称为地狱门云。出新约基也。沿河土地膏腴，近南尤和暖，百产皆有，惟无人参。居民以其地腴，故尤加意耕种。工作制造之物，布棉麻、布匹、大小呢、纸、铁器等物。又一地每年作木时辰钟三万件，每件价约银六圆至十圆不等。余物出贩

①纽兰顿，即新伦敦（New London）。
②赤活，又作哈得富耳，即哈特福德（Hartford）。
③地狱门，即赫尔门（Hell Gate）。

无多，故洋舶亦少。分中部落八，小部落百有二十。居民二十九万七千七百十一口。会城有二：一曰哈得富耳，一曰新港。（某）哈得富耳在部中，附干尼底吉河，其新港在境南濒海。通共教会共四五百，每会于礼拜日约千数百人登堂听教。其学馆为二十六部之最。于新港会城之内，大书院有四，其一例学四年，然后随意学于三所。三所内，一学圣文，一学医道，（二）〔一〕学国中律例规条。四所为师者共二十人，受业者四五百人。于哈得富耳城内一大书院名曰华盛顿。其外教哑与聋者，一院中有百数十人，所学之法皆以手指，其后二十六部皆仿此焉。今补。

1706

纽育部，东界洼门、马沙朱硕士、衮特底格，南界宾（而）〔西〕尔洼尼阿、纽惹西，西、北皆界英国新地。幅员四万五千六百五十八方里，户百九十一万（八）〔三〕千（六百）〔有六〕口。域内多山，地亦平旷。山以朗答峰①为最高，约三百余丈；河以赤臣河②为最要，长三百二十五里。此外河湖尽通舟楫。始兰顿之人于千六百九年明万历三十七年开辟纽育，千六百六十四年康熙三年设官治理。迨各部背英，而纽育亦于千七百七十五年乾隆四十年归附弥利坚国。英国以纽育本我自垦之地，不甘遽叶，故兴师报复，大受荼毒。领小部落二十有四，以纽育为首区。设立正总领一人，副总领一人，均由人民公举。其立法之官，一曰西业，一曰阿新墨里。西业四年一易，阿新墨里一年一易。其审判讼狱者，又分大小，即由西业选充，如大者果能供职，至六十岁始更易；小者五年即更。其推举必须白人、年逾二十、居本部经一年者方能出书荐人，否则不得预也。俗奉加特力教、波罗特士顿教。文学日

①朗答峰，即朗德峰（Round Top）。
②赤臣河，即赫德森河（Hudson R.）。

盛，书馆万有一百三十二所，学童五十四万一千四百，费用银四十一万九千八百七十八员。尚有各技艺馆不在此数。先浚运河，费官银千余万员。其通各部车路，多铁铸成，费亦不赀。土产铜、铁、铅、盐、牛、马、豕、羊、匹头、玻璃等类。计每年工作之物约值银六千余万员，未成器皿亦值银四千余万员，各家造织粗呢等物亦值银二百余万员。原本。

《美理哥国志略》曰：明嘉靖二十四年，伊大里人始至新约基寄居，为荷兰服役。其时地属荷兰，故称之曰新荷兰。迨后顺治年间，英吉利人逐荷兰而夺有其地。英国王分封其昆弟名约者主之，与荷兰久战争，终为英吉利所得，名之曰新约基。其疆域有如中国之福建省，地形三角，惟东南角为海岛。东界干（底尼）〔尼底〕吉、马沙诸些、华满等三部，东北角直至西南角皆连干那大地，南接边西耳文、新遮些二部。土地高下不一，惟东多峻岭，大者名亚罢拉既俺山。河不胜数，大者名活得逊河，自北流出千里入海，河阔三四里，来往洋船可纳。于半河有渚瀑布之湖，名曰畜治①。又西北之湖有二：一名晏爹利珂②，一名伊里其③。二湖之界半属部境。晏爹利珂湖比于中华之鄱阳湖尤大，其水出而西流，其瀑布自上而下，高十六丈，声闻数十里。其地自南而北千百余里，故北之寒甚于南。每冬春之月，河冰可行车。水有可作盐、有可作药者，惟作盐更佳，每年约卖数十担。民耕种者居四之三，以地为田者居四之一。又部中首领欲人设农圃会，故每部立一会，首领每年共送银一万员。其贸易为二十六部之最。土产出卖，每年共银二千三百余万员；进口之货变价约银三四千万；

①畜治，即乔治湖（George L.）。
②晏爹利珂，即安大略湖（Ontario L.）。
③伊里其，即伊利湖（Erie L.）。

各行工作会所约二百，每年卖出棉布约三百万、哔叽约三百万、铁器约四百万、帽约三百万、熟皮约三百万，所作之靴鞋约共五百万，所作之白纸约共五十万，玻璃约二十万。其运货，河有火船，陆有火车。若速行，每点钟可五六十里；慢行，每点钟可三四十里。内分中部五十六，小部七百六十二，居民百九十一万三千五百零八口。会城亦名新约基，在东南活得逊河口之东，于二十六部城池形势，当推此城为首。城南港口可纳洋舶，每月数百艘，皆可驶至城下。城外更有各市镇，逾河而北数百里，一镇名阿尔巴尼①，一镇名推来②者是也。部内总制等官，皆以二年为一任，二年后复选。议处三十二人分四班，每班四年为一任，首班任满，则二班升为首班，别选八人为四班，周而复始。参议百二十八人，每年一任，会议以正月为期。按察院之大者有四：一内巡抚一员，议处三十一员，正按察一员，副按察三员，每事皆会审定议；一内按察一员，省内各事皆专自办理；一内按察三员，每事商办；一通部分为八巡道，每道一按察院，所有道内各事，皆自查办。其外州、县、司等小察院亦有四。每年大小学馆费银约一二百万圆。国中有一演武馆，在省内活得逊河傍，地名西角③。内为师者三十人，学习者二百五十余人，学刀、枪、炮械、军器。今补。

纽惹西部，东界海，南界地那洼，西界宾西尔洼，北界纽育。幅员七千二百七十六方里，户三十二万八百二十三口。北多大山，而平地多沃衍。有巴沙益河④总受各水，汇成深潭，澄泓涵演，怡

①阿尔巴尼，即奥尔巴尼（Albany）。
②推来，即特罗伊（Troy）。
③西角，即西点（West Point）。
④巴沙益河，即帕塞伊克河（Passaic R.）。

人游眺。其初开地者，一为绥林之人，首垦南隅沙临①之地，嗣有荷兰人，开辟东北。千七百二年康熙四十一年始归英吉利管辖。迨各部落叛英吉利，遂即率众归附于弥利坚国。领小部落十有（八）〔四〕，以特连顿②为首区，设立总领及立法之冈色尔并总会公署一所，均由民人公举。其审判讼狱者即由总领等选充，上等者七年一更，次等五年一更。国人须年逾二十、曾纳丁粮者方准出书荐人，若妇人、黑人，皆不得预。俗奉加特力教、波罗特士顿教。禁贩人口。近来文学亦有起色。产铁、白铅、石板、匹头等类。车路亦皆治铁为之。原本。

《美理哥国志略》曰：明天启四年间，大尼国人始至新遮些寄寓，其后英吉利、荷兰、瑞典等国人渐至，其后英吉利尽逐各国，自立一部，近始归美理哥。其地延袤比浙江五分之一，东南濒海，北接新约基，西接边西耳文。内分中部十三，小部百二十，居民三十二万七百六十九口。西南有底拉华小港通海，东界海，皆沙漠无山，惟近西有小山。其东沙漠之地，夏令炎热倍于他方，由东而西，地渐高，则炎热渐减。地土不美，耕种无多，工作、贸易，则胜别部。会城名铁链遁，其城近于底拉华。今补。

宾西洼尼阿部，东界纽箬西，南界马里兰、洼治尼阿，西界阿西阿，北界纽育。幅员四万七千方里，户百有三十四万八千二百口。（城）〔部〕内有墨鲁山③，高百余丈。此外大山尚多，未及测量。河泽虽多，不甚长广。如底腊洼河④最钜，亦仅长三〔百二〕十余（丈）〔里〕。其初开地者本绥林之人，至千六百八十二

①沙临，即萨兰（Salam）。
②特连顿，又作铁链遁，即特伦顿（Trenton）。
③墨鲁山，即蓝岭（Blue Ridge）。
④底腊洼河，即特拉华河（Delaware R.）。

年康熙二十一年为英吉利将官威廉边所据，千七百九十年乾隆五十五年始归附于弥利坚国。领小部落二十有七，以哈里士麦①为首区。设总领一人，并总会公署一所，内有西业、里勃里先特底甫两官赞襄诸事，均由人民公举，三年一更，如各部例。先日文学迂劣，千八百三十六年道光十六年渐见起色。俗奉加特力教、波罗特士顿教。土产铁、煤、盐、马、牛、羊、磁器、布匹、大呢、玻璃、苎麻等，五谷尤丰。车有铁路可通近部。原本。

《美理哥国志略》曰：边西耳文之始，原康熙十九年，我国未立首领之际，尚属英吉利。于是有英吉利人姓边者，其父曾为水师大将，征伐捕盗，有勋劳于国，故以其地封其子。至康熙二十年，有船三只。至二十一年，又有边船自至。其时尚未有欧罗巴人至此，土旷人希，故边向土人买此野地，今名之曰边西耳文，译云边之林野也。东接连新遮些省，东北接连新约基，西北直接伊里湖，正西界阿嘻阿、费治弥亚二地，南界连费治弥亚、马里兰、底拉华等三地，较之浙江略广。有押罢拉既俺山自东北至西南，阔数千里，高三四百丈。城不濒海，惟西北有伊里大湖，东有新遮些交界之底拉华河，其河水出而下注至省城之底拉华大湾②，是故洋舶常至城外。又押罢拉既俺山有湿布③下苏贵哈那大河④，由此而南注马理兰部境东。不暑不寒，与新遮些无异。惟城外峻岭，则寒较胜。然过此以往，至西则又和暖。地土肥瘠，则东胜于西。山中多树木禽兽，而煤更盛，甲于诸部。土人每常掘地四五十丈，取水作盐，亦有水可作药者。耕种不甚加意，以其

①哈里士麦，即哈里斯堡（Harrisburg）。
②底拉华大湾，即特拉华湾（Delaware Bay）。
③湿布，即森伯里（Sunbury）。
④苏贵哈那大河，即萨苏奎哈纳河（Susquehanna R.）。

地太广也。五谷以麦为多，果实以桃、梨、苹果为盛，工作则有呢绒、布匹、玻璃、铁器、木器各等。又有作烟柜之所，其烟柜在车则云火轮车，在船则曰火轮船，此皆赖水蒸之力旋转而行。部内分为二巡道，五十一中部，五十一小部，居民百三十四万七千六百七十二口。城介底拉华湾底拉华河之间，名曰费拉地费①，至海约四五百里。城居底拉华河之西，四围皆九里、十里方平，街卫广五丈至十一丈，无曲道小巷。省西有小河，河四十里外之上流清如瀑布。于此有水车渡其水上进至一小山，山上有池，池外有大铅管贯入，而复渡其水出也。其铅管斜下，透入城中地底，如中华之沟渠。由是各家地下皆有铅管引水，各街地下亦有铅管分流也。又街中家家各竖一管以截其水，管上有一扭准，如欲放水则扭出其准，欲止其水则扭入其准。故炎夏洗街，家中用水，皆于此管焉。其管或铅或瓦为之，非比地下之必以铅为也。省城内有一博物院，广聚天下出类拔萃之人。官员每年以十二月会议，余与马沙诸些无异。大书院有七，每院为师者三四人，从学者一二百人。乡中学馆，在前时无多，今士人合议各人捐输，竟有一人乐助银二万者，余亦捐题不少。教会遂多至八九百所焉。今补。

地那洼部，东界海，西、南皆界马里兰，北界宾西尔洼尼阿。幅员二千一百二十方里，户七万六千七百四十八口。地势平芜，南多潮湿。河渠不多，其大者墨兰地温河②。不与他国贸易，惟与近部舟货往来。千六百二十七年，明（崇祯）〔天启〕七年。始有绥林之人开辟其地，千六百六十四年康熙三年归于英国，千八百三十年道光十年始附于弥利坚国。领小部落六，以那洼为首区。设总领一人，

①费拉地费，即费城（Philadelphia）。
②墨兰地温河，即布朗迪温河（Brandy wine R.）。

四年一易，荐举如前例。书馆百有三十三所，需费银十八万员。俗奉加特力教、波罗特士顿教。土产大呢、布匹、铁器等。原本。

《美理哥国志略》曰：明（万历）〔天启〕年间，瑞典王遣使渡海至新瑞典地，后顺治九年为荷兰人所夺，至康熙间复为英吉利人转夺，改名曰底拉华。于二十六部内，罗底岛极小，而底拉华次之，仅当浙江省二十分之一。东与洋、底拉华湾等分界，北与边西耳文为界，西南接马理兰。内分为三中部、二十四小部，居民七万六千七百三十九口。水路通海，通底拉华湾，并有数小河交汇。其运河长六十里，广十丈，深一丈。有山不高。地则西北为佳，东南时虞涨潦，土既不美，耕种者稀。工作、贸易亦然。境内一城，名曰多发。官员、学馆、教会皆与边西耳文无异，惟大学未有建设。缘始与边西耳文本为一部，后分为二，故土人之规模动静，皆大同小异。今补。

马里兰部，东界地那洼、海，西、南俱界洼治尼阿，北界宾西尔洼尼阿，幅员万有三千六百方里，户四十四万七千四百口。地多大山，平壤颇沃，河道四达，故海舶贸易甚大。其初，英国律官白麻尔底摩①者，领众二百至此开垦，父子相继。千六百三十三年，明崇祯六年。值马里阿女王②时告（戒）〔成〕，遂以王之名而名其地曰马里兰。迨各部落叛英以后，马里兰亦归附于弥利坚国。领小部落十有（四）〔九〕，以阿那波里③为首区。设总领公署一所，荐举更代如前例。各部书馆，费用银五万员，文学渐起。俗奉加特力教、波罗特士顿教。产铜、铁、磁器、石板、麦、粟、鱼油、咸鱼、大呢、布匹。原本。

————————

①白麻尔底摩（Baltimore），今译巴尔的摩。
②马里阿女王（Henrietta Maria，the Queen of Charles I.），玛丽亚（或查理王后）。
③阿那波里，又作安那城，即安那波利斯（Annapolis）。

《美理哥国志略》曰：明（万历）〔崇祯〕年间，英吉利人奏准女王，请往美利哥辟地，遂领二百人置买此地，名曰马理兰。马理者王后也，兰者地也，盖言王后之地也。海口在底拉华之东〔南〕，边西耳文在北，费治弥亚在西南。内分二路，十九中部落，居民四十四万六千九百十三口。东接大洋，中贯遮士壁湾①，北连苏贵哈那河，西连颇多麦河②，东南濒海。地广无山，西北峻岭高三百丈。海滨甚暑，近山甚寒。东南土宜五谷、果木，工作则有铁器、牙器、玻璃、纸料等。会城有二：一名霸地磨耳③，一名安那城。书院有四，公贮书数百卷。境域当浙江四分之一。美利哥国都半在部西，半在费治弥亚，周四十里，名曰华盛顿。初未立都城时，与英吉利争战，以华盛顿为帅得胜，故以其名名都城。今为二十六部之公地，故各官亦公同理事于其中。今补。

洼治尼阿部，东界马里兰海，南界北戈罗里，西界根特机、阿希阿，北界马里兰及宾西尔洼尼阿。幅员七万方里，户百二十一万一千四百口。地多大山，其高者有波威尔士山④，四百余丈。河渠甚多，最长之波多墨河，长三百六十里，商贾所汇也。初，英国依里萨柏女王时，有英人在占士开垦告成。千七百七十六年乾隆四十一年即自立为一部，归附于弥利坚国。领小部落五十有三，以里治满⑤为首区。设总会公署一所，荐举更代如前例。书馆百所，学童万七千余口，岁费银四万五千员。此外，各部尚有大书馆、大书院及技艺等馆。俗奉加特力教、波罗特士顿教。产金、铁、

①遮士壁湾，即切萨皮克湾（Chesapeake Bay）。
②颇多麦河，即波托马克河（Potomac R.）。
③霸地磨耳，即巴尔的摩（Baltimore）。
④波威尔士山，即鲍韦尔斯山（Bowells Mt.）。
⑤里治满，又作里是满，即里士满（Richmond）。

铜、铅、煤、盐、麦、粟、烟叶、棉花等。部落库中常贮银三百万员，备各款经费。原本。

《美理哥国志略》曰：明万历三十四年，英吉利占士王时，有人至美利哥开一新地，立其城，即以王占士之名名之。然地开辟，人烟稀少，鸟兽交错，庐舍荒芜。迨后分茅列土之际，始名曰费治弥亚，译云贞女，意以颂赞女王也。东濒海，东北接马里兰，北接边西耳文，西边呵嘻阿、建大基二部，南连典尼西、驾罗连二部。二十六部疆域此为最广，有如贵州省焉。省北有押罢拉既俺山，横亘边西耳文部，斜抵西南。有罗晏屋河①、占士河②、颇多麦河、呵嘻阿沙河③，其外尚有数小河。境东濒海无膏腴，惟沿河皆沃土。境内之山，有一桥浮石生成，非由人力，桥底离水二十丈，桥阔数丈，傍多树木掩映。又有一石洞，口仅容人，而内深一里许，内有数石人，不知制自何代，时人呼曰龙洞。地广，务耕种，多稻谷、果实，贸易亦众。内分为二路，又分中部落百有三，居民百二十一万一千二百七十二口。会城近东沿河，名里是满。今补。

南戈罗里部，东界海，西、南俱界若治阿，北界北戈罗里。幅员三万三千方里，户五十八万一千一百八十口。境内仅有特墨尔山④，高有四百余丈，余俱崂嵝，林木丛茂。初，英国律官曰格拉领顿者与依尔额兰威尔里等奉渣尔士王之命，于千六百六十三年康熙二年垦此，即以国王之名而名其地，曰渣尔士顿。嗣与腊里开垦之地亦经告成，总名曰戈罗里。地方辽阔，旋分南北两部。

---

①罗晏屋河，又作罗阿绿河，即劳诺克河（Roanoke R.）。
②占士河，即詹姆斯河（James R.）。
③呵嘻阿沙河，即俄亥俄河（Ohio R.）。
④特墨尔山，即塔布勒山（Table Mt.）。

千六百八十年，康熙十九年。英国续遣落机至此，又将南戈罗里再分两部落，设官治理，不洽人心。千七百一十九年康熙五十八年并归为一。迨千七百九十年，乾隆五十五年。亦背英而归弥利坚国。领小部落〔二〕十有九，以果揽弥阿①为首区。计幅员三万三千方里，户五十八万一千一百八十口。设正副总领各一人并总会公署一所，荐举更代如前例。书馆八百一十七所，学僮八千三百九十人，岁费银三万七千员。俗奉加特力教、波罗特士顿教，产铁、棉花、苎麻、丝发、（谷稻）〔稻谷〕等。河渠不甚长远。有铁路通邻部。原本。

《美理哥国志略》曰：（康熙五）〔明嘉靖三〕十九年，驾罗连之南始有人托足。后康熙（六十）〔九〕年立一城，曰查士顿②。原与北驾罗连为一，迨（雍正七）〔康熙五十〕年，始分疆为二，号南驾罗连。东南滨海，北接北驾罗连，西南接磋治亚。地当中国浙江省四分之一，皆平地，无高山。由东南而西北，则地渐高，故北有玭底大河③贯境而注东南洋，又有散底河④贯境而至南洋，西北交界有卸番亚河⑤亦斜入西而注南洋。海中自东而西多岛，其中参天材木，不可胜数。故部内火轮船皆在岛内往来，不致遭外洋之风浪。东南多烟瘴，岁中常暑热，冬至不过稍寒数日，霜雪旋落旋消。西北地渐高，天气亦渐适中。东南濒海一二百里皆膏沃，多松橙。三百里外则沙漠无际，渐进而高，直抵西北，则又胜乎东南，与驾罗连北部相同。地多产金，不可胜用。

①果揽弥阿，又作个伦备亚，即哥伦比亚（Columbia）。
②查士顿，即查尔斯顿（Charleston）。
③玭底大河，即佩迪河（Pedee R.）。
④散底河，即桑迪河（Santec R.）。
⑤卸番亚河，即萨凡纳河（Savannah R.）。

贸易以棉花、谷米为最盛。境内无贩货之船，皆邻部之船载运出境。内地分为中部二十九，居民五十八万千四百五十八口。东方查士顿城最大，濒海，此外别无大城。会城名个伦备亚。其官员与驾罗连北部无异，惟北部无副领，此则多一副领，亦并无职事，惟遇首领缺出，则补其缺。教会约二三百，大书院二所。今补。

北戈罗里阿部，东界海，南界南戈罗里，西界地尼栖，北界洼治尼阿。幅员五万方里，户七十三万七千九百口。墨鲁山亦有在境内者，最高之峰五百余丈。此外大山尚多。林木丛茂。河港岐分，最长之罗阿绿河由洼治尼阿发源，四百里。始，英国之腊里垦此，与格拉领顿所垦之查尔士顿即今南哥罗里拿内小部落。等处告成，遂合为一，曰戈罗里。与洼治尼阿毗连，故有谓戈罗里之北，即洼治尼阿。至千七百二十年，康熙五十九年。分疆设吏，始各有其地，遂分戈罗里为南北两部。甫分五十六年，即背英而归附弥利坚国。领小部落（二）〔六〕十〔五〕，以腊里为首区。设立总领、冈色尔等官掌理政事，设总会公署一所及书馆、技艺馆。俗奉加特力教、波罗特士顿教。产金、铁、木料、粟、麦、洋蓝布、棉花、苎麻、工作器皿。原本。

《美理哥国志略》曰：明万历十二年，英吉利人始至北驾罗连而得其地，以费治弥亚为邻，西以典尼西为界，南接〔南〕驾罗连，东南滨海，方域比中国浙江略广。东南地平无岭，惟西北有押罢拉既俺山，时人或呼之曰蓝山，或呼之曰铁山，又呼为烟山，皆以其山所有称之也。省东北有（晏罗）〔罗晏〕屋、磋湾（上）河①，其源自费治弥亚而入，过东南而注于海。东则有大河②及奈

---

①磋湾河，即乔瓦恩河（Chowan R.）。
②大河，指塔尔河（Tar R.）。

士①，东南有呷非耳河②，有压健河③，源委皆在境内，其入海处激沙成洲，由是分流于班利哥亚④、皮麻禄⑤二湾。境内地气，惟西为美，东多烟瘴。土产黄金，故掘地与淘沙者二万余人，计每年之金变价约银五百余万。其木多松，居民以松香为油。耕种甚寡，植物粟米为最，麦、棉、烟叶次之，人参亦间有之。货罕贩运出洋，因洋舶少也。分中部六十（二）〔五〕，居民七十三万八千四百七十口。会城沿奈士河，名喇理⑥。首领一员，参办七员，议处十数员，参处数十员。书院仅一所。今补。

若治阿部，东界南戈罗里，南界佛罗里达，西界阿那麻马，北界地尼西。地卑湿，又复多山，墨鲁峰在境内者约四百余丈。扎达湖支河⑦由境内发源而达佛罗里达入海，长五百里。此外小河尚多。初，英国若治阿二世王时，闻南戈罗里有因底阿〔与〕大吕宋（与）、弥利坚新垦之地，故于千七百三十二年雍正十年遣将率兵并徙国中贫民至此垦边，遂以国王之名而名其部曰若治阿。有大吕宋人在佛罗里（阿）〔达〕者设兵拒之，至千七百九十八年嘉庆三年始归附于弥利坚国。初，〔西边〕尚与阿那麻马、弥斯栖比（之西边小部）总为一区，至千八百二年嘉庆七年始画出疆界。领小部落（二）〔九〕十（有八）。幅员六万二千方里，户五十一万六千八百二十口。俗奉加特力教、波罗特士顿教。设总领、西业、里勃里先特底甫等官，荐举章程均与戈罗里相同。各书馆岁用银

①奈士，即纽斯河（Neuse R.）。

②呷非耳河，即开普费尔河（Cape Fear R.），又译费尔角河。

③压健河，即亚德金河（Yadkin R.）。

④班利哥亚，指帕姆利科湾（Pamlico Sound）。

⑤皮麻禄，指阿尔贝马勒湾（Albemarle Sound）。

⑥喇理，即罗利（Raleigh）。

⑦扎达湖支河，即查塔胡契河（Chattahoochee）。

万八千七百员。产金、铁、棉花、稻谷、木料、木器。原本。

《美理哥国志略》曰：滨海之部，以磋治亚部为尽。自雍正十年始有英吉利百余人寄居于此，立一城曰卸番亚。迨雍正十三年，有瑞典与荷兰二国人至，其时境南有费罗里大①地，原属西班雅，其居人见有英吉利、瑞典、荷兰等国人至，遂与争锋，干戈数载始息。乾隆十（八）〔七〕年，复有英吉利人至，始称为磋治亚部。东南抵海，东北界南驾罗连，北接典尼西，西连亚喇罢麻，南连费罗里大，方域如中国直隶省焉。北之押罢拉既俺山至此而止。又有数河斜下东南洋。东北有卸番亚河，附城有阿结治河，又有亚拉达麻哈河，皆注南洋。地土气候皆与驾罗连南部无异。北有石洞，其洞口高数丈，下有水，时人每用小舟浮入，至十五里之深，则有瀑布飞下，不知其源从何而始？不可复进矣。贸易、耕种，皆与南驾罗连相同。（谷）产棉花、谷米、烟叶等。省内分为（七）〔九〕十（六）中部，居民五十一万六千五百六十七口。城之最大者，附近卸番亚河，即以河名其城。会城则建于中央，名靡理治②。教会三百余，大书院一所，各乡小学馆百所。土人有二族，其始不谙工作、耕种、政教，近则延师往教，多文墨之人矣。初费罗里大地广人稀，邑多土蛮。嘉庆年间，欧罗巴人与西班雅人争战，在美理哥货船为西班雅人所劫，国中总领知之，起兵反讨于西班雅王。王见我国理直，惟货已难返，遂以费罗里大地偿之，是以斯地属美理哥。此乃（道光）〔嘉庆二〕十〔五〕年事也。今补。西班雅即是班牙，皆吕宋之别称也。

阿希阿部，东界宾西尔洼尼阿，南界洼治尼阿、（地尼西）

---

①费罗里大，即佛罗里达（Floride）。
②靡理治，即米勒德治维尔（Miledgeville）。

〔根特机〕，西界因地阿那，北界弥治颜、依里湖。地势高阜，少大山，多河渠，最长之模士经岩河①亦不过二百里。千七百八十八年，乾隆五十三年。有（西）〔东〕北方人始至阿希阿之麻里达②开垦，至千八百年嘉庆五年告成，设官两载即归，附于弥利坚国。领小部落三十有四，以戈揽模士③为首区。幅员四万五千方里，户九十三万七千九百口。俗奉加特力教、波罗特士顿教。设总领等官如前例。书馆二十间，经费由公田拨出。产铁、煤、盐、石板、粟、烟叶、稻谷、苎麻、牛、马、玻璃、棉花等。有河道可达港口。陆地有铁车路以达邻部。原本。

弥治颜部，地分二区，中隔弥治颜、休伦两湖交汇之水。其湖北一区，东界英吉利属地，南抵弥治颜湖，西界威士衮申，北抵苏比厘阿湖。有波古派大山④，高二百丈。域内河皆北流，注苏比里阿湖。仅东隅之仙马里⑤有土番八百人居之，余俱荒旷。地广人稀，弥利坚亦仅有皮草公司与土番贸易。虽设墨腊底炮台，尚无人流寓。其湖南一区，东北俱界英属地方并休伦湖、依里湖，西抵弥治颜湖，南界阿希阿、因底阿那。三面包湖，惟南面平陆，沙土疏衍，随地可种。有先左色付河⑥，长二百里，通舟楫。其不通河者，即有铁车路〔达〕邻部通衢，故城邑俱建在南区，而北区则尚无城邑也。弥治颜湖广约八十里至百里，长约三百六十里。始，佛兰西人于千七百年康熙三十九年垦其地，先筑底特律部落，即今首区也。迨各处开辟已成，于千七百六十三年乾隆二十八年为英国

①模士经岩河，即马斯金格姆河（Muskingum R.）。
②麻里达，即马里塔（Marietta）。
③戈揽模士，即哥伦布（Columbus）。
④波古派大山，即波库派因山脉（Porcupine Mts.）。
⑤仙马里，即苏圣玛丽（St. Mary）。
⑥先左色付河，即圣约瑟夫斯河（St. Joseph's R.）。

所夺，设达厘多里。至千八百三十（五）〔六〕年道光十（五）〔六〕年始附于弥利坚国。领小部落三十有（九）〔八〕，幅员五万六千方里，户八万七千二百七十口。俗奉波罗特士顿教。设立正副总领，二年一易。判事之人，七年一易。荐举如各部之例，惟不拘何人均可出书推荐，与各部不同。又新辟之地，未详土产。原本。

　　根特机部，东界洼治尼阿，西界依里内士、弥梭里，南界地尼栖，北界因底阿那、阿希阿。厥田惟中中，少大山，有河道通各部。其最长之甘麻兰河①六百里，本因底阿土人游猎之所，时相争斗。千七百六十七年，乾隆三十二年。有洼治尼阿、北戈罗里两处猎户至此游猎，始引白人数十家迁居于此。缧负相望，人烟日盛，千七百九十（三）〔二〕年（康熙）〔乾隆〕五十七年遂归附于弥利坚国。领小部落（三）〔八〕十有（七）〔三〕，以佛郎贺②为首区。幅员四万五百方里，户六十八万七千九百口。俗奉加特力教、波罗特士顿教。设立正副总领、西业等，皆四年一易；里勃里先特底甫两年一易。判事之人即由总领选择，更易无定期。虽有书馆，尚未筹拨经费。产煤、铁、盐、洋（消）〔硝〕、麦、苎麻、烟叶、棉花、工作等类。原本。

　　《美理哥国志略》曰：建大基部原属费治弥亚，乾隆三十有三载，有单爷利蓬者徙居于此，建一舍，四围皆木。三十有八年，至者渐众，立一邑，名曰暇律士邑③。四十有四年，与费治弥亚分茅列土，不作附庸。四十六年，则与邻并立而属美理哥国。其地延袤，与中国浙江无异。地居二十六部中央，东连费治弥亚，东北则呵嘻阿，西北则引底安、伊理奈等，西有美苏里，南有典尼

---

①甘麻兰河，即坎伯兰河（Cumberland R.）。
②佛郎贺，即法兰克福（Frankfort）。
③暇律士邑，即哈罗兹堡（Harrodsburg）。

西。东有押罢拉既俺山，自东南连峰而入，地土稍高，瀑布流注，或南或北，或贯北而西往。东北有阿嘻阿河，自北而西，注于美士细比河，故又与呵嘻阿、引底安、伊理奈等部交界，境内各河皆注于斯。地居通国中央，故寒暑均平，土地膏腴，五谷果木不可胜用，亦有铁铅及煤。水源之咸者，可以作盐。有一泉水，可作药用。山中之穴甚多，其大者上半载风从穴外而入，下半载风从穴内而出，竟不知风从何来，亦不知穴之深浅。曾有土人于上半载以窗门掩其风，秉炬而入，见其延袤高下不等，入行一日，过五十里，犹不能尽，乃返，又经一日始出，其穴内之广可知矣。农圃则禾、麻、菽、麦、烟叶、苦墨等，惟麦甲于诸部。不通洋舶，故货物难运出外，惟用火船在国内贸易而已。分中部落八十三，居民六十八万八千八百四十四口。其中城市镇埠，以（异）〔累〕士镇①为大。呵嘻阿河为商贾通津，其次则历星顿镇，前此曾为省会，其中房屋、工作、贸易推为最美，会城在北，介于累士、历星顿二镇之中，名法兰富耳。部内兵强将勇。官有首领、议处、参议等，首领、议处皆以四年为一任，参议几十人每年一任，期满则由民别举。教会约四五百，大学公堂五所，各处小学馆亦不甚多。今补。

佛罗里达部，东、西、南俱界海，北界若治阿。平坦，少高山，（上）〔土〕夹沙石，卑湿异常。仙赞士河自境内发源，入阿兰底海，长二百里。始大吕宋之般士底里晏于千五百一十二年明正德七年垦此，名其地曰佛罗里达；至千五百六十五年明嘉靖四十（五）〔四〕年建有欧吴士代部落。千七百六十三年（明嘉靖六十三年）〔清乾隆二十八年〕为英人所夺，甫二十年，大吕宋旋复夺回，于千八百二

———————

①累士镇，即路易斯维尔（Louisvelle）。

十年_{嘉庆二十五年}遂将全区售与弥利坚国，原居之人皆他适，留此者渔户农夫而已。近年招复流移，筑室日众。领小部落二十有五，以达那哈西为首区。仅设议事处一所，幅员共五万五千方里，户三万四千七百三十口。尚未设定官府，故不曰士迭而曰达厘多里，犹华言不曰部落而曰地方也。产玳瑁、蜜、蜡、枣子、橙、石榴、无花果、甘蔗、棉花、洋蓝、牛、马、豕等，又产里付和木，最坚久。原本。

海国图志卷六十三

欧罗巴人原撰　侯官林则徐译　邵阳魏源重辑

外大西洋北墨利加

弥利坚国西路十一部内有土番四部

阿那麻马部，东界若治阿，南界佛罗里达、海，西界弥斯栖（北）〔比〕，北界地尼西。土饶沃，丰物产。境内多山，不甚高。有单麦米河①，长三百里。陆有铁车路可达邻部，运载络绎。旧与若治阿、弥栖斯比同区，至千八百二年嘉庆七年始分为三部，至千八百二十年嘉庆二十五年归附于弥利坚国。领小部落（二）〔四〕十有六，以都士加鲁沙②为首区。幅员五万二千方里，户三十万九千五百二十七口。俗奉加特力教、波罗特士顿教。设总领并总会公署一所。土产金、铁、棉花、甘蔗、洋蓝、石板。原本。

《美理哥国志略》曰：亚喇罢麻部旧地半属磋治亚，半属费罗里大，迨（道光元）〔嘉庆二十五〕年然后合为一部。东界磋治亚，北界典尼西，西界美士细比，南界费罗里大与美是哥海，方域较之磋治亚又略小焉。北有押罢拉既俺山，高约百余丈。亦有数河，大者名亚喇罢麻河，皆流注磨庇理湾③而出海。境内自南距

---

①单麦米河，即汤比格比河（Tombigbee R.）。
②都士加鲁沙，即塔斯卡卢萨（Tuscaloosa）。
③磨庇理湾，即莫比尔湾（Mobile Bay）。

北五度，故南方夏暑，北则稍有霜雪，亦不甚寒，故禽兽毋庸巢穴。土产稻谷、果实，皆三月放花，四五月成熟。境内炎热，土人至夏常入山避暑。所产松皆弱小，稻谷多虚少实。其外，南近美是哥海并北近山者，尽属膏腴，地旷人希，兽蹄鸟迹交于野外，农牧时防猛兽。棉花为盛，次则甘蔗、稻谷、烟叶、果实，皆贩至磨庇理湾而出海。分中部落三十六，居民三十万零八千九百九十七口，别有土蛮数百。官员则首领、副领各一，惟议处官多则五十，少则二十五员，会议以十月秒为期。会城建于磨庇理湾口，因以为名。教会二百余，大书院惟二所。今补。

弥斯栖（北）〔比〕部，东界阿那麻马，南界雷栖阿那海，西界阿干萨士、雷栖阿那，北界地尼西。土饶，林木茂，惟少大山。弥斯栖（北）〔比〕河最长，在境内即有六百里。陆地亦有铁车路以通邻部。旧属佛兰西之雷栖阿那地，千七百一十六年，康熙五十五年。曾建有那支士部落炮台①，于千七百六十三年乾隆二十八年为英国所夺，越二十年又为大吕宋所夺。与若治阿、阿那麻马同区。嗣若（佐）治〔阿〕、阿那麻马自归弥利坚国，于是本部落亦遂全售与弥利坚，听其设官治理。领小部落（二）〔五〕十有（五）〔六〕，以热循②为首区。幅员四万六千方里，户十三万六千六百二十一口。俗奉加特力教、波罗特士顿教。设立总领诸官及书馆经费如前例。旧产烟叶、洋蓝最盛，近又棉花为最。原本。

《美理哥国志略》曰：美士细比部始自康熙五十（四）〔五〕年，法兰西人初至寄居，有西班雅人亦欲其地，故二国相争，自此以为公地。后英吉利又与法兰西相争，迨乾隆二十（七）〔八〕

———————

①那支士部落炮台，即罗萨列堡（在纳齐兹，Fort Rosalie at Natchez）。
②热循，又作查基逊城，即杰克逊（Jackson）。

年英吉利得之。嘉庆（二）〔三〕年始归美理哥，二十二年列为一部。东界亚喇罢麻，北界典尼西，西界美士细比河，南抵累斯安，比之中国直隶省略小。北有押罢拉既俺山，至斯而止。境北之土皆峻，故北河之水有斜下注美士细比大河者，有东下注亚喇罢麻者。惟境内之河南注墨息哥海。地气寒暑与亚喇罢麻不异，惟西无堤障，时受美士细比河之溢涨。地极膏腴，远胜亚喇罢麻，尤宜棉花，贸易亦惟棉花最盛。分中部落二十六，居民十三万六千八百零六口。会城名查基逊城，外附河名珠江①，人寡，贸易少。惟西南方之那吉士城②商贾云集，以其近美士细比河，火船洋舶皆可贩运之故。今补。

雷栖阿那部，东界弥斯栖比，西界墨西果国，南界海，北界阿干萨士。地卑湿，少大山，肥硗各半。列河之源长二千里，经数部落始至本境而注之海。其不通河路者，各有铁车路以运货。始，佛兰西之人垦弥斯栖比之西隅，原属雷栖阿那之地，于千七百六十三年乾隆二十八年均为大吕宋人所夺。千八百年嘉庆五年佛兰西人始复取回。越三年，即鬻与弥利坚国。领小部落十有（九）〔三〕，以纽哈连③为首区。幅员（五）〔四〕万（五）〔八〕千方里，户（三）〔二十一〕万（四）〔五〕千（七）〔五〕百三十口。设总领并总会公署一所。大书馆甚多，岁支银万五千员。俗奉加特力教、波罗特士顿教。产棉花、甘蔗、烟叶、洋蓝、稻谷、牛、马。原本。

《美理哥国志略》曰：康熙十一年，法兰西人至累斯安地寄居，十九年又随有至者，乾隆二十（七）〔八〕年以其地让于西班

---

①珠江，即珍珠河（Pearl R.）。
②那吉士城，即纳齐兹（Natchez）。
③纽哈连，又作新珂凉士，即新奥尔良（New Orleans）。

雅王，嘉庆（四）〔五〕年西班雅王返其地，（七）〔八〕年美理哥国总领议出银千五百万员与法兰西王买之，后（十六）〔八〕年立为一部。东界美士细比，北界倚阿干骚①，西界墨息哥德合师国②，南界墨息哥海。墨息哥国，一作墨西科，一作墨是可。内地延袤与中国直隶省大同小异。东南地平，西北峰小不峻，多大河，南有数海岛。地气暑热，间有烟瘴。美士细比河水常涨溢，漫及会城，即南方亦常患潦。棉花、甘蔗之盛，甲于二十六部。一农夫可种甘蔗十五亩，得糖五千斤。棉花价贱，有风柜可以去棉子而取棉花，每柜能当数百人之工。贸易则赖美士细比河，凡上游各部洋舶皆云集于斯。分中部落三十（一）〔三〕，居民二十一万五千五百七十五口。会城在东南方，离河口三百里，名新珂凉士。今补。

因第阿那部，东界阿希阿，南界（地尼栖）〔根特机〕，西界依里内士，北界弥治颜。土膏沃，山巅亦堪播种，茂树木。有洼麻时河③，长三百七十里。陆有铁车路可通各部。始佛兰西人于千七百年康熙三十九年始开其地，千七百六十三年乾隆二十八年为英国所夺，嗣随各部背英归弥利坚国。原与依里内士同区，千八百九年嘉庆十四年始分为二。领小部落（三）〔六〕十有（四）〔三〕，以因地阿那波里士④为首区。幅员三万六千五百方里，户三十四万三千三十口。俗奉加特力教、波罗特士顿教。立正副总领及西业，三年一易；里勃里先特底甫一年一易；判事之人毋论上等次等俱七年一易，均由民人公举。书馆经费由公田拨出。产洋参、煤、盐、铁、牛、马、粟、苎麻、蜜、蜡、烟。原本。

---

①倚阿干骚，即阿肯色（Akansas）。
②德合师国，即得克萨斯共和国（The Republic of Texas）。
③洼麻时河，即沃巴什河（Wabash R.）。
④因第阿那波里士，即印第安纳波利斯（Indian-polis）。

依里内士部，东界因底阿那，南界弥梭里、地尼栖，西界弥梭里，北界威士衮申。地势平坦，茂林木，宜牲畜。弥斯栖比河〔经境西〕长五百五十里。始，佛兰西人于千七百年<small>康熙三十九年</small>先垦附近河岸地，建筑加河机阿①、加士机②部落，至千七百六十三年<small>乾隆二十八年</small>为英人夺据，与因底阿那同区，千八百九年<small>嘉庆十四年</small>始分为二。千八百一十八年<small>嘉庆二十三年</small>亦附于弥利坚国。领小部落（二）〔六〕十有（八）〔三〕，以湾达里阿③为首区。幅员五万五千方里，户二十七万二千四百二十口。俗奉加特力教、波罗特士顿教。设立正副总领，与各部一例。产盐、煤、铅、铁、铜、苎麻、烟叶、棉花、石板、麦、稻谷。其内地出产未能悉知。<small>原本。</small>

地尼西部<small>原本有目无志，今取《美理哥国志》中典尼西部补之。</small>

《美理哥国志略》曰：典尼西之始，仅有驾罗连北部与费治弥亚等〔地〕人至，后生齿日繁，嘉庆元年遂立为一部。东界驾罗连北境，北界费治弥亚、建大基二地，西界美士细比河，南界美士细比、亚喇罢麻、磋治亚三地。东南长衺，四面皆斜，如浙江省。东有峻岭，自北而南，横压数百里，与押罢拉既俺山相连。河流相通，地皆膏腴。不寒不暑。农圃之物，除橙及无花果外，余皆茂盛。工作则有铁器、棉夏布匹等，其余各物皆备。部内分为二路，又中部六十二，居民六十八万四千八百二十二口。会城建于中央，名那实城④。官有首领、议处、参议等。教会二三百，

①加河机阿，即卡霍基亚（Cahokia）。
②加士机，即卡斯卡斯基亚（Kaskaskia）。
③湾达里阿，即范代利亚（Vandalia）。
④那实城，即纳什维尔（Nashville）。

书院三所。今补。

阿干萨斯部，东界弥斯栖比、第尼栖，南界雷西阿那，西界因底阿，北界弥梭里。境内西隅有阿萨①、麻萨尼大山②，未悉里数。弥斯西（北）〔比〕河经境内四百里。其地原属弥梭里，千八百一十九年嘉庆二十四年始分为达厘多里，至千八百三十六年，道光十六年。即归附于弥利坚国。领小部落（二）〔三〕十有四，以力特尔洛③为首区。幅员五万四千五百方里，户五万八千一百三十口。俗奉波罗特士顿教、加特力教。设立总领及总会公署之西业，皆四年一易，里勃里先特底甫二年一易。审判之人由总领公署选派，上等者八年一易，次等四年一易。其公举之制，众口明言，毋须暗书保荐，此异于各部者。禁赌局、赌具最严。奴仆有罪视白人一例治罪，无所畸重。

弥梭里部，东界依里内士，南界阿干萨士，西界威斯顿，北界威斯衮申。境少大山，林木丛茂。弥梭里河经境内五百五十里，通舟楫。产白铅、砒霜、黑铅、铁、煤、盐、石板、牛皮、棉花、牲畜、粟、麦、稻谷。千七百年，康熙三十九年。佛兰西人始至其地，先建仙罗依士④、仙尼威委⑤两部落。土番有二种：一曰格腊包士，即佛兰西人之后裔；一曰牙模士，即佛兰西人与因底阿土人婚配而生者，为黑白不分之人。作事灵巧，特鲜专心。原与阿干萨士同地，至千八百一十九年嘉庆二十四年始分部落、设职官，三载即附于弥利坚国。领小部落（二）〔五〕十有（三）〔二〕，以渣法旬⑥

①阿萨，指欧扎克高原（Ozark Plateau）。
②麻萨尼大山，即马塞尼山脉（Masserne Mts.）。
③力特尔洛，即小石城（Little Rock）。
④仙罗依士，即圣路易斯（St Louis）。
⑤仙尼威委，即圣让纳别维（St. Genevieve）。
⑥渣法旬，即杰克逊城（Jefferson City）。

为首区。幅员六万六千方里，户二十一万口。俗奉加特〔力〕教、波罗特士顿教。设立正副总领，二年一易，总会公署之西业四年一易，里勃里先特底甫二年一易。至判事之人，即由总领等选派，久暂视乎其人。有书馆教文学。宽恤奴仆，有残害其肢体性命者罪之。原本。案：此志共列二十七部，而《美理哥志略》则止二十六部者，以首部戈揽弥阿乃国都，不列于部数也。

弥利坚国边地土番四部

《美理哥国志略》曰：新国边地有一类人，言谈举止皆出类拔萃，不知其始自何来？惟见其行藏有如亚细亚之土蛮。方欧罗巴人始到之时，土人约有十数万，今则三四十万矣。计其地则有数十社，体肤赤而眼发黑光，其发长而粗，其身高而力，其心明且信，议事则知敬老，临战有进无退。惟遇有仇恨，辄若不共天；或受人欺负，愠坐不言，审思良久，起即赴汤蹈火，务必雪之。倘被敌擒，则束手受戮，断无屈膝求免，此土蛮之性情也。惟无书籍，不知文字，亦不识耕织炊汲，茹毛饮血及啖果木菜瓜而已。平日惟业渔猎，或歌跳赌博。病无方药，惟求叱法之人。余事则皆付之妇人也。炎夏腰围兽皮，冬寒则全衣皮毛。又有面涂五色，头插乌翎，意示人以威也。虽有房舍栖身，不过篷寮。无金、银、铜、钱诸币，但以树皮、珠、石相交易。惟立总理头目以议事。至道光元年，有新国人至其地，定章程导以士、农、工、商之事，风俗渐开。方英吉利据十三部时，间唆土蛮骚扰内地。及与新国交兵，英吉利欲募土蛮使为前驱，以攻新国，奈语言不通，土蛮不为其所用。而新国西边居人多与土蛮相习者，于是购募土蛮，授以兵器，教以队伍，别立一军，以助兵锋。土蛮踊跃，用命尽力，屡败英兵，故新国之胜英吉利，土蛮亦不为无助焉。地在新国之西，（机落）〔落机〕大山之东，墨西果国之北，英吉利属地之南。原无，今补。

弥利坚国因底阿土番四部以下原本

　　威斯滚申达多里部，在弥治颜之西，东界弥治颜湖，西界威斯顿，北界英国属地。南北距六百〔六十〕里，东西距五百里。多陵阜，少大山，土饶易种。北隅多湖，其（稔邦）〔稔那〕碧湖①即弥斯西比河所发源也。弥梭里河在西隅边界，曲折环绕，经境内千三百里。此外尚有支汊小渠，可通舟楫。本因底阿土番所居，千八百三十年道光十年始有弥治颜之白人迁往。有居弥斯西比河东者，以威斯滚申为要区，遂创建部落炮台，尚未设官治理也。东有厄领比村②、那洼厘阿村③，南有弥尔弯机村④，各建炮台，民业工作。至勃拉伊里都珍村⑤，多佛兰西贸易之人，约五六百。若弥斯西比河之西，亦称沃壤。产铅、铁，煤炭尤丰。故弥利坚人于千八百三十二年道光十二年即纠同土番夺得其地，于滨河之都模格⑥创建部落，居民千二百人。少南之麦领顿村⑦，居民六百人，筑炮台以保障。居西北者，稔底（林阿）〔麻俄〕士种类⑧约四千五百人。由此少东，则弥那靡尼种类⑨约四千人。居西南者，沙

---

①稔那碧湖，即温尼伯湖（Winnipeg L.）。

②厄领比村，即格林贝（Green Bay）。

③那洼厘阿村，即纳瓦里诺村（Navarino Village）。

④弥尔弯机村，即密尔沃基（Milwaukee）。

⑤勃拉伊里都珍村，即普雷里迪欣（Prairie du Chien）。

⑥都模格，即杜布克（Dubuque）。

⑦麦领顿村，即伯林顿（Burlington）。

⑧稔底麻俄士种类，指温尼贝戈族（Winnebagoes）。

⑨弥那靡尼种类，指梅诺蒙尼族（Menomonies）。

士①、贺（纤）〔暇〕士②两种约六千五百人，依阿威士种类③约千二百人。此外尚有因底阿之人散处各方，种类不一。在北隅与英国所属交界之边米那村④，弥利坚设有皮草公司，派人贸易，筑有炮台保卫。综计威斯滚申幅员共有二十九万方里，弥利坚人在此者约计三万余口，所开地不过十分之一。

　　威斯顿达多里部，即因底阿土人所居，东界阿干萨士、弥梭里，南界墨西果，西界落机大山及墨西果，北界威斯顿底特力⑤，幅员二十万方里。地土肥瘠不等，肥者产五谷蔬菜，牧羊取毛为织羽毛之用；瘠者荒硗不毛，并有冬令薪烧不然，惟有一种冬草以资炊火。落机大山在境内者，曰占士峰⑥，高约千余丈。其北隅尚有最高之峰，未及测量。阿干萨士河源自落机大山而至阿干萨士部落，长千五百里。其水深广，为烈河、搔夥河⑦、加那底唵河⑧、那夥河⑨、兰宁洼挞河⑩、阿些治河⑪、干萨士河⑫所不及。此地乃弥利坚国给与因底阿土人猎牧之所。立书馆、起庙宇、给工作器具，冀渐化导。第种类亦多，有土著者，有自外迁来者。今将武士衙门于千八百三十六年道光十六年春所查明种类户口方里

①沙士，指索克族（Sacs）。
②贺暇士，指福克斯族（Foxes）。
③依阿威士种类，指衣阿威族（Ioways）。
④边米那村，即彭比纳（Pembina）。
⑤威斯顿底特力（Western District），又作威斯顿达多里（Western Territory），即西部地区。
⑥占士峰，即詹姆斯峰（Jame's peak）。
⑦搔夥河，即内苏克汤加河（Nesuketonga R.）。
⑧加那底唵河，即加那迪安河（Canadian R.）。
⑨那夥河，即内格拉卡河（Negracka R.）。
⑩兰宁洼挞河，即朗宁沃特河（Running Water R.）。
⑪阿些治河，即奥萨杰河（Osage R.）。
⑫干萨士河，即堪萨斯河（Kansas R.）。

列后：

土番十四种

作岛斯种类①，万五千口，居地二万三千五百方里，在阿干萨士之西。以耕种为业，产棉花、粟米，牲畜亦颇富足。有出资数千金作商贾贩盐、工作之事。渐知文字。自立头目三人理事，四年一易。又设立法之冈塞尔三十名，一年一易，皆由民人自举。严禁贩酒入境。有弥利坚国所设庙宇六所，教师十三名，并于列河口岸筑炮台一所。近习声教，庐舍华整。

格力士种类②，三千六百名，居地二万五（千）〔百〕方里，在作岛士之北。土肥易耕种，其田皆以木围之，产粟米、麦、稻、蔬菜。屋虽不华而宽大。自立总冈色尔理事，并设有审判官、行法官。弥利坚亦于此立庙宇教师。

支罗机士种类③，六千名，居地方二万二千方里，在格力士之东北。人多耕种，产盐及牲畜、服色、器皿、屋宇略同。自立头目三人理事。立法之人分为两所，每年会议一次，并设审判与行法之官各二。其阿干萨士河岸有弥利坚国炮台并庙宇，教师二十人。刊印书（板）〔报〕。

阿些治士种类④，五千五百名，居地方万一千八百二十方里，在弥梭里之西。原居之土著半已归化，建房屋，业耕牧。未入化者随处栖止，周围插竹，障以牛皮，即为居室。淳朴而贫苦。

瓜包士种类⑤，四百五十名，居地方百有五十方里，在弥梭里

①作岛斯种类，又译作岛士，指乔克陶族（Choctaws）。
②格力士种类，指克里克族（Creeks）。
③支罗机士种类，指切罗基族（Cherokees）。
④阿些治士种类，指奥萨杰族（Osages）。
⑤瓜包士种类，指卡波族（Quapaws）。

之西。其人比阿些治士略渐声教，且能诵读，惜无教师训导。

沙洼尼士种类①，千二百五十名，居地方二千五百方里，在弥梭里之西，为因底阿种类中之最渐教化者。室庐耕牧，有书籍文字。弥利坚国曾造庙宇，设教师，刊书（板）〔报〕。

干萨士种类②，又名高搔士③，千四百七十名，居地四千二百方里，在沙洼尼士之北。土著穷苦，与阿些治士种类无异。所居以篱为墙，上覆木板而泥其外。

地那洼士种类④，八百二十六名，居地三千四百五十方里，在干萨士之北。俗与沙洼尼士同。有弥利坚国所设庙宇、教师。

机加布士种类⑤，五百八十八名，居地方千二百方里，在地那〔洼士〕种类之北。有头目独创教门，以为能知未来之事。其教中规矩，以为如犯恶事，欲赦罪过，能不饮浓酒、不理毛发，每一礼拜聚集讽经四次，即可悔解。附从入教者，不过四百人。有弥利坚国庙宇、教师并炮台一所。

包尼士种类⑥，约万名，与般加士种类⑦八百名共居地二万五千方里，皆旧土著。

呵麻哈种类⑧，千四百名。原土著居地方若干，未悉其详。

呵多士种类⑨、弥梭里士种类⑩共千六百名，居地方二千五百

①沙洼尼士种类，指沙瓦内族（Shawanees）。
②干萨士种类，指堪萨斯族（Kansas）。
③高搔士，即考早族（Kauzaus）。
④地那洼士种类，指特拉华族（Delawars）。
⑤机加布士种类，指基卡普族（Kickapoos）。
⑥包尼士种类，指波内族（Pawnees）。
⑦般加士种类，指庞卡族（Poncas）。
⑧呵麻哈种类，指奥马哈族（Omaha）。
⑨呵多士种类，指奥托族（Otoes）。
⑩弥梭里士种类，指密苏里族（Missouries）。

方里，亦原居土著。

西尼加士种类①二百五十口、沙洼尼士种类二百口，共居地方二百方里。

委士种类②二百二十口、比晏机搔士种类③六百十口，共居地方二百五十方里。

比呵里阿士种类④、加士机阿士种类⑤共百有三十二名，同居地方百五十方里。

阿岛士种类⑥二百名，居地方五百六十二方里。波达洼弥士种类⑦四百四十一名，居地方若干未详。

以上十四种，俱已入化。此外种类散处无定，如阿力加那士⑧、诗晏尼士⑨、没拉弗⑩、俄罗士稳特厘士⑪、阿里巴哈士⑫等种，皆在化外、捕猎为业、獉狉无知，故白人少与交易。千八百三十五年，道光十五年。弥利坚国遣兵征讨，始申约束，不相侵寇。

威斯顿特底力部，东界威斯滚申，南界威斯顿达多里，西界落机大山，北界英吉利属地，幅员约有三十万方里。地势崎岖，人迹罕至，故不得其详。千八百五年嘉庆十年秋，有船户里威士由弥梭里河溯流而上，得其来源于落机大山，石壁峭立，高有百丈，

①西尼加士种类，指塞内卡族（Senecas）。
②委士种类，指韦族（Weas）。
③比晏机搔士种类，指皮安克舍族（Piankechews）。
④比呵里阿士种类，指皮奥里亚族（Peorias）。
⑤加士机阿士种类，指卡斯卡斯基亚族（Kaskaskias）。
⑥阿岛士种类，指渥太华族（Ottawas）。
⑦波达洼弥士种类，指帕塔瓦塔米族（Pattawatamies）。
⑧阿力加那士，指阿勒卡拉族（Arickaras）。
⑨诗晏尼士，指希恩内族（Shienees）。
⑩没拉弗，又作墨腊弗，指布莱克福特族（Blackfeat）。
⑪俄罗士稳特厘士，指格罗斯文特雷族（Gros Ventres）。
⑫阿里巴哈士，指阿雷巴哈族（Arepahas）。

悬瀑飞流，河源湍激，舟行甚险。滨河时有崩坼，山麓树木丛茂。居于上段者曼丹士①、敏尼达里士②、墨腊弗各种类，居于下段者即底顿士③、然顿士④、西阿士⑤各种类。千八百三十五年道光十五年与弥利坚拒战者，此区人居多。土产山羊、鹿、各种皮毛。

阿里颜达多里部⑥，又曰戈揽弥阿达多里，东界落机大山，南界墨西果国，西界比西非益海⑦，北界英国属地。西隅近海山岭虽多，而东隅落机山最大。其幅员里数未详。产木料、皮毛。有木曰摆树，高约二三十丈，围圆约有四五丈，干直无节，至秒始分枝叶，远望若伞然。并有一种，其脂如糖，秋收其子，作饼甚美，惜土人多伐为薪。境内河有呵里颜河⑧，源自落机大山，长六百里；威士河，长千里。在戈揽弥阿河口之土蛮不业农工，非渔即猎，凿木为舟，可载四五十人。所猎兽皮，运至戈揽弥阿河口与欧罗巴人易坏炮、（台）〔铁〕锅、白珠、蓝珠、烟叶、铁刀等物。土俗甫生男女，即以物束头俾其顶鼻挺直，并饰脂腻为美观。间有佩熊爪、铜镯、蓝珠、白珠者。多以妻女出售，交易一就，任人调（姍）〔姗〕，不以为意。居东隅者伊司律士⑨、衣尼沙士⑩、

---

①曼丹士，指曼丹族（Mandans）。
②敏尼达里士，指明尼塔雷族（Minnetarees）。
③底顿士，指特通族（Tetons）。
④然顿士，指雅通族（Yatons）。
⑤西阿士，指苏族（Sioux）。
⑥阿里颜达多里部，即俄勒冈地区（Oregon Territory）。
⑦比西非益海，即太平洋（Pacific Ocean）。
⑧呵里颜河，即俄勒冈河（Oregon R.）。
⑨伊司律士，指埃谢卢特族（Esheloots）。
⑩衣尼沙士，指恩内舒尔族（Eneshurs）。

洼尔拉士①、梭加尔士②、金那士③、左攀尼士④等种，风俗言语略同。甫生子，以石枕头，经年始除去之，故其脑骨扁平。惟东南土著与戈揽弥阿河口各种不同，察其土俗音语，似是由附近弥斯西比河迁至也。戈揽弥阿河之北岸即弯戈洼岛⑤，袤广百有五十里，林木葱茏，且多沙石，海涛冲激，其声如雷。居于斯者，食则海鱼，衣则兽革。此外尚有小岛，每岛即有一种类，各有头目。先有弥里士曾至其地，见其头目之屋约可容八百人，有饮食者，有坐卧者，仪躯粗莽，以人骨为饰，有库贮珍宝。其最大头目所辖不过万有三千人，容貌原不恶劣，惟以赤土和黑沙涂面，令人望而骇恶。食则惟鱼，甚至以人为食，故市上贸易多有人之手足。

以上原本。

①洼尔拉士，指沃拉沃拉族（Wallah-Wallahs）。
②梭加尔士，指索科尔族（Sokulks）。
③金那士，指钦纳普姆族（Chimnapums）。
④左攀尼士，指乔普尼什族（Chopunish）。
⑤弯戈洼岛，即温哥华岛（Vancouver I.）。

海国图志卷六十四

欧罗巴人原撰　侯官林则徐译　邵阳魏源重辑

外大西洋 北墨利加洲

北墨利加洲内墨是可国[①]一作墨西科，

一作墨西果。原无，今补。

《职方外纪》曰：北墨利加国土多富饶，鸟兽鱼鳖极多，畜类更繁，富家畜羊尝至五六万头，又有屠牛万余，仅取其皮革，余悉弃去不用。百年前无马，今得西国马种，野中生马甚众，又最良。有鸡大于鹅，羽毛华彩特甚，味最佳，吻上有鼻，可伸缩如象，缩之仅寸余，伸之可五寸许。诸国未通时，地少五谷，今亦渐饶，新田斗种可收十石。又产良药甚多。

其南总名新以西把尼亚[②]，内有大国曰墨是可，属国三十。境内有两大湖，甘咸各一，俱不通海。咸者水恒消长，若海潮，土人取以熬盐，其甘者中多鳞介之属。湖四面皆环以山，山多积雪。人烟辐辏，集于山下。旧都城容三十万家，大率富饶安乐。每用兵与他国相争，邻国即助兵十余万。其守都城亦恒用三十万人。但囿于封域，闻人言他方有大国土大君长，辄笑而不信。今所建

①墨是可，又作墨西科、墨西果、墨西国、美诗哥，即今墨西哥（Mexico）。
②新以西把尼亚，即新西班牙（New Spain），指西班牙16世纪在墨西哥、中美洲及加勒比地区的统治区。

都城[1]周四十八里，不在地面，直从大湖中创起，坚木为桩，密植湖中，上加板，以承城郭宫室。其坚木名则独鹿，能入水千年不朽。城内街衢宫室又皆宏敞精绝。其国王宝藏极多，所重金银鸟羽。鸟羽有奇彩者用以供神，工人或辑鸟毛为画，光彩生动。

初国内不知文字，今已能读书，肆中有鬻书者矣。俗务农工，人尚尊贵，面目美秀。彼自言有四绝：一马、二屋、三街衢、四相貌也。旧事魔神，杀人以祭。或遭灾乱，则以魔嫌人祭少，故每岁辄加，多至杀人二万。其魔像多手多头，极其险怪。祭法以绿石为山，置人背于上，持石刀剖取人心以掷魔面，人肢体则分食之。所杀人皆取于邻国，故频年战斗不休。今掌教士人感以天主爱人之心，亦知事魔之谬，不复祭魔食人矣。

其中有一大山，山谷野人最勇猛，一可当百，善走如飞，马不能及。又善射，人发一矢，彼发三矢矣，百发百中。亦喜啖人肉，凿人脑骨以为饰。今亦渐习于善。最喜得衣，如商客与衣一袭，则一岁尽力为之防守。迤北有墨古亚刚[2]，不过千里，地极丰饶，人强力多寿。生一种嘉谷，一岁可三熟。牛、羊、骆驼、糖、蜜、丝、布之类尤多。更北有古理亚加纳[3]，地苦贫，人皆露卧，以渔猎为生。有寡斯大[4]，人性良善，亦以渔为业。其地有山，出二泉，稠腻如脂膏，一红、一墨色。

《万国地理全图集》曰：默西可国北连兼摄邦国，西南连巴拿

---

[1] 今所建都城，指西班牙人在旧城废墟上建立的新城，即今首都墨西哥城，原有的特斯科科湖已填平。

[2] 墨古亚刚，又作弥刷干，即米却肯（Michoacan）。

[3] 古理亚加纳，又作固列，即库利亚坎（Culiacan）。

[4] 寡斯大，即阿瓜斯卡连特斯（Aguascalientes）。

马微地，东接默西海隅①，西连大洋海②。北极出自八度至四十二度，偏西自七十度至一百十七度，袤延圆方二百八十四万四千方里。与花旗国交界之地乃平坦无木，遍处牧场，居民以牛羊为生。所有高山大概六十丈，亦有出火之峰。屡次地震。亦有新山忽出，旧山陨落。江河不多，沿海港口有四。其天气不一，若自南至北，其冷热立变。民不勤劳，是以山内财币不出，运售他国者独有乌木、红木、呀兰米与香料而已。其山出水银、铜、铅，亦有金，其最多者乃银。通计普天下所出之银，默西国居其三分之二。银矿厂共计三千座，所有每年银价值二千五百万员，中国之洋钱大半由此国运出。是班牙未到其国时，居民颇向化，建庙筑坛，效物之像而画字。其国有土君，律例规矩与中国微似，今尚有大城之古迹。是班牙军侵其国而占据之。自乾隆以来，每年出银千六百万员。其通商不多，每年六百万员入出之货物价，乃其大概。嘉庆年间，佛兰西军与是班牙国争此地，居民不肯悦服新主，亦不愿服其故主，擅自专制。是班牙军攻之，众民效死鏖战而驱其暴。可惜国家未定，迭兴迭废，又与佛兰西国结仇，而卒求平。其国制度与花旗相似。其国家之公费入不敷出，拖欠甚重。其居民分三类：一曰是班牙之后裔，实乃地主，其中亦有巨富素封之家；一曰土人，匾鼻大骨，以耕田度生，贫而好奢，好饮酒；一曰杂类，即白黑人等嫁娶所生。居民共计八百万丁，皆奉加特力教，惮劳好逸。英、佛列国商贾凿山开矿，因使费浩繁，其益少损重。此地分十五部，其国都居民一十二万丁，内有高屋巨宇，殿堂肃静，山川秀丽，柳杨相映，但因地势低，累次涨溢。亚加

---

①默西海隅，即墨西哥湾（Gulf of Mexico）。
②大洋海，指太平洋（Pacific Ocean）。

补罗可①乃西地大海口，昔时每年有吕宋大船过海贸易，此时生意衰。安热里邑②大殿堂以金银妆饰，居民九万，敬十字架，乃东方之马头，建于沙坦，船泊遭危，其通商甚盛。瓜他拉撒拉③近附银山之城，三十七年所出之银共万六千五万员，居民七万丁。

东半地称曰加里缚尼④，实属沙碛，惟西北最丰盛，出各项水果。

其东北方连花旗国，系平坦土。所有花旗豪民远游冒险，迁到此邦，勤力开垦而立其国，称曰特汲默西可。民不悦之，再三交锋，未分胜负也。

麦西国南形势：危地马拉邦昔归麦西哥之版图，今亦自立土主。产者牙兰米、乌红等木、金、银、药材、牛皮、靛饼，每年运出货价三百万员。山峻入云。时有地震。其居民与墨西不异，共计百九十万人口。其海滨，英人入山伐木，务工者四千余人。

所有巴那马微地窄狭，故此智士设计开河连东西洋大海，而造通中国之路。但因山硗硬，未知可否？若果能如愿，其利无穷。

《地理备考》曰：美诗哥国，一作墨西科，〔在〕美里加州北区之西南。北极出地十六度起至四十〔二〕度止，经线自西八十九度起至一百二十六度止。东至花旗、德沙⑤二国暨美诗哥海湾，西枕大海，南接瓜的马拉国⑥暨大海，北连花旗国。长约一万里，宽约三百里，地面积方约一百一十八万四千七百八十里。烟户约

①亚加补罗可，即阿卡普尔科（Acapulco）。
②安热里邑，又作布委巴剌、布益拉，即普埃布拉（Puebla）。
③瓜他拉撒拉，即瓜达拉哈拉（Guadalajara）。
④加里缚尼，又作加利弗尼、加里伏尔尼亚，即加利福尼亚（California）。句首"东半地"似应作"西半地"。
⑤德沙，即得克萨斯（Texas）。
⑥瓜的马拉国，即危地马拉（Guatemala）。

一京二兆余口。地势中高边下，由东南而西北，冈岭层叠，峰峦参天，亘国中数千里，如人之脊。其中四火峰尤峻，总名曰烟山①，即美理哥国②之落机大山也，贯南北二州之地，随地异名。山之两面，平原甚广。河长者四，湖大者六。其地：北境旷漫，有草无木，民以游牧为生；南广；东硗瘠；而西膏腴，百卉繁生，果实皆备。土产五金、矾、煤、丝、麻、蜡、蜜、水银、绵花、烟叶、甘蔗、胡椒、牙兰米以及木（材）香、药〔材〕，而大利则在于银，攻矿之厂三千余所，各国行用番饼出于墨西科者三分之二。地气互异，海滨酷热难堪，内地温和，其地弥高，其热弥少，若高至四五百丈，则有如芳春景象，人安物阜。倘或再高，气亦递寒，至于冰雪凝积，则数日间四时景象俱骈集焉。不设君位，国人各立官长司理地方。朝内有正副首领，权理国政。所奉之教，乃耶稣公教也。初，北州之地，自美理哥外，皆野番杂处，无部落。惟墨西科早建为国，有城邑，有坛庙，有王、有官，肖物形而作字，有律例。有废城极大，云是千余年前古迹，不知何代何名也。明正德中，大吕宋国遍据南北州诸国地为藩属，亦侵据墨西科国，且以此国为各国之纲领。及嘉庆十五年，国人苦苛政，倡变攻拒，十载始尽逐大吕宋官兵，自立国君。道光三年，国人复去王位，立官司理国政，如美理哥国之例。通国分十九部、四郡：曰美诗哥，曰给勒达罗③，曰瓜〔那〕叔阿多④，曰弥刷干，

①落基山脉在墨西哥境内部分又称"烟山"（Smoky Mt.）。
②美理哥国，即美国（the U. S. A.）。
③给勒达罗，又作贵里他罗，即克雷塔罗（Querétaro）。
④瓜那叔阿多，即瓜纳华托（Guanajuato）。

曰沙黎斯哥①，曰萨加德驾②，曰索诺拉③，曰济华〔花〕④，曰都郎额⑤，曰卓合回拉⑥，曰新梁⑦，曰达毛黎〔巴〕⑧，曰桑卢意斯波多塞⑨，曰委（立）〔拉〕古卢斯⑩，曰布委巴刺，曰华沙加⑪，曰济阿巴⑫，曰达巴斯哥⑬，曰于加敦⑭；其府曰加里佛尼⑮，曰新美诗哥⑯，曰达拉斯加刺⑰，曰哥黎麻⑱。国都建于德斯古各湖⑲西平原中，屋宇宏峻，风景清雅，街衢阔直，学医各院毕备，为本州富丽之一。其通商冲繁之地有五大埠。

《地球图说》：麦西可国东、南、西三面都界大海，东北界花旗国。百姓约有七百万之数，都城内民二十万。人分三类：一、大吕宋后裔；二、土人，面带棕色，鼻扁颧高，耕田为业；三、杂类，即黑白二种交相嫁娶而生。地势沿海低下；中有高山，积雪不消；内有火山，不时地震。北方旷野，牛羊是牧，马非家畜，

①沙黎斯哥，即哈利斯科（Jalisco）。
②萨加德驾，即萨卡特卡斯（Zacatecas）。
③索诺拉，即今索诺拉（Sonora）。
④济华花，即奇瓦瓦（Chihuahua）。
⑤都郎额，即杜兰戈（Durango）。
⑥卓合回拉，即科阿韦拉（Coahuila）。
⑦新梁，即新莱昂（Nuevo Leon）。
⑧达毛黎巴，即塔毛利帕斯（Tamolipas）。
⑨桑卢意斯波多塞，即圣路易斯波托西（San Luis Potos）。
⑩委拉古卢斯，即维拉克鲁斯（Veralruz）。
⑪华沙加，即瓦哈卡（Oáxaca）。
⑫济阿巴，即恰帕斯（Chiapas）。
⑬达巴斯哥，又作他巴哥，即塔巴斯科（Tabasco）。
⑭于加敦，又作禺加坦，即尤加坦（Yucatan）。
⑮加里佛尼，即加利福尼亚（California）。
⑯新美诗哥，即新墨西哥（New Mexica）。
⑰达拉斯加刺，即特拉斯卡拉（Tlaxcala）。
⑱哥黎麻，即科利马（Colima）。
⑲德斯古各湖，即特斯古科湖（Tezcuco L.）。

任人拘执。道光二十七年与花旗国决战，近日盟好矣。是国昔属大吕宋，嘉庆十七年民心不服，群拒吕宋，而自立为国。所宗天主教。国内黑人悉以捕鱼为生。天气最冷，五谷难出，故独垦海滨之土，而内地荒芜。五曰新本士威①，在海边，袤延方圆七万一千方里。其江千五百里，皆深可行船，遍地肥腴。民不耕田，惟入林断木，春水浮送出港，卖行价银即饮酒费尽而归。大城邑皆在江边，通商以木料为最。每年英民到者六千丁，还有间处给寓数十万丁。其会城曰约翰②，乃最大之马头，与英国通商。六曰散约翰岛③，乃老兵所移之处，出麦谷，可补邻地之缺。七曰新着大岛④，袤一千三百里，延九百里。居民七万二千（兵）〔口〕。乃鱼鳖之数，夏时渔舟蚁集，兼种荷兰薯、蔬菜，不植五谷。产鱼最丰，居民富裕。佛兰西之氓猖獗屡叛，英官尝派兵讨之。

案：墨西哥有烟山自米利坚西界来，称落机大山，因火峰最多故也。自危地马拉以南至南亚默利加之极南，皆曰安达斯大山，长约一万余里。

《外国史略》曰：麦西（可）〔哥〕国北极出地自十五度至三十三度，广袤方圆七万六千里，长六千里，阔自四百六十里及二千八百里。南及东洋海连危亚地马拉地，北界花旗，东及海港，西及大东洋海。明武宗正德二年，是班亚人至此，尚未知其地之广大。八年，复遣精锐兵数百深入，震以火器，降服其国。居民颇向化，有金银饰物，亦通文字。原系日本国难民留此之苗裔，

①新本士威，即加拿大的新不伦瑞克。由此至段尾所介绍的地方在加拿大，作者误编入此。
②约翰，即圣约翰（Saint John）。
③散约翰岛（St. John's I.），即今加拿大爱德华太子岛（Prince Edward's）。
④新着大岛，即纽芬兰岛（New foundland）。

今难详考。是班亚王贪其山多金银，设官管理，亦派师船防范他国。每年掘金银矿约一千三百万圆，大半运入是班亚，其居民屡缺用。道光元年，居民见花旗国自主开创，尽力效尤，驱除是班亚人，连年拒战。道光四年遂自立国，合十五部为一地。虽是班亚屡图复据，因舟师不能直入而止。但麦西哥人不明政令，废立自由。二十余载，臣民反复无常。掘矿虽旺，贼盗横行，白日劫掠。虽效花旗国之自强，而无花旗国之法度焉。其国海滨少港，船无湾泊，其小船入处浅窄，线港曲折，大碍通商。然遇有敌艘来侵，亦幸有此阻碍。中地高于海六百丈，其山峰高一千七百丈。北地高坦，其土硗确，多烟瘴，间有沃壤，则岁收百倍。内有四大湖，惟一湖水咸。有火山，时时地震。有银山，每年掘出约二千三百万圆，金二百万圆。英吉利、日耳曼民皆争掘之。又出药材颜料，所产牙兰米，岁值百五十万两，今亦消减。俗好骑马。执天主教，惟僧是听。居民亦务农织布，而其他物必由外国运入。道光四年运出之货一千二百万圆，运入者四百四十万圆，今渐加增。银局所铸印之银钱每年约一千七百万圆，此时减少三百六十余万圆。各商所出本银约七百七十万两，至今未偿，故公班衙多散。

麦国之都城，居民十四万，在广谷近湖，街屋煌耀，甲于通州。东边海港曰他巴哥，古时与亚西亚、峨罗斯通商。今所收之税，每年约四十万圆。由中国所织之丝缎，每年有数船到。贵里他罗在大谷间，居民三万五千丁。附近此地有古迹，亦昔时广邑，殿屋甚宏，不知何国何时所创？故墨西哥国自古号为富强文物之邦，其开创在花旗国之前。又布益拉，居民九万口，其礼拜堂最壮丽，乃是班牙国人所建。其西方港口，乃全地之大市，为西国云集之埠，附近炮台，乃是班亚所筑，费银二千八百万两。然地有烟瘴，居人易病。国地分十九部，东海边之加利弗尼，居民甚罕，其半地及禺加坦半地在东边，各有土酋。每八万人择一贤士会议掌政令，麦西哥选首领以摄其权，公帑所收者九百三十七万五千圆，所费者一千八百万圆，多由他国借银欠项往往不还。军士共计三万二千丁，武费九百六十万员，水师费一百三十万圆。

案：北墨利加形如飞鱼，西北有高山曰落机，自西北而东南。东偏有山曰押罢拉既俺。有大河曰密士失必[1]，如中国之黄河，回环万余里。其极北为冰罿，次南休仑湖。以北为英吉利荒地，中曰米利坚三十六部，膏腴地也。其西南德沙国。德沙之西曰麦西哥，又南一线弯环，曰危地马拉国。英吉利地西北为峨罗斯地。麦西哥之西北、米利坚之西，曰戈揽弥亚河，其北为阿里颜达多里地，其西有弯戈洼岛，其东曰威斯顿底特力，又南曰威斯顿达多里，皆因底阿土番也。新地[2]者，湖之东也。农地[3]，湖之西北也。花地[4]，花旗国也。

北墨利加洲西南四国<small>原无，今补。</small>

《职方外纪》曰：北墨利加之西南有花地，富饶，人好战不休，不尚文事，男女皆裸体，仅以木叶或兽皮蔽前后，间饰以金银缨络。人皆牧鹿，若牧羊然，亦饮其乳。有新拂郎察，往时西士拂郎察人所通，故有今名。地旷野，亦多险（峡）〔峻〕，稍生五谷，土瘠民贫，亦嗜人肉。又有拔革老[5]，本鱼名也。因海中产

---

①密士失必，指密西西比河（Mississippi R.）。
②新地，疑为加拿大的纽芬兰岛（New foundland），待确。
③农地，大致在北美洲阿巴拉契亚（Appalachian）山脉东部一带。
④花地，在美国东南部佛罗里达（Floride）州一带。
⑤拔革老，约在加拿大圣劳伦斯湾以北一带。

此鱼甚多，商贩往他国恒数（千）〔十〕艘，故以鱼名。其地土瘠人愚，地纯沙，不生五谷。土人造鱼腊时，取鱼头数万，密布沙中，每头种谷二三粒，后鱼腐地肥，谷生畅茂，其收获倍于常土。又有农地，多崇山茂林，屡出异兽。人强力果敢，搏兽取皮为裘，亦以为屋。其缘饰以金银为环，钳项穿耳。近海有大河，阔五百里，穷四千里不得其源，如中国黄河之属。按：花地、农地近皆开垦，即弥利坚各部，明时未有也。

北墨利加洲西方三国原无，今补。

《职方外纪》曰：北墨利加西为既未蜡[①]，为新亚比俺[②]，为加里伏尔尼亚，地势相连，国俗略同。男妇皆衣羽毛及虎豹熊罴等裘，间以金银饰之。

其地多大山，一最大者高六七十里，广八百里，长三四千里。山下终岁极热，山半则温和，山巅极冷。频年多雪，盛时深六七尺，雪消后一望平涛数百里。山出泉极大，汇为大江数处，皆广数百里。树木茂盛，参天蔽日。松实径数寸，子大于常数倍。松木腐烂者，蜂辄就之作房，蜜莹白味美。采蜜者预次水边，候蜂来，随之而去，获蜜甚多。独少盐，得之如至宝，相传饸之不忍食。狮象虎豹等兽动辄成群，皮亦甚贱。雉有大者，重十五六斤。地多雷电，树木多被震坏。有小鸟如雀，于枯树啄小孔千数，每孔辄藏一粟，为冬月之储。

北墨利加洲西北诸蛮方原无，今补。

《职方外纪》曰：北墨利加地愈北，人愈野，无城郭、君长、

---

①既未蜡，疑指加拿大不列颠哥伦比亚（British Columbia）省，待确。
②新亚比俺，疑指加拿大西北沿海及美国阿拉斯加（Alaska）一带。

文字，数家成一聚落，四周以木栅为城。其俗好饮酒，日以报仇攻杀为事。即平居无事，亦以斗为戏，而以牛羊相赌。凡壮男出战，则一家老弱妇女咸持斋以祈胜；战胜，则家人迎贺，断敌人头以筑墙。若欲再战，临行，其老人辄指墙上髑髅，以相劝勉；其女人则砍其指骨连为身首之饰，人肉则三分之，以一祭所事魔神，以一赏战功，以一分给持斋助祷者。若获大仇，则削其骨，长二寸许，凿颐作孔，以骨栽入，露寸许于外，用表其功。颐有树三骨者，人咸敬畏之。战之时，家中所有宝物皆携而去，誓不反顾，以期必胜也。其尚勇好杀如此。盖由地本富饶，人家星列，又无君长、官府以理法断其曲直，故小小争竞便相攻杀也。此地人多力，女人亦然。每迁徙，凡什物器皿粮糗子女，共作一驼负之而行，上下峻山，如履平地。坐则以右足为席。男女皆以饰发为事，首饰甚多，亦带螺贝等物。男女皆垂耳环，若伤触其耳及环，则为大辱，必反报之。所居屋卑隘，门户低甚，以备敌也。昔年极信邪魔，持斋极虔，斋时绝不言语，一日仅食菽一握，饮水一杯而已。凡将与人攻战者，或将渔猎耕获者，或将宴乐喜饮者，或忽遇仇家者，辄持斋，各有日数。耕者祀兔与鹿，求不伤稼；猎者祭大鹿角，以求多获。鹿角大者，长五六尺，径五六寸也。有大鸷鸟，西国所谓鸟王者，巫藏其干腊一具，数百年矣，亦以为神，猎者祭之。巫觋甚多，凡祈晴雨，则于众石中寻取一石仿佛似物形者，即以为神而祭之，一日不验即弃去，别求一石，偶值晴雨，辄归功焉。岁获新谷，亦必先以供巫，其矫诬如此。近欧罗巴行教士人至彼，劝令敬事天主，戒勿相杀，勿食人，遂翕然一变。又强毅，有恒心，既改之后，永不犯也。俗既富足，又好施予。人家每作熟食，置于门首，往来者任意取之。即弥利坚边地各土蛮。

海国图志卷六十五 _{邵阳魏源重辑}

外大西洋

北墨利加洲内英俄各国属地_{原本}

属俄罗斯者在英吉利西，三面皆海，东隅与英连界，两国互争，迄千八百二十五年道光五年始定疆界。其地与俄〔罗〕斯之亚细亚洲东隅中隔一海，对渡仅五十二里。幅员虽百有三十万方里，而部落惟监札加①一区，一作甘渣甲，音译之殊，在阿细亚之极东。余皆海中岛屿，人迹罕至。常时火焰，交秋即冰，土多不毛。人性驯良不犷狠，窟地而居，覆以土，每一巢穴，人至百余，俨若村落。前此麦厘舟至其地，登岸游行，忽陷地中，见有无数之人在内工作。大抵居山者衣食于禽兽，滨海者则捕鱼为生，其各岛之人，皆伊斯归毛士种类②，习俗刚柔不齐。中有铜岛，高千有三百丈，铜矿甚多，至今无人开采，惟附近居民耕种，工作技艺日渐精巧。邻近有戈底阿岛，长六十里，岛之北有谷港③，谷港之前有尖沙，曰比士威林沙④，居民肥短，头大面宽，鼻准如钩，各刺鼻唇，嵌饰珍宝，毳衣善渔。其渔艇多裹以鱼皮，俄罗斯人亦往贸易，第

---

①监札加，又作甘查甲，即堪察加（Kamchatka）。
②伊斯归毛士种类，即爱斯基摩人（Esquimaux）。
③谷港，指科克湾（Cook's Inlet）。
④比士威林沙，即威廉太子湾（Prince William's Sound）。

港口礁浅。此外小岛尚多，其最大者有渣治达岛①、阿弥腊兀岛②，港汊纷岐。前人汪戈瓦洼③至此周历博访，欲寻一河直达赤城湖④或达阿兰底海，竟不可得。渣治达岛内居人多自俄罗斯迁至，谓之麻腊甫⑤种类。新垦一区曰纽阿占牙⑥，内居千人，庐舍炮台皆用木植，多产皮毳，海舶赴粤者皆购焉，岁得值约银二十万员。俄罗斯迩年所据之摩底牙⑦港口，形势虽不甚良，然与纽加兀科⑧海岸相连，故贸易亦蕃庶。

《地球图说》：峨罗斯属国在北美利加州者，东界英属国，南、西两面都界大东洋，北界北冰洋，百姓约五万。其地西北多冰雪，终年不消。熊（舒）〔野〕兽极众，遍地草木，人迹稀少，农事不兴。所居或房屋，山地多穴处。常与亚细亚人通商，皮货貂鼠、海虎为多。盖此州极西北之一隅名监札加一作甘查甲与亚细亚之极东北隅仅隔海港五十余里，故从彼地跨而有之。

《地理备考》曰：北州之地，隶大吕宋国兼摄者：

一固巴岛。在亚美里加州北区之南，纬度自北二十度起至二十三度止，经度自西七十六度起至八十七度止。长约二千七百里，宽约五百里，烟户七亿四万余口。冈陵重叠。河流贯沃，其长者曰高都，曰基内斯，曰挨，又名黑人河。田土朊腴。产五谷、五金、水晶、〔吸〕铁石等物。地气南方燥热。地分三府：曰西府，

---

①渣治达岛，即乔治三世岛（George Ⅲ′s Isle）。
②阿弥腊兀岛，即阿默勒尔蒂岛（Admiralty Isle）
③汪戈瓦洼，指温哥华（人名）。
④赤城湖，即哈得逊湾（Hudson′s Bay）。
⑤麻腊甫，即巴拉诺夫（Baranoff）。
⑥纽阿占牙，即新阿尔汉格尔（New Archangel）。
⑦摩底牙，即博德戈（Bodego）。
⑧纽加兀科，即新加利福尼亚（New California）。

首邑名合瓦那①，建于北方海滨，泊所稳便，舳舻云集；曰中府，首邑名三达马里〔亚〕②；曰东府，首邑名三的牙额③。

一波尔多黎各岛④，在亚美里加州北区之南，纬度自北十七度五十四分起至十八度三十分止，经度自西六十八度起至七十度止。长约五百里，宽约一百五十里，地面积方四千五百里，烟户三亿余口。由东而西，冈陵延袤，地气温和，生殖蕃衍。地分七县。

《地理备考》曰：本州之地隶大尼国兼摄者：

一曰义斯兰的亚⑤，在亚美里加州北区之东北，纬度自（西十九度四十）〔北六十三度七〕分起至六十六度四十四分止，经度自西十九度四十分起至二十八度五十五分止。四面枕海，长约九百里，宽约七百五十里，地面积方三万九千里，烟户五万余口，乃北冰海大岛也。冈陵叠起，火山不一。湖河众多，贯彻沃润。河之长者曰维达⑥，曰的科尔萨⑦，曰合尔么萨⑧，皆在南方；曰拉加剌⑨，曰布鲁阿⑩，皆在东方；曰挨沙拉⑪，曰斯加尔方的亚⑫，曰若古尔⑬，曰斯加巴达⑭，皆在北方。湖之大者曰迷瓦⑮，曰丁

①合瓦那，即哈瓦那（La Habana）。
②三达马里亚，待考。
③三的牙额，即圣地亚哥（Santiago）。
④波尔多黎各岛，即波多黎各岛（Puerto Rico）。
⑤义斯兰的亚，即冰岛（Iceland）。
⑥维达，指维塔河（Rio Hvita）。
⑦的科尔萨，指提奥尔萨河（Rio Thiorsaa）。
⑧合么么萨，指哈尔姆萨河（Rio Halmsaa）。
⑨拉加剌，指拉加拉河（Rio Lagara）。
⑩布鲁阿，指布鲁瓦河（Rio Bruaa）。
⑪挨沙拉，指奥沙拉河（Rio Osxaraa）。
⑫斯加尔方的亚，指斯卡尔范迪亚河（Rio Skalfandeaa）。
⑬若古尔，疑指菲特耶吕姆河（Jökulsa á Fjöllum）。
⑭斯加巴达，疑指斯卡巴塔河（Skabata）。
⑮迷瓦，指今迷瓦湖（Myvatn）。

瓦拉袜①，曰非斯各袜②，其中有常吐热气者。土瘠，惟产铜、铁、铅、玉、玛瑙、水晶、硫磺、纹石等物。地气严寒，不便居栖。地分三州：曰南州，首邑名勒给惟克③；曰西州，首邑名斯达奔④；曰东北州，首邑名马都鲁瓦〔尔〕⑤。

一曰哥罗英兰的〔亚〕⑥，又名襄的麻〔焉〕，在亚美里加州之东北，纬度自北五十九度三十八分起，经度自西二十度起，均未详所止。东北枕冰海，西南界巴非英海⑦，长约六千里，宽约二千里，地面积方一百十一万里，烟户二万四千余口。多寒少暑，偶热则非常燠烈。土瘠产薄，人皆业渔。地分南北，南邑首名如列尼沙合⑧，北邑首名厄日德斯〔民德〕⑨。

一曰安的列斯，中有三岛：一、三达古（如）〔卢〕斯⑩，长约八十里，宽约三十里；一、三多美⑪，长约六十里，宽约三十里；一、桑若汉⑫，长约六十里，宽约三十里。皆在亚美里加州北区之南。地气温和，居栖甚便，土肥产裕。首邑在三达古卢斯岛中。

《地理备考》曰：本州之地隶厄罗斯国兼摄者有陆地，有海

---

①丁瓦拉袜，指平凡拉瓦湖（Pingvallavatn）。

②非斯各袜，指菲斯基沃湖（Fiskivötn）。

③勒给惟克，即雷克雅未克（Reykjavik）。

④斯达奔，即斯塔彭（Stappen）。

⑤马都鲁瓦尔，即马德鲁瓦尔（Madruval）。

⑥哥罗英兰的亚，即格陵兰岛（Greenland）。

⑦巴非英海，即巴芬湾（Baffin Bay）。

⑧如列尼沙合，即尤利亚纳霍布（Julianehob）。

⑨厄日德斯民德（Egedesminde），即戈德霍普（Godthaab）。

⑩三达古卢斯，即圣克鲁斯岛（Ilhe de Santa-Cruz）。

⑪三多美，即圣托马斯岛（Saint Thomas I.）。

⑫桑若汉，即圣约翰岛（Saint John I.）。

岛。陆地曰厄罗斯美里加①，在此州北区之西北，纬度自北五十四度四十分起至七十五度止，经度自西一百三十三度起至一百七十度止。东连新北勒达尼〔亚〕②，西枕白令海，南接大海，北界北海③暨白令海峡。长宽皆约四千余里，地面积方约四十万里，烟户五万余口。峰峦叠耸，冰雪凝积，凛冽难禁，地硗产艰。共分九部：曰义斯基茂④，曰基德内⑤，曰朱克济⑥，曰哥乃给⑦，曰给乃塞⑧，曰朱加至⑨，曰乌加达世米于德⑩，曰古卢至⑪，曰新加里佛尔良⑫。首郡名昔德加⑬，建于海岛之中。又有四岛（分四部）。地气严寒，田土硗瘠，以渔为业。

1752

《外国史略》曰：峨罗斯藩属地在此州者，为西北边雪地并所属屿州，广袤二万四千四百五十方里，民二万一千口。分三部：曰实查，曰木改略⑭，曰甲若⑮。又有冰屿曰雪腊加⑯，曰甲查⑰，

①厄罗斯美里加，即俄属美洲，指今美国阿拉斯加地区。
②新北勒达尼亚，即新不勒塔尼亚。
③北海，指波弗特海（Beaufort Sea）。
④义斯基茂，即爱斯基摩（Esquimáos）。
⑤基德内，即基特内（Kitegnes）。
⑥朱克济，即朱克奇（Tchuktchis）。
⑦哥乃给，即科奈盖（Konaigues）。
⑧给乃塞，即基内塞（Kenaizes）。
⑨朱加至，即朱加切（Tchugaches）。
⑩乌加达世米于德，即乌加塔什米乌特（Ugatachmiutes）。
⑪古卢至，即科卢切（Koluches）。
⑫新加里佛尔良，即新加利福尼亚（New California）。
⑬昔德加，又作实查，即锡特卡（Sitka）。
⑭木改略，即穆尔格拉夫角（Mulgrave Cape）。
⑮甲若，即亚库塔特（Yaktat）。
⑯雪腊加，即沙纳克岛（Sanak I.）。
⑰甲查，即奇恰戈夫岛（Chichagof I.）。

曰古佳①等地。其都城曰新天使魁②，小邑也。峨人在亚西亚东北恒以猎貂鼹其毳皮为生，后东貂渐减，遂到北默利加开埠，而产物不丰，有名无实。每年运出惟獭皮、海虎皮甚多。

《外国史略》曰：英吉利藩属地在此州者曰上、下加那他③，北极出地自四十二度至五十七度，偏西自六十一至八十一度，长四千六百里，阔约一千里，广袤方圆万四千二百里，居民百十四万。北至冰雪地，南连花旗国，东连新本西威④部及大西洋海，西及花旗国并荒地。其山自海滨入内地千余里，中多平坦，西则密林。罗陵士河⑤岸肥沃，居民聚集，以为乐国。此地湖大如海，河曰罗陵士，长四百五十里。地多材木、五谷、烟、麻、豆及各绒毳皮货。土蛮游猎无定，民大半以猎为生。初佛兰西开此地，后英人攻据之，于乾隆年间分为上下部。地广民希，天气甚冷，遂招远氓开垦。至今下加那他部地未开垦者只四分之一，纳饷银百四十万圆，守兵三千，民壮九万四千。上加那他部未开垦者五分之一，纳饷七十一万圆，公费均同，守兵二千，民壮五万，此部分五郡、二百有八州、一百六十县。居民六十万，佛兰西苗裔居五分之四，近十余年所入新氓约三十万，人户日增。都会曰贵北城⑥，居民四万，在罗陵士河滨，通商大市也，运出材木不可胜数。门地屿⑦在罗陵士河之中，亦通商。大半崇天主教，新来之氓奉旧正教。伐木开垦，每年往来之船约载二十七万吨。运出之货

①古佳，即科迪亚克岛（Kodiak I.）。
②新天使魁，即新阿尔汉格尔（New Archangel）。
③加那他，即加拿大（Canada）。
④新本西威，又作新本土威，纽墨兰士稔，即新不伦瑞克（New Brunswick）。
⑤罗陵士河，又作鲜罗伦士河，老林河，即圣劳伦斯河（St Lawrence R.）。
⑥贵北城，又作龟麦，即魁北克（Quebec）。
⑦门地屿，即蒙特利尔岛（Montréal I.）。

每年值银六百万两，运入者值银五百四十万两。上加那他分二十六郡、二百八十县，都会曰御城①，最兴旺。上部居民久据广地，与下部匪徒结衅，抗英官宪，连年交战，花旗之民又助之。幸良氓助兵弹遏其乱，英民谋食者多迁此开垦焉。

英人所据北亚默利加各地：东北曰拉巴突②，土民甚鲜，终年冰雪，设教师以化之。新开之地③，广袤千六百六十里，居民九万，与拉巴突隔一海峡，地多泽潴，无产物，惟多鱼，英船每年运干鱼出六十万石，价三四百万圆。水手二万，亦捕鲸鱼、海犬而售其皮骨与油。惟地硗气冷，食物必自外运入。居民产业价值银约三千七百五十五万圆，每年利银千三百二十七万圆。运进之货五百八十一万圆，运出者五百六十二万一千圆，纳饷九万八千圆，公费十一万九千圆。都会曰圣约翰④，系通商之埠，居民八千。道光二十六年火灾，焚烧殆尽。

益瓦地岛⑤广袤方圆一百里，居民四万三千。地丰盛，每年运入之货四千九万圆，运出者二十二万四千圆，纳饷银六万三千圆，公费银七万圆。

新苏各兰⑥并（化）〔北〕顿地嘴⑦广袤方圆六百七十里，（兆）〔北〕顿一百十二里，居民十六万，地硗湿，出树木、石炭及海鱼等物。每年运入之物七百七十九万圆，运出者六百七十七万圆，纳饷银六十六万五千圆，公费七十一万四千圆。守兵八百，

---

①御城，即金斯敦（Kingston）。

②拉巴突，即拉布拉多半岛（Labrador Peninsula）。

③新开之地，又作新著地、纽方兰岛，指纽芬兰（New foundland）。

④圣约翰，又作鲜闰士，即今纽纷兰省府圣约翰斯（St. John's）。

⑤益瓦地岛，又作桑让郡岛、勃林士遏岛，即爱德华太子岛（Pr. Edward I.）。

⑥新苏各兰，又作新斯哥西亚、那洼士葛底阿，即新斯科舍（Nova Scotia）。

⑦北顿地嘴，又作甲墨里顿岛、北顿头，即布雷顿角岛（Cape Breton I.）。

民壮二万三千。都会曰合里法①，濒海通商，居民万六千。

　　新本士威广袤方圆千三百五十里，居民十一万。地多密林，民住河边。运出多材木。河流广大，往来便之。运进货价四百二十万圆，运出者二百九十九万圆，纳饷银四十七万六千，公费二十六万六千圆。民壮一万二千。土人本少，英国招氓辟荒，与西国无异。其总帅驻下加那他城，各地派有官职，然百姓亦自择乡绅会议行事。英国派兵船巡驶以保护之。

　　案：英夷属地跨落机大山东西，居米利坚、麦西哥之北，俄罗斯之东，东极胡孙海隅②，地广，惜不毛尔。

　　《地理备考》曰：北州之地隶英吉利国兼摄者曰新北勒达尼〔亚〕，曰北极之地，曰北尔慕达③，曰安的列斯，曰卢加亚斯④，曰古牙那⑤，曰马加良英斯⑥。分序如下：

　　新北勒达尼〔亚〕：在北州之北，纬度自北四十二度起至七十八度止，经度自西五十三度起至一百四十三度止。东枕巴非英海暨达委斯海峡⑦，西接大海暨厄罗斯亚美里加地，南连花旗国，北界冰海。长约一万三千里，宽约七千里，地面积方四百六十七万七千里。地分六境：一名下加那达，一名上加那达，两地长约二千里，宽约一千八百里，烟户一兆二亿余口。湖河不一，贯彻沃润。河之长者三，湖之大者二。地饶产丰。地气虽寒，不害居栖。土产五金、煤、水银、烟叶等物。一名新布伦瑞克，南北八百里，

①合里法，又作哈里法士、哈日勒法，即哈利法克斯（Halifax）。
②胡孙海隅，即哈得逊海峡（Hudson Strait）。
③北尔慕达，又作马蒙勒士岛，即百慕大群岛（Bermuda Is.）。
④卢加亚斯（Lucayas），即巴哈马群岛（Bahamas）。
⑤古牙那，即圭亚那（Guayana）。
⑥马加良英斯，即火地岛（Terrá del Fuego）。
⑦达委斯海峡，即戴维斯海峡（Davis Strait）。

东西六百里，地面积方三万七千五百里，烟户一亿六万余口。平原覃广，丛林稠密，湖河无几。土产谷果、木料。一名新斯哥西亚，长约千里，宽约三百五十里，地面积方一万八千里，烟户一亿七万余口。沿海硗瘠，北地宜稼，湖河众多。土产铜、铁、煤、滑石等物。一名桑（若汉群）〔让郡〕岛，长约三百里，宽约百里，烟户一万二千余口。田土肥腴，物产丰饶。一名德〔拉〕诺瓦①，长约千里，宽约八百里，烟户七万余口。崖岸峭立，沙滩罗列，冰雪凝积，地多不毛，丛林稠密。土产铁、煤、纹石、木料、皮革等物。

北极之地：名分三境，一名北德温②，纬度自北七十五度起至七十七度止，经度自西八十度起至九十五度止。地多寒冰，人迹罕到。一名北日尔〔日亚〕③，纬度自北七十五度起，未定所止；经度自西九十七度起至一百十七度止。地多海岛，大者则四。坚冰凝积，惟夏稍消，可通舟楫，人烟寥落。一名巴非英巴利④，在巴非英、亚德孙⑤二海之间，中多海岛，地极寒冽。土产甚鲜，人烟萧条。

北尔慕达岛：在亚美里加州北（极）〔区〕之东，纬度自北三十一度五十五分起至三十二度二十分止，经度自西六十四度起至六十五度止。大小四百岛，大者曰北尔慕达，曰桑若尔〔日〕⑥，

---

①德拉诺瓦（Terra-Nova），即纽芬兰省（Newfoundland）。

②北德温，即北德文（Devon Sepentrional）。

③北日尔日亚，即北佐治亚（Georgia Sepentrional）。

④巴非英巴利，即巴芬帕里（Baffin-Parry）。

⑤亚德孙，指哈得森湾（Hudson Bay）。

⑥桑若尔日，即圣乔治岛（St. George's I.）。

曰（日）桑达威①，曰古卑尔，曰索美尔塞②。首邑在桑若尔日岛中，泊所稳便，舟楫辐辏。

安的列斯岛：在亚美里加州之中，纬度自北十度起至二十七度五十分止，经度自西六十二度起至八十七度止。其中岛屿大小不一，为英吉利兼摄者惟十有八。地气炎热，田土肥腴，谷、果、药材，靡弗蕃衍。首邑名那（密）〔搔〕③，在波罗维敦斯岛④中，贸易兴隆，商贾云集。

卢加亚斯岛：又名巴合麻，在亚美里加州北区之东南，纬度自北二十度起至二十八度止，经度自西七十二度起至八十二度止。大小五百岛，大者十四。地气温和，田土肥饶。

别有古牙那、马加良英斯。

《地球图说》：英吉利属国在北美利加州者，东界西洋，南界花旗，西界峨罗斯属国，北界冰洋。专猎野兽，故皮毳为重。有大城二：曰贵北，曰门答（亚）利〔亚〕⑤。大江二。土产面粉、牛脯、皮货、木料、煤炭。所进之货，火酒、火药、毡毯。东方有二岛，名新著地、新苏各兰，专捕兽渔鱼以为生计，荒寒不毛。北墨利加洲内英吉利属地最大，亦最硗薄也。

北墨利加之英吉利新地，东界阿兰底海，西界俄罗斯属地，南界育奈士迭，北界冰海，本佛兰西人也。始耶稣千四百九十七年，明弘治十年。佛兰西人操舟由鲜罗伦士河直至各地，辟土兴屯，经营百余载，始创建部落曰新佛兰西，设埠通商。又经百载，地

①桑达威，即戴维斯岛（St. David's I.）。
②索美尔塞，即萨默塞特岛（Somerset I.）。
③那搔，即拿骚（Nassau）。
④波罗维敦斯岛，即普罗维登斯岛（Providence I.）。
⑤门答利亚，又作门得利亚，即蒙特利尔（Montreal）。

辟民稠。当耶稣千有七百年，_{康熙三十九年。}英吉利人始来其地，横行割据，遂构兵戎。自千有七百五十六年后，_{乾隆二十一年。}血战者八年，竟为英吉利所夺。是时北墨利加洲已全并于英吉利。既而横征暴敛，各部咸怨，誓众倡义，尽逐英吉利官吏，自合并为育奈士迭国，并英吉利所自垦之部落亦皆叛英而归育奈士迭国。于是英人所有者，仅佛兰西所旧垦之阿巴加那达①、罗阿加那达②、纽墨兰士稔、那洼士葛底阿、纽方兰岛、勃林士遏岛、甲墨里顿岛七部落而已。此七部仍佛兰西旧制，徭赋轻简，故免于背叛。

政事于育奈士迭略同。每一大部落立总领一人、冈色尔一所，俱由国王敕授；甘文好司一所，即育奈士迭所谓里勃里先好司者也。其官亦用育奈士迭国之例，会推公举，四年更代。其推举之例，凡部人岁纳钱粮至时令四十者，或客民纳钱粮（或）五棒者，或收租息至十棒者，皆可举人。罗阿加那达向设总领一人，冈色尔设官三十四人，甘文好司执事八十八人。阿巴加那达向设副总领一人，冈色尔设官十七人，甘文好司五十人。一切事宜由甘文好司与冈色尔会议，复经总领核准施行，亦有必由国王敕准者，亦有必由国中巴厘满各官议准者。

罗阿加那达所行法律六条：一、英国巴厘满议准颁行之例；一、向来所定旧例；一、加那达相沿旧规；一、佛兰西（王国）〔国王〕旧颁示谕条款并罗汶国③之法律；一、英吉利所定之例；一、总领偕冈色尔所定之例；一、本部落内冈色尔甘文好司议定之例。有大狱方用主理官参酌英吉利、佛兰西两国法律而行；若常日行事，毋须主理也。所设主理之人，英吉利、佛兰西人各半，

①阿巴加那达，即上加拿大（Upper Canada）。
②罗阿加那达，即下加拿大（Lower Canada）。
③罗汶国，指罗马（Rome）。

以昭平允。阿巴加那达全用英吉利之法律。若纽墨兰士埝、那洼士葛底阿、勃林士遏岛、纽方兰岛、甲墨里顿岛五部落，亦设总领各官，法律如阿巴。此外尚有马蒙勒士岛孤悬海角，为罪人遣流之所而已。

钱粮以贸易之税为正供，田赋甚少。其附近鲜罗伦士河之田，前属佛兰西时，分给各官佃种收息。近日英吉利改归士民自耕。罗阿加那达（遂）〔岁〕收税饷银约八十万员，支给官禄公费约银五十万员。阿巴加那达因修路、浚河，亏欠银约三四百万员。那洼士葛底阿岁收税饷银约四十七万员，支发各款公费银五十三万四千三百八十员。纽墨兰士埝岁收税饷银约三十四万员，支给各款公费银十九万五千员。纽方兰岛岁收税饷银八万员，支发各款公费银十三万五千员。勃林士遏岛岁收税银三万八千四百员，支发各款公费银六万八千七百九十五员。综计历年税饷支应一切，无事则赡，有事则匮。故于千八百三十四年，_{道光十四年。}英吉利国王津贴两加那达部落文事银三万员，武事银百二十万六千员；津贴各部落文事银十万员，武事银约七十万员。

居斯地者，面长色黝，准高唇厚，睛黑而灵动。俗尚礼貌，虽农夫隶仆相遇诸途，莫不免冠为礼。由先日在此开地者多佛兰西贵人与官吏兵卒之后裔，故驯良敦睦，无犯上作乱之习。俗奉加特力教者多，波罗特士顿教者少。故每一部落建立两教庙宇，并有尼庵。宅舍朴素，以泥涂木为墙而垩之，屋上先覆木板再铺石板，楼仅一层，皆无峻宇。终年有洒无扫，故埃尘污积。近年始学欧罗巴之洁净，悬画卉为饰，衣履亦同英吉利。食多豕肉，逢斋戒则以鲜鱼蔬菜为素。嗜酒及茶。无茶则以架飞豆汤代之。

　　河最长者鲜罗伦士河，次则荷多洼河①，皆长千有余里。此外若萨归尼河②、额列河③、先毛里斯河④、马达瓦斯河⑤、特连河⑥、玷士河⑦、敖西河⑧、里治流河⑨、佛兰西士河⑩、召特里河⑪、先（阔）〔润〕河⑫、里士底俄支河⑬、缅河⑭、比地干底（呵）〔阿〕河⑮、苏比那加底河⑯、洼里河⑰、厘洼步尔河⑱，均不及鲜罗伦士、荷多洼两河源流之远。湖则与育奈士迭国交界有苏比里阿湖、伊里湖、休伦湖，在境内者则有安达厘荷湖、召特里湖⑲、深戈湖⑳、额兰湖㉑，而诸湖之中，以苏比里阿湖为最巨，周三万有五千（丈）〔方里〕。产最稀，仅有稻谷、麦、烟叶、大麦、面、木材、牲畜。

---

①荷多洼河，即渥太华河（Ottawa R.）。

②萨归尼河，即萨格奈河（Saguenay R.）。

③额列河，即大河（Great R.）。

④先毛里斯河，即圣毛里斯河（St. Maurice R.）。

⑤马达瓦斯河，即马达瓦斯卡河（Madavasca R.）。

⑥特连河，即特伦特河（Trent R.）。

⑦玷士河，即泰晤士河（Thames R.）。

⑧敖西河，即乌斯河（Ouse R.）。

⑨里治流河，即里切柳河（Richelieu R.）。

⑩佛兰西士河，即弗朗西斯河（Francis R.）。

⑪召特里河，即肖迪埃河（Chaudiere R.）。

⑫先润河，即圣约翰河（St John R.）。

⑬里士底俄支河，即舒贝纳卡迪河（Shubenacadie R.）。

⑭缅河，即美因河（Main R.）。

⑮比地干底阿河，即珀蒂康迪河（Petit Condie R.）。

⑯苏比那加底河，舒贝纳卡迪河（Shubenacadie R.）。

⑰洼里河，即费里河（Ferry R.）。

⑱厘洼步尔河，即利物浦河（Liverpool R.）。

⑲召特里湖，即肖迪埃里湖（Chaudiere L.）。

⑳深戈湖，即锡姆科河（Simcoe L.）。

㉑额兰湖，即大湖（Grand L.）。

阿巴加那达：犹华言上部落也，东界罗阿加那达，南界育奈士迭国，西界荒芜，北界冰海。领小部落十有八。其首部曰若①，又曰多伦多。

罗阿加那达，犹华言下部落也，东界阿兰底海，南界育奈士迭国，西界阿巴加那达，北界荒地。领小部落二十有六，其首部曰龟麦。

纽墨兰士埝：东界勃林士遏岛，南界阿兰底海，那洼士葛底阿，西界育奈士迭国，北界罗阿加那达。领小部落十有四，其首部曰佛里达力顿②。

那洼士葛底阿：东〔北〕界甲墨里顿岛，西南俱界海，北界纽墨兰士埝，勃林士（葛）〔遏活〕岛。领小部落十有七，其首部曰哈里法士。

甲墨里顿岛：在勃林士遏活岛之东，那洼士葛底阿之北。领小部落三，其首部曰西尼③。

勃林士遏岛：在纽方兰之（东）〔西南〕，那洼士葛底阿之北。领小部落三，其首部曰查罗氏当④。

纽方兰岛：在甲墨里顿岛之东北，领小部落二，其首部曰鲜闰士。

此外西北边地尚有因底阿人，所居未详。

马蒙勒斯岛：在大海之中，距弥利坚东岸六百里，小岛环之，约有四百。周围礁石，易于防守，而难于通舟。英吉利人于千有六百十二年明万历四十年始往居之。当英国内乱时，士民多迁此避

①若，即约克（York）。
②佛里达力顿，即弗雷德里克顿（Fredericton）。
③西尼，即悉尼（Sydney）。
④查罗氏当，即夏洛特敦（Charlottetown）。

祸。有诗人洼腊尔①者，览岛峤之幽胜，触景题咏，流播海邦。故各岛多以诗得名。岛中地暖而不炎溽，草木四时葱郁不凋，鸡犬桑麻不通外境，风泉云物四顾阒寥，可为避世之乐郊。然土产仅木棉，无他货。故舟楫不盛，地旷民稀，遂为国中流人所成矣。渣治②首部落也，为各官治所，亦不甚广，仅如大村落。原本。

《万国地理全图集》曰：北洲内英国藩属之地土广人稀，北至冰疆，南连花旗国，东西及大洋海。北极出四十度至五十度。其地大半平坦，江河又多又长。其最长者称曰老林，暨以利、（翁）〔盦〕大罗③、胡仑④之湖也。海港罗布。其西方林木深邃，内多熊狼野兽，土人以毚皮出市。又产木料，可造船，每岁卖与英国价银几百万两。海滨近新著岛，鱼鳖如沙之多，夏时簇拥海面，不胜其数。各国渔船云集，捕而咸之。每年五谷、木料、皮、鱼各项所运出者计价银八百万两，运进货价银九百九十万两。民户一百二十一万丁。年年有英新氓进地开垦伐木，故数年又可倍其人户也。

其地有两大部，曰上、下加那他。其上部袤延圆方四十二万三千方里。其河涌急滩溢，瀑布飞流，即支瀚内千有余洲，忽然江湖之水汇集急流到岸，白浪掀天，忽而涸落数十丈，令人惊骇无已。其会城曰贵北。英民多迁其地辟阡陌、垦荒地，不期成富。其下部昔乃佛兰西国之新地，居民亦本出其国，尚存礼仪簪缨之族。全崇天主教，设寺建观，不务文，好歌舞。其会城曰门得（亚）利〔亚〕。三曰新（鲜）〔苏〕各兰，乃半地。天气最冷，

---

①洼腊尔，通译瓦莱尔（Waller，人名）。
②渣治，即圣乔治（St. George）。
③盦大罗，即安大略湖（Ontario L.）。
④胡仑，即休伦湖（Huron L.）。

自十月至三月，白雪满地。出铁、铜、石炭。其海中鱼亦繁多。居民安分。其都曰哈勒法，商船往来之市。还有大港口。但城邑颇少，通商亦微。每年入国帑银百六十万两，公费银百十八万两。

四曰北敦头，虚悬海中，内有海港。民（为奴仆。土产金，少银，多铜、铁、铅、水银、绿谷、棉花、白糖、牲畜、靛青、牙兰米等物。居民多在南方，少在北方）〔以捕鱼为生。天气最冷，五谷难出。故独垦海滨之土，而内地荒芜。〕

海国图志卷六十六 邵阳魏源重辑

外大西洋 北墨利加洲

北亚墨利加南境德沙国危地马拉国①

《瀛环志略》曰：得撒，一作德沙，又作特扱，又名费勒多尼亚②，在墨西哥之东，米利坚之西南，南面距海，长广皆约千里。地平如砥，田土极腴，草木畅茂，谷果皆宜。巴拉窝河③由此入海。地气温和，烟户尚稀，奥草丛林，中有瘴气。旧本墨西哥旷土，西班牙据之，米利坚贫民麕至，后遂叛西班牙而附于墨西哥之卓哈回拉部④。道光九年又叛，墨西哥征之六年不服，乃听其自立国。无国王，惟择官司理事。土产木料为多。

《地理备考》曰：德沙国又名费勒多尼〔亚〕，在亚美里加州北区之中。北极出地二十七度三十分起至三十四度止，经线自西九十六度起至一百零六度止。东至花旗国，西连美诗哥国，南接德沙海湾⑤，北界花旗、美诗哥二国。长约二千余里，宽约六百余里，地面积方十七万一千五百里，烟户三亿二万余口。西方间有

①德沙国，又作得撒、特扱，即得克萨斯（Texas）。
②费勒多尼亚，即费拉多利亚（Philadolia）。
③巴拉窝河，又作巴剌索河，即布拉索斯河（Brazos R.）。
④卓哈回拉部，即今墨西哥的科阿韦拉州（State of Coahuila）。
⑤德沙海湾，即得克萨斯湾（Gulf of Texas）。

冈陵，东南北一望平原，风景清旷。有河曰巴剌吾①，又名北河，暨萨（北）〔比〕那②、巴剌索、哥罗拉多③、奴耶塞④、德粦达的⑤等，乃河之大者也。田土极朊，金石、草木、五谷，所产甚繁。地气温和，惟丛林稠密，中藏瘴气，远人易病。不设君位，庶民自推官长理政。所奉之教乃罗马天主公教也。技艺庸拙，贸易萧条。康熙三十年为吕宋国人占踞，迨美诗哥国不服吕宋时，本国接踵相继。（垦地）以民稀未能自立，故附于卓合回拉地合为一部。道光九年，国人起义，屡败美诗哥国之兵，越六载遂自立为国。通国分二十七邑：曰阿剌巴麻，曰巴剌塞里〔亚〕⑥，曰（阿）〔哥〕罗拉多⑦，曰古曼治⑧，曰哥里牙⑨，曰公萨勒⑩，曰阿黎斯布〔里〕⑪，曰厚斯敦⑫，曰（倭）〔稄〕斯卑〔尔〕⑬，曰日非勒孙⑭，曰剌巴加⑮，曰黎卑尔的⑯，曰麻德科尔达⑰，曰迷

———————————

①巴剌吾，指布拉沃河（Rio Bravo）。

②萨比那，指萨拜因河（Rio Sabine）。

③哥罗拉多，指科罗拉多河（Rio Colorado）。

④奴耶塞（Rio Neuces），指纳塞斯河（Rio Neches）。

⑤德粦达的，指特里尼蒂河（Rio Trinity）。

⑥巴剌塞里亚，即布腊索利亚（Brazoria）。

⑦哥罗拉多，即科罗拉多（Colorado）。

⑧古曼治，即卡曼切斯（Camanches）。

⑨哥里牙，即戈利亚德（Goliad）。

⑩公萨勒，贡萨勒（Gonzales）。

⑪阿黎斯布里，即哈里斯堡（Harrisbourg）。

⑫厚斯敦，即休斯敦（Houston）。

⑬稄斯卑尔，即贾斯珀（Jasper）。

⑭日非勒孙，即杰斐逊（Jefferson）。

⑮剌巴加，即拉巴加（La Baca）。

⑯黎卑尔的，即利伯蒂（Liberty）。

⑰麻德科尔达，即马塔戈尔达（Matagorda）。

郎①，曰迷兰②，曰米那③，曰那哥多士④，曰勒黎委尔，曰勒夫日约⑤，曰萨比那⑥，曰三达古斯的音⑦，曰三当多尼亚⑧，曰桑菲里卑⑨，曰桑巴的黎西约，曰达那（令）〔合〕⑩，曰达拉委⑪，曰瓦盛敦。都城名奥斯的音，建于巴剌索河⑫滨，商贾云集，与（后）〔厚〕斯敦、卑沙尔二城，皆通商冲繁之地也。

《地理备考》曰：瓜的马拉国⑬在亚美里加州北（极）〔区〕之南。其国土在北极出地八度起至十七度止，经线自西八十四度四十三分起至九十六度四十分止。东枕安的〔列〕斯海，西界大海暨美诗哥国，南接大海，北连美诗哥国暨安的列斯海。长约三千六百里，宽约一千里，地面积方四十万里，烟户一兆六亿五万余口。地势平原居多，中高边下。有安达斯山由东南直达西北，峰峦叠起，火山甚众，有昼夜吐火不熄者，有或吐或熄者。湖河不一，河之长者八：曰桑若汉⑭，曰么（剌）〔达〕瓜⑮，曰（鸣）

---

①迷郎，即米蓝（Milam）。

②迷兰，即米德兰（Midland）。

③米那，即米纳（Mina）。

④那哥多士，即纳科多契斯（Nacogdoches）。

⑤勒夫日约，即雷富佐（Refugio）。

⑥萨比那，即萨比因（Sabina）。

⑦三达古斯的音，即圣奥古斯丁（Santa Augustine）。

⑧三当多尼亚，同卑沙尔（Bexar），即圣安东尼奥（Santo Antonio）。

⑨桑菲里卑，又作奥斯的音，即奥斯汀（San-Fellipe de Austin）。

⑩达那合，即特纳哈（Tenaha）。

⑪达拉委，疑为戴维拉（Davilla）。

⑫巴剌索河，应作哥罗拉多河，即科罗拉多河（Colorado R.）。

⑬瓜的马拉国，又作新瓜的马拉、跨的马剌，即危地马拉（Guatemala）。

⑭桑若汉，玛吉士把 St. John、St、Jean、St. Juan 均译作桑若汉，在此，桑若汉河即圣胡安河（Rio St Juan）。

⑮么达瓜，指莫塔瓜河（Rio Motagua）。

〔乌〕卢阿①，曰阿罗曼，曰波挨斯②，曰科尔佛③，曰苏麻新达④，曰牙勒⑤。湖之大者三：曰尼加拉瓜，广约一千五百里；曰良⑥；曰阿的丹⑦。土产谷果、金石、禽兽、鳞介、木料、颜料、药材、香料、珍珠、琥珀、云母等物。地气互异，东则温和，西则燠热。地多震动，每有不虞。不设君位，各立官长理政。所奉之教，乃罗马天主公教也。技艺粗疏，贸易淡薄。本国昔为吕宋国兼摄。迨美诗哥不服吕宋时，本国亦接踵自附于美诗哥。迨美诗哥国君被废时，本国亦背之而自立国，不归统属。越十五载，国人会议将现在五部改号五国，大小不等，民数不一。

一、瓜的马拉国：长约一千四十里，宽约（五）〔四〕百里。京都名新瓜的马拉，建于高厂平原之地。地气和，田土肥，百货骈集。

一、桑萨尔瓦〔多耳〕国⑧：地面积方约有三万七千五百里。都城离瓜的马拉国约七百里。土饶产丰，地气炎热，火山甚多。技艺贸易皆盛，其通商冲繁之地五处。

一、洪都拉斯国：长约一千二百五十里，宽约五百里。户口寥旷。地气湿热，田则膏腴。都城建于乌卢阿河滨，其通商冲繁之地三处。

一、尼加拉瓜国：东西相距、南北相距皆约百八十里。烟户

---

①乌卢阿，即乌卢亚河（Rio Ulua）。
②波挨斯，疑指 Rio Poyais（波艾斯河）。
③科尔佛，疑指 Rio Coco（Rio Segovia）科科河（塞戈维亚河）。
④苏麻新达，指乌苏马辛塔河（Rio Usumacinta）。
⑤牙勒，指亚雷河（Rio Yare）。
⑥良（Lago de Leon），指马那瓜湖（Lago de Managua）。
⑦阿的丹，疑指 Lago Izabal（伊萨巴尔湖）。
⑧桑萨尔瓦多耳国，即萨尔瓦多（El Salvador）。

约十万余口。气温土沃。都城建于（高）〔平〕原，其通商冲繁之地六处。

一、哥〔斯〕德黎加国①：东西六百里，南北四百里。烟户约五（百）〔万〕余口。气温土肥。都城建于（平）〔高〕原。其通商冲繁之地：一名加尔达额②，一名波卢加③。

《地球图说》：跨的马刺国，又名危地马拉邦，东南西三面都界大洋，北界麦西可国。百姓约有二百万。都城名跨的马刺城，城内民六万。天气较麦西可国更热，以地当赤道之故也。内多火山，不时地震。昔系大吕宋属国，今亦自主。风俗土产与麦西可国相似。

《地球图说》又曰：北洲海岛在跨的马刺国东面，隔海甚远，海岛约二十余。天气和畅，至秋遇西风则水坏庐舍。内有三大岛，曰苦伯岛④、海低岛⑤、热美加岛⑥。其苦伯之岛，形势穹弯，中有高山，内有火山，不时地震。但大半属英国，其余属大吕宋并佛兰西。百姓统有三百万之数，半述耶稣，半述天主教。其人九分黑孥，一分面白。土产白糖、冰糖、架非、酒、蔫、百果、诃子、棉花等物。

《外国史略》曰：危亚地马拉国分十五部，昔属麦西哥。道光十九年，各部自立国，举首领。后再合，反复无常。地居南北墨利加一线相连之处，广袤六千五百三十里，居民百有十万。海隅港浅，船不能入。东有银山，地出黛青，颇丰腴。

———————————

①哥斯德黎加国，即哥斯达黎加（Costa Rica）。
②加尔达额，即卡塔戈（Cartago）。
③波卢加，即波鲁加（Boruca）。
④苦伯岛，即古巴岛（Cuba I.）。
⑤海低岛，即海地（Haiti I.），或称伊斯帕尼奥拉岛（Hispaniola）。
⑥热美加岛，即牙买加岛（Jamaica）。

海国图志卷六十七

欧罗巴人原撰　侯官林则徐译　邵阳魏源重辑

外大西洋_{南墨利加洲}

南墨利加洲之北曰巴拿马，南北洲之界也。其正北曰可仑比三国，东北为各国兼摄地，其南伯西尔，其西字露，其西南玻利非亚①。又南为巴拉大河②三国，其西智利，极南曰智加③，此外则土蛮也。

南墨利加洲南智加国

《瀛环志略》：巴他峨拿，一作八的哥尼阿，又作巴罗弥那，又名智加，南亚墨利加极南境，即世所传长人国也。地形如袜，北界拉巴拉他④，西北界智利，东距大西洋海，西距大洋海，南距南海⑤。南北约三千余里，东西半之。其地草木荒秽，人皆野番，肢体长大如常人一身有半，攫食野兽，不成部落，亦不与他国往来。地气严寒如北亚墨利加之北境，又别无物产，故欧罗巴诸国

---

①玻利非亚，即玻利维亚（Bolivia）。
②巴拉大河，即拉普拉塔河（Rio de La Plata）。
③智加，又作巴他峨拿、八的哥尼阿、巴罗弥那，世传为长人国，即指智利南部的巴塔哥尼亚（Patagonia）。
④拉巴拉他，即阿根廷之拉普拉塔（La Plata）。
⑤南海，指南大西洋。

未尝过而一问也。极南临海之地，冰雪常凝。隔海对峙一岛，曰铁耳聂离依休勾①，中间之港名麦哲论②，港内多礁，往智利、秘鲁者率取道岛南，狂风迅烈，昏雾迷漫，涛泷之猛恶倍于大浪山③。舟过，人皆额手，喜若更生。

《职方外纪》曰：南亚墨利加之南为智加，即长人国也。地方颇冷，人长一丈许，遍体皆毛。昔时人更长大，曾掘地得人齿，阔三指，长四指余，则全身可知也。其人好持弓矢，矢长六尺，每握一矢插入口中，至于没羽以示勇。男女以五色画面为文饰。

南墨利加洲内金加西蜡国④原无，今补。厄瓜（尔多）〔多尔〕及委内瑞辣⑤附。

《职方外纪》曰：南亚墨利加之北曰金加西蜡。其地出金银，天下称首。其矿有四坑，深者皆二百丈。土人以牛皮造软梯下之，役者常三万人。其所得金银，国王十取其一，七日约得课银三万两。其山麓有城，名曰银城⑥，百物俱贵，独银至贱。贸易用银钱五等，大者八钱，小至五分；金钱四等，大者十两，小者一两。欧罗巴自通道以来，岁岁交易，所获金银甚多，故西土之金银渐贱，而米谷用物渐贵。识者以为后日当受多金之累。然获利既厚，虽知，不能绝也。

其南北地相连处，名宇革单⑦，近赤道北十八度之下，南北亚

---

①铁耳聂离依休勾，即火地岛（Tierra de Fuego）。
②麦哲论，指麦哲伦海峡（Stait of Magellan）。
③大浪山，指好望角（Cape of Good Hope）。
④金加西蜡国，包括今哥伦比亚（Colombia）西北部、委内瑞拉（Venezuela）北部和巴拿马（Panama）。
⑤委内瑞辣，又作威尼稣拉，即委内瑞拉（Venezuela）。
⑥银城，即潘普洛纳（Pamplona）。
⑦宇革单，即尤卡坦（Yucatan）。

墨利加从此而通，东西二大海从此而隔，周围五千余里。天主教未行之先，其国已预知尊敬十字圣架。国俗以文身为饰。土产白糖、烟叶、靛饰，世所称南墨利加州内可伦比国，即此也。

《地理备考》曰：哥伦比亚国，道光十二年分为三国，不相统属。（慈）〔兹〕释国志，仍以哥伦比亚国括之。

哥伦比亚国在亚美里加州南区之北，其国土在北极出地十二度起至南六度止，经线自西六十一度起至八十五度止。东枕亚德兰的海暨巴拉西利国①，西连北卢、哥斯德尔黎加二国暨大海，南接巴拉西利、北卢二国，北界大海，长宽皆约五千里，地面积方一百二十五万里。烟户二兆八亿余口。本国地势，西多冈陵，东多广原，江河贯彻。河之长者九，湖之大者七。田土极腴，谷果最丰。产五金、水银、盐、煤、宝石、木香、药材、棉花、烟叶、蓝靛等物。丛林稠密，禽兽蕃衍。地气互异，海滨平原熇烈难禁，惟内地高处温和，甚便居栖。不设君位，国人各立官长理事。所奉之教，乃罗马天主公教也，其余各教，任人尊奉。技艺庸，贸易少。明孝宗弘治十五年，有意大里亚国人由吕宋国访据其地，分析为三：一名新加拉那大②，一名委内瑞辣，一名（塞）〔基〕多，各置官镇守。嘉庆十五年，国人因花旗国创建之后，亦聚众逐吕宋国守官，攻战八载，于嘉庆二十四年自复其国，号曰哥伦比亚。越十二载，分为三国，不相统属。

一、新加拉那大国：东至委内瑞辣、巴拉西利二国，西枕大海〔暨哥斯德尔黎加国〕，南接巴拉西利、厄瓜多尔二国，北界安的列斯海③〔暨委内瑞辣国〕。长约三千里，宽约（一）〔二〕千

①巴拉西利国，即巴西（Brazil）。
②新加拉那大（Nova Granada），又作新额那他，即新格林纳达（New Grenada）。
③安的列斯海（Antilles），又作安特海隅，即加勒比海（Caribbean Sea）南部。

五百里，地面积方三十四万里。烟户一兆三亿二万余口。地气湿热，北方为甚。田土膏腴，物产最繁。通国分十八部，曰波哥大，乃国都也，建于（平）〔高〕原之中；余地曰安的育基〔亚〕①，曰内巴②，曰马黎济大③，曰波巴焉④，曰巴斯多⑤，曰布挨那温都拉⑥，曰说各⑦，曰巴那马，曰委拉瓜⑧，曰加尔达日那⑨，曰蒙波士⑩，曰三达麻尔大⑪，曰里约合沙⑫，曰冬日⑬，曰邦不罗那⑭，曰索各罗⑮，曰加萨那勒⑯。

一、厄瓜（尔多）〔多尔〕国：东至巴拉西利国，西枕大海，南接北卢国，北界新加拉那大国。长宽皆约三千里，地面积方三十八万里。烟户六亿三万余口。地气温和，甚便居栖。田土肥，贸易盛。国分八部：曰基多，乃国都也，建于山谷之中；余部曰

---

①安的育基亚，即安蒂奥基亚（Antioquia）。

②内巴，即内瓦（Neiva）。

③马黎济大，即马里基塔（Mariquita）。

④波巴焉，即波帕扬（Popayan）。

⑤巴斯多，即帕斯托（Pasto）。

⑥布挨那温都拉，即布埃纳文图拉（Buenaventure）。

⑦说各，即乔科（Chocó）。

⑧委拉瓜，即贝拉瓜斯（Veraguas）。

⑨加尔达日那，又作加他义那，即卡塔赫纳（Cartagena）。

⑩蒙波士，即蒙波斯（Monpox，Monpos）。

⑪三达麻尔大，即圣马尔塔（Santa Marta）。

⑫里约合沙，即里奥阿查（Riohacha）。

⑬冬日，即通哈（Tuha）。

⑭邦不罗那，即潘普洛纳（Pamplona）。

⑮索各罗，即索科罗（Socorro）。

⑯加萨那勒，即卡萨纳雷（Casanare）。

井波拉索①，曰英亚不拉②，曰瓜亚斯③，曰马那比④，曰官加⑤，曰罗沙⑥，曰稜音⑦。

一、委内瑞辣国：东枕海暨古牙内⑧地，西连新加拉那大国，南接巴拉西利国，北界海。长约三千五百里，宽约二千二百五十里，地面积方四十一万里。烟户八亿五万余口。地气互异，平原燠烈，山谷温和，高阜严寒。土肥产丰。国分十二部：曰加拉架⑨，乃本国都也，建于山谷之中；余部曰加拉波〔波〕⑩，曰马拉该波⑪，曰哥罗⑫，曰都卢斯罗⑬，曰美黎达⑭，曰（马）〔瓦〕黎那⑮，曰亚不勒⑯，曰瓜牙那，曰古麻那⑰，曰巴尔塞罗〔那〕⑱，曰马尔加黎大⑲。

《外国史略》曰：可伦比各地自北极出地一度至十度，南极出

---

①井波拉索，即钦博拉索（Chimborazo）。
②英亚不拉，即因巴布拉（Imbabura）。
③瓜亚斯，即瓜亚斯（Guayas）。
④马那比，即马纳比（Manabi）。
⑤官加，即昆卡（Cuenca）。
⑥罗沙，即洛哈（Loja）。
⑦稜音，即今秘鲁的哈恩（Jaén）。
⑧古牙内，又作瓜牙那，即圭亚那（Guyana）。
⑨加拉架，又作加拉甲，即加拉加斯（Caracas）。
⑩加拉波波，即卡拉沃沃（Carabobo）。
⑪马拉该波，即马拉开波（Maracaibo）。
⑫哥罗，即科罗（Coro）。
⑬都卢斯罗，即特鲁希略（Trujillo）。
⑭美黎达，即梅里达（Merida）。
⑮瓦黎那（Varinas），即巴里纳斯（Barinas）。
⑯亚不勒，即阿普雷（Apure）。
⑰古麻那，即库马纳（Cumana）。
⑱巴尔塞罗那，即巴塞罗那（Barcelona）。
⑲马尔加黎大，即马加里塔岛（Margarita I.）。

地自一度及五度，八十八万方里。南连伯路①、巴悉等国，北及安特海隅、大西洋海，东连巴悉国，西连北亚默利加之巴那马峡并大东洋海。此地旧属是班亚国，历三百十八年。至嘉庆十四载，居民忽叛，是班亚国调军不能征服。道光元年，列邦会议听其自主，与花旗无异。但人心不齐，道光十年再叛，分是地为三分。

其西方曰新额那他，广袤一万七千三百九十五万里，居民一百七十万六千，分五部、十八郡。地产金，较亚默利加各国尤多。亦出铜、石盐、蓇蓇、加非、青黛、皮、药材。其安特海港②，乃名埠也。又加他义那，居民一万，在巴那马微地，通商兴旺。每年船只二千，收帑银三百零七万圆，公欠项三千三百万圆。其都曰巴峨他城③，居民三万。

其东北方威尼稣拉国，地广袤一万八千九百六十里，居民六十九万六千，地分四部、十郡。就地高下种麦并加非、白糖等货。其都曰加拉甲，在安特海口，每年进出船一百只，运出加非、蓇蓇、烟、黛青等货计一百四十万两，运入布匹及制造之物约价一百七十五万圆。其余海口，未大通商。每年收帑银二百五十万圆，公欠项二千万圆。

其西南方黄道地方即厄瓜多尔国，广袤一万五千三百八十五里，居民五十五万口，地分三部、七郡。出木料、蓇蓇等货，每年出入之货各约三百万圆，进出之船百二十五只。危亚贵④系大港口。公欠项一千五百万圆。其是班亚苗裔之民耽逸乐、惮劳苦、好修饰，男女集会歌唱，饮食无节。惟土人稍知工作，众食西粟。

---

①伯路，即秘鲁（Peru）。
②安特海港，即今哥伦比亚的巴兰基亚（Barranquilla）。
③巴峨他城，即波哥大（Bogota）。
④危亚贵，即瓜亚基尔（Guayaqull）。

火山高千八百丈，山岭极天，地势雄峻。惟阿利诺河①边地低坦、多泽潴，草水繁盛。土民性猛好斗，惟养牲畜，未向化。

《瀛环志略》曰：可仑比亚，一作可仑巴，一作金加西腊，南亚墨利加极北境也。西北至巴拿马，与危地马拉接壤，东界英吉利新地，东南界巴西，西南界秘鲁，北与西皆界海，纵横皆约五千里。西界安达斯大山②，有火峰。以阿利诺、马加他③二河为大。所称西班牙三部之新加拉那大，即金加西蜡之转音也。

南墨利加洲内孛鲁国一作伯路。破利

威国附。原无，今补。

《外国史略》曰：伯路国，一作孛露，又作北卢，广袤万八千五百八十方里，北连可伦比国，南接破利威国④，东及破利威、巴悉等国，西及大东洋海。南极出地自三度至二十二度，偏西自六十五度及八十一度二十分。国分三部、二十六郡。西方多山，高入云霄。此地高于海面百二十丈，地坦林密。山出金银，自是班亚开矿后至嘉庆十四年，计共出金银十二万三千二百四十四万圆，又出水银、铜、胡椒、绵花、西米、药材、白糖，但不产食物，必由他国运入。缘是班亚人初到此国，见土人所用器俱金银宝饰，因集土民勤掘，昼夜不息，运归本国，皆有货无价。是班牙人又自无制造之材，必由外国买运而至，故财易得易失也。近英人亦于此运金银返国。此地港口曰（黑）〔里〕马城⑤，港口有

①阿利诺河，即奥里诺科河（Rio Orinoco）。
②安达斯大山，即安第斯山脉（Andes Mts.）。
③马加他河，即马格达莱纳河（Rio Magdalena）。
④破利威国，即玻利维亚（Bolivia）。
⑤里马城，即利马（Lima）。

加老①，国与花旗无异。

《职方外纪》曰：亚墨利加洲之西曰孛露，起赤道以北三度至赤道以南四十一度，大小数十国，广袤万余里，中间平壤沃野，亦万余里。地肥硗不一，肥者不烦耕治，布种自能生长，凡五谷、百果、草木皆上品，故本地人目为大地之苑圃也。其鸟兽之多，羽毛之丽，声音之美，亦天下第一。地出金矿，取时金土互溷，别之金多于土，故金银最多。国王宫殿皆以黄金为板饰之。独不产铁，兵器皆用烧木铦石。今贸易相通，渐知用铁，然至贵。余器物皆金银铜三种为之。

有数国从来无雨，地中自有湿性，或资水泽。有树，生脂膏极香烈，名拔尔撒（弥）〔摩〕，傅诸伤损，一昼一夜肌肉复合如故；傅痘不瘢；以涂尸，千万年不朽坏。有一种异羊，可当骡马，性甚倔强，有时倒卧，虽鞭策至死不起，以好言慰之，即起而走，（为）〔惟〕所使矣，食物最少，可绝食三四日，肝生一物如卵，可疗诸病，海国甚贵之。天鹅、鹦鹉尤多，有一鸟名厄马，最大，生旷野中，长颈高足，翼翎极美丽，通身无毛，不能飞，足若牛蹄，善奔走，马不能及。卵可作杯器，今番舶所市龙卵，即此物也。产棉花甚多，亦织为布，而不甚用之，专易大西洋布帛及利诺布，或剪马毛织为服。

其地江河极大，有泉如脂膏，常出不竭，人取燃灯，或涂舟砌墙，当油漆用。又有泉水出于石罅，才离数十步，即变为石。有土能燃火，可当炭用，平地山岗皆有。地震极多，一郡一邑常有沉陷无遗者。或平地突起山阜，或移山至于别地，皆地震之所为也。故不敢为大宫室，上盖必以薄板，以备震压。

――――――

①加老，即卡亚俄（Callao）。

其俗大抵无文字书籍，结绳为识，或以五色状物形以当字，即史书亦然。算数用小石子，亦精敏。其文饰以珍宝嵌面，或以金银为环，穿唇及鼻，臂腿或系金铃，复饰重宝，夜中光照一室。

其道路自国都以达万余里，凿山平谷，更布石为坦途，以便驿使。传命则数里一更，三日夜可达二千里。人性良善，不长傲，不饰诈，风颇淳古。因其地金银最多，任意可取，故无窃盗贪吝，亦不自知其富。或反务细微无益之业以度日。但陋俗最多。近日天主教中士人往彼劝化，教之经典书文，与谈道德理义，始改往时杀人祭魔、驱人殉葬之俗，为善反力于诸国，有捐躯不辞者。

其间亦有最恶劣之地，土产极薄，人拾虫蚁为粮。以网四角挂树而卧，盖因地气最湿，又有最毒之蛇，人犯之必死，故不敢下卧，恐寐时触之也。

其土音各种不同，有一正音可通万里之外。凡天下方言，过千里必须传译。其正音能达万里之外，惟有中国与字露而已。近有一大国，名亚老歌，人强毅果敢，善用弓矢及铁杵，不立文字，一切政教号令皆口传说。辩论极精，闻者最易感动。凡出兵时，大将戒（论）〔谕〕兵士不过数言，无不感激流涕，愿效死者。他谈论皆如此。

《万国地理全图集》曰：伯路国东至巴悉国，西及大洋，南连治里①、拉巴拉答等地，北交可仑巴。南极出自四度至二十五度，偏西自六十度至六十八度，其上下两地共计袤延方圆二百七十九万里。山岭最高者二百四十三丈，地场高于海面百二十丈，是以山下暴热，而高处冰凝。其海边旷沙不毛，内地则五谷丰产。但居民不务农，专开金银山矿。自是班牙国人至后所开出者，广大

①治里，又作济利国，即智利（Chile）。

无限。其著名之银山称曰陂多西①，高一百六十丈，周绕五千八百里，山坡自顶以下皆各色矿，自开通以（下）〔后〕所出之银共计七万二千万两。别有他山出金，其江河沙内亦有金，故此居人各用心以出地下之库，并不理其地面之五谷、蔬菜也。

明万历年以后，是班牙国之军到亚默利加之时，风闻伯路地乃宝海金山，是以用心竭力，不顾阻碍，冒危忍饿而至其地，强服其土王，居民不能抵御，只得遵是班牙之命。又奉天主教。自后是班牙国派官防范，专其金银之利。道光年间，此居民亦驱其外敌而自立土主。昔分两国，谓之上下，此时再连合一国。是班牙国之后裔，好接远客，宽和礼貌，但惮劳好逸，以赌博为务。其通商不多，所出者药材与金银而已。其女眼波明媚，使人易迷。造酒善酿，痛饮必醉。居民二百七十九万丁。国都里马城。其马头曰加老港。又屈可城②在内地，昔土君之都也。拉八邑③在高山中。

《地理备考》曰：北卢国即孛路也，北极出地三度起至二十三度止，经线西六十九度起至八十四度止，东至巴拉西利、波里维亚二国，西枕大海，南接高北卢国④暨大海，北界哥伦比亚、巴拉西利二国，长约五千三百里，宽约二千五百六十里，地面积方七十八万三千里，烟户一兆七亿余口。本国地势，西方崇山峻岭，东方丛林广原。湖河无几，地震甚多。河之长者，曰马拉良⑤，曰阿不里麻①，曰吾加牙勒②，曰瓜拉加③。湖之大者，曰的〔的加〕加④。田少朊腴，野多沙漠。土人虽勤，稼穑维艰。土产五金、水银、谷、麦、胡椒、棉花、药材、树胶、颜料、香料等物。地气互异，海滨温燥，山中调和，平原湿热，岭上寒冽。不设君位，庶民自立官长理政。所奉之教，乃罗马天主公教也。技艺庸拙，贸易萧条。明世宗嘉靖三年，有吕宋国人访据其地，虐待其民。嘉庆十三年，佛兰西国率兵侵扰吕宋国时，各国接踵谋自立。惟时吕宋兵众，事竟不果。越十三载，国人协同济利国军侵利马城，败吕宋之兵，驱逐官员，自立为国，不归统属。未几民乱复兴，贼寇猖獗，以至国分为二，有高下之称。其后疆界虽析，挟嫌如故。通国分七部：曰利马，乃本国都也，建于利马各河⑤滨；余部曰阿勒（塞）〔基〕巴⑥，曰不诺⑦，曰古斯各⑧，曰阿牙古说⑨，曰（人）〔入〕宁⑩，曰利卑〔尔〕达⑪。其通商冲繁之地二处。

《地理备考》曰：高北卢亦孛露之分国，一名破利威国，又作波里维亚国，在美里加州南区之西，南极出地十一度起至二十四度止，经线自西六十度起至七十三度止，东至巴拉西利、巴拉大

---

①阿不里麻，指阿普里马克河（Rio Apurimac）。
②吾加牙勒，指乌卡亚利河（Rio Ucayali）。
③瓜拉加，指瓦利亚加河（Rio Haullaga）。
④的的加加，指的的喀喀湖（Lago Titicaca）。
⑤利马各河，即利马克河（Rio Limac）。
⑥阿勒基巴，即阿雷基帕（Arequipa）。
⑦不诺，即普诺（Puno）。
⑧古斯各，即库斯科（Cuzco）。
⑨阿牙古说，即阿牙库乔（Ayacucho）。
⑩入宁，即胡宁（Junin）。
⑪利卑尔达，即拉利伯塔德（La Libertad）。

河合众①二国，西连北卢国暨大海，南接巴拉乖国②、济利国、巴拉大河〔合众〕国三境，北界巴拉西利、北卢二国，长约四千里，宽约一千五百里，地面积方三十九万六千里，烟户一兆三亿余口。本国地势，有山谷，有平原。其安达斯山由北而南，东西分岐，在东者峭壁参天，冰霜凝积；在西者峰峦叠起，火焰不熄。河之长者曰瓜卑③，曰北尼④，曰比哥麻约⑤，曰马尔么勒⑥。湖之大者曰的〔的加〕加，界于北卢之间。田土互异，东方膏腴丰产，西方硗瘠沙漠。至若土产，与北卢国相等。地气高下悬殊，然东、南、西大抵温和，不害居栖，惟北方炎热为患。不设君位，立官理政。所奉之教，乃罗马天主公教也。技艺庸，贸易少。本国与下北卢同为一国，迨下北卢违背吕宋时，本国亦接踵不受管辖。道光五年乃去北卢，自为一国。分设六部：曰朱基萨加⑦，乃本国都也，建于平原之中；余五部曰巴斯⑧，曰疴鲁罗⑨，曰波多西，曰哥沙邦巴⑩，曰〔三〕达古（斯卢）〔卢斯〕⑪。都城曰乍尔加斯，会城曰巴斯达牙古叔⑫。而波多西银矿最旺，初开至今，得银

①巴拉大河合众国，即拉普拉塔合众国（Rio de La Plata The United Provinces），指今阿根廷（Argentina）。

②巴拉乖国，又作巴拉危崖，即巴拉圭（Paraguay）。

③瓜卑，指瓜波雷河（Rio Guaporé）。

④北尼，指贝尼河（Rio Beni）。

⑤比哥麻约，指皮科马约河（Rio Pilcomayo）。

⑥马尔么勒，指马莫雷河（Rio Mamoré）。

⑦朱基萨加，又作加甲城、乍尔加斯，即丘基萨卡（Chuquisaca）。

⑧巴斯，即拉巴斯（La Paz）。

⑨疴鲁罗，即奥鲁罗（Oruro）。

⑩哥沙邦巴，即科恰班巴（Cochabamba）。

⑪三达古卢斯，即圣克鲁斯（Santa Cruz）。

⑫巴斯达牙古叔（La Paz de Ayacucho），即阿亚库乔和平城，后简化为 La Paz（拉巴斯）。

七万二千万奇。

《外国史略》曰：破利威国，一作波里维，即伯路之分国也，亦名高伯路，在伯路之南。地广袤二万七千方里，居民二百四十万口。地分十部、六十三郡，西及大东洋海，北及伯路，东及巴悉国并巴拉危崖。中有高峰，二千五百四十丈，为是州最高之山。草木蕃盛，人迹难到。其都曰加（申）〔甲〕城，居民一万二千，地甚高，又丰盛。其产银之山，昔时出银无数，名扬四海；今矿虽空，然每年所入公帑尚过于所出约二千万圆。海港市颇兴旺。又有益赖口①、迤贵基口②、拉米口③及亚（默）利加之口④，每年约进船各百只。又破利威，一名玻利非亚。

　　案：破利威在秘鲁之南，安达斯大山自西北来，环国之西面如带。其西浮沙浸海，斥碛不毛。山以东横岭错出，拓为平原，膏腴之土，蔬谷皆宜。因地产金银，举国以攻矿为业，农事全荒，恒苦饥馑。居民皆西人苗裔，善待宾客，温蔼可亲。然好赌恶劳，贸易悉倩他国，故为西人所制。又善酿酒，终日沉醉。虽兼产铜、铅、水银、胡椒、甘蔗、绵花、药材、颜料、香料，而利权归他人，土人方卧醉乡，呼庚癸焉，岂不惜哉？

①益赖口，即秘鲁的艾莱（Islay）。
②迤贵基口，疑指智利的伊基克（Iquique）。
③拉米口，疑指 Cobija（科比哈），即 Puerto de Lamar（拉马尔）港口。
④亚利加之口，疑指智利的阿里卡（Arica）。

海国图志卷六十八 邵阳魏源重辑

外大西洋

南墨利加洲内巴拉大河国巴拉圭及乌拉乖附

《地理备考》曰：巴拉大河国，又曰阿尔仁的纳①，在〔亚〕美里加州南区中，南极出地二十度起至四十一度止，经线自西五十五度起至七十二度止，在巴拉乖、乌拉乖西，南北七千六百里，东西三千八百里，地面积方一百四十万里，烟户二兆余口。内地东方平原旷广，西北重冈叠岭。河之长者九，湖之大者五。土饶产富。地气各殊，温和居多，夏雨连绵，雷电交作，山顶冰雪凝积。不设君位，庶民自立官长理事。奉罗马天主教。技艺颇精，贸易日盛。明武宗正德四年为吕宋国人攻取，驻兵镇守。嘉庆十三年，国人不受辖制，效尤花旗，② 谋自立国，兴师攻战。越二载，逐去吕宋守官，自立国人摄政，不设君位。通国分为十四部：曰布宜诺塞利③，乃本国都也，建于巴拉大河滨，因以名国；余部

---

①阿尔仁的纳，即阿根廷（Argentina）。
②以上 145 字辑自《万国地理全图集》，非辑自《地理备考》。
③布宜诺塞利，又作捕诺爱勒、善爱勒城，即布宜诺斯艾利斯（Buenos Aires）。

曰音德勒里约〔斯〕①，曰哥连德②，曰三达非③，曰哥尔多瓦④，曰（尼）〔三的牙哥尼〕斯德罗⑤，曰都古曼⑥，曰萨尔达⑦，曰如锐⑧，曰加达马〔尔架〕⑨，曰里约秪⑩，曰桑若汉⑪，曰桑卢意斯⑫，曰门多萨⑬。其通路闭塞，与他国罕交往。是以天主教之僧于乾隆年间自招土类，教之成人。此后是班牙国之藩属驱其古主。其国亦出茶叶，与武夷不同，饮之者醉后不醒。拉国之南，还有广地，曰巴他峨那⑭，一片荒芜，人户不多，野人形貌魁梧。其天气甚寒，居民以猎兽为生。其最南之地隔海岛，其内间之海峡，昔系驶伯路⑮船之大路，此时望其岛之南而航，时时暴风冰霜交作，属最危险。

《地理全图集》曰：拉巴拉他国由治理国东延至大西洋海，辽阔平坦，袤延三百万余方里，平坦浩渺，草树杂木。其大江与国同名，流长九千里，进海之口，阔九十里，北里可马河⑯与伯默若

①音德勒里约斯，即恩特雷里奥斯（Entre Rios）。
②哥连德，即科连特斯（Corrientes）。
③三达非，即圣菲（Santa Fe）。
④哥尔多瓦，即科尔多瓦（Cordoba）。
⑤三的牙哥尼斯德罗，即圣地亚哥德尔埃斯特罗（Santiago del Estero）。
⑥都古曼，即图库曼（Tucuman）。
⑦萨尔达，即萨尔塔（Salta）。
⑧如锐，即内乌肯（Neuquen）。
⑨加达马尔架，即卡塔马卡（Catamarca）。
⑩里约秪，即拉里奥哈（La Rioja）。
⑪桑若汉，即圣胡安（San Juan）。
⑫桑卢意斯，即圣路易斯（San Luis）。
⑬门多萨，即今门多萨省府驻地门多萨（Mendoza）。
⑭巴他峨那，又作巴他峨尼，即巴塔哥尼亚（Patagonia）。
⑮伯路，即秘鲁（Peru）。
⑯北里可马河，即皮科马约河（Rio Pilcomayo）。

河①汇之〔皆〕。游牧平地。是班牙人初至时，野牛不盈十只，但带牝牡而牧放之，近日加增繁盛。其居民七十万，不重农务，惟捕野牲，食牛肉，售牛皮，歌舞、赌博、骑马而已。通商甚大，进口货价三千九百万员，所出者三千万员。虽自立主，但尊贵弄权虐民，律例未定。此时各部取兼摄亚默利加国之号，但国权久废，各自专擅。其国都曰捕诺爱（勤）〔勒〕，居民七万丁，在大江之滨。山威多②乃其马头，通商殷盛。内地尚有国，曰巴拉吴爱，即巴拉乖一作巴拉圭之异名也。

《外国史略》曰：银国，一名拉巴他国，东南连巴他峨尼，北及破利威，东连巴拉涯③、乌路危④等国，西连治利，广袤方圆四万一千里，居民六十万。其地广大平坦，在拉巴他河边。濒河地甚丰盛，其余大半荒芜，荆棘千里。百姓不耕，惟猎野牛，食其肉，卖其皮。河流甚长，其广如湖，入海处甚阔。国中有草，叶味如茶，可饮。居民游牧，骑马奔驰，速如飞鸟。岁入公帑银七百万圆，出八百万圆，公欠项五千万圆。国都曰善（为）〔爱〕勒城，在拉巴他河口，因以名国，居民八万。所运者系牛马獭皮，每年三四百。外国船进口者各三四百只，运进英国布匹、丝缎各项价四百二十五万圆。

此国昔与银国相合者曰巴拉危涯，广袤四千一百七十五方里，居民十二万。南连之国曰乌路危，广袤四千九百十五方里，居民十二万九千。其都曰文地威多城，大港口也，居民一万。与外国通商，岁约一千三百万圆，船二百余只，每年出入不绝。巴拉之

---

① 伯默若河，即贝尔梅霍河（Rio Bermejo）。
② 山威多，又作文地威多城、蒙得维罢，即今乌拉圭首府蒙得维的亚（Montevideo）。
③ 巴拉涯，又作巴拉危涯，即巴拉圭（Paraguay）。
④ 乌路危，即乌拉圭（Uruguay）。

都曰亚孙西云①，居民一万二千，通商未广。此外本州之北，谓之南墨利加州内各国兼摄地，埔头而已。安达斯大山在国之西，与智利界。

《地理备考》曰：巴拉乖国在〔亚〕美里加州南区之中，乃巴拉大河分国也。南极出地二十度起至二十八度止，经线自西五十六度起至六十一度止。东至巴拉西利国，西南连巴拉大河国，北界高北卢、巴拉西利二国，长约二千里，宽约八百里，地面积方三十四万三千里。烟户二亿五万余口。本国平原广阔，山林稀疏。河之长者曰巴拉乖，在西方；曰巴拉那，在东南；曰波卢多，曰波德黎，曰多巴的，曰义巴内，曰比勒，皆在北方；曰加那卑，曰的比瓜黎②，皆在南方。每遇阴雨，各河涨溢，积久难消，遂成大湖。水退泥淤，其地膏腴。产谷果、草木、大黄、血竭、桂皮、甘蔗、蓝靛、绵花、烟叶、茶、蜜、牙兰米等物。禽兽充斥，鳞介尤繁。地气互异，湿热燥寒，各有不同。酋长统摄。所奉之教，乃罗马天主公教也。工商皆少。原本国于明世宗嘉靖五年，有意大里国人据其地。越九载，为吕宋所取，拨与耶苏会僧人管摄。后僧奏毋庸派设官守，并禁吕宋国人前往其地，以免日久篡夺，致废教规。吕宋国君均依所请。是以二百年来，政事皆归僧摄理。乾隆三十二年，吕宋国王将耶苏会僧尽逐出境，本国遂附于（加）〔巴〕拉大河国为一部，派官镇守。迨吕宋所属各国不服统辖，驱逐守官，本国各地亦自分二十县。首邑名阿松桑，乃本国都也，建于巴拉乖河岸，因以得名。其通商冲繁之地五处。

《地理备考》曰：乌拉乖国在亚美里加州南区之东南，南极出

---

①亚孙西云，又作阿松桑，即亚松森（Asunción）。
②的比瓜黎，指特比夸里河（Rio Tebicuary）。

地三十度起至三十五度止，经线自西五十五度起至六十一度止，东至巴拉西利国〔暨亚德兰的海〕，西界乌拉乖河，南枕亚德兰的海暨巴拉大河，北接巴拉西利国，南北千二百五十里，东西千三百里，地面积方八万三千里。烟户七万余口。南皆山阜，北则平原。有河曰巴拉大，曰乌拉乖，曰内哥罗①，〔曰〕塞波拉地②等，贯彻沃润，故肥饶丰产。地气温和，不害居栖。不设君位，公立官长以司政事。所奉之教，乃罗马天主公教也。工商皆少。原本国始为巴拉大河国之地，继为巴拉西利国所取。迨道光六年，国人叛而自立，不归统属。各地分为九府：曰蒙德维罢，曰马尔多那〔多〕③，曰加内罗〔内〕斯④，曰桑若塞⑤，曰哥罗尼〔亚〕⑥，曰索黎〔亚〕奴⑦，曰白三都⑧，曰都拉各奴⑨，曰塞卢拉尔科⑩。国都建于巴拉大河岸右。

《瀛环志略》曰：拉巴拉他，一作字腊达，又作巴拉大河，（又作）由乃的朴拉文士士。在智利东，隔以安达斯山，北界玻利非亚，东界乌拉乖、巴拉圭，西南界巴他峨拿，东南距海，长约四千五百里，广约三千里。巴拉圭或作巴拉乖，又作巴拉吾爱。间于巴西、拉巴拉他中，长约一千八百里，广约八百里。乌拉乖在巴拉圭南，长一千二百五十里，广一千三百里。

---

①内哥罗，指内格罗河（Rio Negro）。
②塞波拉地，指塞博拉蒂河（Rio Cebollati）。
③马尔多那多，即马尔多纳多（Maldonado）。
④加内罗内斯，即卡内洛内斯（Canelones）。
⑤桑若塞，即圣何塞（San José）。
⑥哥罗尼亚，即科洛尼亚（Colonia）。
⑦索黎亚奴，即索里亚诺（Sorianc）。
⑧白三都，即派桑杜（Paysandú）。
⑨都拉各奴，即都拉斯诺（Durazno）。
⑩塞卢拉尔科，即塞罗拉尔戈（Cerro Largo）。

南墨利加洲内伯西尔国原无，今补。

《职方外纪》曰：南墨利加之东境有大国名伯西尔，起赤道以南三度，至三十五度而止。天气融和，人寿绵长，亦无病疾。他方有病不能疗者，至此即瘳。地甚肥（硗）〔饶〕，多奇异鸟兽。江河为天下最大。有大山介孛露者，高甚，飞鸟莫能过。产白糖最多，嘉木种种不一，而苏木甚多，亦称为苏木国。有一兽名懒面，甚猛，爪如人指，有鬃如马，腹垂着地，不能行，尽一月不逾百步。喜食树叶，缘树取之，亦须两日，下树亦然，决无法可使之速。又有兽，前半类狸，后半类狐，人足枭耳，腹下有房，可张可合，恒纳其子于中，欲乳方出之。其地之虎，饿时百夫莫可当；值其饱后，一人制之有余，即犬亦可毙之也。饕餮之害如此！

国人善射，前矢中的，后矢即破前筈，连发数矢，常相接如贯，无一失者。俗多裸体，独妇人以发蔽前后，凿颐及下唇作孔，以猫睛夜光诸宝石嵌入为美。妇人生子即起，作务如常。其夫则坐蓐数十日，服摄调养。亲戚俱来问候，馈遗弓矢食物。有难以情理通者，然习俗相沿，亦莫觉其非也。

地不产米麦，不酿酒，用草根晒干磨面作饼以当饭。凡物皆公用，不自私。土人能居水中一二时，复能张目明视。亦有能游水最捷者，恒追执一大鱼名都白狼而骑之，以铁钩钩入鱼目，曳之东西走，转捕他鱼。素无君长、书籍，亦无衣冠，散居聚落，喜啖人肉。西土常言，其地缺三字，王、法、文是也。今已稍稍归化，颇成人理。

其南有银河，水味甘美，尝涌溢平地，水退，布地皆银沙银粒矣。河身最大，海口阔数百里，水入海中五百里以内尚为银泉，不入卤味。其北又有一大河名阿勒恋①，亦名马良温，河身曲折，三万里未得其源。两河俱为天下第一。

《万国地理全图集》曰：巴悉国，一作伯西尔国，东至大西洋海，西连〔伯〕路、巴拉等国，南亦交巴拉，北连（墨西可）〔可伦比〕② 与佛兰〔西〕、荷兰等藩属。北极出一度至南三十二度，偏西自四十五至六十五度，衮延方圆九百七十二里。其地之山不高而大半平坦。其江河又多又长，普天下至长者曰亚马孙河，其口似海。凡悉河③由南流北，乌路愚爱河④自北至南，两者皆长江也。此国之林木深密，财产山积，惜人迹难到，百物自萌自槁。其国出红木、珈琲、棉花、白糖、药材、牛皮、烟焉，又出金沙、金铜钻石、各项宝玉。其居民无经营之心，由外国买来物件布匹。每年运出货共价银千五百九十三万两，出二千三百四十九万两。葡萄牙国船初到此国，一望荒地，渐加开垦。荷兰国兵夺取之，占据五十年，复为葡萄牙驱逐。培植田稼，买黑面人口而用之。于道光年间，居民上下四百万丁，其中八十万白面之人，四十二万杂类，十五万自主之黑民以及百七十二万黑奴。是时居民自恃有权能自专制，遂绝本国而自立旧王之世子为君，又取国之尊贵者合力协心治理。其居民性惮劳，惟雇黑奴行作，自寻娱乐。而温待其奴，并非暴主也。其国都及其马头曰牙匿罗⑤，其海口广大，光景最美，令初至者销魂。其居民百五十万丁，商船云集。又巴希亚⑥马头，居民悦赌博，因陷溺日深，匪类夜间杀人。陌南

①阿勒恋，又作马良温，即亚马孙河（Rio Amazonas）。
②可伦比，即哥伦比亚（Colombia）。
③凡悉河，即圣弗兰西斯科河（Rio São Francisco）。
④乌路愚爱河，即乌拉圭河（Rio Uruguay）。
⑤牙匿罗，又作牙尼罗，即里约热内卢（Rio de Janeiro）。
⑥巴希亚（Bahia），即萨尔瓦多（Salvador）。

捕可大城①居民七万丁，其地方一片平坦，居民惟骑马猎牛而已。贵城②在内地，金沙刚玉所出。居民惟用心出百宝而不务农。内地之土人不多，野性强梗。

在此地之北，尚有佛兰西新地，林树稠密，外人不服水土，染瘴多死。其都城曰加延③，出番树与丁香等货。但因疫气，故人户疏罕，而国家罪犯徒流于此。荷兰亦开新地名曰苏利南④，在水泽之中。出白糖、珈琲等货。但其林内尚有遁去之黑人，屡次与土人勾串滋事。其都曰巴拉马利破美城⑤。英国北夺荷兰地而居之。沉茫泥地，亦出白糖、珈琲等货。将其地分三部：曰特默拉⑥，曰益其坡⑦，曰北彼治⑧。其黑人大半在此耕田，产物多而费耗繁，是以其农无利。

《外国史略》曰：巴悉国，一作伯西尔国，北连危亚拉、可伦比等国，南连乌拉圭，东及大西洋海，西连银国⑨、破利威、伯路等国，广袤十四万四千五百五十方里。北极出地自四度十七分及南极三十八度。地多山，甚荒芜，多河泽，饶材木、五金、宝玉等货。古无人到，有葡萄国商船漂至其地，一见山岭广大，即占之。居民蛮猛不服而无技艺，究为葡萄人火器所降服。后荷兰来争，暂据其地，旋不能守，葡萄亚再据之，创立巴悉国。居民共计六十万口。管是地者，皆葡萄亚苗裔。其黑面人则由亚非利加

①陌南捕可大城（Pernambuco），又作伯南布哥、白南布可城，即累西腓（Recife）。

②贵城，即库亚巴（Cuiaba）。

③加延，即卡宴（Cayenne）。

④苏利南，即苏里南（Surinam）。

⑤巴拉马利破美城，即帕拉马里博（Paramaribo）。

⑥特默拉，即德梅拉拉（Demerara）。

⑦益其坡，即埃塞奎博（Essequibo）。

⑧北彼治，即伯比斯（Berbice）。

⑨银国，指拉普拉塔（La Plata），亦即今阿根廷。

买运来，每年四五万口。居民崇天主教。物产最盛者为白糖、加非，又出米、绵、烟、红木、金刚石。地虽肥饶，百姓惟牧羊牛，种甘蔗，不种五谷，故屡遭饥馑。每年出金约值五万圆，金刚石值十万圆，运出货价三千八百五十万圆。通商之地系牙匿罗都城，其进口船每年七百只，英国人十之四，花旗国人十之二。其北方尚有数海口通商，民间殷户多外国人。此国君亦自称王，立公会以议国政。民不好学，故无学馆。每年所入公帑银千八百二十五万圆，公欠九千一百万圆。兵十三万，民壮二十万，大小战船一百二十只。其都曰牙尼罗城，居民二十一万。巴希亚城居民十八万五千，巴拉城①居民二万八千五百，圣保罗城居民四万五千，贵城居民三万九千，美城居民二万五千，白南布可城居民六万二千。

1790

---

①巴拉城（Para），又作帕拉，即贝伦（Belém）。

海国图志卷六十九

欧罗巴人原撰　侯官林则徐译　邵阳魏源重辑

外大西洋 <small>南墨利加洲</small>

南墨利加洲内智利国 <small>原本</small>

《万国地理全图集》曰：南亚默利加地内之列国，俱各自主。除巴悉外，其余一切皆昔时是班牙藩属。

北地称曰可仑比亚，东及大西洋海，西至大洋海，北连巴那马，南交巴悉、伯路等国。北极出地自十二度至南极六度，偏西自五十八至八十度，袤延方圆七十二万方里。居民三百四十万名。遍地崎岖，峰高者二百一十四丈，其火峰令人震熠。两大河：一曰阿利诺①，一曰马加他②，皆入大西洋海。地出珈琲、白糖、烟、靛等物。山川内有金沙、珍珠、铜、银。但居民游惰好赌博，通商尚微。男女并穿素衣。防女甚严，略同回教。其土蛮则狼心凶毒。其国家听庶民自主。因百姓连（久）〔年〕与是班牙军攻击，十败十胜，毕竟驱敌出境。此时大众嚣凌逞强，不安生事。其国之公欠太重，不能还本，又不能缴息。因分其国以听各自为主，

---

①阿利诺，指奥里诺科河（Rio Orinoco）。
②马加他，指马格达雷纳河（Rio Magdalena）。

四邦各自立国。著名之城邑曰巴峨他[1]，其马头曰加拉甲[2]，内地贵多[3]广厂，袤延甚远，终年晴和如春，园林花发，真可谓乐园焉。原无。今补。

智利国在南墨利加洲极南滨海，或谓即《职方外纪》之智加国，然彼称为长人，与此志不同，必非一地。东界那孛腊达[4]，西界卑沙非盖海[5]，南界巴罗弥那[6]，北界摩里威那[7]，南北距千有四百里，东西距二百余里，幅员十七万二千方里。其地多山，有十余山常喷火焰，最高之奄底士岭[8]，终年冰雪不消，其卑峰亦千有四五百丈。地多震动之灾，惟土肥美，宜稼植。耶苏纪年千有五百三十五年，明嘉靖十四年。始有大吕宋之阿尔麻俄罗[9]跋涉艰险而至其地。千有五百三十八年，明嘉靖十七年。有比特罗底哇尔底威阿[10]始据为国，与土人争战十年，千有五百五十年明嘉靖二十九年始夺得智利大半之地，遂于滨海设立诸部落。惟有阿劳果部落[11]不服，率兵往侵，屡岁不克，反致兵败被擒。自后吕宋虽常设计欲服阿劳果之人，终不能得。除阿劳果以外，智利之地俱归吕宋矣。千有五百六十七年，明隆庆元年。吕宋设头目仁尼腊尔管辖其地，虽不及庀鲁、墨西果之盛，而土沃矿旺，亦足富强一方。千有八百之十年，嘉庆十五年。智

①巴峨他，即波哥大（Bogatá）。
②加拉甲，即加拉加斯（Caracas）。
③贵多，即基多（Quito）。
④那孛腊达，又作孛腊达，指拉普拉塔，即今阿根廷大部地区。
⑤卑沙非盖海，即太平洋（Pacific Ocean）。
⑥巴罗弥那，又作巴达科尼亚，即巴塔哥尼亚（Patagonia）。
⑦摩里威那，即玻利维亚（Bolivia）。
⑧奄底士岭，即安第斯山脉（Andes Mts.）。
⑨阿尔麻俄罗，即奥尔马格罗（Almagro）。
⑩比特罗底哇尔底威阿，即巴尔的维亚（Pedro de Valdivia）。
⑪阿劳果部落，指阿劳科人（Araucanians）。

利闻欧罗巴各国扰攘，遂欲背吕宋而自专制，佛兰西遣人往说，不从，竟自立新总领以掌国事。次年四月，吕宋兵由庇鲁来攻，智利兵败走，越俺底士大山而至字腊达之兔多沙①地，求援于其酋山马定②，遂与智利合兵攻拒吕宋，屡战始得志，复立智利总领。虽不称王而自为一国，不复为吕宋所属。其国每万五千人立一底表第③以辖之，别设数贵人统辖。每年征收税饷银百有十万员，杂课二十万员。其在山底阿俄④支发银百有二万六千九百四十八员，干摄西俺⑤支发银三十六万员，洼尔底威阿⑥支发银十八万员，还欠项息银四十万员，共计每年支发银百有九十六万六千九百四十八员。除征收之项，尚少银六十六万六千九百四十八员。于千有八百二十二年道光二年会计，已欠兰顿本银百万棒。国内兵丁与庇鲁边界额设防御查巡步兵七千五百、马兵三千，虽不甚习练，然勇壮善骑。遇有事之时，岁入不敷兵饷。水师军专派律哥治拉尼⑦管领，六十门炮，大兵船一只；五十门炮，中兵船三只、小兵船数只，俱由英国购去旧船，且国帑不足，恐难修缮坚固。户大约百有五十万口。俗与大吕宋人不同，朴鲁谨厚，相交以礼，好游敢战。女虽不读书识字，颇多聪明，能佐其男，故其酋之精明自强，立国创业矣。前时国人多奉加特力教，近多改波罗特士顿教。在各国未乱以前，国中向无书籍，近日在山底阿俄部设书馆一所，藏书数千卷，椠板印刷。子弟肄业者四百人，骎骎文物。俗尚音

①兔多沙，即门多萨（Mendoza）。
②山马定，即圣马丁（San Martin）。
③底表第（deputy），意为代表、议员。
④山底阿俄，又作三的亚俄、散地亚峨，即圣地亚哥（Santiago）。
⑤干摄西俺，又作公塞桑、怀孕地，即康塞普西翁（Concepción）。
⑥洼尔底威阿，又作瓦地威，即瓦尔的维亚（Valdivia）。
⑦律哥治拉尼，指科恰拉尼伯爵（Lord Cochrana）。

乐，女子少习歌讴。贫人以竹与麻为墙，覆以树枝，仅蔽风日。富者所居，内尚修饰，外则涂塈。法律宽简，少奴仆，偶有一二，生子后即可自生。河道短狭，惟有毛里河①、弥荷河②较大，源流亦不长远。常患地震之灾。千有八百二十二年，道光二年。近海地方忽然高起数仞。千有八百三十五年，道光十五年。干摄西俺、芝尔兰③诸部落俱被震毁，海水亦低。忽有回浪高二十仞，将各岸被毁之物全行漂去，而海岸忽又高起数仞，船舶俱阁岸。土产金、铜、银、麦、酒、陶器。

《地理备考》曰：济利国在〔亚〕美里加州南区之西，南极出地二十五度起至四十四度止，经线自西七十二度起至七十七度止。东至巴拉大河（花旗）〔合众〕国暨巴达科尼〔亚〕地，西枕大海，南接乖德加海湾④暨巴达科尼〔亚〕地，北界波里维亚国。长约四千五百里，宽约四百二十里，地面积方十五万五千里，烟户一兆四亿余口。近海之地，峰峦参天，火山大者十有六。内多平原，少丘陵。湖河相间。河之长者十一，湖之大者八。田土极肥，物产最丰。地气颇温，惟多震动。不设君位，立官司以理国政。百工庸拙，商贾寥落。本国未为吕宋并吞之前，与北庐同为一国。明世宗嘉靖中，有吕宋国人访知其地富庶，调兵侵之。因水土不驯，衢路崎岖，且国人坚守，得地无几。迨乾隆三十八年，尽为吕宋国所取，〔惟阿老干⑤地方坚守不降。〕嘉庆十五年，因花旗国拒英吉利自立，国人相效，亦背吕宋，逐守官，自立为国。惟设

①毛里河，即马乌莱河（Rio Maule）。
②弥荷河，即比奥比奥河（Rio BíoBío）。
③芝尔兰，即奇廉（Chillan）。
④乖德加海湾（Gulf de Guaitecas），即奇洛埃湾（Gulf of Chiloe）。
⑤阿老干，又作亚拉乌亚那，即阿劳卡尼亚（Araucania）。

官立法意见不同，各不相睦，内乱复兴，耶苏一千八百十四载，复为吕宋国所取。战经四载，乃克复其国。通国分为八部：曰三的亚（麻）〔俄〕，乃本国都也，建于多波加尔马河①岸；余七部曰阿（分）〔公〕加瓜②，曰（阿）〔哥〕固英波③，曰哥尔乍瓜④，曰卯勒⑤，曰公塞桑，曰瓦尔的维〔亚〕，曰济卢埃⑥。其通商冲繁之地凡四。

《外国史略》曰：治利国为南洲之狭地，广袤八千方里，居民七十七万九千口。东面皆高山隔银国、巴他俄尼，西及大东南洋海，北及破利威，南连巴他俄尼。南极出自二十五度及四十三度。全地分八部。山高千五百丈，岭常积雪，出金银，而多地震。且矿山无水草，不出五谷，惟兼出铜、硝石、盐。每年所出之银七十六万圆，金十六万圆。民多勤劳。英国船于道光十一年运进货价一百九十五万两。此国亦到中华粤省通商。每年公帑收银百三十万圆，公费约百九十六万圆，公项欠银三百万两。军士三千。民壮虽勇，而无犯律。其都曰散地亚俄城，其地高于海面二百六十丈，其居屋各相离，如炮台之立墙。其国之大港口瓦巴来所⑦，系通商之大市，四方之船云集。昔系乡里，今居民有一万五千。大抵通商之效，故富庶最易云。

《地理全图集》曰：治理国，一作智利国，在伯路之南，乃沿大海之窄地，南极出二十四度至四十度，其阔六百里而已，袤延

①多波加尔马河（Rio Topocalma），即马波乔河（Mapocho R.）。
②阿公加瓜，又作亚君加危，即阿空加瓜（Aconcagua）。
③哥固英波，又作贵音破，即科金博（Coquimbo）。
④哥尔乍瓜，又作谷加危，即科尔查瓜（Colchagua）。
⑤卯勒，又作毛利，即马乌莱（Maule）。
⑥济卢埃，即奇洛埃（Chiloe）。
⑦瓦巴来所，又作瓦巴拉，瓦尔帕莱索（Valparaiso）。

方圆五十一万方里，一带高岭。在其东界，愈至东方，亦愈磊磊若叠，中藏银矿，匠人自冰雪中穿孔开道，每年出银八十八万两，金五十一万两，红铜愈多所出。又出五谷与各项鲜果。其居民尚农务，好接旅客。其女专务作乐弹琴，容仪丰雅。其国都曰散地亚俄，在茅林之中。其马头曰瓦〔拉巴〕〔巴拉〕，乃南方之城，交战连年，为敌国所坏。当是班牙攻击之时，土人奋勇拒击，至今大半未归治里国统理。论治里人驱是班牙国军之际，水陆获胜，可谓赳赳武夫。此国家亦自立土主，但浮气轻躁，反复无常。

案：智利国居落机大山之西，大东南洋之东，山海扼塞，雄踞一隅。其最北与银国隔山分界，曰〔贵〕音〔破〕地，以南曰亚君加危，又南分三邑：中曰谷加危，东曰母尼罗撒，西曰瓦巴来所。又南曰毛利，又南曰怀孕地，又西南曰瓦地威，又少南曰亚拉乌亚那，其西南曰治罗岛①。土沃矿旺。其俗温和好客，女有姿容，善音乐。今西洋诸国行用番银，成色高者欧罗巴、印度所铸，其常行者分四种，曰墨西哥，曰秘鲁，曰玻利非亚，曰智利。成色高下不同，粤东人能辨之，闽人不能辨也。惟称为吕宋番，又称鹰仔番云。

南墨利加洲内各国兼摄地

《地理备考》曰：南州之地，属英吉利兼摄者曰：

古牙那，在亚美里加州南区之北，纬度自北三度四十分起至七度四十分止，经度自西五十九度起至六十二度止，东至荷兰国兼摄之古牙那地，西南连哥伦比亚国，北界亚德兰的海。长约一千里，宽约三百八十里，地面积方三万五千里。烟户一亿四万七

---

①治罗岛，即奇洛埃岛（I. de Chiloe）。

千余口。平原广阔，<u>丛林稠密</u>。地分三州：曰义斯给波①，曰德美拉利②，曰（比）〔北〕尔比塞③。首邑名若尔日城④，泊所稳便，市舶云集。

马禄义那斯岛⑤，又名发哥兰，在亚美里加州南区之南，纬度自南五十一度起至五十三度止，经度自西五十九度起至六十五度止。内有九十余岛，大者曰发哥兰⑥，曰索勒达⑦。地气温和，人安物阜，泊所稳便。

马加良英斯⑧，又名火地，在亚美里加州南区之南，纬度自南五十二度三十分起至五十五度五十九分止，经度自西六十七度十四分起至七十七度十分止。中多岛屿，大者无几。地气严寒，不便居栖。田土硗瘠，物产维艰。首邑建于义斯达多岛⑨中。

《地理备考》曰：本州之地隶（弗）〔佛〕兰西国兼摄者曰古牙那⑩，在亚美里加州南区之北，纬度自北二度十六分起至五度五十五分止，经度自西五十三度五十分起至五十八度三十五分止。东南连巴拉西利国，西接贺兰国兼摄之古牙那地⑪，北界亚德兰的海，长约千六百里，宽约千一百里，地面积方七万六千二百里。

---

①义斯给波，又作益贵破，即埃塞奎博（Essequibo）。
②德美拉利（Demerari），又作地马拉利，即德梅拉拉（Démerara）。
③北尔比塞，即伯比斯（Berbice）。
④若尔日城，即乔治敦（Georgetown）。
⑤马禄义那斯岛，即马尔维纳斯群岛（Islas Malvinas），又名福克兰群岛（Falkland Is.）。
⑥发哥兰，指大马尔维纳岛（Gran Malvina I.），又称西福克兰岛（West Falkland I.）。
⑦索勒达，即索莱达岛（Soledad I.），又名东福克兰岛（East Falkland I.）。
⑧马加良英斯，即火地岛（Tierra de Fuego）。
⑨义斯达多岛，即埃斯塔多斯岛（I. de los Estados）。
⑩古牙那，即法属圭亚那（Fr. Guiana）。
⑪贺兰国兼摄之古牙那，又作苏里囊、苏利南，指苏里南（Surinam）。

地多荒芜，人烟寥落。首邑名加夜那①，泊所稳便而贸易冷淡。此外尚有兼摄数岛在本州之中，一名马尔的尼加②，一名瓜达卢卑③，一名三德斯④，一名马里亚加兰大⑤，一名北约德尔，一名德西剌德⑥，一名桑马尔丁⑦。其桑马尔丁岛，二归佛兰西兼摄，一归贺兰所属，三岛总名曰佛兰西安的列斯。其岛地大小不等，泊所稳便。近年贸易日盛，往来如市。

《地理备考》曰：本州之地隶贺兰国兼摄者曰古牙那，又名苏里囊，在〔亚〕美（地）〔里〕加州南区之北，纬度自北三度起至六度止，经度自西五十四度起至六十度止。东南连佛兰西古牙那地，西接英吉利国之古牙那地，北界亚德兰的海，长约七百五十里，宽约六百五十里，地面积方五万里。烟户九万余口。中有一河，名曰苏里囊⑧，由南而北，贯彻其地。其余大河曰马罗尼⑨，曰萨拉美加⑩，曰古巴那麻⑪，曰迷给利⑫，曰哥零丁⑬。田土朕腴，地气不驯。首邑建于苏里囊河左岸，泊所宽阔，帆樯如织。此外尚有所摄七岛皆在本州之中，总名曰贺兰安的列斯⑭。其岛大

①加夜那，又作加音尼，即卡宴（Cayenne）。
②马尔的尼加，即马提尼克岛（Martinique）。
③瓜达卢卑，即瓜德罗普岛（Guadeloupe）。
④三德斯，疑即桑特群岛（Saintes）。
⑤马里亚加兰大，即马里加朗德岛（Marie-Galante）。
⑥德西剌德，即德西拉德岛（Desirade）。
⑦桑马尔丁，即圣马丁岛（St. Martin）。
⑧苏里囊河，即苏里南河（Suriname R.）。
⑨马罗尼，指苏里南与法属圭亚那交界之马罗尼河（Maroni R.）。
⑩萨拉美加，指萨拉梅卡河（Sarameca R.）。
⑪古巴那麻，指库巴拿马河（Cupanama R.）。
⑫迷给利，指尼克里河（Nikeri R.）。
⑬哥零丁，指科伦廷河（Corentyn R.）。
⑭贺兰安的列斯，即荷属安的列斯群岛（Neth. Antilles）。

小不等，土肥产丰，诸货骈集。

《地理备考》曰：南州地属布路亚兼摄者曰①巴拉西利国，在〔亚〕美里加州南区之东，本巴悉国之分地也②。北极出地四度二十分起至南三十三度五十五分止，经线自西三十七度起至七十五度止。东枕亚德兰的海，西连巴拉乖、高北卢、〔厄瓜多尔〕、可伦比暨巴拉大河〔合众〕等国，南接巴拉乖、乌拉乖二国暨亚德兰的海，北界（可伦比）〔委内瑞辣〕国暨古牙那地。长约九千五百里，宽约九千里，地面积方二百五十六万九千八百六十里。烟户五兆余口。冈陵平原相间，湖河甚多，贯彻沃润。河之大者十，湖之大者四。地气温和，田土极腴，稼穑最丰，草木、药材、香料、禽兽、鳞介、金石，靡弗毕备。粤稽欧罗巴、亚细亚、亚非里加三州之出产，本国无不有之。而本国所产树木、禽兽、虫豸，他国多罕见。君位历代相传。所奉之教，乃罗马天主公教也。此外各教任人尊奉，概不禁止。技艺颇精，贸易日盛。明孝宗弘治十三年，布路亚国人来据此地，迨大吕宋兵侵扰布路亚国时，本国亦为贺兰人所取。明怀宗崇祯十三年，布路亚国驱逐吕宋，后遂与本国逐去贺兰，复归布路亚国兼摄。道光五年，布路亚国君封其世子伯德禄③于巴拉西利，自为一国，不相统属。越六载，伯德禄返国，传位于其子。国分十八部：曰里约热内卢④，乃本国都也，建于海滨，百货骈集，五方辐辏；曰圣宝卢⑤，曰三达加达里

---

①以上十一字，原著无，疑魏源所加。
②以上八字，原著无，疑魏源所加。
③伯德禄，今译佩德罗（Don Pedro）。
④里约热内卢，原巴西首都里约热内卢（Rio de Janeiro）。
⑤圣宝卢，即圣保罗（São Paulo）。

纳①，曰圣伯德禄②，曰马德葛罗索③，曰科阿斯④，曰迷那日来斯⑤，曰斯不黎多三多⑥，曰巴义亚⑦，曰塞耳日贝⑧，曰阿拉科瓦斯⑨，曰伯尔能布各⑩，曰巴来罢⑪，曰北里约哥兰的⑫，曰西阿拉⑬，曰标意⑭，曰马拉良⑮，曰加（良）〔郎〕巴（那）〔拉〕⑯。其通商冲繁之地五处。

《外国史略》曰：南默利加州各国兼摄地四区：

一、英国所属之危亚那国⑰，在亚利诺可河⑱滨，大半薮泽，多烟瘴，土甚肥，出白糖、加非各物。英人所据地曰益贵破，曰（他）〔地〕马（日）拉利。居民产业之价，每年收银二千六百二十五万圆，运入之货七百万圆，出者二千一百万圆，公帑收四十二万圆，费用四十九万圆。兵士七百，民壮五千。

一、荷兰所据之地曰苏利南，其都曰巴拉马利城⑲，广袤二百

---

①三达加达里纳，即圣卡塔利娜（Santa Catarina）。

②圣伯德禄（Pedro），即南里奥格朗德（Rio Grande do Sul）。

③马德葛罗索，马托格莱索（Mato Grosso）。

④科阿斯，即戈亚斯（Goyaz）。

⑤迷那日来斯，即米纳斯吉拉斯（Minas Geraes）。

⑥斯不黎多三多，即圣埃斯皮里图（Espirito Santo）。

⑦巴义亚，即巴伊亚（Bahia）。

⑧塞耳日贝，即塞尔希培（Sergipe）。

⑨阿拉科瓦斯，即阿拉戈斯（Alagoas）。

⑩伯尔能布各，即伯南布哥（Pernambuco）。

⑪巴来罢，即帕拉伊巴（Paraiba）。

⑫北里约哥兰的，即北里奥格朗德（Rio Grande do Norte）。

⑬西阿拉，即今西阿拉（Seara）。

⑭标意，即皮奥伊（Pianhy，Piaui）。

⑮马拉良，即马拉尼昂（Maranhão）。

⑯加郎巴拉（Gram-Para），即帕拉（Para）。

⑰危亚那国，即圭亚那（Guyana）。

⑱亚利诺可河，即奥利诺科河（Rio Orinoco）。

⑲巴拉马利城，即帕拉马里博（Paramaribo）。

二十六方里。居民六万四千，大半黑奴。多广林。时与荷兰交战。通商甚旺，运出之物每年约二百五十万两。

一、佛兰西所据者曰加音尼，广袤五百二十里，居民二万四千九百口。地多密林，尚未开垦，为谪徙罪人之地，多染瘴而死，故多逃亡。

一、葡萄亚所据之地，属巴悉国。

墨利加洲极南方土番部落

《地理备考》曰：巴达科尼〔亚〕部落在〔亚〕美里加州南区之南，纬度自南三十六度起至五十六度止，经度自西六十五度起至七十八度止。东枕亚德兰的海，西接济利国暨大海，南界南海，北连巴拉大河〔合众〕国，长约五千里，宽约二千里，地面积方六十六万六千里。烟户约二亿余口。山（林）〔陵〕层叠，峰峦参天，冰霜凝积，永不消化。其名齐野的瓦、美的加拉拿、三哥雷门的，乃火山之大者也。湖河众多，贯彻沃润，河之长者曰内哥罗，曰加拉摩（利）〔尼〕斯，曰加雷额①。湖之大者，曰大湖，曰德呼尔，曰哥罗瓜卑。田土不毛，其人有曰春济②，曰（尔不）〔不尔〕支③，曰亚老冈④，曰德灰勒⑤各等名，且总名之曰巴达冈⑥，地名亦于此取焉。

---

①加雷额河，即加列戈斯河（Gallegos R.）。
②春济，疑指皮孔切族（Picunches）。
③不尔支，指普埃切族（Puelches）。
④亚老冈，指阿劳卡尼亚人（Araucanians）。
⑤德灰勒，指德韦勒族（Tehuelhets）。
⑥巴达冈，指巴塔哥尼亚人（Patagonians）。

海国图志卷七十 邵阳魏源重辑

外大西洋

南墨利加诸岛 原无，今补。

《职方外纪》曰：（南）〔两〕亚墨利加之岛不可胜数，其大者为小以西把尼亚[1]，为古巴[2]，为牙卖加[3]等。气候大抵多热，草木开花结实，终岁不断。产一异草，食之杀人，去其汁则甚美，亦可为粮。有毒木，人过其影即死，手触其枝叶亦死；觉中其毒，亟沉水中可免。有鸟，夜张其翼，则发大光，可自照。野猪猛兽纵横原野。土人善走，疾如奔马，又能负重。若足力竭后，以针刺股，出墨血少许，则疾走如初。取黄金，每岁限定几日，先期斋戒，以祈神佑。

又有一岛，女人善射，又甚勇猛，生数岁即割其右乳，以便弓矢。昔有商舶行近此岛，遇女子荡小舟至，射杀商舶二人，去如飞，不可追逐。更有一岛，土人言其泉水甚异，于日未出时往取其水，洗面百遍，老容可复如少。

---

[1] 小以西把尼亚，源自西班牙语 Españala，意为小班牙，即今加勒比海地区的伊斯帕尼奥拉岛。
[2] 古巴，今古巴（Cuba），加勒比海岛国。
[3] 牙卖加，又作稏买加，今牙买加（Jamaica），加勒比海岛国。

又有一岛，名百尔谟达①，无人居，魔丛其上。其侧近海，无风恒起大浪，海船至此甚险。四十年间，曾有一船至彼，魔蓦登其舟，舟中人皆惊仆，独一舵师不为动，且诘问何物。魔即应言："舟中有何工作，我当代汝。"舵师指授所为，魔一一与言相反，如命东即西，命行则止。舵师恍悟一法，乃颠倒命之，舟即疾行，甚如飞鸟，海道三万里，三日而至。抵家言起程之期，人皆不信，视所寄书中日月，果然。其怪异如此。

又有一岛，墨瓦兰②尝过此岛，不见人物，谓之曰无福岛③。又有珊瑚岛④，以多生珊瑚树，故名之。有新为匿岛⑤，甚大，其势貌似利未亚之为匿⑥（岛），故以为名，亦曰入匿。向未周绕此地，意其与墨瓦蜡尼⑦相连，十余年前乃知，有海舶过其南，见为一岛。经度起赤道以南一度至十二度止，纬度起一百六十五至一百九十止。其土风未详。

《每月统纪传》曰：澳大利亚为峙，四边滨大南海及东南海也。南南极出地四十七度一十七分，北南极出地十度三十七分；西出地偏东一百一十四度二十八分，东出地偏东一百五十三度二十三分。

---

①百尔谟达，又作北母他，即百慕大群岛（Bermude Is.）。
②墨瓦兰，即航海家麦哲伦。
③无福岛，疑即火地岛（Tierra de Fuego）。
④珊瑚岛，即珊瑚海群岛（Coral Sea Is.）。
⑤新为匿岛，即新几内亚岛（New Guinea），今称伊利安岛（Irian），或巴布亚岛（Papua）。
⑥为匿，即西非的几内亚（Guinea）。
⑦墨瓦蜡尼，意为"麦哲伦之地"，指今火地岛及南太平洋的一些岛屿。

西海诸岛

《万国地理全图集》曰：亚默利加西海①之隅，群岛棋布，皆被欧罗巴列国所据，买黑面人垦种之，是以居民稠密。惟中多火峰，屡次地震，狂风辄作，走石飞沙。其岛之形势如弓弯，北极出自一十度至二十六〔度〕，偏西自六十〔度〕至八十四度。南及可②、危③等国，北至缚④，即花旗国之半地，其小屿在南，北向益增。内有加勒岛⑤，和暖丰产同于南海群岛⑥，出白糖、酒、珈琲、珂珂子、棉花等物。但因开垦劳费，所出货价贵昂，是以生意不盛。

西班牙国初寻新地之时，到此等岛即开马头，攻逐土蛮，又买黑奴以耕垦。由此贩卖人口之弊起。及西班牙人后到南海大地⑦之金山⑧，遂弃此群岛犹敝屣，不复管辖。由是海贼群赴岛港藏匿，攻击是班牙国之商船。如此英、佛、荷、丁、瑞各国又乘乱据占其地。及佛国大变之时，其藩属之黑奴即动干戈将其白主一切戮杀，致万有余人受害。嗣后土酋自立为主。是以英国民人仰体圣书福音之理，知贩卖人口不合律例，明背上帝，是以谕饬所有藩属岛内各黑奴一概释放，而颁银六百万两赏还买黑奴之价，共放五十三万七千之奴，此等仁行殊属可赞焉。

———————

①西海，指加勒比海（Caribean Sea）。
②可，指哥伦比亚（Colombia）。
③危，指圭亚那（Guyana）。
④缚，指佛罗里达（Florida）。
⑤加勒岛，指大安的列斯群岛。
⑥南海群岛，指小安的列斯群岛。
⑦南海大地，指南美洲。
⑧金山，指哥伦比亚的考卡（Cauca），或泛指哥伦比亚一带。

英国在此洲内所据之岛，如牙买加，有山下溪涧灌溉田土，其农甚盛。而其会城京敦①被地震灭，且飘风毁坏。又安地②、禺亚吉③等岛，古时归英国。而多米尼加④山地、多巴峨⑤等岛以及近附大地之特尼答岛⑥，皆新所据取，派军防范，建邑盖屋，居人乐业。其北有巴夏马之群岛⑦，东离大地九百有余里亦有百慕他群岛，两者虽天气温晴，却不产物，已卖与外国，不复重之也。英国商船年年于各岛运入银千五百六十三万两，所运出者二千三百八十一万两。其船共计五千八百六十只。

西班牙国在此洲内所属之古巴岛，长二千一百里，最丰裕之地。所运出之白糖、烟、珈琲（酒）等货，一年共计银二千万员，所运出者共计二千二百万员。居民共计七十万名，其中二十八万黑奴。英国虽严禁其贩卖，而西班牙船偷漏不胜其弊。其会城曰夏瓦那⑧，居民十一万丁。所造之烟甚香，价最贵。贵港口⑨亦归是班牙国，其黑奴不多，但白面之人专务经（劳）〔营〕，土产山积，每年价银二百四十万两。

佛兰西国在此洲内所属之岛，曰马耳地匿⑩、瓜他鹿⑪等岛，生意最盛，一年出入之货计银二百万两。其风景亦美，山青水绿，

①京敦，即金斯敦（Kingston）。
②安地，指安的列斯群岛（Antilles）。
③禺亚吉，指伯利兹（Balize），在尤卡坦（Yucatan）半岛。
④多米尼加，即今多米尼加联邦（Dominica）。
⑤多巴峨，即多巴哥（Tobago）。
⑥特尼答岛，又作三位岛，即特立尼达岛（Trinidad I.）。
⑦巴夏马之群岛，即巴哈马群岛（Bahama Is.）。
⑧夏瓦那，又作合瓦那，即哈瓦那（La Habana）。
⑨贵港口，指圣胡安（San Juan），初名波多黎各（Pueto Rico），意为富庶的港口。
⑩马耳地匿，即马提尼克岛（Martinique I.）。
⑪瓜他鹿，即瓜德罗普岛（Guadeloupe I.）。

鸟语花香。又海地岛甚广大，昔被佛兰西国占据者。但该黑奴谋叛，杀其主而立黑王，按例办其岛事。此时国家未定，常时更变。于道光二十二年，其被地震，大半败坏，居民死者数千。地虽广而民惮劳，所运出之产，价银二百七十万两。

荷兰在此洲内所居之岛止两处，虽不紧要，其居民多发财。

丁抹国在此洲内所属岛亦止两处，专务教其黑奴而释放之。瑞国亦据小岛，在北方，但其生意微少。原无，今补。

《地理备考》曰：海地（岛）国在〔亚〕美里加州北区之东南，北极出地十八度起至二十度止，经线自西七十一度起至七十七度止，四面枕海。东向波尔多黎各岛①，西对（矮）〔稜〕买（物）〔加〕、古巴二岛，（东）〔南〕界安的列斯海，北接大西洋海，长约千五百里，宽约五百五十里，地面积方六万里。烟户一兆余口。本国地势，山陵平原相间，海滨陡峭。河道甚多，其长者七。湖则无几，其最大者曰索马土②，曰英黎几洛③，曰多塞④。田土膏腴，谷果丰饶。土产铜、铁、沉香、棉花、烟叶、蓝靛、甘蔗、加非、牙兰米等物。地气潮湿，民性不驯。不设君位，国人自立官长以理事。所奉之教，乃罗马天主公教也。工商皆少。明孝宗弘治五年为意大里亚国人所据。越数载，其东土为大吕宋国所取，西土为佛兰西国所获。乾隆五十六年见花旗国自立之后，于是西土黑人首叛佛兰西国，其后东土之人亦接踵效尤，遂于道光二年合为一国，不受统属。国分六府：曰西府⑤，〔首邑〕波尔

①波尔多黎各岛，又作贵港屿，即波多黎各岛（Pueto Rico I.）。
②索马土，指萨乌马特雷湖（Etang Saumâtre）。
③英黎几洛，指里恩基略湖（L. de Enriquillo）。
④多塞，指米拉戈亚内湖（Eʹtang Miragoâne）。
⑤西府，即西方省（Ouest）。

德比零塞①，乃本国都也，建于哥那威海湾②；曰南府③，曰（东府）〔亚尔的波尼德〕④，曰北府⑤，曰东北府⑥，曰东南府⑦。

《地理备考》曰：本洲之地隶瑞西〔亚〕国兼摄者曰桑巴尔多罗美⑧，乃安的列斯岛之一也。居纬度北十七度五十五分，经度西六十五度十分，回环约五十里，烟户一万六千余口。田土肥饶，树木上品。泊所稳便，舳舻相继。首邑名古斯达维亚⑨。

《外国史略》曰：南默利加海隅内洲屿棋布星罗，自弗利他半地⑩延及南亚默利加岛屿，广袤方圆四千三百八十方里，与亚西亚之南方相连。其地水多急溜，船率入之，必遭危险。各岛之山高仅八丈，天气甚热。所产惟糖、加非、南果、棉花，而罕谷米。是班亚初到此岛时，居民无多，不知工作。是班亚即在列岛开埠，广种植，买黑奴来此代耕。其后他国云集，或攻击是班亚而夺其屿，或开荒芜而设邦国。岛中居民多黑面，约二百九十万口。或（两）〔西〕洋列国苗裔，是巴亚人三十五万口，英吉利人六十万，佛兰西人三十万，荷兰人六千五百。地方约二千一百里，居民八十三万口，其中黑奴三十万口，自主之黑人十万口。英国所管者七十五万口，其中黑面人五十九万七千口。佛兰西所管者方圆六十里，居民二十三万三千口。荷兰所管者方圆十三里，居民二万

①波尔德比零塞，又作京港，即太子港（Port-au-Prince）。
②哥那威海湾，即戈纳伊夫湾（Golfe de la Gonâve）。
③南府，即南方省（Sud）。
④亚尔的波尼德，即拉蒂博尼特（L'Artibonite）。
⑤北府，即北方省（Nord）。
⑥东北府，即东北省（Nordeste）。
⑦东南府，即东南省（Sueste）。
⑧桑巴尔多罗美，即圣巴尔多罗美岛（St. Barthélemy）。
⑨古斯达维亚，即古斯塔维亚（Gustavia）。
⑩弗利他半地，即佛罗里达半岛（Florida Pen.）。

一千六百口，大半系黑奴。大尼国所管者八里，居民四万五千口。瑞丁所管者二里半，居民千六百口。黑面人所管者方圆千三百八十五里，居民约一百万口，其中佛兰西人三万口。

最大之岛曰海地，昔属佛兰西。乾隆五十八年，佛国之叛奴原听其自主，后叛乱，黑面人皆驱佛国官吏兵士，遂自立为王，效花旗国择首领管国务。佛国屡攻伐不能克。军士四万五千，民壮十一万三千，水师小船六只。国帑收六百万两，公欠项四百万两。当佛国摄权之际，运出加非、白糖数百万两。自乱后，产物遂灭。其都曰京港。

又，是班亚所属之古巴岛，长百五十里，阔三十五里。居民七十三万口，黑奴居三分之一。高山连亘，出金、银、石炭，多支河下流。进口之船千八百八十九只，运出之白糖二十五万石，加非五十万三千石。运入之物共计千八百五十三万圆，运出之物一千三百万圆。其烟为众国所贵。其都系合瓦那，内有大礼拜堂，甚煌耀，费银十六万。贵港屿亦属是班亚，广袤百八十二里，居民二十八万八千。其园圃五千七百亩。所出者木料、白糖、绵花、米、粟并加非、胡椒、烟、树膏。每年运入之货甚多，所出者亦然。

英人所据之岛计共七所，别有他洲所据。牙买加岛之百姓每年通商利银约六千万圆。运入者二千一百万圆，运出者二千八百万圆，出银二百一十万圆。守兵士三千三百，民壮一万八千一百。又巴哈马群洲每年商利银二百一十万圆。运入者六十四万圆，运出者五十三万圆。公帑收银一十三万三千圆，出十四万圆。守兵士二百五十，民壮六百。

又拉巴突①等屿每年商利银三千三百九十万圆。运入之货四百六十六万圆，运出者千四百八十万圆。国帑收银三十八万五千圆，出三十七万八千圆。守兵五百，民壮六千九百。

又安地吴亚②等岛，百姓所收千二百三十二万圆。运入之货二百一万圆，运出之物三百九十九万圆。入公帑二十一万三千圆，出公帑二十一万九千圆。守兵八百五十，民壮四千八百。

又路齐亚岛③每年商利银二百一十万圆。运进之物四十五万五千圆，运出者五十八万一千圆。收公帑七万六千圆，所出均同。守兵三百，民壮六百。

又三位岛每年商利银九百三十二万五千圆。运入者二百一十万圆，运出者一百七十五万圆。公帑所收二十四万五千圆，出帑均同。守兵一千一百，民壮四千五百。

又北母他等洲每年商利银百一十二万圆。运进之货二百五十六万圆，运出者十八万九千圆。公帑收七万圆，出七万五千圆。兵士二百，民壮六百。此岛丰硗不一，产白糖、加非等。

此藩属地若无灾难，实海外最美之区，英人派官管理。此岛白面人不多，其黑面人则遍处散聚，有耶苏之教师各处教之。

又大尼、荷兰等国所据之洲甚微，今不悉叙。

《外国史略》：巴他峨尼地之南，所称火地之矮人，悉缺食物，终年冰雪。由大西洋望大东洋所驶之各船随所称（焉）〔马〕义兰海峡往来，风甚烈。

法兰岛④，英人据之以捕鲸鱼、海马、海牛。天气虽冷，尚有

①拉巴突，疑指巴巴多斯岛（Barbadoes）。
②安地吴亚，即安提瓜岛（Antigua）。
③路齐亚岛，即圣卢西亚岛（St. Lucia）。
④法兰岛，即马尔维纳斯群岛（Islas Malvinas）。

牧场足养牲畜，并出各项食物。居民罕少。再南则冰雪之地，全无居人矣。

案：承平既久，人满为患，奸宄日作，财用匮乏，一切便宜苟且，比于剜肉医疮，势如养痈，终必溃败。彼昏不知，方藉口庶哉之叹，生聚之谋，而不知时势迥殊，后之辙非前之迹也。欧罗巴人极意搜求新地，得片土即经营垦拓，遂使万古穷荒之僻岛，毕献精华。壮哉！

南极未开新地附录

《职方外纪》曰：先是阁龙诸人既已觅得南亚墨利加矣，西土以西把尼亚之君复念地为圆体，徂西自可达东，向至亚墨利加而海道遂阻，必有西行入海之处。于是治海舶，选舟师，裹糇粮，装金宝，缮甲兵，命一强有力之臣名墨瓦兰者载而往访。墨瓦兰既承国命，沿墨利加之东偏纡回数万里，展转经年岁，（方）〔亦〕茫然未识津涯。人情厌致，辄思返国。墨瓦兰惧功用弗成，无以复命，拔剑下令舟中曰："有言归国者，斩！"于是舟人震慑，贾勇而前。已尽亚墨利加之界，忽得海峡，亘千余里，海南大地又复恍一乾坤。墨瓦兰率众巡行，间关前进，只见平原漭荡，杳无涯际，入夜则磷火星流，弥漫山谷而已，因命为火地。而他方或以鹦鹉名洲者，亦此大地之一隅。其后追厥所自，谓墨瓦兰实开此区，因以其名命之曰墨瓦蜡〔尼加〕，为天下之第五大州也。《四库全书总目》辨此云：中国地数万里为一州，此海峡仅千余里，亦指为一州，岂非荒诞？

源案：此书言过海峡后始见海南大地，又恍一乾坤，非即以海峡为一州也。犹西洋来中国者，必绕过大浪山海峡始至阿细亚洲，非即以大浪山峡为州也。海南大地，据地球仪器考之，亦必确有数万里之地，在南极左右。但西人初至其地，无人可访，又无暇周绕测量，是以仅言其略，实无以海峡当一洲之说。盖西人书所谓峡者有三焉：两洲相接，细地相连，如西红海之峡①是也；两岛中断，舟过其间，如小爪哇与下港之峡②是也；海岸斗出海中，形如箕舌，若南洋满剌加、南印度戈什峡③、小西洋大浪山之峡是也。是峡于后二者必居其一。

墨瓦兰既逾此峡，遂入太平大海④，自西复东，业知大地已周其半，竟直抵亚细亚马路古界，度小西洋，越利未亚大浪山，而北折遵海以还报本国。遍绕大地一周，四过赤道之下，历地三十万余里，从古航海之绩，未有若斯盛者。因名其舟为胜舶，言战胜风涛之险，而奏巡方伟功也。

其人物、风俗、山川、畜产与夫鸟兽虫鱼，俱无传说。即南（度极）〔极度〕数、道里远几何，皆推步未周，不敢漫述，以俟后之君子。

《澳门新闻录》曰：道光庚子，有佛兰西二船往南极考察地方，船主阿威厘⑤统理之。正月十九，即十九年十二月十五日。直至南极之六十六度，遥望已见有地方。第三日离南极地不过五六里，遂遣小船向无冰处登岸上拾取石块。地甚大，一望无边。阿威里本欲细心考察。第五日忽见离岸一带皆已成冰，不得已即回。第六日忽遭暴风，西厘⑥船险几撞破，更不敢向南极驶去。南极下地方寒冷可畏，并不见有走兽等物，即海骡亦不见一只。阿威厘今既考察出此地，其名已列于本国行船之馆矣。

①西红海之峡，即曼德海峡（Bab el Mandeb）。
②小爪哇与下港之峡，指巽他海峡（Selat Sunda）。
③戈什峡，即科罗曼德尔海岸（Coromandel Coast）。
④太平大海，即太平洋（Pacific Ocean）。
⑤阿威厘，今译迪尔维尔（Dúrville）。
⑥西厘，今译泽雷（Zelée，船名）。

又云：考察出南极地方之事，始于米利坚船，而佛兰西人阿威厘，今亦已考察至此。于一千八百二十三年，有捕获海骡之人名吻特厘①，曾驾船驶至南极之七十四度，并无险阻，更为温暖。于一千八百三十九年六月十九，即十九年五月初九日。阿威厘曾写信与噶拉巴之才艺馆辨驳此事云：吻特厘所说果真，何不驾船直向南极驶去？阿威厘自言于二月十五即〔二〕十（九）年正月（初二）〔十三〕日。驶至纽耶兰岛②同山威治岛③之间，尚未到吻特厘所说之处，即见有冰山阻其去路，一望无边，欲寻一缝隙前进，亦不能得。或者吻特厘到彼处时，适值冰山尽消，故无阻碍，得到七十四度，亦未可定。但每年额连兰岛④出海渔船不少，岂无间遇冰消可至七十四度者乎？此阿威厘辨驳之语。但以理度之，愈近南极，天气应愈温暖，何以反天寒冰大？是天气之冷暖，并不全系乎度数之远近。况船主巴里⑤亦曾驾船到过南边七十五度之墨威厘岛⑥，而船上之伙长人等亦仍在船面行走二三点钟之久，始觉微寒而已。是巴里所到之处，比吻特厘更近南极一度，而天气亦不觉十分寒冷。更见吻特厘所言之可信，而阿威厘天寒冰大之说可疑。案：两极下皆太阳行度所不到，皆冷带也。距热带、温带甚远。是冰阻无人物之说其确，而南极下温暖之说全无此理。

又云：考察南极地方之事云：有新回来之阿弥利坚洲育奈士迭国温先呢士船船主名威厘机士⑦，此船离腮呢⑧（岛）已八十

①吻特厘，今译韦德尔（Weddell）。
②纽耶兰岛，即新西兰（New Zealand）。
③山威治岛，疑即山威奇群岛（Sandwich Group）。
④额连兰岛，即格陵兰岛（Greenland）。
⑤巴里，今译帕里（Captain Parry）。
⑥墨威厘岛，即梅尔维尔岛（Melville I.）。
⑦威厘机士，今译威尔克斯（Charles Wilkes）。
⑧腮呢，即悉尼（Sydney）。

日。正月十九，即十九年十二月十五日。直驶至南极之六十四度二十分，见有地土。此船曾绕着南极海岸游行七百里。因离岸稍近，常致搁浅，常为冰山所环绕，并历暴风不少，幸船未撞破。现在带有南极地方之石回来，有重至百余棒者。考察出此地虽无益于贸易之事，然可以释众人欲知南极有无地土之疑心。现在三船会合，即要到纽耶兰岛去。若幸得回纽耶兰，即（在）〔再〕往南极考察。

《海岛逸志》曰：和兰欲胥南洋之地开扩州府，以甲板船四，各持三载粮，从南海觅地方，望南迅发，穷极涯际，不见岛屿。经一年余，至昏黑之处，云雾绕船，不辨天海；毒鱼怪鸟，窥人不避；日月无光，昼短只二三时，余则长夜矣，骇惧而返。及至葛留巴，四舟仅存其二焉。

1813

《每月统纪传》曰：地球面上，惟近中带者最为温热，离中带偏南北两边，皆有冬夏之别，寒热不等。至更远离中带两边，则寒冻尤甚，常有永不消之冰。英、佛等国多有船到南、北冰洋勘察新地。因极南多（过）〔遇〕冰成大山，不无破船，是以先未察悉。去年有一船游奕南洋，露出一大洲，在非利加及米利加二大洲之南，见有等岛，名为大风①。此外无他生物，亦无果蔬可食。想其地极寒，恐种谷麦不生也。

①大风，疑指台风岛（Typhone），待考。

海国图志卷七十一 <small>邵阳魏源撰</small>

表一 <small>原无，今补。</small>

南洋西洋各国教门表

叙曰：天佑下民，作之君作之师。君长一国一时，师长数十国数百世。故自东海以至西海，自北极以至南极，国万数，里亿数，人恒河沙数；必皆有人焉，魁之桀之，纲之纪之，离之合之。语其纵，则西域自佛未出世以前，皆婆罗门教，以事天治人为本，即彼方之儒。自佛教兴而婆罗门教衰，佛教衰而婆罗门教复盛。一盛为耶稣之天主教，再盛为穆罕默德之天方教，皆婆罗门之支变。婆罗门教，游方之内者也，佛教游方之外者也。语其横，则自中、南、东三印度，而缅甸、暹罗，而西藏，而青海、漠南、北蒙古，皆佛教。自西印度之包社、阿丹，而西之利未亚洲，而东之葱岭左右，哈萨克、布鲁特诸游牧，而天山南路诸城郭，皆天方教。其大西洋之欧罗巴各国，外大西洋之弥利坚洲各国，则皆天主教。与中国、安南、朝鲜、日本之儒教，离立而四。语其支派，则佛教分为三：一墨那敏教，即印度国旧教；一名兴杜教。一大剌麻教，即西藏之黄教；一墨鲁赫教，即西藏之红教。一名墨低兰教。天方回教分为三：一由斯教，即婆罗门旧教；一马哈墨教，即穆罕默德所创，行于阿丹者；一比阿厘教，则其兄子所传，行于巴社、都鲁机者。天主教总名为克力斯顿教①，亦分三：一加特力教②，乃意大里亚所行天主旧教；一额利教；一波罗特士顿教③。则诸国所后起，大都有不供他神，而尚供天主偶像、画像，及礼拜前贤生日者。有一切不供，惟敬天者。有供十字者，有不供十字者。世传西洋惟英吉利一国独辟天主教。不知英夷所辟者，加特力教尔。故英夷国王将立，则国人必会议，约新王背加特力教，而尊波罗特士顿教，始即位。英夷何尝尽辟克力斯顿教哉。又有道教，散处各国，孑身修炼，名巴柳士艮教，欧罗巴、利未亚洲皆有之，特不及各教之纪年建朔云。

自道术分裂，儒分八，墨分三，释道亦各分数支，同中立异。斗诤坚固。于一教中，且自相胡越，况欲并包殊族，泯其畛域，会其大同，此必不然之数。广谷大川异俗，民生其间，刚柔轻重，迟速异齐。皇清能并回部，不能使天山南路舍回教而被儒服；能服番蒙，不能使西藏、漠北舍黄教而诵六经。鄂罗斯兼并西北，英吉利蚕食东南，而不能使白帽黄帽之方，尽奉天主。故曰：因其教，不异其俗；齐其政，不易其宜。作南洋西洋各国教门表。

东南洋海岸之国安南兼儒佛二教，今不列表。

暹罗	佛教
缅甸	佛教南掌老挝整线各国并同

东南洋海岛之国日本、琉球，兼儒、佛二教，今不列表。

小吕宋岛	加特力教旧本土番无教门，明以来，西洋据此地行教。
大爪哇岛即苏录文莱等	旧佛教，今回教。

---

①克力斯顿教（Christianity），今通译基督教。
②加特力教（Catholic），今通译天主教，即基督教旧教，亦称罗马天主教。
③波罗特士顿教（Protestant），今通译新教，为基督教的一支。

小爪哇岛即葛留巴①　　　　　　　　旧佛教，今回教。

亚齐岛即苏门答剌三佛齐　　　　　　旧佛教，今回教。

　　　余小岛，无教门不录。

西南洋五印度各国西藏及蒙古，皆剌麻黄教，以非海国，今不列表。

东印度榜葛剌　　　　　　　　　　　墨那敏佛教

南印度孟迈等地锡兰山岛同　　　　　墨那敏佛教

中印度温都（新）〔斯〕坦　　　　　墨那敏佛教温都斯坦，今称为
　　　　　　　　　　　　　　　　　小白头回子，据此志尚属佛教。

西印度包社　　　　　　　　　　　　旧佛教，今比阿厘回教。或
　　　　　　　　　　　　　　　　　曰：即巴柳士艮教。

西印度阿丹　　　　　　　　　　　　旧佛教，今马哈墨回教，由
　　　　　　　　　　　　　　　　　斯回教。

北印度克什弥尔　　　　　　　　　　旧佛教，今马哈墨回教。

南都鲁机兼有加特力教。　　　　　　旧佛教，今阿比厘回教，由
　　　　　　　　　　　　　　　　　斯回教。此外，若葱岭以西之哈
　　　　　　　　　　　　　　　　　萨克、布鲁特、巴达克山、爱乌罕、
　　　　　　　　　　　　　　　　　布哈尔、敖罕，葱岭以东之八城回
　　　　　　　　　　　　　　　　　部，自明以来，并改佛教为马哈墨
　　　　　　　　　　　　　　　　　回教，以非海国，不列表。

　　小西洋②利未亚洲各国利未亚洲，亦有道士教，见《阿迈司尼国志》。

东方伊揖国③国内兼有佛教。　　　　由教，额利教，加特力教。

东方阿迈司尼国④　　　　　　　　　由教，加特力教。

东利未亚八部其六部，属葡萄亚，教
门未详。其二部属阿丹，马哈墨回教。

───────────

①葛留巴（Kelapa），即巴达维亚（Batavia），今之雅加达。

②小西洋，此处指印度洋。

③伊揖国（Egypt），今译埃及。

④阿迈司尼国，即阿比西尼亚（Abyssinia），今埃塞俄比亚（Ethiopia）。

北利未亚四部	马哈墨回教
西利未亚二十四部 小国土蛮祀鬼，不知教门。	
南利未亚四部 小国土蛮祀鬼，不知教门。	
中利未亚二十五部	马哈墨回教

大西洋欧罗巴洲各国 欧罗巴亦有道士教，原志未分析各国，故不列表。

葡萄亚国	加特力教
荷兰国	婆罗特士顿教
弥尔尼（王）〔壬〕① 与荷兰同国，而别奉加特力教。	
佛兰西国	加特力教
英吉利国	婆罗士特顿教
意大里国	加特力教
耶马尼国②二十七部	半加特力教，半波罗特士顿教。
欧塞特厘阿国③	加特力教、波罗特士顿教
（塞）〔寒〕牙里与同（同）〔阿〕国亦兼有二教。	
波兰国	加特力教
绥林国④	婆罗士特顿教
领墨国	加特力教
瑞国⑤	加特力教

---

①"王"，按甘本改为"壬"。
②耶马尼国（Gemany），即德意志，今德国。
③欧塞特厘阿国（Astria），今译奥地利。
④绥林国（Switzerland），今瑞士。
⑤瑞国，今瑞典（Sweden）。

普鲁社国	或由教，或鲁低兰教，或加特力教，或婆罗特士顿教。
北都鲁机国	阿比厘回教

北洋①俄罗斯国各部

大俄罗斯十七部	额利教
西俄罗斯八部	额利教
东俄罗斯五部	额利教
小俄罗斯三部	额利教
南俄罗斯五部	额利教
加匿俄罗斯四部	额利教
西南新藩俄罗斯五部	马哈墨回教_{本回部故}
东北新藩俄罗斯四部	剌麻佛教_{近蒙古部落故}

外大西洋墨利加洲各国

北洲弥利坚国二十七部	加特力教、波罗特士顿教。
北洲智利国②	加特力教、婆罗特士顿教。

其余：北洲内墨西科③等国，南洲内孛露国④、金加西蜡国⑤、伯西尔国⑥、智加国⑦，教门未详。

《四洲志》载："加特力教，万有千六百万人；额利教，七千万人；婆罗特士顿教，四千二百万人；由教，约四五万人；_{亦作由斯}

①北洋，此处指北海（North Sea）。
②智利（Chele），地在南美洲。
③墨西科，今墨西哥（Mexico）。
④孛露国，今秘鲁（Peru）。
⑤金加西蜡国（Castilia Delor），指16世纪西班牙在南美洲北部的统治区，包括今哥伦比亚（Colombia）西北部、委内瑞拉（Veneruele）北部和巴拿马（Panama）。
⑥伯西尔，今巴西（Brazil）。
⑦智加国（Chica），指今智利南部，意为寒冷之地。

教。马哈墨教，万有二千万人；巴柳士艮教，七千三百万人；即道士教。墨那敏教，七千万人；大剌麻教，五千万人；墨鲁赫教，四千万人，共计各教，六万七千一百万人。"案：克力斯顿，乃西洋本教，或能悉其多寡。至西藏、蒙古之佛教，新疆南路之回教，与各洲之道教，英夷何由籍其人数耶？又志中惟克力斯顿教三派，分载最详；至天方教，则《阿丹》志中，既言回教中分为二：一曰色底特士教，一曰比阿厘教。阿厘者，穆罕默德兄子，传教而小别其宗。乃各国志中，但概称马哈默教，无一曰比阿厘者。今惟巴社及都鲁机，知其为比阿厘回教，余国则亦无从区别，当俟质诸天方之士。

海国图志卷七十二邵阳魏源撰

表二原本无，今补。

中国西洋历法异同表

叙曰：西域历法，传中国者，唐有九执历，元有万年历、回回历。九执即天竺历法也。天竺以望后一日，至次月望为一月。故有白半月、黑半月之名。今西夷欧罗巴洲及弥利坚洲①，各国历法，则与天竺异，而与回回历略同；皆以中国冬至后十日为元旦，盖取太阳过宫最卑行最疾之日，为赢缩起算之端；与中国冬至太阳在赤道最南之日者殊科。然太阳之有南北，寒暑所由生也，耕敛所由节也，是为钦若授时之本，必当显然布告，非若赢缩之事，特台官逐日推算，以定二十四气七十二候，及晦朔弦望交食之时刻，百姓则可日用而不知也。且最卑有行分，约六十年行一度，即差一日。其始年在中国冬至前二十日，约计道光五十年后，即在冬至后十一日；再积三千余年，以中国春分日为元旦矣。万年而后，元旦将在炎夏矣。

中国与欧罗巴同在赤道以北，中国以太阳在赤道最南，昼极短夜极长之日为冬至。冬日太阳在赤道南，则斜照中国，故恒寒。夏日太阳在赤道北，则正照中国，故恒暑。以此节耕敛、颁政事，

---

①弥利坚洲，此处指美洲（America）。

奚不可行于欧罗巴，乃不以寒暑为岁时，不与物候民事相关应何哉？或谓中土，居国也，囿于一方，独成其是。西夷行国也，日航大海，绕地一周，舟行日日千余里，无庸候风，三日可更裘葛。今日至一地，而省民耕，明日至一地，即省民敛，不必以寒暑为岁时；此沉溺西法曲徇之论。夫西农各耕本国，不随市舶为迁移。西商遄（诇）〔骛〕重溟，何预耕敛之省视。岂有人君颁历不据本国之时令，而任无定之舟航。国朝曾取其人供职钦天监，考制仪器，而不用其历法，盖知其与民事无涉也。今华夷通市，正朔相通，姑表其异同，以便稽览。其法足三百六十有五日为一年，每四年，于三月内闰一日。其各月内大小日数，则正月、三月、五月、七月、八月、十月、十二月，各三十有一日；四月、六月、九月、十一月，各三十日。惟二月止二十有八日。

今表两年为例如下：

道光十八年戊戌西夷千八百三十八年　道光十九年己亥西夷千八百三十九年

正月小建甲寅西夷正月日然收阿厘　正月小建丙寅

初一日西夷正月二十六日　初一日西夷二月十四日

初六日西夷正月三十一日　十一日西夷二月二十四日

十一日西夷二月初五日　十五日西夷二月二十八日，月尽

二十一日西夷二月十五日　二十一日西夷三月初六日

二月大建乙卯西夷二月日飞普阿厘　二月大建丁卯

初一日西夷二月二十四日　初一日西夷三月十五日

初五日西夷二月二十八日，月尽　十一日西夷三月二十五日

十二日西夷三月初六日　十七日西夷三月三十一日，月尽

二十二日西夷三月十六日　二十一日西夷四月初四日

三月小建丙辰西夷三月日吗治　三月小建戊辰

初一日<small>西夷三月二十六日</small>

初六日<small>西夷三月三十一日，月尽</small>

十一日<small>西夷四月初五日</small>

二十一日<small>西夷四月十五日</small>

四月大建丁巳<small>西夷四月曰族悖厘尔</small>

初一日<small>西夷四月二十四日</small>

初七日<small>西夷四月三十日，月尽</small>

十一日<small>西夷五月初四日</small>

二十一日<small>西夷五月十四日</small>

闰四月小

初一日<small>西夷五月二十四日</small>

初八日<small>西夷五月三十一日，月尽</small>

十一日<small>西夷六月初三日</small>

二十一日<small>西夷六月十三日</small>

五月小建戊午<small>西夷五月曰哖</small>

初一日<small>西夷六月二十二日</small>

初九日<small>西夷六月三十日，月尽</small>

十一日<small>西夷七月初二日</small>

二十一日<small>西夷七月十二日</small>

六月大建己未<small>西夷六月曰润</small>

初一日<small>西夷七月二十一日</small>

十一日<small>西夷七月三十一日，月尽</small>

二十一日<small>西夷八月初十日</small>

七月大建庚申<small>西夷七月曰如来</small>

初一日<small>西夷八月二十日</small>

十一日<small>西夷八月三十日</small>

初一日<small>西夷四月十四日</small>

十一日<small>西夷四月二十四日</small>

十七日<small>西夷四月三十一日，月尽</small>

二十一日<small>西夷五月初四日</small>

四月小建己巳

初一日<small>西夷五月十三日</small>

十一日<small>西夷五月二十三日</small>

十九日<small>西夷五月三十一日，月尽</small>

二十一日<small>西夷六月初二日</small>

五月大建庚午

初一日<small>西夷六月十一日</small>

十一日<small>西夷六月二十一日</small>

二十日<small>西夷六月三十日，月尽</small>

二十一日<small>西夷七月初一日</small>

六月小建辛未

初一日<small>西夷七月十一日</small>

十一日<small>西夷七月二十一日</small>

二十一日<small>西夷七月三十一日，月尽</small>

七月大建壬申

初一日<small>西夷八月初九日</small>

十一日<small>西夷八月十九日</small>

二十一日<small>西夷八月二十九日</small>

二十三日<small>西夷八月三十一日，月尽</small>

八月小建癸酉

初一日<small>西夷九月初八日</small>

十一日<small>西夷九月十八日</small>

十二日_{西夷八月三十一日，月尽}

二十一日_{西夷九月初九日}

八月小建辛酉_{西夷八月曰阿兀士}

初一日_{西夷九月十九日}

十一日_{西夷九月二十九日}

十二日_{西夷九月三十日，月尽}

二十一日_{西夷十月初九日}

九月大建壬戌_{西夷九月曰涉点麻}

初一日_{西夷十月十八日}

十一日_{西夷十月二十八日}

十四日_{西夷十月三十一日，月尽}

二十一日_{西夷十一月初七日}

十月大建癸亥_{西夷大十月曰多屋麻}

初一日_{西夷十一月十七日}

十一日_{西夷十一月二十七日}

十四日_{西夷十一月三十日，月尽}

二十一日_{西夷十二月初七日}

十一月小建丙子_{是月初六日甲辰未刻}
冬至。西夷十一月曰娜民麻

初一日_{西夷十二月十七日}

十一日_{西夷十二月二十七日}

十五日_{西夷十二月三十日，岁终}

十六日 _{西夷一千八百三十九年正月初}
一日

二十一日_{西夷正月初六日}

二十一日_{西夷九月二十八日}

二十三日_{西夷九月三十日，月尽}

九月大建甲戌

初一日_{西夷十月初七日}

十一日_{西夷十月十七日}

二十一日_{西夷十月二十七日}

二十五日_{西夷十月三十一日，月尽}

十月大建乙亥

初一日_{西夷十一月初六日}

十一日_{西夷十一月十六日}

二十一日_{西夷十一月二十六日}

二十五日_{西夷十一月三十日，月尽}

十一月大建丙子_{是月十七日己酉}
_{戌刻冬至}

初一日_{西夷十二月初六日}

十一日_{西夷十二月十六日}

二十一日_{西夷十二月二十六日}

二十六日 _{西夷十二月三十一日，}
_{岁终}

二十七日 _{西夷一千八百四十年正月}
初一日

十二月小建丁丑

初一日_{西夷正月初五日}

十一日_{西夷正月十五日}

二十一日_{西夷正月二十五日}

二十七日_{西夷正月三十一日，月尽}

十二月大建乙丑西夷十二月曰厘森麻

初一日西夷正月十五日

十一日西夷正月二十五日

十七日西夷正月三十一日，月尽

二十一日西夷二月初四日

道光二十年庚子西夷一千八百四十年，二月逢闰一月

正月大建戊寅

初一日西夷二月初三日

十一日西夷二月十三日

二十（七）〔一〕日西夷二月二十三日

二十七日西夷二月二十九日，月尽。系有闰之年，故多一日

二月小建己卯

初一日西夷三月初四日

十一日西夷三月十四日

二十一日西夷三月二十四日

二十八日西夷三月三十一日，月尽

三月大建庚辰

初一日西夷四月初二日

十一日西夷四月十二日

二十一日西夷四月二十一日

二十九日西夷四月三十日，月尽

四月小建辛巳

初一日西夷五月初二日

七月小建甲申

初一日西夷七月二十九日

初三日西夷七月三十一日，月尽

十一日西夷八月初八日

二十一日西夷八月十八日

八月大建乙酉

初一日西夷八月二十七日

初五日西夷八月三十一日，月尽

十一日西夷九月初六日

二十一日西夷九月十六日

九月小建丙戌

初一日西夷九月二十六日

初五日西夷九月三十日，月尽

十一日西夷十月初六日

二十一日西夷十月十六日

十月大建丁亥

初一日西夷十月二十五日

十一日<small>西夷五月十二日</small>

二十一日<small>西夷五月二十二日</small>

五月小建壬午

初一日<small>西夷五月三十一日，月尽</small>

十一日<small>西夷六月初十日</small>

二十一日<small>西夷六月二十日</small>

六月大建癸未

初一日<small>西夷六月二十九日</small>

初二日<small>西夷六月三十日，月尽</small>

十一日<small>西夷七月初九日</small>

二十一日<small>西夷七月十九日</small>

初七日<small>西夷十月三十一日，月尽</small>

十一日<small>西夷十一月初四日</small>

二十一日<small>西夷十一月（初）〔十〕四日</small>

十一月大建戊子<small>是月二十九日乙卯辰刻冬至</small>

初一日<small>西夷十一月二十四日</small>

初七日<small>西夷十一月三十日，月尽</small>

十一日<small>西夷十二月初四日</small>

二十一日<small>西夷十二月十四日</small>

十二月大建己丑

初一日<small>西夷十二月二十四日</small>

初八日<small>西夷十二月三十一日，岁终</small>

初九日<small>西夷一千八百四十一年，正月初一日</small>

十一日<small>西夷正月初三日</small>

二十一日<small>西夷正月十三日</small>

三十日<small>西夷正月二十二日</small>

　　乌程陈杰曰："西法云足三百六十五日为一年，四年闰一日，恐亦言其略耳。盖如其言推之，每年岁实适合三百六十五日四分日之（六）〔一〕，中国汉贾（陆）〔逴〕四分法也。西洋有太史第谷①，定为三百六十五日又二四二一八七五。用此数推之，每一百二十八年，闰三十一日，则差一日矣。四年闰一日，则一百二十八年，应闰三十二日。又最卑有行分，不及六十年，即行一度，又应闰一日。最卑之行，古小今大。约略计之，一百二十八年，当闰两日。以此悬揣西法，当以百二十八年，而闰三十三日；一千八百四十年，应闰四百七十四日。乃以三百六十五日，与一千八百四十年相乘，得六十七万一千六百日；加四百七十四日，得六十七万二千零七十四日。是自英国奉耶苏教

———————

①第谷（Tycho Brahe，1546—1601），丹麦著名天文学家。

之年之元旦日起，至其第一千八百四十一年之元旦前一日止之日数也。其第一千八百四十一年之元旦前一日，为我中国道光二十年庚子十二月初八日甲子日。以中国历朝岁实递有增减，约略计之，道光二十一年辛丑年前冬至日，上距汉平帝元始元年年前冬至日，得六十七万二千零五十日。两数相减，余二十四日；再减去十二月初八日，系在冬至后九日，余十五日。是奉耶稣教之年之元旦日，在汉平帝元始元年年前冬至之前仅十五日耳。惟中国于太阳最卑，至元郭守敬始发之，尚未知有行分，至明季始知有行分。我朝康熙、乾隆年间，两改其行。汉晋唐宋实不可考；则当两汉之末，哀平之年，或在冬至前二十余日，亦未可知。梅文鼎据康熙戊辰瞻礼单算，得耶苏降生，在哀帝庚申年冬至前二十余日。窃疑是日为奉耶苏教始年之元旦日，非耶稣天主降生之日也。又曰：哀帝元寿二年，庚申十一月之冬至，距唐高祖武德元年戊寅年前之冬至六百一十七年。再距宋太祖建隆元年，庚申年前之冬至，又三百四十二年。再距元世祖至元七年，庚辰年前之冬至，又三百二十年。再距明太祖洪武元年戊申年前之冬至八十八年。再距顺治元年甲申年前之冬至二百七十六年。再距道光二十一年辛丑年前之冬至一百九十七年。通计自汉哀帝元寿二年庚申十一月冬至起，至道光二十年庚子十一月二十九日乙卯冬至日止，凡一千八百四十年，约计六十七万二千零五十日。以现行岁差，及今道光二十一年前冬至日冬至时，在箕初度五十六分计之，汉哀帝元寿二年庚申十一月，冬至日在斗十八度。又今最卑，过冬至十度十分。汉哀平之交，应在冬至前二十度三十分。英夷当于冬至前二十一日除岁。

附天竺回回历法考

俞正燮曰：释迦文佛之生也，以中土二月既望为角宿直日；数至鬼宿直日，当中土三月八日，即佛生日。若以历法言之，则当曰春分后二十三日佛生也。《佛本行集经》上记《兜率品》、《俯降王宫品》，并云取鬼宿日，然后入于母胎。《迦叶三兄弟品》云，此沙门鬼宿日生，今鬼宿明，不为余星所逼，其龙斗决胜。此旁出之言，并可为确征。佛国月日，与中土不同，以宿直日，真佛日也。《若树下诞生品》云：春初二月八日，鬼宿合时生。《过去现在因果经》云：二月八日生，四月七日降魔。《瑞应经》云：四月八日夜，明星出时生。其佛罗安国、渤泥国，或以为六月十五日佛生。佛西土人，安得以中宪论月日哉？《佛说灌佛经》，四月八日以期灌佛。《摩诃漆头经》，佛告天下人民，十方诸佛，皆用四月八日夜半时生。为春夏之际殃罪悉毕，万物发生，毒气未形，不寒不热，时气和适，以今为佛生日。又汉末交州牟子博《理惑论》，佛四月八日生，孟夏之月，仲吕之时。此并中土之妄言，或《宏明集》所附益也。佛所行赞，则云三月八日生。元李翀《日闻录》云：元初杭城，每岁三月八日迎佛。或新至番僧，犹有所受。唐玄奘《西域记》佛国云：菩萨诞灵，以舍佉月后半八日，蓝摩国剃发。窣堵波云：佛以吠舍佉月后半八日出家。摩揭陀国菩提树，东北人云：佛以吠舍佉月后半八日生，成等正觉。此并三月八日之明征。惟（加毗）〔劫比〕罗（代）〔伐〕窣堵国云：菩萨降神母胎，当此中土五月十五日，诸部则以此月二十三日夜降母胎，当此五月八日。此并指其入胎之时，非出胎时。佛国上座部云：菩萨诞灵吠舍佉月后半十五日，此则一以为佛生三月十五日，小有不同。晋《法显传》云：舍卫城，年年常以建卯月八日行像。于阗国四月一日至十四日行像。《西域记》又云：屈支以秋分行像。是西土作佛事月日，无有言佛以巳月八日生者。《长阿舍经》，阿阇世王，二月八日沸星出时佛生，二月八日沸星出时出家，二月八日沸星出时成道；八月八日沸星出时取般涅槃。《无垢施菩萨分别应辨经音义》云：依诸经言，佛以鬼宿日生，成道出家，皆用二月八日。鬼宿合时，依日藏分经，用二月九日曙，以夜分属九日。故《辽史·礼志》云：二月八日为悉达太子生辰。《金史·海陵纪》云：正隆元年十一月癸巳，禁二月八日迎佛，其致误有由。经云：二月后半八日者，佛国以中国望后一日至中国，次月望，为彼土一月。《开元占经》有九执法。唐僧瞿云悉达治唐宪，以明庆二年二月一日起算。唐志云开元二年，误。其本术则云：白博义二月春分朔，于是曜躔娄以起算。然则春分本中法，二月中鬼宿，当春分起算，角直之二十三日，合白黑博义。言月自望至望，白半月黑（白）〔半〕月。则鬼直为后半八日。谓黑博义之第八日。节气中气不能齐，则当朔望范之，取一岁之第一鬼宿日；就西法以春分言，由中法二月十六日起，角直数之，则《西域记》所称佛国吠舍佉月后半八日生者，于诸说中为独合。《佛本行经》：佛苦行六年，二月十六日善生村主二女作糜，至二十三日供佛。十五日为一半，则二十三日是后半八日也。分别应辨音义言二月八日者，在西土一月之后半，当属西土之二月，而译者以中土二月当之，名差半月，实差一月。是说也，吾思之十年，读《开元占经》而始知之。源案：俞氏考佛生年甚舛，而考佛生日则是，故分别存之。

附《明史·回回历论》：回回历法，西域默狄纳国王马哈麻所作。其地北极高二十四度半，经度偏西一百零七度，约在云南〔之〕西①八千八百余里。其历元用隋开皇己未，即其建国之年也。洪武初，得其书于元都，十五年秋，太祖谓西域推测天象最精，其五星纬度又中国所无，命翰林李翀、吴伯宗，同回回大师马沙亦黑等译其书。其法不用闰月，以三百六十五日为一岁，岁十二宫，（官）〔宫〕有闰日，凡百二十八年而宫闰三十一日。以三百五十四日为一周，周十二月。月有闰日，凡三十年月闰十一日。历千九百四十一年，宫月日辰再会。此其立法之大概也。按西域历术见于史者，在唐有九执历，元有札马鲁丁之万年历。九执历最疏，万年历行之未久，惟回回历设科隶钦天监，与大统参用二百七十余年，虽于交食之有无深浅，时有出入，然胜于九执、万年远矣。但其书多脱误，盖其人之隶籍台官者，类以土盘布算仍

---

① 《明史·志十三》言"在云南之西"，故加"之"字。

用其本国之书；而明之习其术者，如唐顺之、陈环①、袁黄辈之所论著，又自成一家言，以故翻译之本，不行于世，其缺残宜也。今为博访专门之裔，考究其原书，以补其脱落，正其讹舛，为回回历法著于篇。案：默狄纳，即默德那之音转。

---

①《明史》作陈壤。

海国图志卷七十三邵阳魏源撰

表三原无，今补。

中国西洋纪年通表

　　叙曰：自生民以来，际天所覆，大一统之国惟中国。万里一朔，故正系王，王系春，以时改元纪号，整齐天下，编垂史册，各不相袭。此外九夷八荒，自为风气，则皆各君其国，各子其民矣。苟各自为朔，将棼然杂出，奚从纲纪条贯矣。故印度、西藏、蒙古，则以佛涅槃之岁后纪年，葱岭东西各回部，则以天方穆罕默德辞世之岁纪年，大小西洋及外大西洋，则皆以天主耶稣降生之后纪年，皆合数百十国、数万里为一教。正朔不系君而系师，岂得已哉。《隋书·经籍志》：言佛说灭度以后，正法五百年，象法一千年，末法三千年。耶稣生汉哀帝元寿间，上距周庄王（十）〔近七百〕年，恒星不见佛生，阅八十岁涅槃，当周匡王六年，凡六百有二岁。而天主耶稣生，力距佛教，此正法五百余年之应。汉元寿下距开皇十四年，回教穆罕默德辞世之岁，共五百九十四年，内除其生世数十载，正五百余年，驱僧毁寺，变西北诸印度为回教。此像法千年之应。是则自周至汉至隋，佛教东流，而天主与天方迭据印度，代兴持世，入主出奴，各乘气数，皆悬记乎千载之前，而符合乎千载以下。天时人事，有开必先，不翅五德迭王，文质递尚焉。而近日黟县俞正燮作《释迦文佛生日论》，独谓佛生于汉成帝元延元年四月丁丑，沸星四面下至地之日，与耶稣同时。至隋世回教兴，始为正法五百之岁。由其说，则佛生距汉明帝永平三年感梦之时，仅七十二岁，是佛与明帝同时，遽已名闻汉廷。光征帝梦，而白马驼经之使，竟当亲觌金容，面聆口授乎？俞氏于汉永平之梦，则欲减佛寿为六十七岁以就之。以明帝永平入梦，必在佛灭后故。于像法千年，又以旃檀像至宋太平兴国始移东都当之。不以其离西土之岁，而以其在中土迁移之岁，则此像至今尚存燕京旃檀寺，不将谓像法二千年耶？俞氏以佛授记旃檀像于佛灭度千年后，像往震旦。即使果如所论，而旃檀佛像以梁天监十年四月五日至扬都，距周匡王六年佛灭度时千有百载，亦正合千年之谶。若佛灭于汉章帝时，则至梁天监仅四百余年耳。佛灭四百载，旃檀佛像已离西竺适中土，安得谓西方像法垂千年乎？辨证弥勤，蹐駦弥远。天方教辟佛，天主教岂不辟佛，乃以正法之替，独归之回教乎？计道光二十有二年，距周匡王五载佛灭度之岁，凡二千有四百四十四年；距汉元寿初天主耶稣降生之岁，千有八百四十二年；距隋开皇十四载回教主辞世日，千有二百五十年。今列西洋年表，而以回教佛教年岁缀其后。

中国西洋纪年通表

汉哀帝元寿二年庚申冬至西洋耶稣降生上距周匡王五年，佛涅槃之岁六百有二年。

汉平帝元始元年凡五年	西洋耶稣第一年
汉孺子婴居摄元年凡三年	西洋耶稣六年
新莽始建国元年凡五年	西洋耶稣九年
新莽天凤元年凡六年	西洋耶稣十四年
新莽地皇元年凡三年	西洋耶稣二十年
汉更始元年凡二年	西洋耶稣二十三年
汉光武帝建武元年凡三十一年	西洋耶稣二十五年案耶稣三十岁即遭难，以后但称西洋。

汉光武帝中元元年凡二年	西洋五十六年
汉孝明帝永平元年凡十八年	西洋五十八年
汉孝章帝建初元年凡八年	西洋七十六年
汉孝章帝元和元年凡三年	西洋八十四年
汉孝章帝章和元年凡二年	西洋八十七年
汉孝和帝永元元年凡十六年	西洋八十九年
汉孝和帝元兴元年凡一年	西洋百有五年
汉孝殇帝延平元年凡一年	西洋百有六年
汉孝安帝永初元年凡七年	西洋百有七年
汉孝安帝元初元年凡六年	西洋百十四年
汉孝安帝永宁元年凡一年	西洋百二十年
汉孝安帝建光元年凡一年	西洋百二十一年
汉孝安帝延光元年凡四年	西洋百二十二年
汉孝顺帝永建元年凡六年	西洋百二十六年
汉孝顺帝阳嘉元年凡四年	西洋百三十二年
汉孝顺帝永和元年凡六年	西洋百三十六年
汉孝顺帝汉安元年凡二年	西洋百四十二年
汉孝顺帝建康元年凡一年	西洋百四十四年
汉孝冲帝永嘉元年凡一年	西洋百四十五年
汉孝质帝本初元年凡一年	西洋百四十六年
汉孝桓帝建和元年凡三年	西洋百四十七年
汉孝桓帝和平元年凡一年	西洋百五十年
汉孝桓帝元嘉元年凡二年	西洋百五十一年
汉孝桓帝永兴元年凡二年	西洋百五十三年
汉孝桓帝永寿元年凡三年	西洋百五十五年
汉孝桓帝延熹元年凡九年	西洋百五十八年

汉孝桓帝永康元年凡一年	西洋百六十七年
汉孝灵帝建宁元年凡四年	西洋百六十八年
汉孝灵帝熹平元年凡六年	西洋百七十二年
汉孝灵帝光和元年凡六年	西洋百七十八年
汉孝灵帝中平元年凡六年	西洋百八十四年
汉孝献帝初平元年凡四年	西洋百九十年
汉孝献帝兴平元年凡二年	西洋百九十四年
汉孝献帝建安元年凡二十五年	西洋百九十六年
汉昭烈帝章武元年凡二年	西洋二百二十一年
汉后主建兴元年凡十五年	西洋二百二十三年
汉后主延熙元年凡二十年	西洋二百三十八年
汉后主景耀元年凡五年	西洋二百五十八年
汉后主炎兴元年凡一年	西洋二百六十三年
魏元帝咸熙元年凡一年	西洋二百六十四年
晋武帝泰始元年凡十年	西洋二百六十五年
晋武帝咸宁元年凡五年	西洋二百七十五年
晋武帝太康元年凡十年	西洋二百八十年
晋武帝太熙元年凡一年	西洋二百九十年
晋孝惠帝元康元年凡九年	西洋二百九十一年
晋孝惠帝永康元年凡一年	西洋三百年
晋孝惠帝永宁元年凡一年	西洋三百有一年
晋孝惠帝泰安元年凡二年	西洋三百有二年
晋孝惠帝永兴元年凡一年	西洋三百有四年
晋孝惠帝光熙元年凡一年	西洋三百有六年
晋孝怀帝永嘉元年凡六年	西洋三百有七年
晋孝愍帝建兴元年凡四年	西洋三百十三年

晋元帝建武元年凡一年	西洋三百十七年
晋元帝太兴元年凡四年	西洋三百十八年
晋元帝永昌元年凡一年	西洋三百二十二年
晋明帝太宁元年凡三年	西洋三百二十三年
晋成帝咸和元年凡九年	西洋三百二十六年
晋成帝咸康元年凡八年	西洋三百三十五年
晋康帝建元元年凡二年	西洋三百四十三年
晋穆帝永和元年凡十二年	西洋三百四十五年
晋穆帝升平元年凡五年	西洋三百五十七年
晋哀帝隆和元年凡一年	西洋三百六十二年
晋哀帝兴宁元年凡三年	西洋三百六十三年
晋帝奕①太和元年凡五年	西洋三百六十六年
晋简文帝咸安元年凡二年	西洋三百七十一年
晋孝武帝宁康元年凡三年	西洋三百七十三年
晋孝武帝太元元年凡二十一年	西洋三百七十六年
晋(孝)〔安〕②帝隆安元年凡五年	西洋三百九十七年
晋安帝元兴元年凡三年	西洋四百有二年
晋安帝义熙元年凡十四年	西洋四百有五年
晋恭帝元熙元年凡一年	西洋四百十九年
宋武帝永初元年凡三年	西洋四百二十年
宋(荣阳王)〔少帝〕③景平元年凡一年	西洋四百二十三年

1834

①即东晋废帝海西公司马奕。
②据《中国历史纪年表》,改"孝"为"安"。
③据《中国历史纪年表》,改"荣阳王"为"少帝"。

宋文帝元嘉元年凡三〔十〕①年　西洋四百二十四年

宋孝武帝孝建元年凡三年　西洋四百五十四年

宋孝武帝大明元年凡八年　西洋四百五十七年

宋明帝泰始元年凡七年　西洋四百六十五年

宋明帝泰豫元年凡一年　西洋四百七十二年

宋主昱元徽元年凡四年　西洋四百七十三年

宋顺帝昇明元年凡二年　西洋四百七十七年

齐高帝建元元年凡四年　西洋四百七十九年

齐武帝永明元年凡十一年　西洋四百八十三年

齐明帝建武元年凡四年　西洋四百九十四年

齐明帝永泰元年凡一年　西洋四百九十八年

齐主宝卷永元元年凡二年　西洋四百九十九年

齐和帝中兴元年凡一年　西洋五百有一年

梁武帝天监元年凡十八年　西洋五百有二年

梁武帝普通元年凡七年　西洋五百二十年

梁武帝大通元年凡二年　西洋五百二十七年

梁武帝中大通元年凡六年　西洋五百二十九年

梁武帝大同元年凡十一年　西洋五百三十五年

梁武帝中大同元年凡一年　西洋五百四十六年

梁武帝（大）〔太〕②清元年凡三年　西洋五百四十七年

梁简文帝大宝元年凡二年　西洋五百五十年

梁孝元帝承圣元年凡三年　西洋五百五十二年

梁敬帝绍泰元年凡一年　西洋五百五十五年

①据《中国历史纪年表》，补"十"。
②据《中国历史纪年表》，改"大"为"太"。

梁敬帝太平元年_{凡一年}	西洋五百五十六年
陈武帝永定元年_{凡三年}	西洋五百五十七年
陈文帝天嘉元年_{凡六年}	西洋五百六十年
陈文帝天康元年_{凡一年}	西洋五百六十六年
陈主伯宗光大元年_{凡二年}	西洋五百六十七年
陈宣帝（大）〔太〕建①元年_凡十二年	西洋五百六十九年
隋文帝开皇元年_{凡二十年}	西洋五百八十一年
隋文帝开皇十四年	回教始祖辞世之年
隋文帝仁寿元年_{凡四年}	西洋六百有一年
隋炀帝大业元年_{凡十二年}	西洋六百有五年
隋恭帝义宁元年_{凡一年}	西洋六百十七年
唐高祖武德元年_{凡九年}	西洋六百十八年
唐太宗贞观元年_{凡二十三年}	西洋六百二十七年
唐高宗永徽元年_{凡六年}	西洋六百五十年
唐高宗显庆元年_{凡五年}	西洋六百五十六年
唐高宗龙朔元年_{凡三年}	西洋六百六十一年
唐高宗麟德元年_{凡二年}	西洋六百六十四年
唐高宗乾封元年_{凡二年}	西洋六百六十六年
唐高宗总章元年_{凡二年}	西洋六百六十八年
唐高宗咸亨元年_{凡四年}	西洋六百七十年
唐高宗上元元年_{凡二年}	西洋六百七十四年
唐高宗仪凤元年_{凡三年}	西洋六百七十六年
唐高宗调露元年_{凡一年}	西洋六百七十九年

1836

---

① 据《中国历史纪年表》，改"大"为"太"。

唐高宗永隆元年凡一年	西洋六百八十年
唐高宗开耀元年凡一年	西洋六百八十一年
唐高宗永淳元年凡一年	西洋六百八十二年
唐高宗宏道元年凡一年	西洋六百八十三年
唐中宗嗣圣元年凡一年	西洋六百八十四年
唐武后则天凡二十年	西洋六百八十五年
唐中宗神龙元年凡二年	西洋七百有五年
唐中宗景龙元年凡三年	西洋七百有七年
唐睿宗景云元年凡二年	西洋七百十年
唐睿宗太极元年凡一年	西洋七百十二年
唐明皇帝开元元年凡二十九年	西洋七百十三年
唐明皇帝天宝元年凡〔二〕十①四年	西洋七百四十二年
唐肃宗至德元年凡二年	西洋七百五十六年
唐肃宗乾元元年凡二年	西洋七百五十八年
唐肃宗上元元年凡二年	西洋七百六十年
唐肃宗宝应元年凡一年	西洋七百六十二年
唐代宗广德元年凡二年	西洋七百六十三年
唐代宗永泰元年凡一年	西洋七百六十五年
唐代宗大历元年凡十四年	西洋七百六十六年
唐德宗建中元年凡四年	西洋七百八十年
唐德宗兴元元年凡一年	西洋七百八十四年
唐德宗贞元元年凡二十年	西洋七百八十五年
唐顺宗永贞元年凡一年	西洋八百有五年

①据《中国历史纪年表》，补"二"。

唐宪宗元和元年凡十五年	西洋八百有六年
唐穆宗长庆元年凡四年	西洋八百二十一年
唐敬宗宝历元年凡二年	西洋八百二十五年
唐文宗太和元年凡九年	西洋八百二十七年
唐文宗开成元年凡五年	西洋八百三十六年
唐武宗会昌元年凡六年	西洋八百四十一年
唐宣宗大中元年凡十三年	西洋八百四十七年
唐懿宗咸通元年凡十四年	西洋八百六十年
唐僖宗乾符元年凡六年	西洋八百七十四年
唐僖宗广明元年凡一年	西洋八百八十年
唐僖宗中和元年凡四年	西洋八百八十一年
唐僖宗光启元年凡三年	西洋八百八十五年
唐僖宗文德元年凡一年	西洋八百八十八年
唐昭宗龙纪元年凡一年	西洋八百八十九年
唐昭宗大顺元年凡二年	西洋八百九十年
唐昭宗景福元年凡二年	西洋八百九十二年
唐昭宗乾宁元年凡四年	西洋八百九十四年
唐昭宗光化元年凡三年	西洋八百九十八年
唐昭宗天复元年凡三年	西洋九百有一年
唐昭宗天祐元年凡一年	西洋九百有四年
梁太祖开平元年凡四年	西洋九百有七年
梁太祖乾化元年凡二年	西洋九百十一年
梁（主瑱）〔末帝〕① 乾化元年凡二年	西洋九百十三年

1838

①据《中国历史纪年表》，改"主瑱"为"末帝"。

梁（主瑱）〔末帝〕贞明元年凡六年　西洋九百十五年

梁（主瑱）〔末帝〕龙德元年凡二年　西洋九百二十一年

后唐庄宗同光元年凡三年　西洋九百二十三年

后唐明宗天成元年凡四年　西洋九百二十六年

后唐明宗长兴元年凡四年　西洋九百三十年

后唐（潞王）〔末帝〕① 清泰元年凡二年　西洋九百三十四年

后晋高祖天福元年凡八年　西洋九百三十六年

晋主重贵开运元年凡三年　西洋九百四十四年

后汉高祖称晋天福十二年凡一年　西洋九百四十七年

后汉隐帝乾祐元年凡三年　西洋九百四十八年

后周太祖广顺元年凡三年　西洋九百五十一年

后周世宗显德元年凡六年　西洋九百五十四年

宋太祖建隆元年凡三年　西洋九百六十年

宋太祖乾德元年凡五年　西洋九百六十四年

宋太祖开宝元年凡八年　西洋九百六十八年

宋太宗太平兴国元年凡八年　西洋九百七十六年

宋太宗雍熙元年凡四年　西洋九百八十四年

宋太宗端拱元年凡二年　西洋九百八十八年

宋太宗淳化元年凡五年　西洋九百九十年

宋太宗至道元年凡三年　西洋九百九十五年

宋真宗咸平元年凡六年　西洋九百九十八年

①据《中国历史纪年表》，改"潞王"为"末帝"。

宋真宗景德元年凡四年　　　　西洋千有四年

宋真宗大中祥符元年凡九年　　西洋千有八年

宋真宗天禧元年凡五年　　　　西洋千有十七年

宋真宗乾兴元年凡一年　　　　西洋千二十二年

宋仁宗天圣元年凡九年　　　　西洋千二十三年

宋仁宗明道元年凡二年　　　　西洋千三十二年

宋仁宗景祐元年凡四年　　　　西洋千三十四年

宋仁宗宝元元年凡二年　　　　西洋千三十八年

宋仁宗康定元年凡一年　　　　西洋千四十年

1840

宋仁宗庆历元年凡八年　　　　西洋千四十一年

宋仁宗皇祐元年凡五年　　　　西洋千四十九年

宋仁宗至和元年凡二年　　　　西洋千五十四年

宋仁宗嘉祐元年凡八年　　　　西洋千五十六年

宋英宗治平元年凡四年　　　　西洋千六十四年

宋神宗熙宁元年凡十年　　　　西洋千六十八年

宋神宗元丰元年凡八年　　　　西洋千七十八年

宋哲宗元祐元年凡八年　　　　西洋千八十六年

宋哲宗绍圣元年凡四年　　　　西洋千九十四年

宋哲宗元符元年凡三年　　　　西洋千九十八年

宋徽宗建中靖国元年凡一年　　西洋千有百一年

宋徽宗崇宁元年凡五年　　　　西洋千有百二年

宋徽宗大观元年凡四年　　　　西洋千有百七年

宋徽宗政和元年凡七年　　　　西洋千有百十一年

宋徽宗重和元年凡一年　　　　西洋千有百十八年

宋徽宗宣和元年凡七年　　　　西洋千有百十九年

宋钦宗靖康元年凡一年　　　　西洋千有百二十六年

宋高宗建炎元年凡四年　　　　西洋千有百二十七年

宋高宗绍兴元年凡三十二年　　西洋千有百三十一年

宋孝宗隆兴元年凡二年　　　　西洋千有百六十三年

宋孝宗乾道元年凡九年　　　　西洋千有百六十五年

宋孝宗淳熙元年凡十六年　　　西洋千有百七十四年

宋（孝）〔光〕①宗绍熙元年凡　西洋千有百九十年
五年

宋宁宗庆元元年凡六年　　　　西洋千有百九十五年

宋宁宗嘉泰元年凡四年　　　　西洋千二百有一年

宋宁宗开禧元年凡三年。是岁蒙古铁　西洋千二百有五年
木真灭乃蛮称帝。

宋宁宗嘉定元年凡十七年　　　西洋千二百有八年

宋理宗宝庆元年凡三年。其三年元太　西洋千二百二十五年
祖殂。

宋理宗绍定元年凡六年。是岁蒙古太　西洋千二百二十八年
宗立。

宋理宗端平元年凡三年。是岁金亡。　西洋千二百三十四年

宋理宗嘉熙元年凡四年　　　　西洋千二百三十七年

宋理宗淳祐元年凡十二年。蒙古太宗　西洋千二百四十一年
殂。其五年，定宗始立，阅三年殂。又三
年，宪宗始立。

宋理宗宝祐元年凡六年　　　　西洋千二百五十三年

宋理宗开庆元年凡一年。是岁蒙古宪　西洋千二百五十九年
宗殂。

宋理宗景定元年凡五年。是岁蒙古世　西洋千二百六十年
祖中统元年。

———————

①据《中国历史纪年表》，改"孝"为"光"。

宋理宗景定五年凡三十二年。是岁蒙古世祖至元元年。　　　西洋千二百六十四年

宋度宗咸淳元年宋度宗咸淳七年，（岁）〔蒙〕古始定国号，曰元。　　西洋千二百六十五年

宋帝显德祐元年凡一年。元世祖至元十二年。　　　西洋千二百七十五年

宋端宗景炎元年凡（一）〔二〕年。元世祖至元十（二）〔三〕年。　　西洋千二百七十六年

元世祖至元十五年　　　西洋千二百七十八年

元成宗元贞元年凡二年　　　西洋千二百九十五年

元成宗大德元年凡十一年　　　西洋千二百九十七年

元武宗至大元年凡四年　　　西洋千三百有八年

元仁宗皇庆元年凡二年　　　西洋千三百十二年

元仁宗延祐元年凡七年　　　西洋千三百十四年

元英宗至治元年凡三年　　　西洋千三百二十一年

元泰定帝泰定元年凡四年　　　西洋千三百二十四年

元文宗天历元年凡二年　　　西洋千三百二十八年

元文宗至顺元年凡三年　　　西洋千三百三十年

元顺帝元统元年凡二年　　　西洋千三百三十三年

元顺帝至元元年凡六年　　　西洋千三百三十五年

元顺帝至正元年凡二十七年　　　西洋千三百四十一年

明太祖洪武元年凡三十年　　　西洋千三百六十八年

明惠帝建文（五）〔元〕年凡（五）〔四〕年　　西洋千三百九十八年

明成祖永乐元年凡二十二年　　　西洋千四百有三年

明仁宗洪熙元年凡一年　　　西洋千四百二十五年

明宣宗宣德元年凡十年　　　西洋千四百二十六年

明英宗正统元年凡十四年	西洋千四百三十六年
明景帝景泰元年凡七年	西洋千四百五十年
明英宗复位天顺元年凡八年	西洋千四百五十七年
明宪宗成化元年凡二十三年	西洋千四百六十五年
明孝宗弘治元年凡十八年	西洋千四百八十八年
明武宗正德元年凡十六年	西洋千五百有六年
明世宗嘉靖元年凡四十五年	西洋千五百二十二年
明穆宗隆庆元年凡六年	西洋千五百六十七年
明神宗万历元年凡四十八年	西洋千五百七十三年
明光宗泰昌元年凡一年	西洋千六百二十年
明熹宗天启元年凡七年	西洋千六百二十一年
明（怀）〔思〕宗崇祯元年凡十七年	西洋千六百二十八年
大清顺治元年凡十八年	西洋千六百四十四年
大清康熙元年凡六十一年	西洋千六百六十二年
大清雍正元年凡十三年	西洋千七百二十三年
大清乾隆元年凡六十年	西洋千七百三十六年
大清嘉庆元年凡二十五年	西洋千七百九十（八）〔六〕① 年
大清道光元年	西洋千八百二十一年
大清道光二十一年	西洋千八百四十一年

---

①据《中国历史纪年表》，改“八”为“六”。

附回国教主辞世年月考

梅文鼎曰：据西域斋期，_{江宁至鸿堂刻单。}以康熙庚午五月初三日起，是彼中第九月一日，谓之勒墨藏，一名阿咱而月也。至六月初三日开斋，是彼中第十月一日，谓之绍哇勒，一名答亦月，是为大节。再过一百日，至九月十三日，为彼中第一月第十日，谓之穆哈兰，一名法而干而丁月，其日为阿叔喇济贫之期，谓之小节。鼎尝以回回历法推本年白羊一日，入第六月之第八日，与此正合。又据斋期云：本年庚午，圣人辞世，共计一千零九十六年。此太阳年。考本单开圣人生死，在本年十一月十四日，在彼为第三月，谓之勒必欧勒敖勿勒，又名虎而达。查四域阿剌必年，是开皇乙未，距今康熙为一千零九十二算，减一为一千零九十一，乃开皇己未春分，至今康熙庚午春分之积年。又查己未年春分，在彼为太阴年之第十二月初五日。以距算一千零九十一，减圣人辞世千零九十六，相差五年。逆推之，得开皇十四年甲寅，为圣人辞世之年。约计甲寅至己未此五年中，节气与月分，差闰五十五日，则甲寅春分，当在彼中第十月之初。圣人辞世既是第三月，则在春分前七个月为处暑月，即今七月也。自开皇甲寅七月十四日，圣人辞世，至今康熙庚午七月十四日，正得一千零九十六年，故曰共计一千零九十六年也。据此，则开皇十四年甲寅，是彼中圣人辞世之年。薛仪甫谓回回历，盖以此而误。又按教主以第三月辞世，而其年春分则在第十月。今彼以第十月一日为大节，盖为此也。

《西域水道（记）〔纪〕》曰：喀城外，回教和卓祠堂门外，刻石柱纪年，一年一画，以派噶木巴尔初生为元年。派噶木巴尔于四月初十日成道，六十三岁而卒。嘉庆二十四年六月初二日，为彼中第一千二百三十三年之终。按回回术，有太阳年，彼中谓之宫分。有太阴年，彼中谓之月分。斋期以太阴年为准，数至第十二月则斋，斋满日相庆为正旦。斋月，即彼中十二月。所谓月一日，又不在朔，以见新月为准。历十二月为一岁，有闰日无闰月，故岁首无定月，大率每间二年，递早一月。如元年岁首在十月，三年则在九月，五年则在八月之类。今以初二日为岁除，是用太阴法，见新月为岁首也。明史曰：三百五十四日为一周，周十二月。月有闰日，凡三十年闰十一日，言太阴年也。准此论之，计三十年，应有一万六百三十一日；则一千二百三十三年，积四十三万六千九百三十四日，又十分日之一。以回回岁实三百六十五日一百二十八分之三，十一约之，得一千一百九十六年又一百四日半弱。从嘉庆二十四年六月初二日逆数之，当托始于唐高祖武德六年三月初三日也。

源案：此所考与梅文鼎互异。然自昔皆称回教始于隋开皇初，则梅文鼎所考是也。此石柱所纪或回教第二世教祖托始之年，非穆罕默特之年欤？

附佛生灭年岁

俞氏正燮，谓道家有老子化胡成佛之说，谓佛生周敬王二年，灭于考王三年。在老子出关西逝之后，僧徒力避此谤，故推而前之，曰：周庄王九年，恒星不见时生。《魏书·释老志》，《隋书·经籍志》。又推而前之，曰：周桓王时生。释道安《二教论》、《宋史·律历志》。又推而前之，曰：平王时生。费长房《历代三宝记》及《法苑珠林》。又推而前之，曰穆王时生。《（道）〔通〕① 历》云：佛以孝王元年入涅槃。又推而前之，曰：昭王时生。一、唐僧智深《续集古今佛道论衡》，引

①据甘本，改"道"为"通"。

《周书·异记》。二、《法苑珠林》。三、宋僧契嵩《传法正宗记》。又推而前之，曰：殷末生。晋法显《佛国记》佛涅槃至晋义熙千四百九十七年，灭度当周成王时，则生当殷武乙时。又推而前之，曰：夏时生。唐僧道宣《感通记》，又《蒙古源流》，述唐太宗文成公主嫁吐蕃时，距佛涅槃二千七百五十余年。元太祖距佛涅槃时，三千三百余年。皆当生于夏初，诞不可信。源按唐玄奘《西域记》云：佛灭之岁，诸部异议，言佛没至大唐龙朔三年，经千二百年。或云千三百年，或云千五百年，或云未满千年。此诸说惟初、二条，庶近详实。盖唐高宗龙朔三年，当耶稣之六百六十三年，距周匡王佛灭之岁千二百六十五年。此乃质诸佛经正法像法之悬记，沸星下降之符验，印度相传之年数，信而有征，非避化胡之消而推诸前也。佛灭度距耶稣生六百零二年，但除三四岁，即在五百余年限内。经举大数，不以三四载为损益。且《佛母泥洹经》言正法当住千年以度，女人出家减五百年，是则正法本自赢而缩，故佛力余庆稍延数载不足为异。若如道家化胡之说，谓佛生周敬王二年，《南史·顾欢传》引《道经玄妙篇》。则灭度于考王三年，距汉元寿初耶稣之岁，仅四百四十二年，而正法五百更少，决不可合矣。故正史所载，佛生当周庄王恒星不见，星陨如雨之岁；一则与佛经沸星出时降生王宫之符应合；二则与佛经正法五百，像法千年之悬记合；三则与印度相传佛灭度至唐龙朔千有二三百年之传闻合。请以息道释之讼，决今古之疑。

1846

海国图志卷七十四邵阳魏源撰

国地总论上原无，今补。

释五大洲

梵典分大地为四大洲，《西洋图说》得其二焉，而强割为五为四。考万历中利马窦所绘《万国地图》及国朝南怀仁之《坤舆图说》，与天启中艾儒略之《职方外纪图》皆以地为圆体，故分前后二图。其一，南抵五印度海，北至鄂罗斯、冰海①，东尽日本、朝鲜，西兼葱岭以西，是为中国、阿细亚洲。一作亚细亚，一作阿西阿。其西北之欧罗巴洲，西南之利未亚洲，则皆以地中海为界。地中海以北为欧罗巴洲；南抵地中海，北负冰海，广万有千二百五十里，长二万三千里。地中海以南为利未亚洲。北起地中海，南至大浪山海②，广十度，东西长七十八度。两洲之西，皆尽西洋大海，两洲之东，则皆与阿细亚洲相连。利未亚之东，则以西红海与阿细亚洲为界。欧罗巴洲之东，则以阿被河③及北高海④与阿细亚洲为界，此第一图也。又有南墨利加洲⑤、北墨利加洲。墨利加今译为米利坚。二洲一峡相连，中分南

---

①冰海，指北冰洋。
②大浪山海，即今非洲南端好望角（Cape of Good Hope），又称希望峰。
③阿被河，即鄂毕河（Ob R.），西伯利亚西部大河，流入北冰洋。
④北高海，即里海（Caspìan Sea）。
⑤墨利加洲，即美洲（America），又译米利坚洲。

北，其地东南相距百有八十度，南洲南北四十二度，北洲如之，此第二图也。图中诸国，风俗物产，疆域气候，瓜区豆剖，指掌画沙，质诸闽粤互市之番舶，重译献琛之贡使，事多征实，语非凿空，似可以尽富媪之形势，穷四洲之方位。然以说征图，实止二洲，无所谓四、五也。《说文》：水中可居曰洲，其谊盖起于洪水以前，及降丘宅土以后，因而不眹，后世偏旁加水为洲。故邹衍谈天，则裨海所环曰神州。释典论地，则咸海所画为四洲。是洲者四面皆水之名，未可以陆地所通，区为渚屿之国。今欧罗巴、利未亚之山，皆发脉葱岭，逦迤而尽于西海①，是即以葱岭东西画为二洲尚不可，况于葱岭迤西之地，强指一河一泊为界。而《职方外纪》之阿细亚，与欧罗巴二图，一则界以大乃河②，一则界以阿被河。此二河者，一在里海之西，一在葱岭之东，相去二十余度，计五千余里。循前图，大乃河则西侵欧罗巴之界；依后图，阿被河则东侵阿细亚之界。究竟此二河中五千余里之地，属彼洲乎，属此洲乎？譬之剖中原为南北，图南朝者则以黄河为界，图北朝者则以江淮为界。毕竟此江北河南数千里，属南乎，属北乎？地中海本非西海，特以亘二域之中，袤将万里，阔二三千里，与西海相灌输，即《后汉书》大秦、条支二国所隔之西海。是古书所言西海皆即地中海，今既知有大西海环其外，而反指地中海南北为二洲，不蹈汉人故辙乎？至墨利加四面环海，地数万里，迥别为一大洲。惟不得以其中央地狭，而判之为二，与前图同弊。西人既寻得墨利加之后，复念地为圆体，更西应亦可至东。因更

1848

---

①西海，指大西洋（Atlantic Ocean）。
②大乃河，指第聂伯河（Dnepr R.）。

航海西寻数年，复得南极下墨瓦蜡之地①。因并南、北墨利加为一洲，而以新得之地为第五洲。然未尝测其南极高距之度数，江河入海之津口，衣冠人物之形状，以告天下后世；第言平原潆荡，萤火星流则尚未晤一人，虽至其地，与未至等。故佛经所谓四大洲者，西人止得其二，而余未之闻焉。或曰：此二洲者于释典四洲，当为何洲？曰阿细亚、欧罗巴、利未亚，共为南赡部洲也；南北墨利加，则为西牛货洲也。梵典言赡部洲中有四主，东人主，即震旦；南象主，即印度；北马主，即蒙古、哈萨克；西宝主，即大、小西洋。是欧罗巴、利未亚皆属赡部洲之明证。至北具卢洲则隔于北冰海，故海船无绕北海而归之事。东神胜洲则阻于南冰海，故西舶虽能至南极左右，睹其地而不能遇其人。南怀仁《坤舆图说》，顾辟释典四洲之谊，谓南洲当在赤道温带以下，不当以赡部为南洲。是盖泥南极北极为南北，不知释氏以北极南极分上下，而以前后左右为四方，同于儒家六合之谊。其谓天顶为北者，乃中土人一方斜睨之见。其实天顶辰极岂偏于北，又安得以南极为南乎？释典又名四洲曰：南阎浮提、西瞿耶尼州、东弗婆提州、北郁单越州。故《起世经》言：南阎浮提曰正中时，东弗婆提曰则始没，西瞿耶尼日则初出，北郁单越正当夜半。易地亦然。又阎浮提州所谓西方，瞿耶尼州以为东方；瞿尼州所谓西方郁单越州以为东方。郁单越州所谓西方，弗婆提州以为东方。弗婆提州所谓西方，阎浮提州以为东方。南北亦然。《楼炭经》云：日绕须弥山，东方日出，南方夜半；西方日入，北方日中。如是右旋，更为昼夜。释典四大洲之谊如是，释典四方之谊如是。请以告西洋

---

①墨瓦腊之地，即指南美洲南部海域的火地岛及南太平洋的一些岛屿。亦称麦哲伦之地，为16世纪人想象中的第五大洲。

之分二大洲为四、为五者，并以告西洋之泥南北二极为南北者。

问释典言佛降生，必于大地之中；故印度据南洋、小西洋之间，释氏皆以印度为中国，他方为边地。西印度为天主所生之如德亚，及回教主所生之天方国，皆居阿细亚洲之西，利未亚洲之东，夹南海、地中海之际。故天主教则以如德亚为中国，而回教以天方国为中国，其尊西印度如佛教尊中印度等。是二洲适中之地，自古异人所挺生。然谓居二洲东西之中可也，其地皆偏濒南海，乌得为全洲之中？曰释典不言居赡部之中，而言居大地之中，则是据南北二极言之。二极之中为赤道，近二极皆为冷带，稍离极为温带，正当赤道下为热带。南洋各国，正当赤道下，距南北极度数皆均等，其地终年恒燠，是则正当地球南北之中，又正当赡部洲东西之中，故彼自命为中国也。使专据赡部洲言之，则正中莫如葱岭；而环葱岭左右，古今但为游牧部落，不闻产一英杰何耶？故曰东海有圣人出焉，西海有圣人出焉；圣人之出，必在海滨。扶舆磅礴之气，必至平原近海，如雍、冀、青、兖，而后刚杀始尽，冲和始钟。惟是印度正当热带，地过炎燠，人多裸祖。而震旦则正当温带，四序和平。故自古以震旦为中国，谓其天时之适中，非谓其地形之正中也。西洋温带之地，则为地中海所占；而欧罗巴亦偏于冷带，利未亚亦偏于热带。故儒、佛、回教、天主教皆主阿细亚洲，天文算法奇器亦皆创自阿细亚，而后流被于欧罗巴洲。至利未亚洲之腹地，周万余里，万山环之，不与他国往来。故虽以麦西国亚毗心①域国之声名文物，亦不通中国。而西洋市舶所至，则仅其边隅黑奴乌鬼之区而已。是则又以濒海为糟粕，腹内为精英，地不灵者人不杰，信哉！小西洋、〔利未〕亚洲濒海之

---

① 亚毗心，又作阿比西尼亚（Abyssinia），即今埃塞俄比亚（Ethiopia）。

地，多产黑人，欧罗巴商舟过之，多买为奴，供役使。明史谓之乌鬼。今沿其称，呼西洋为鬼子。然白夷与黑夷，各产各地，相去数万里，岂惟非一国，并非一洲。今谓黑奴为乌鬼可也，并谓白夷为白鬼则大不可。至南北墨利加洲，地广数万里，与赡部洲同其大，明代始与赡部相通。而自明以前，其洲中数千载，不过草木蕃殖，游牧射猎，竟无创教治世之圣人。及各国开垦通商，始知有天方、天主等教。释典言佛出世，必在浮提州，其三州皆无佛，乃竟并天主、天方之教而无之，则赡部洲为四洲之冠何疑焉。欧罗巴、利未亚，皆奉天主、天方之教。而天主、天方并产西印度，佛教则产中印度，与儒教产震旦相等。而欧罗巴未闻产一教主，则赡部洲内，又以阿细亚冠彼二洲何疑焉。

墨利加洲，当为释典之西牛货州，非臆度也。《坤舆图说》、《职方外纪》言墨利加洲之孛露国、金加西腊国，地出金银，天下称首。百物皆贵，惟银至贱；其矿有四坑，役者常三万人。国王什取其一，七日约得课三万。而《贸易通志》言北墨利加洲之麦西可[1]国，有金银厂，明万历至今，银岁出口者千余万圆，岁进口货价千二百万（图）〔圆〕。南墨利加洲之伯路国，即前之孛露也。金银山最著，昔为西班牙夺据，岁出银数百万至千万圆不等。近日，国人恢复自治，开矿日旺。又云：当明嘉靖时，西洋闻此金山银岭之名，于是西班牙、葡萄牙国，以兵夺据其地，所获无算，金条满屋，每骑兵各赐二万圆，步兵各赐万余圆，武官各分数万圆。其后每年所出之数，金七百余万圆，银千有百余万圆。有某金厂，自开之后，所出共计万万五千万圆，皆载回西班牙国，铸造番饼[2]，广布天下。至今三百年，开凿无穷无尽。后因西班牙国兵暴虐，孛露人不服，起义驱逐，自立国王，招来商贾。于是英吉利、

———————

[1]麦西可，即今墨西哥（Mexico）。
[2]番饼，即西班牙银元。

荷兰之商，岁运银回国，约五六百万圆，银价渐贱，货价渐昂，始停止运银进口；俟他日银价起时，再运之以平价。然则天下贸易之商，莫盛于欧罗巴；金银之产，莫盛于墨利加。一为西方宝主，一为西牛货洲何疑焉？今广东贸易，惟弥利坚国①，岁有进口银四十万圆；而欧罗巴则专以鸦片耗中国之币，故弥利坚于我有益无损，英夷于我有损而无益。

问曰：赡部洲之西方宝主，南方象主，北方马主，则诚然矣。人则四方所同，何独以人主归之东方？曰：请以西夷之书征之。《澳门新闻录》曰：中国人民，居天下三分之一，生齿之繁，无国可比。即如俄罗斯地方百四十一万四千四百方里，户口不过四千一百九十二万五千名。而中国只湖广一省，广不过十四万四百七十方里，已有户口四千五百零二万名；江南地方九万二千九百方里，户口即有七千二百万名。由此观之，中国只一省，即抵佛兰西、英吉利、欧罗巴特厘阿三国之人民。又《华事夷言》曰：中国繁庶，甲乎四海。但即广东一省之人，可敌他方十余国。各国皆地广人稀，即印度户口最稠，亦尚有旷土。中国则不惟平地皆田，即山巅岭侧，无不层层开垦，寸壤不遗。其散布于海外各国者，尚不知凡几。其繁庶诚四海所未有。由是观之，则东方之宜人。信矣！观墨利加洲南北数万里，明季，欧罗巴各国，争往开之，各辟草莱，立城市，竟如自古无人之荒岛。近即回部之西四城，膏腴可垦者，动数万顷，中国有之乎？至北方马主不特蒙古、哈萨克、布鲁特为然，即再北而俄罗斯，其东北际海之地，亦产名马，以游牧为生，骑射为俗。见《异域录》及本志，则马主之说亦信矣。即其所言衡之，则四主中亦自以人主为上。

———————————

①弥利坚国，即美利坚。

问西洋舟舶所至，止有二洲，则释典此外尚有第三、第四洲，信乎？曰：此外必有二洲，不独释典言之也，即以西人所制地球观之，两洲实止居全地之半。自中国日本以东，更无大国。其海跨越赤道南北周八万余里，且多在温带寒暑均平之区，尚胜地球北极下冷带有人之地，岂冷带有人而温带反无人乎？赤道以南，空地亦周七万余里，其地在南极冷带者半，在温带者亦半，温带以下，亦必有国土居民。西人游迹偶至，名之曰墨瓦蜡泥加[1]，而不能详其度数形势。岂既有其地，而竟无其人乎？然则东神胜洲，北具卢洲之地，即据地球所余之空度？亦凿凿当有二洲，又何疑焉？惟释典所云南北东西四洲，实不以二极分南北，故自赡部以外，未可指其孰为东州，孰为北州。

释昆仑上

昆仑即葱岭，葱岭即河源之阿耨达池，非弱水条支西海之地，《淮南子》、《十洲记》等。非金城临羌之石室，《汉书·地理志》，金城即临羌县。西北有王母石室，及弱水昆仑山祠。临羌在今西宁府。《汉志》特言望祭于此耳，未尝言昆仑山在其地。非青海之大积石，元都实说。非吐番之闷摩黎山，唐人刘元鼎说。亦非后藏阿里之冈底斯山也。康熙中，理藩院主事胜住，偕刺麻绘西藏、青海地图归奏如此。盖前之一说，由误混昆仑于须弥；次三说，由误执青海及吐番河为河源；最后一说，由误指阿耨达山在西藏。今不暇言弱水条支之荒诞，辨详于后。与金城积石闷摩黎之浅近；请先辨冈底斯山。康熙时，回疆未入版图，奉使刺麻，惟知自侈蕃地山水，遂以后藏阿里之高山，当昆仑、当阿耨达，谓天下三条四列之山，皆祖诸此。故番语冈底斯译言众山水之根。又

---

[1] 墨瓦蜡泥加，即墨瓦腊之地。

以其山所出支河，译以马口、牛口、象口、孔雀口，附会于阿耨达四水。请先征其不合。一则，儒言昆仑，释言阿耨达，皆居大地之中。今阿里西南徼外之冈底斯山，偏近南海，绝非域中。二则，昆（伦）〔仑〕为河所源，今冈底斯山，距青海重出之河源五千余里，距于阗、叶尔羌、喀什噶尔初出之河源，亦三千余里，乌睹所谓河出昆仑者乎？三则，阿耨达池出四大水，分归四大海。今冈底斯山东出者，惟一槟榔江，会大金沙江入缅甸南海；其西出之狼楚、麻楚、拉楚三水，又皆合赴恒河入南海，并无入东海、西海、北海之水。况康泰《扶南传》，恒水出昆仑山，中有五大源；则此后藏入恒河三支，亦非远源嫡派。四则，言阿耨达池在山顶，非山麓。盖众山之太祖，必为众水之天潢。今冈底斯山前面二湖，在麓非顶，且不通四面支河，安能为万水之源。五则，《西北域记》言：冈底斯山在乌斯藏西南，悬崖峭壁，积高凝冰，山巅清泉百道，奋涌争流。自巅至麓，既见又伏四面如狮、如象、如马、如禽，西北走喀齐，西南走天竺，为各山之鼻祖，然广袤不及二百里，高才五百丈云云。是其高大不及葱岭十分之一，安能为宇内最高之山？然则昆仑果安在？请十征之儒籍，一征之释典，一征之西洋图说，一征之本朝纪载，而知众山之祖乃葱岭，而非冈底斯山。所谓河源出阿耨达者，乃葱岭脊上之大龙池，回语谓之哈喇淖尔，果为四大源所出之昆仑也。《山海经·西山经》曰：昆仑之丘，实维帝之下都，河水出焉，而南流注于无达；赤水出焉，而南流注于氾天之水；洋水出焉，而西南流注于丑涂之水；黑水出焉，而西流注于大杅。又曰：西海之南，流沙之滨，赤水之后，黑水之前，有大山，名曰昆仑之丘。是盖以洋水西流，为注雷翥海之河，赤水南流，为注南海之恒河，黑水当为注北海之阿被河。惟河水南流，为注中国之黄河。吴省兰《河源考》，以赤水为喀什噶尔之乌兰河，黑水为叶尔羌之喀喇河。然经文别出河水于三水之外，不应复出河源。而黑水西流，亦乖东注之义。证一也。《史记·大宛传》：张骞使西域还，为天子言于阗之西，水皆西流注西海；其东（则）〔水〕① 东流注盐泽②，潜行地下；其南（则）〔水〕河源出焉，多玉石。盐泽去长安可五千里。其后，汉使穷河源，出于阗，其山多玉石，采来天子。案古图书，名河所出曰昆仑。考张骞仅至于阗，未至葱岭，故有乌睹昆仑之语。而岭西水皆西流，则已闻诸于阗之人，是亦明以葱岭为昆仑。盖汉时于阗国大，西有葱岭，曷尝以于阗南山当昆仑耶？南山脊外之水能入西海耶？《水经注》引《凉土异物志》云：葱岭之水，分流东西，西入大海，东为河源，即《禹记》所谓昆仑。又言葱岭在敦煌西八千里，河源潜发其岭，分为二水，一出岐沙谷，东流径无雷、依耐、蒲黎、疏勒、皮山、莎车各国为河源，一西径（循休）〔休循〕③、难兜、罽宾、月氏各国，至安息而注雷翥海④。葱岭有国，名伽舍罗逝，此国狭小，而总万国之要道，无不由其城南。是昆仑确为河源，确居地中，分注东西各海。证二也。《尔雅》曰：河出昆仑虚，色白，所渠并千七百一川，色黄。今星宿海甫出，即灿若黄金，安得色白，安有渠，并安得为昆仑之虚？惟葱岭河源银涛练浪，《西域水道记》曰：登阿赖山颠，望大龙池，银涛一片，上涵天光。而其所并千七百渠者，即回部所受千百支干之水，皆在未至蒲昌海星宿海以前。是《尔雅》色白，指葱岭之源，色黄指星宿海之源。知河源为昆仑，尤必知河所初出之源为真昆仑。证三也。《尔雅》又言西北之美者，有昆仑虚之

①据《史记·大宛传》，改"则"为"水"。
②盐泽，古湖泊名，即今新疆罗布泊，因含盐质而得名。
③据《水经注》改"循休"为"休循"。
④雷翥海，古海名，即今里海；另一说为咸海。

璆琳琅（玕）〔玗〕焉。今葱岭产美玉，见元刘郁《西使记》。环葱岭之叶尔羌、和阗、温都斯坦，皆出美玉。讵青海所有，讵冈底斯山所有。证四也。《汉书·西域传》：河有两源，一出葱岭，一出于阗。于阗在南山下，其河北源与葱岭河合，东注蒲昌海，一名盐泽，其水亭居，冬夏不增减，潜行地下，南山积石为中国河。按蒲昌海，即今回疆之罗布淖尔，受和阗河，及葱岭南、北河，是为二源。葱岭南河，出叶尔羌山中；葱岭北河，则出喀什噶尔西千余里之大龙池，是为黄河最远之正源。故《史记》引《禹本纪》，言河出昆仑，其高二千五百里，其上有瑶池。瑶池，即大黑龙池也。出葱岭者其正源，出和阗者其旁源。葱岭河经喀什噶尔，东会叶尔羌河，又东始会于阗河，源流广大，视和阗河数倍。和阗两岸沙积，水多湮渗。而葱岭源数千里，或分或合，不渗于沙，不隔于岭，自古数河源必于此，则推昆仑者必于此，虽于阗之旁源尚不敢并，况他说乎。证五也。《山海经》：华山七千七百六十七里，曰不周之山，东望泑泽，河水之所潜也，其源浑浑泡泡。《水经注》称盐泽之水，洄湍电转为隐沦之脉，即浑泡之谓。郭注，泑泽即盐泽，山形有缺不周匝处，因名不周。盖葱岭左干为天山，右干为南山，包回疆西南北三面，惟缺东面形如半规，而虚其中，河源蒲昌海出焉。是则葱岭即昆仑即不周之山。故《淮南子》称不周之山为天柱，而七千七百余里，正葱岭距华山之里数。证六也。吴省兰《河源考》曰西域大势，四隆中洼。而罗布淖尔适当其洼处，凡葱岭之东，嘉峪关之西，天山之阳，南山之阴，纵横数千里，一涓一滴，于是汇归。惟以东南方一隔，为泄水之尾间，虽流沙间隔千里，而水不流行于沙面，必贯输于沙底，虽无显赴之迹，可决其潜发之源。魏游雅曰：易言天与水违行，今自葱岭以西，水皆西流，则易之所及，葱岭以东耳。《说文》：丄，土之高也，从北从一，一地也；人居丄南，故从北。中邦之居在昆仑东南，是则昆仑丄为地之主名。故《说文》以工属昆仑。若冈底斯山，则在中国之西南，而中国在其东北，与《说文》中邦在昆仑工南不合矣。证七也。昆仑，众山太祖，故《十洲记》云：昆仑有四角大山，为其支辅，冈底斯山乃其南干之大宗。但可谓由葱岭南转而为冈底斯，岂反由冈底斯而发葱岭。何者？山之所趋，水亦从之。如果山脉自后藏趋北转西至回部而为葱岭，则其水皆应从山脉北流。何故？后藏之澜沧江、之怒江、之龙川江、之大金沙江，皆由云南经缅甸、安南以入南海，无一北流之水乎？是知冈底斯山特葱岭南干之主峰，而葱岭北干，则循塞垣趋朝鲜涉，与鄂罗斯分界；南干则包乌斯藏、滇、粤，尽于缅甸、暹罗，与五印度分界。故《汉书》西域三十六国，惟在葱岭东者，皆属都护，而葱岭以西无之。我朝声教所讫，亦以葱岭为断。虽元代初年，尽吞葱岭以西各国，分建藩封，卒皆尾大鞭长，不受控制。岂独兵力不逮，亦天地大气之自为界限欤？证九也。《元史·郭宝玉传》：太祖征西域入铁山，屯大雪山前，谷中雪深二丈，乃祷山川神，封昆仑为元极王，大盐池为惠济王。刘郁《西使记》：逾别石兰，过忽牵河。土人言黄河源出南大山，地多产玉，疑为昆仑。是元人亦明知葱岭河源为昆仑。证十也。更征释典，言昆仑即阿耨达山者，始于康泰《扶南传》及《佛图调传》。并见《水经注》，阿耨达亦名无热（三）〔山〕。言阿耨达池出四大水注四大海者，见于《长阿含经》，经云雪山顶上有阿耨达池，纵广五十由旬。池东有恒伽河，从牛口出，从五百河入东南海。池南有新头河，从（师）〔狮〕子口出，从五百河入西南海。池西有博义河，从马口出，从五百河入西北海。池北有斯伦河，从象口出，从五百河入东北海。及唐僧玄奘《西域记》。记曰：赡部洲之中地者，阿那婆答多池也，即阿耨达，在香山之南，大雪山之北，周八百里；西出缚刍河，入西北海，南出新度河，入西南海，东出碶伽河，入东南海，北出徙多河。徙多河，潜流地下，出积石山，为中国河源。阿那婆答，即阿耨达之转音。新头河、新度河，皆印度河之转音。而《华严音义》述之曰：香山顶上有阿耨达池，四面各流出一河。东面斯陀河，出金刚（师）〔狮〕子口；南面恒伽河①，出银象口；西面信度河，出金牛口；北面缚刍河，出琉璃马口。而阿耨达池所在，则《西域记》征之曰：自商弥国境东北，逾山七百余里，至波密罗川。川东西千余里，南北百余里，狭隘之处，不逾十里。据两雪山间，川中有大龙池，东西三百余里，南北五十余里。据大葱岭内，当赡部洲中，其地最高也，其水澄清甘美。池东派一大水东流，东北至疏勒国，西界与徙多河合而东。汉疏勒国，唐之佉沙国，今喀什噶尔也。徙多河已见前。西北一大流，与缚刍河合而西，至达摩谛悉国。按徙多河即斯佗河、缚刍河即博义河，新头河即信度河，一名印度河，即恒河正源也。印度河复中分二流，为东西两恒河，同注南海。别详《印度恒河考》。缚刍河则西流正支，其达摩谛悉国，即今葱岭西之什克南部也。惟入北海之阿被河，虽出葱岭北干，而不出龙池，故《淮南子》有黄水三周复所之说。盖重源潜发，犹罗布淖尔之发为星宿海，唐人不知此义，故强以缚刍河为北注，而以印度河为西注。辨见《恒河考》。此乃直指葱岭脊上之大龙池为阿耨达池，即唐玄奘取经归途溺象之地。玄奘还至于阗国，上表云：今已越葱岭，渡波密罗川，还达于阗，为大象溺死，经卷众多，未有鞍乘。亦即僧惠生至葱岭顶盘陀国，见脊水西流之地。《洛阳伽蓝记》：自发葱岭步步渐高，四日至顶，约半天矣。汉盘陀国，正在山顶。葱岭以西，水皆西流入西海。世人云：是天地之中也。亦即《唐书·西域传》所指热海②之地。《唐书》：葱岭水南流者，经中国入于海；北流者，经胡地，入于海。北三日行度雪海，由勃达岭，北行赢千里得细叶川。东曰热海，地寒不冻，川长千里，自此抵西海矣。亦即元太祖军至雪山祷神封祭之地。见前《元史》条下。亦即乾隆中，官兵追霍集占，未至拔达克山，沿岸鏖战之地。乾隆二十四年，回酋霍集占将投拔达克山。官军追至哈喇淖尔，遥望五六十里外，有尘起。越二日，追及于和

---

①恒伽河（Ganga），即今恒河（Ganges）。
②热海，古湖名，即大清池，亦称咸海。

什克珠库岭，盖自池东迤至池西也。拔达克山，近古罽宾国，道有三池，盘石阪临峥嵘不测之深即经此龙池也。《北史》波知国有三池，大者龙王，中者龙妇，小者龙子；行人投祭乃过，亦即此也。亦即道光初官兵追张格尔至阿赖山顶，望脊水西流之地。阿赖布鲁特游牧地在葱岭脊汉盘陀国也。追张格尔事，见《圣武记》。登阿赖望龙池，见《西域水道记》。知阿耨池，则知河源；知河源，则知昆仑据大地之中，当万国孔道，且汇巨浸于万仞峰颠，分注四大海，宇内断无其匹。番语黑曰哈喇，池曰淖尔。以水色青黑得名黑龙池之称。阿耨达与称哈喇淖尔，华梵翻切皆同，阿达即哈喇之转音，耨即淖之殊字。非若冈底斯之音义暌隔。且西番语谓雪为冈，梵语雪为底斯，合番梵皆谓雪山，无谓山水根之谊。审音辨物，其将安从？葱岭亦名雪山，亦名香山。而《西域记》则称在香山之南，雪山之北者，盖葱岭西北出之干为香山。故《释迦氏谱》引《阎浮图》，有葱岭西据香山之说。其东出二干，一为回疆北路之天山，一为和阗之南山。而南北二山，皆可称雪。故《西域记》有葱岭据两雪山间之语。盖对文则别，散文则通。《坤舆图说》有高八十里之理弗依山在葱岭以西，鄂罗斯境内，其高次于葱岭，当即香山矣。邹衍以后，异端蜂起。于是《十洲记》及《河图》、《玉版》等书，混昆仑于须弥，以海水绕之，为弱水环之，昆仑既不若是之大。后世若唐杨筠松以须弥为四大干山之祖，则又混须弥于昆仑，须弥又不若是之小。《西域闻见录》疑温都斯坦迤西大泽中高山，即绕日之峰。尤为陋缪。岂知释典《起世经》，言须弥为西洲地之中心，昆仑为阎浮提之中心，是梵书言须弥者，地顶也。地心上值天顶，正北极下半年为昼夜之地；故言日月绕须弥，其外大咸海环之，于海中有四大洲。而昆仑特南赡部洲中之高山，乃须弥南面之一隅，乌得以当全地之须弥哉？是释典以昆仑为南赡部洲之中央，即阿耨达山，与《河图括地象》所称地中央曰昆仑，其东南万五千里曰神州之说合；与《穆天子传》昆仑去宗周、涧瀍，万有一千里之数亦合。《山海经》：地东西二万八千里，南北二万六千里，自〔昆仑至〕①积石千七百四十里，自积石出陇西郡至洛，准地志可五千余里。又《穆天子传》：天子自昆仑山入于宗周，乃里西土之数，自宗周瀍水以西，至（千）〔于〕河宗之邦，阳纡之山三千有四百里，自阳纡西至河首四千里，合七千四百里。又昆仑瑶池，去宗周万一千一百里。此并以葱岭为昆仑，故里数信而有征，非同他书五万里、七万里、十万里、四十六万里之异说。郦道元顾不信，而信东方朔、《淮南子》等书，幻等蜃市，诞拟蓬壶；岂惟儒书所不合，抑释典所不屑道，西洋畴人所不屑谭，何者？南怀仁《坤舆图说》：宇内名山凡九，自西洋高十三里之山起，愈东则愈高，有高二三十里者，有高四十余里者，有高八十余里者；其末最高之山，名曰高驾所山②，在阿细亚洲境内，高百有三十里。详见本志总论第四十六卷。夫中华在葱岭之东，则山脉自西来，愈西愈高，高至葱岭而止。西洋在葱岭西，则山脉自东往，愈东愈高，亦高自葱岭而始。山居东西正中，虽译名不同，而宇内高山独推亚细亚洲，为欧罗巴洲各山所不及，谓非葱岭而何？以万山之祖当万国之中，谓非昆仑而何？更征以本朝掌故。乾隆四十七年遣使穷河源归。诏曰《史记》、《汉书》，皆言于阗之西，水皆西流注海，其东流注盐泽，潜行地下，南出为河源。今回部诸水，皆潴蒲昌海，伏地千里，至青海而始出，正犹济水之三伏三见，则昆仑当在回都之西，距此万里。康熙中，锡拉寻河源归，奏言贵德堡西，有三支河，名昆都仑。蒙古谓横为昆都伦，言有三横水入于河也。然则回部所谓昆仑山者，亦当为横岭，而不当如元都实牵青海之昆都仑河为回

①据《山海经》补"昆仑至"三字。
②高驾所山，今通译高加索山。

部之昆仑山。至矣哉！圣智周六合，圣训炳万古，如赫曦之豁蒙瞽。自后《皇清通志》及松筠《西陲总统事略》，皆本斯谊。曰：黄河近源，在星宿海西三百余里；远源则为回部极西之葱岭，在喀什噶尔、叶尔羌西千余里。蒙古谓天山、冰岭皆名曰昆都仑，急呼则曰昆仑云云。虽语焉不详，要之昆仑当为葱岭，非青海、非吐番后藏，固已折衷。大圣诞告中外，使康熙世回部早同车书，则圣祖是论，固当先高宗而发之。昔之有天下者，疆域褊狭，多不能有昆仑；能有昆仑，能知昆仑为河源者，皆自我大清高宗纯皇帝始。而拘墟瞀儒，犹或泥于康熙朝论定，未有知葱岭河源之后说者，岂以前说于阿耨达池，附会较详，而后说未之及欤，谨勾稽本末，具图及说，绎阐两圣人先后同揆之义，轩轩并揭天地。又以谓国家抚有西域主，名山川列正祭、随祭者十有六，不当反遗昆仑，太祖非所以母元气，纲万灵，符古者祭海先河之谊。

释昆仑下

问曰昆仑之为葱岭，龙池之为阿耨达，信已。顾释典言四水分注四海，而今考玄奘《西域记》与徐氏《西域水道记图》，则龙池所出，实止三水。东为中国河源，南为恒河、印度河同源，西为缚刍河源。唐人欲合佛经四水，故以印度河当西注，以缚刍河当北注。今子谓印度河即西恒河与东恒河同源，分注南海，无西注之迹。然则缚刍一河，将分注西北两海耶？又佛经言阿耨达四水，皆云绕池一匝，从五百河入于大海。后人袭其说，谓河源绕昆仑西北及南，而后东流者。官书驳之，谓昆仑大山非岛屿比，河安能绕其西北南三面，而复折东以行耶？曰：是说也，惟《淮南子》得之。曰：昆仑有疏圃之池，河水出其东北陬，赤水出其东南陬，洋水出其西北陬，黄水三周复其源。凡此四水，地之神灵，以运万物。是明言昆仑流出者惟三水，河水即黄河，赤水即恒河，洋水即缚刍河。其一则伏流潜发，犹《水经》述蒲昌海洄湍电转为隐沦之脉者，其为阿被河之潜脉无疑。《职方外纪》及南怀仁《图》曰：阿被河源，一出大布里山，即葱岭北干乌拉岭①。一出基台湖，即宰桑泊②。北注冰海，首尾七千二百里。河冻开时，有大冰如山岳，冲击两岸，旁溢千二百里，土人迁居入山避之。盖葱岭北干为乌拉岭，其岭西北有帕付林高山，峙出诸山之上，冬夏积雪，人不能至，即大布里山也。其低平处高不过三百丈，而长则自北海至里海，为阿细亚、欧罗巴二洲之界，亦为俄罗斯东北藩属之界，距阿尔台山③起处不远。《四洲志》。山巅岭上，随处流泉，虽最高处亦甚泥泞。其岭东出乌拉河④、托波尔河，俱东北归厄尔齐斯河⑤入北海。《异域录》。案：乌拉岭随地流泉，沮洳泥泞，即潜源重发同于星宿海之证。故怀仁《图说》谓大布里山在俄罗斯境内。案《四洲志》称为乌拉岭。《异域录》称为佛落克岭。盖岭东出乌拉河，岭西出佛落克河，故各据所出之河以名之也。岭西之水，下游会佛尔格河，一作窝尔加⑥。其水不北流，而南注入腾吉斯海⑦。土尔扈特游牧其地，称之曰厄济尔河。《异域录》。又赛马尔罕之纳林河，亦自东南来会之，是则葱岭以西，更无北注之水；其北注者，惟乌拉岭东之厄尔齐斯河，为北流第一大干。故怀仁《图说》列阿被河于阿细亚洲，不列于欧罗巴洲也。盖缚刍河出池以后，始汇于雷翥海，而后再出潜源。

①乌拉岭，即乌拉尔山。
②宰桑泊，即基台湖，今通译斋桑湖。
③阿尔台山，即阿尔泰山。
④乌拉河，即乌拉尔河。
⑤厄尔齐斯河，今译额尔齐斯河。
⑥佛尔格河，一作窝尔加河，今通译伏尔加河（Volga R.）。
⑦腾吉斯海，疑即里海（Caspian Sea）。

阿被河则不出池，即伏流地下，发于乌拉岭为潜源。观此而《淮南》三周复所之义明，而佛经阿耨达四水皆绕池一匝之谊亦明矣。《山海经》言昆仑之丘，出河水、赤水、洋水、黑水，与《淮南》同；惟易黄水为黑水。考蒲昌海[①]水青黑，重发于星宿川则黄。以此例阿被河，盖《淮南》预指其重源，故黄之，《山海经》惟据龙池之初源，故黑之也。唐代诸僧，求北注之水于葱岭以西而不得，于是强印度河为西流，强缚刍河为北注。姑无论恒河诬谬，与佛经不合，试问缚刍河[②]之水，果何归宿耶？夫缚刍河为龙池西出之正流，即《水经注》所谓：有妫水潜发葱岭西，径（循休）〔休循〕难兜、罽宾国北、月氏、安息国南，与蜺罗蚑禘水，同注雷翥海者也。即《元史》之阿母河，亦作暗布河，亦作阿梅河。元设行中书省，以控制西域者也。亦即南怀仁《坤舆图》：入咸海之阿书河，其上游曰亚被亚河，曰亚母湖者也。阿母、阿书即缚刍之音转。其水右并叶河，叶河出葱岭北原西北流，径石国、康国、米国、何国、史国等地。见《大唐西域记》，一作素叶川。即今纳林河，径敖罕、西哈萨克入咸海者。左受乌浒河，径吐贺罗月支国。见《后汉书》、《新唐书》。一作马浒河。即《水经注》之蜺罗蚑禘水，出阿耨达山之北，西径纠尸罗国、四大塔、犍陀卫国，至安息注雷翥海者。雷翥海即里海。一名咸海，一名北高海，一名加土比淹，一名腾吉思海，一名格腾里海，一名达里冈阿泊。凡葱岭东之水皆潴蒲昌海，即罗布淖尔。葱岭以西之水皆潴咸海。蒲昌海之水，伏流潜发于星宿海，为黄河以入东溟，则里海之浩荡渊渟，断无永潴而不发之理。故尝谓里海以西之大乃河，长二千四百里，分三道入墨阿的湖，以达地中海者，

---

① 蒲昌海，又名盐泽、牢兰海、泑泽、辅日海、临海等，即今新疆东南部的罗布泊。
② 缚刍河，亦作阿母河、暗布河、阿梅河、阿书河、亚被亚河等，今译阿姆河。

当为里海潜源重出之河。是缚刍河为西注正干，而唐僧之强印度河为西注，又强缚刍河为北注者，万不可通矣。盖葱岭北干曰乌拉岭，横抵北海，故葱岭以西之水，为乌拉岭所包，皆不北注，而西南入里海。其北注者，惟葱岭东北之阿被河，潜源重发，一发于乌拉岭，一发于宰桑泊，皆汇归厄尔齐斯河，即阿被（阿）〔河〕也。一作阿（北）〔比〕。后人纵或知阿被河即厄尔齐斯河，又以其不显出阿耨达池而疑之。又或不知厄尔齐斯河有两源，但知其出宰桑泊即基台湖，而不知其出乌拉岭者，即大布里山，即葱岭北干。又或泥南怀仁《图》绘赛马尔罕于基台湖之上，则益疑之。

1864 | 此西图之大误也。赛马尔罕在葱岭西，其下游岂有注北海之水乎？夫古者九能之士，山川能说，其非徒说形势分合之谓，其必察地理，脉水性，并其卓诡之状，隐潜之络，而了知之。昆仑阿耨达之三周绕匝，使不一证诸《淮南子》，再证诸《水经注》之蒲昌海，三证诸乌拉岭之随处流泉，沮洳泥泞，其不供下士大笑者几希。济水绝河而南，三伏三见，使不出中国而传自外夷，其不斥为诞罔者，几希。

或曰：黄水三周复其源，此语非《淮南》所能创，果何据依？曰《穆天子传》，天子升于昆仑，观黄帝之宫。释氏《西域记》：阿耨大山，其上有大渊水，宫殿楼观甚大焉，是昆仑有黄帝遗迹，自非乘龙御天之大圣，孰能智周六合若此者乎？又《西域记》：葱岭南接雪山，北至热池千泉。千泉者，地方二百余里。南面雪山，三垂平陆，即今伊黎河所西汇之巴勒喀什泊也。葱岭得名，以《西域记》山岭葱翠之说为正。颜师古谓产野葱，陋不足辩。至南怀仁等，皆谓里海之水，浩荡甚咸，不通外海。独《海国闻见录》，言里海之水，流出包社。不知何据，岂误以印度河出自里海乎？置之不论可矣。

海国图志卷七十五邵阳魏源辑

国地总论中原无，今补。

利玛窦地图说

地与海本是圆形，而合为一球，居天球之中，形如鸡子，黄在青内。有谓地为方者，乃语其定而不移之性，非语其形体也。天既包地，则彼此相应；故天有南北二极，地亦有之；天分三百六十度，地亦同之。天中有赤道，自赤道而南二十三度，半为南道；赤道而北二十三度，半为北道。按：中国在北道之北，日行赤道，则昼夜平；行南道，则昼短；行北道，则昼长。故天球有昼夜平圈列于中，昼短昼长二圈，列于南北，以著日行之界。地球亦设三圈，对于下焉。但天包地外为甚大，其度广；地处天中为甚小，其度狭；此其差异者耳。查得直行北方者，每路二百五十里，觉北极出高一度，南极入低一度。直行南方者，每路二百五十里，觉北极入低一度，南极出高一度。则不特征地形果圆，而并征地之每一度广二百五十里，则地之东西南北，各一周有九万里实数也。是南北与东西数相等而不容异也。夫地厚二万八千六百三十六里零百分里之三十六分；上下四旁，皆生齿所居。浑沦一球，原无上下。盖在天之内，何瞻非天。天总六合内，凡足所伫，即为下；凡首所向，即为上；其专以身之所居分上下，未然也。且寻至大西浮海入中国，至昼夜平线，见南北二极皆在平地，略无高低；稍转而南过大浪山，已见南极出地三十六度，则大浪山与中国上下相为对待矣。而吾彼时只仰天在上，未视之在下也。故谓地形圆，而周围皆生齿者，信然矣。

　　以天势分山海，自北而南为五带。一在昼长昼短二圈之间，其地甚热，带近日轮故也。二在北极圈之内，三在南极圈之内，此二处地居甚冷，带远日轮故也。四在北极昼长二圈之间，五在南极昼短二圈之间，此二地皆谓之正带，不甚冷热，日轮不远不近故也。又以地热分舆地为五大洲，曰欧罗巴，曰利未亚，曰亚细亚，曰南北亚墨利加，曰墨瓦蜡泥加。若欧罗巴者，南至地中海，北至卧兰的亚①及冰海，东至大乃河、墨（何）〔阿〕的湖、大海，西至大西洋。若利未亚者，南至大浪山，北至地中海，东至西红海、仙劳冷祖岛②，西至河折亚诺海③。此州只以圣地之下微路，与亚细亚相联，其余为四海所围。若亚细亚者，南至苏门答蜡、吕宋等岛，北至新增白蜡及北海，东至日本岛、大明海④，西至大乃河、墨阿的湖、大海、西红海、小西洋海⑤。若亚墨利加者，全为四海所围，南北以微地相连。若墨瓦蜡泥加者，尽在南方，惟见南极出地，而北极恒藏焉；其界未审何如，故未敢订之。惟其北边，与大、小爪洼及墨瓦蜡泥峡⑥为境也。其各州之界，当以五色别之，令其便览。各国繁夥难悉，大约各州俱有百余国；原宜作圆图，以其入图不便，不得不易圆为平，反圈为线耳。欲知其形，必须相合，联东西二海为一片可也。其经纬线本宜每度

---

①卧兰的亚，似为巴伦支海（Barents Sea）。

②仙劳冷祖岛，亦作圣老楞佐岛，即今马德加斯加岛。

③河折亚诺海，似指几内亚湾（G. of Guinea）一带，亦即大西洋。

④大明海，此指中国东部及南部海外之海洋。

⑤小西洋海，指印度洋。

⑥墨瓦蜡泥峡，即南美洲南部的麦哲伦海峡（Strait of Magelan）。

画之，今且以每十度为一方，以免杂乱，依是可分置各国于其所。东西纬线，数天下之长，自昼夜平线为中而起，上数至北极，下数至南极。南北经线，数天下之宽，自福岛①起为一十度至三百六十度，复相接焉。试如察得南京离中线以上三十二度，离福岛以东一百二十八度，则安之于其所也。凡地在中线以上主北极，则实为北方；凡在中线以下，则实为南方焉。释氏谓中国在南瞻部洲，并诬须弥山出入地数，其谬可知也。案：西法以北极为北，南极为南，此天之南北非地之南北也。释典则以北极为地顶，而东西南北四面环之，与南极北极无涉。盖北极为上，南极为下，是上下非四方也。又用纬线以著各极出地几何，盖地离昼夜平线度数，与极出地度数相等。但在南方，则著南极出地之数，在北方，则著北极出地之数也。故视燕京隔中线以北四十度，则知燕京北极高四十度也。视大浪山隔中线以南三十六度，则知大浪山南极高三十六度也。凡同纬之地，其极出地数同，则四季寒暑同态焉。若两处离中线度数相同，但一离于南，一离于北，其四季并昼夜刻数均同，惟时相反，此之夏为彼之冬耳。其长昼长夜，离中线愈远，则其长愈多。余为式以记于图边，每五度，其昼夜长何如，则西东上下，隔中线数一，则皆可通用焉。用经线以定两处相离几何辰也。盖日轮一日行一周，则每辰行三十度；而每处相违三十度，并谓差一辰。故视黑龙江离福岛一百四十度，而缅甸离一百一十度，则明黑龙江于缅甸差一辰；而凡黑龙江为卯时，缅甸方为寅时也。其余仿是焉。设差六辰，则两处昼夜相反焉。如所离中线度数相同，而差南北，则两地人对足底反行。故南京离中线以北三十二度，离福岛一百二十八度；而南亚墨利加之玛八作，离中线以南三十二度，离福岛三百二十八

①福岛（Fortunate Is.），即今非洲西北岸外大西洋中的加那利群岛（Canary Is.）。

度，则南京于玛八作人相对反足底行矣。从此可晓同经线处，并同辰而同时见日月蚀矣，此其大略也。其详则备于图云。

艾儒略五大洲总图略度解

天体一大圆也。地则圆中一点，定居中心，永不移动。盖惟中心离天最远之处，乃为最下之处，万重所趋。而地体至重就下，故不得不定居于中心；稍有所移，反与天体一边相近，不得为最下处矣。古贤有言，试使掘地，可通以一物，缒下至地中心必止；其足底相对之方，亦以一物缒下，至地中心亦必止。可见天圆地方，乃语其动静之德，非以形论也。地既圆形，则无处非中。所谓东西南北之分，不过就人所居立名，初无定准。地度上与天度相应。天有南北二极，为运动枢。两极相距之中界为赤道，平分天之南北。其黄道①斜与赤道相交，南北俱出二十三度半。日躔黄道，一日约行一度，自西而东，奈为宗动天所带，是以自东而西，一日一周天耳。日轮正交赤道际为春秋二分规，南出赤道二十三度半为冬至规，北出赤道二十三度半为夏至规。黄道之枢与赤道之枢亦相离二十三度半。其周天之度，经纬各三百六十，地既在天之中央，其度悉与天同。如赤道之下与南北二极之下，各二十三度半也。又二极二至规外，四十三度也，分为五带：其赤道之下，二至规以内，此一带者，日轮常行顶上，故为热带。夏至规之北至北极规，冬至规之南至南极规，此两带者，因日轮不甚远近，故为温带。北极规与南极规之内，此两带者，因日轮止照半年，故为冷带。

---

①黄道，指从地球上看太阳在恒星中移动一年内天体一周之轨道，亦即地球轨道在天体上的投影。

赤道之下，终岁昼夜均平。自赤道以北，夏至昼渐长，有十二时之昼，有一月之昼，有三月之昼，直至北极之下，则以半年为一昼矣。往南亦然。以南北距度考之，其（热）〔势〕①不得不然也。其在东西同带之地，凡南北极出入相等者，昼夜寒暑节气俱同，但其时则有先后。或差一百八十度，则此地为子，彼地为午；或差九十度，则此地为子，彼处为卯。余可类推也。人居赤道之下者，平望南北二极，离南往北，每二百五十里则北极出地一度，南极入地一度；行二万二千五百里，则见北极正当人顶，出地九十度，而南极入地九十度，正对人足矣。从南亦然，此南北经度也。至于东西纬度，则天体转环无定，不可据。七政②量之，随方可作初度。而天文家又立一法算之。以宗动天一周则日月行三百六十度，故每时得三十度。如两处相差一时，则东西便离三十度也。今两处观月食，各自不同，则知差一时者，其地方相离三十度。以此推之，东西之度可考验矣。或但以里数考之。古来地理家俱从西洋最西处为初度，即以过福岛子午规为始，仿天度自西而东，十度一规，以分东西之度。故画图必先画东西南北之规，后考本地理离赤道之南北，福岛之东西几何度数，乃置本地方位。譬如中国京师，先知离赤道以北四十度，离福岛以东一百四十二度，即于两经纬线相交处得京师本位也。但地形既圆，则画图于极圆木球，方能肖像。如画于平面，则不免或直剖之为一图，或横截之为两图。故全图设为二种：一长如卵形，南北极居上下，赤道居中；一圆如盘形，南北极为心，赤道为界。又于二全图外另各设为一图：曰亚细亚，曰欧逻巴，曰利未亚，曰亚

①据《职方外纪校释》改"热"为"势"。
②七政，即指日、月及金、木、水、火、土五星。

墨利加也。而墨瓦蜡尼加则国土未详，图不另立云。图中南北规度相等，皆以二百五十里为一度，赤道之度亦然。其离赤道平行东西诸规，则渐近两极者，其规渐小，然亦分为三百六十度；其里数以次渐狭，别有算法。今画图为方者，其画线不免于稍变，毕竟惟圆形之图乃得其真也。

艾儒略四海总说

造物主之化成天地也，四行包裹，以渐而坚凝，故火最居上，而火包气，气包水，土则居于下焉，是环地面皆水也。〔然〕（元）〔玄〕① 黄始判，本为生人，水土未分，从何立命。造物主于是别地为高深而水尽行于地中，与平土各得什五。所潴曰川、曰湖、曰海。川则流，湖则聚，海则潮。川与湖不过水之支派，而海则众流所钟，称百谷王焉，故说水必详于海。海有二焉：海在国之中，国包乎海者，曰地中海；国在海之中，海包乎国者，曰寰海。川与湖占度无多，不具论。寰海极广，随处异名，或以州域称，则近亚细亚者，谓亚细亚海②；近欧罗巴者，谓欧罗巴海③。他如利未亚，如亚墨利加，如墨瓦蜡尼加，及其他蕞尔小国，皆可随本地所称。又或随其本地方隅命之，则在南者谓南海，在北者谓北海；东西亦然，随方易向，都无定准也。兹将中国列中央，则从大东洋至小东洋为东海④，从小西洋至大西洋为西海⑤，近墨瓦

---

① 据《职方外纪》补"然"字，并改"元"为"玄"。
② 亚细亚海，此泛指亚洲东部和南部一带海洋。
③ 欧罗巴海，泛指欧洲西部一带海洋。
④ 东海，泛指中国以东的海洋。
⑤ 西海，泛指中国以西的海洋。

蜡尼〔加〕① 一带为南海②，近北极下为北海③，而地中海附焉。天下之水尽于此。裨海大瀛，属近荒唐，无可证据。

海虽分而为四，然中各异名。如大明海、太平海④、东红海⑤、孛露海⑥、新以西把尼亚海⑦、百西尔海⑧，皆东海也。如榜葛蜡海⑨、百尔西海⑩、亚剌北海⑪、西红海⑫、利未亚海⑬、何折亚诺沧海、亚大蜡海⑭、以西把尼亚海⑮，皆西海也。而南海则人迹罕至，不闻异名。北海则冰海、新增蜡海⑯、伯尔昨客海皆是。至地中海之外，有波的海⑰、窝窝所德海⑱、入尔马泥海⑲、太海⑳、北高海，皆在地中，可附地中海。

海岛之大者，附载各国之后；其小者不下千万，难以尽述。

---

①据上下文应补"加"字。
②南海，泛指南极附近一带海洋。
③北海，泛指欧洲北部的海洋。
④太平海，即太平洋（Pacific Ocean）。
⑤东红海，指加利福尼亚湾（G. of California）。
⑥孛露海，秘鲁西部海外之海洋。
⑦新以西把尼亚海，指墨西哥湾（G. of Mexico）及加勒比海（Caribbean Sea）。
⑧百西尔海，指巴西沿海一带海域。
⑨榜葛蜡海，即孟加拉湾（Bay of Bengal）。
⑩百尔西海，即波斯湾（Gulf of Persia）。
⑪亚剌北海，即阿拉伯海（Arabian Sea）。
⑫西红海，指红海（Red Sea）。
⑬利未亚海，指非洲几内亚湾以南海洋。
⑭亚大蜡海，指非洲西北部海外海洋。
⑮以西把尼亚海，指西班牙及葡萄牙西部之海洋。
⑯新增蜡海，指喀拉拉（Kara Sea）。
⑰波的海，即今芬兰、瑞典间的波的尼亚湾（Gulf of Bothnia）。
⑱窝窝所德海，今波罗的海（Baltic Sea）。
⑲入尔马泥海，指今丹麦以东、波罗的海西南部的海面，为 Germany 的音译，因此海位于德国东部而得名。
⑳太海，即今黑海（Black Sea）。

大率在亚细亚者，苏门答蜡、日本、浡泥最大；在欧罗巴者，谙厄利亚最大；即英吉利。在利未亚者，圣老楞佐岛最大；在亚墨利加者，小以西把尼亚最大；在墨瓦蜡尼加者，新为匿亚最大。而太平海中，则有七千四百四十岛。此外有石礁，或见水面，或隐水中；水中者，船极畏之。又有沙渚，船值之则陷，此时尽弃舶中重货，虽百万金钱所不恤。乘潮至方得脱之，否则断无出理。

地心最为重浊，水附于地，到处就其重心，故地形圆而水势亦圆。隔数百里，水面便如桥梁，远望者不可见，须登桅望之乃见。其前或夷或险，而海中夷险各处不同。惟太平海极浅，亘古至今，无大风浪。大西洋极深，深十余里。从大西洋至大明海，四十五度以南，其风常有定候；至四十五度以北，风色便错乱不常。其尤异者，在大明东南一隅常有异风，变乱凌杂，倏忽更三十四向。海舶惟任风而飘。风水又各异道，如前为南风，水必北行，倏转为北风，而水势尚未趋南，舟莫适从，因至摧破。至小西洋，海潮极高大，又极迅急，平地顷刻涌数百里。海中大舶及蛟龙鱼鳖之属，尝乘潮势涌入山中不可出。欧罗巴新会蜡、利未亚大浪山，亦时起风浪，甚险急。至满剌加海[①]，无风倏起波浪，又不全海皆然，惟里许一处，以次第兴，后浪将起，前浪已息矣。海上虽多有风，独利未亚海近为匿亚[②]之地，当赤道下者，常苦无风；又天气酷热，舶如至此，食物俱坏，人易生疾。海深不得下碇，舶大不能用橹，海水暗流及潮涌飘舶至浅处坏者，多在于此。海水味咸，中有火性，又势常激荡，故不成冰。至北海则半年无日，气候极寒而冰，故曰冰海。海舶为冰坚所阻，直须守至冰解

---

①满剌加海，指今苏门答腊岛北部、马六甲西部的海洋。
②为匿亚，即今非洲西部几内亚（Guienea）。

方得去；又苦冰山，海中冰块为风所击，堆叠成山，海舶触之，定为齑粉矣。赤道之下，则终岁常热，食物水酒至此，色味皆变；过之，即复如常。凡海中之色，大率都绿。惟东、西二红海其色淡红。或云海底珊瑚所映而然，亦非本色也。又近小西洋一处，入夜则海水通明如火。西儒常亲见而异之，（特）〔持〕器汲起，满器俱火光；又滴入掌中，光亦莹然可玩，后来渐次消灭。

儒略辈从欧罗巴各国起程，远近不一，水陆各异。大都一年之内，皆聚于边海波尔杜瓦尔国里西波亚都城①，候西商官舶，春发入大洋。从福岛之北过夏至线，在赤道北二十三度半，逾赤道而南，此处北极已没，南极渐高。又过冬至线在赤道南二十三度半，越大浪山，见南极高三十余度，又逆转冬至线，过黑人国②、圣老楞佐岛界中。又逾赤道至小西洋南印度卧亚③城。在赤道北十六度。风有顺逆，大率亦一年之内，可抵小西洋。至此则海中多小岛，险窄难行矣。乃换中舶，亦乘春月而行；抵则意兰④，经榜葛剌海，从苏门答腊与满剌加之中，又经新加步峡⑤，迤北过占城、暹罗界。阅三年方抵中国岭南广州府。此从西达中国之路也。若从东而来，自以西把尼亚、地中海，过巴尔德峡⑥，往亚墨利加之界，有二道：或从墨瓦蜡尼加峡出太平海；或从新以西把尼亚界泊舟，从陆路出字露海，过马路古⑦、吕宋等岛，至大明海以达广州。然某辈皆从西而来，不由东道，故其途程经九万里也。行

①波尔杜瓦尔国里西波亚都城，即葡萄牙国首都里斯本。
②黑人国，即今非洲桑给巴尔（Zanzibar）。
③卧亚，即印度果阿（Goa）。
④则意兰，即锡兰（Ceylon），今斯里兰卡（Srilanka）。
⑤新加步峡，即新加坡海峡（Singapor Strait）。
⑥巴尔德峡，即今直布罗陀海峡（Strait of Gibraltar）。
⑦马路古，即今印度尼西亚马鲁古省（Maluku）。

海昼夜无停，有山岛可记者，则指山岛而行。至大洋中，常万里无山岛，则用罗经以审方。其审方之法，全在海图量取度数，即知海舶行至某处，离某处若干里，了如指掌，百不失一。此是初通中国时，故迂远旷日，今则火轮（住）〔往〕返，不过数月。海舶百种不止，约有三等。其小者仅容数十人，专用以传书信，不以载物。其舟腹空虚，可容自上达下，仅留一孔，四围点水不漏，下镇以石，使舟底常就下。一遇风涛，不习水者，尽入舟腹中，密闭其孔，复涂以沥青，使水不进。其操舟者，则细缚其身于樯桅，任水飘荡。因其腹中空虚，（汞）〔永〕不沉溺；船底又有镇石，亦不翻覆。俟浪平，舟人自解缚运舟，万无一失，一日可行千里。中者可容数百人，自小西洋以达广东则用此舶。其大者上下八层，最下一层镇以沙石千余石，使舶不倾侧震荡，全藉此沙石。二、三层载货与食用之物。海中最难得水，须装淡水（十）〔千〕余大桶，以足千人一年之用，他物称是。其上近地平板一层，则舶内中下人居之；或装细软切用等物。地平板之外，则虚其中百步，以为扬帆习武游戏作剧之地。前后各建屋四层，以为尊贵者之居，中有甬道，可通头尾。尾后建水阁为纳凉之处，以待贵者之游息。舶两傍列大铳数十门，以备不虞。其铁弹有三十余斤重者，上下前后有风帆十余道。桅之大者，长十四丈，帆阔八丈，水手二三百人，将士铳士三四百人，客商数百。有舶总管一人，是西国贵官，国王所命，以掌一舶之事，有赏罚生杀之权。又有舶师三人，历师二人。舶师专掌候风使帆，整理器用，吹掌号头，指使夫役，探测浅水礁石，以定趋避。历师专掌窥测天文，昼则测日，夜则测星，用海图量取度数，以识险易，以知道里。又有官医，主一船之疾病。亦有市肆，贸易食物。大舶不畏风浪，独畏山礁浅沙；又畏火，舶上火禁极严，盖千人之命攸系。然其起程，但候风色，未尝选择时日，亦未尝有大失也。《海岛逸志》曰：大海之中，风雨昼晦，有黑云一片，如针下垂，渐低渐坠至海者，则水为之潆洄瀰湃，远者无妨，近则烧鸡羽、放鞭爆。而水柜水桶，皆当谨慎，用绵被或用衣服覆盖。不然，尽被吸去矣。海水味咸，腾而为雨则淡，是天地好生之德，不可测议者也。

海产以明珠为贵，则意兰最上。土人取海中蚌，置日中晒之，俟其口自开，然后取珠，则珠色鲜白光莹。有大如鸡子者，光照数里。南海皆剖蚌出珠，故珠色黯黯无光。有珊瑚岛，其下多出珊瑚。初在海（国）〔中〕，色绿而质柔软，上生白子。土人以铁网取之，出水便坚，有红黑白三色。红色者坚而密，白黑色者松脆不堪用。大浪山之东北有暗礁，水涸礁出，悉是珊瑚之属。猫睛宝石，各处不乏，小西洋更多。琥珀则欧罗巴波罗尼亚有之，沿海三千里皆是，盖为风浪所涌，堆积此地，土人取为器物。龙涎香，黑人国与伯西尔两海最多，曾有大块重千余斤者，望之如岛。然每为风涛涌泊于岸，诸虫鱼兽并喜食之。他状前已具论。海水本皆盐味，然亦有不假煎熬，自凝为盐块者。近忽鲁谟斯处有山，五色相间，亦纯是盐。土人凿山石，镟以为器，贮食物则不须和盐。盖其器已是盐，自生咸味也。又有海树，太平海内浅处生草，一望如林，葱菁可爱。

海国图志卷七十六 邵阳魏源辑

国地总论下 原无，今补。

南怀仁坤舆图说 《坤舆图说》与

《职方外纪》大同小异；凡雷同者不重录。惟此数条《外纪》所无，故别出之。

先圣论地，初受造时甚圆，无深浅高卑之殊，惟水遍围其面而已。但造物者，将居民物于地面，则开取渊坎，令水归之，致露干土；即以所取之土，致成山岳陵阜之类。试观海涯，无不倚山陵之（尼）〔足〕①，江河多峡于阜岭之中；大约高山，多近深谷，可以验其原生之意也。然造成后，又有变迁。盖诸国典籍所记，高岸为谷，深谷为陵。古来未有者，或新发而始见之，乃地震所致，或风力、或水势所成也。若究其生山之故，不但饰地之观，竖地之骨，直于人物有多益焉。或以毓五金，或以捍四海，或以涌溪泽，或以茂林丛，或以蔽风雪，或以障荫翳，或以界封疆，或以御寇盗，或以辟飞走之囿，或以广藏修之居，无算妙用。则造物之原旨，以全夫寰宇之美，而备生民之须耳。今摘天下各国有名高山里数，开列于下：

---

①据甘本改为"足"。

厄勒齐亚国①厄莫山②，高十三里一百九十二丈。厄勒齐即额力西，今北都鲁机国也。一作厄勒祭。

西齐理亚国③昼夜喷火之山，名阮得纳④，高十三里一百五十六丈。

西洋德纳里法岛必个山，高二十一里二百一十四丈。

厄勒齐亚国亚多山，高二十四里。即厄纳特赫国，在里海东南。见《异域录》。

诺尔物西亚国⑤山，高三十里零二十丈。一作诺勿惹国，即那威国也。

亚墨尼加洲⑥伯纳黑山，高五十五里百二十丈。即耶玛尼国。

莫哥斯未国⑦里弗依山，高八十三里零七十二丈。地图作大布里山，在乌拉岭北，即葱岭北干也。在俄罗斯境内。

亚细亚洲高架所山，高一百二十一里二百零四丈。案各山自西而东以渐高，高至此山为最，盖葱岭也。见《释昆仑篇》。

案：此所列名山，惟详欧罗巴洲，东至葱岭而止。其阿未利洲西南之墨溜斯大山，西北之亚大腊山，及阿细阿州西南之冈底斯山，西北之阿尔泰山，均未列及。

---

①厄勒齐亚，亦作厄勒齐、额力西、厄勒祭等，即希腊（Grecia，Greece）。

②厄莫山，似即奥林匹斯山（Mt. Olympus）。

③西齐理亚，亦作西齐里亚，今称西西里（Sicilia），为意大利南端岛屿，亦是地中海最大的岛屿。

④阮得纳山，即埃特纳火山（Entna M.），为欧洲最高火山。

⑤诺尔物西亚国，亦作诺勿惹国、那威国、诺勿热亚等，即今挪威（Norway）。

⑥亚墨尼加洲，亦作亚勒马尼亚（Germany）、耶马尼国，又译德意志，即德国。

⑦莫哥斯未国，又作莫斯哥未亚（Moscow），原为俄罗斯首都莫斯科，此处指整个俄罗斯。

天下名河

亚细亚洲

黄河元朝图史载，黄河本东北流，历西域数大洲，凡四千五百余里，始入中国。又东北流过夷境，凡二千五百余里，始转河东。又南流至蒲州，凡一千八百余里。通计屈曲九千余里。

欧拂腊得河长六千里，其流入海口处阔四十八里。即长江之异名也。

安日得河①长四千八百里，阔约五里，深十丈余，分七岔入海，其水产金沙。此即东恒河也，兼受冈噶江、大金沙江以入南海。英夷图中一作安治市河，一作漱日市河，皆译音之殊。

阿被河长七千二百里。此河开冻时，有大冰如山岳，冲击树木，排至两岸，旁溢一千二百里。土人迁移入山避之。即额尔齐斯河，一源出基台湖，即宰桑泊也。一出大布里山，则葱岭北干也。大里布山在乌拉岭之西北，亦名帕付林斯科山，其长直抵北海，为欧罗巴、阿细亚二洲之界，在俄罗斯境内。或疑阿被河为葱岭以西之流，则何由贯乌拉岭而入北海，又何由列于阿细亚洲名川内乎？

印度河长四千里，入海口处，阔一百六十里。亦名信度河，即西恒河也。与东恒河同源异委，亦入南海。

案：大金沙江下游入安日得河，统为佛经之恒河，惟英夷图中所绘不误。南怀仁图则大金沙〔江〕由缅甸入海，与安日得河各为海口。则安日得河不足统大金沙江，此一大罅漏。

阿细亚水由俄罗斯入北海者，莫大于额尔齐斯河及色棱格河、朱尔克河，源长流广，为北干三大水，与中国江河相并。图中除阿被河外，虽尚有北流之加西马河、听西味河，然不甚长远，且

---

①安日得河，一作漱日市河、安治市河，即今恒河（Ganges）。

说中不列于名川，又误绘撒马尔罕。于阿被河之上，此二大罅漏。

克鲁伦河之水，由黑龙混同江入海，此东北一大干图中有之，而无水名、说中亦不及，此第三罅漏。

欧罗巴洲

大乃河长二千四百八十里，分三岔入墨阿的湖，注地中海。墨阿的湖之水，由（墨）〔黑〕[1] 海以入地中海。南怀仁图大乃河字当西向而反东向，与窝尔加河混淆不清，宜改正。

窝耳加河[2]长一千六百里，分七十二流，入里海。即《异域录》之佛尔格河，土尔扈特游牧此河西岸，亦名厄济纳河。

达乃河长四千八百里，入大海。此非西洋大海也，即墨阿的湖之下游，一名黑海，在里海之东，地中海之北。南怀仁立名不妥，宜名黑海。

多恼河[3]长三千六百里，分七岔入海。其河有桥，长一十一里，高十五丈。此所入亦地中海。

案：葱岭以西之水，莫大于佛经之缚刍河。《元史》谓之阿母河，乃出龙池入里海之正干，即怀图中之阿书河也。阿母、阿书，皆缚刍之音转。乃图有之而说中所载名川不及之，此一大罅漏。

又纳林河亦出葱岭，由（放罕）〔敖罕〕[4] 布哈尔、土尔扈特境入里海，亦一大干河也。图中虽有撒马尔河，而甚微短与撒马尔罕相去辽远，无以见其为一国之经流。故说中亦不与窝尔加河并列名川。此二大罅漏。

利未亚州

泥禄河[5]长八千八百里，分七流入海。泥禄河即《四洲志》伊揖国之

---

①据乙未本改为"黑"。
②窝耳加河（Volga R.），亦作佛尔格河、厄济纳河，即今伏尔加河。
③多恼河，今通译多瑙河（Dunav R.）。
④据甘本改为"敖罕"。
⑤泥禄河，亦作奈尔河，即尼罗河（Nile R.）。

奈尔河。

黑河，地内藏其水道，至二百四十里远有余。

北亚墨利加

加纳大河，海潮入此河，至一千六百里，流入海口处，阔二百四十里。

南亚墨利加

圣玛得勒纳河①，长三千六百里。

巴里亚河深十五丈，入海口处阔四百四十余里。雅玛琐农江②，长一万余里，阔八十四里，深不可测，入海口处阔三百三十六里。其水势悍急，直射海水，至三百二十余里，皆淡水。其两岸绵亘有一百三十余国，语言风俗俱不同。

南怀仁坤舆图说

海水自然之动，止有其一，即下动也。凡外动为强，则非自然可知矣。其强动甚多：其一，外风所发，风既不一，动亦不一。其二，自东而西，凡从欧逻巴航海西向而行，则顺而速；东向而行，则逆而迟。此动非特大海，又于地中海可见其所以然，从太阳自东而西行以生焉。见《风气》说。其三，自北而南，凡航海从北向南必顺而速，从南而北则必逆而迟。夏月行北海者，常见冰块之广大，如城如海岛，曾有见长三百余里者，从北而南流。其所以然者，北极相近之海大寒，比年中多云雨，多冰雪；与赤道相近之海大热，每日海水之气甚多，被日熏蒸，冲上空际。盖南海之势处卑，北海之势处高，故水北而南流也。

潮汐各方不同，地中海迤北迤西，或悉无之，或微而难辨；

①圣玛得勒纳河，即马格达莱纳河（Magadalena R.）。
②雅玛琐农江，即亚马逊河（Amazonas R.）。

迤南迤东，则有而大。至于大沧海中，则随处皆可见也。第大小速迟长短，各处又不同。近岸见大，离岸愈远，潮愈微矣。地中海潮水极微。又吕宋国、莫路加等处，不过长二三尺。若其他如大西拂兰第亚国，潮水长至一丈五尺，亦有一丈八尺至二丈之处。安理亚国隆第诺府，现长至三丈；其国之他处，长至五六丈。阿利亚国近满直府，长至七丈；近圣玛诺府间，长至九丈。此各方海潮不同之故，由海滨地有崇卑直曲之势，海底海内之洞，有多寡大小故也。况月之照海，各方不同，则其所成功亦不能同。其长退之度，或每以三候，或长以四候；或其长极速，即骑驰犹难猝脱，则一候候淹覆四百余里，而又一候候归本所。又始起长之时亦不同，大概每日迟约四刻，朔望所长更大。尝推其故，而有得于古昔之所论者，则以海潮由月轮随宗动天之运也，古今多宗之。其占验有多端：一曰：潮长与退之异势，多随月显隐盈亏之势。盖月之带运，一昼夜一周天；其周可分四分，自东方至午，自午至（西）〔酉〕，自（西）〔酉〕至子，复自子至东；而潮一昼夜概发二次，卯长午消，（西）〔酉〕长子消。若随处随时，略有不同，是不足为论，别有其所以然也。二曰：月与日相会相对，有近远之异势，亦使潮之势或殊。假如望时月盈即潮大，月渐亏而潮渐小。三曰：（朝）〔潮〕[①] 之发长，每日迟四刻，必由于月；每日多用四刻，以成一周，而返原所。盖月之本动，从西而东，一日约行三十三度；从宗动天之带动，自东而西，必欲一日零四刻，方可以补其所逆行之路，而全一周也。四曰：冬时之月，多强于夏时之月，故冬潮概烈于夏潮。五曰：凡物属阴者，概以月为主，则海潮即由湿气之甚，无不听月所主持矣。即月所以主持

---

① 据甘本改为"潮"。

海潮者,非惟光也。盖朔会时月之下面无光,至与吾对足之地亦无光。海当是时,犹然发潮不息,则知月尚有他能力,所谓隐德者,乃可通远而成功矣。是月以所借之光,或所〔具〕之德,致使潮长也。如磁石招铁,琥珀招芥然。或生多气于海内,使其发潮也。如火使鼎,水沸溢然。

或问:潮汐之为理者,何也?曰:一则以免腐朽之患,盖水久注必朽。一则以清外聚之垢,盖地上丕恶之积,由江河而归于海,乃潮长复发吐之也。一则辅舟航漂渡之事,盖潮长则从海易就岸,潮退则从岸易入海。观此则海潮之益不浅矣。造物主岂无意乎?

或问:海水之咸曷故?曰:多由于干湿之气之渗。证曰:凡滋味必从二气之杂,乃干而甚燥,必生咸;如灰溺汗等是也。则海既含多气,或风从外至,或曰从内生,故其水不能不咸也。试用海水濯物,必温和干燥,较诸他水为浊,其沾濡如油何也?其含土之干气故也。又试观海水,或流沙内,或被火蒸,必甘何也?失土气之大分故也。又试取浮薄空器,塞口沉于海中,其内所侵入之水必甘,因水从微孔入,少带土气故也。又从海气聚结之雨必甘,何也?气上时,其(上)〔土〕① 之浊多坠失故也。观此多端,海水之盐,从(上)〔土〕极干焦之气而生也,明矣。虽然,太阳之亢炎,亦能致咸。验之海面之水咸甚于海底者,近受日晕之射;而底之水日光不及故也。又试之夏月海水,多咸于冬月,盖日轨甚近之所使然矣。

大地内多藏积水,常见凿矿者,多遇池漠湍涧。又随处掘井者,或浅或深,无不得水之源。又观干地屡开窍发水,而或成湖

----

①据甘本改为"土"。

淀，或淹庐舍。因知地中若非函大积之水，定无是事也。又造物者初收水于深渊时，遗多分于地内；又随处开辟匿空隐渠，以遍施润泽。正如人体内多备脉络筋骨，以运血气之润泽也。地本至干，非得水之润，自难凝结；又不能养育卉木金石之类，济救人物之用。因知天地造成之初，地面即多发泉川江湖，以备后用；而江河溪泉多由于海水。证以四端：一曰：天下大川，日日入海而不溢者，必有他出；若无出而不溢，极难解矣。二曰：江河之洪大者，若非源于海，安得有此大源。盖地内从气所变之水，万不足供大江之常流也。三曰：从古尝有江湖泉川新出，其味如海之咸，其鱼亦如海内之形，则江河非由于海而何？四曰：凡近海之地，必多泉川，愈远于海者，其川亦愈寡矣。

又江河虽多从海而出，但泉川亦有从气变生者。盖地中所藏多气，既不能出外，又被围山之冷气攻之，因渐变涣而滴流，致成泉溪之水源。试观最高之山，大都有水泉，甚甘甚冽。若海水或相去甚远，其地或甚低，其水又浊且咸，何能致甘冽乎？又观人屋近于山麓，闭其户牖，必多湿而发水何也？其内藏之气易变水也。矧山穴之内乎？又入山中诸洞旁多滴水成渚，乃溪涧水源之一证也。

或问海卑地崇，水何能逆本性上流于地面乎？曰：海水所由之匿空隐渠必曲非直，乃水因潮长时强入其内，不能复退，惟有渐进，势不得不上涌矣。况星辰之隐德，必招摄海水以滋万物；而土为极干，又招水以自慰其渴，因济外物之须。则水之上流也，观其私性为逆，观众物之公性则不为逆也。正如凡遇空时，水土必上，火气必下。而是上下之动者，论各元行之性为逆，论众物之性不逆是也。

《万国地理全图集》曰：诸水之汇聚，称为大洋。其最大者为太平（海）〔洋〕，在亚齐亚①及亚墨利加中间，自东至西长三万三千三百里，自南至北阔二万四千三百里，西及大清、日本等国，东交亚墨利加西边，其中多有群岛。次者大西洋海，东及欧罗巴、亚非利加等地，西交亚墨利加，长二万五千二百里，阔一万六千二百里。其中大屿四散，海港繁多，为通商之大路。三者印度海，即在亚齐亚、亚非利加南边，长阔均一万三千四百里，其中海岛最多。四者近北极之冰海，其长阔上下七千三百余里。但因冰如山，冻不可驶。五者近南极之冰海，其长阔不可量也。

两山间至大之海，介欧罗巴、亚非利加之中间，称地中海，长七千有余里，阔一千九百里，其中海屿洲岛不胜数。黑海与亚得利亚海隅，及地中海相交。大西洋海之东隅，系西班牙、日耳曼、巴剌得②等海隅，西麦西可罗、邻合顺巴分等海隅海水之色如气者青，然夜间动水出火，若群萤动摇，其深浅不等。大洋之中，断难量度，愈近岸愈浅。海中潮汐，寰宇之阴湿，升降于水者，皆月主之。湿能下济，水则上升，如呼吸然。月之所临，则潮起，为正摄；月之对冲，潮亦为起，为反摄。故潮盈于朔，渐移三刻一十二分，对月到之位，而以日临之次，潮必应之。月望后东行，潮附日而西应之；月周天而潮亦应也。月绕地而行，潮亦绕地而行。惟潮有迟速大小不等，或有进六丈，或一尺二尺而已。（王）〔至〕③潮有大小，是随月所行，月行有高低，则潮生进退；月行高则潮小，月行低则潮大。其海潮皆有定候，每日昼夜两潮，如子午潮长，则卯酉潮退。但时刻各处不同。

---

①亚齐亚，即亚细亚，亚洲。
②巴剌得，即波兰（Poland）。
③据甘本改为"至"。

庄廷尃地图说 乾隆五十三年，阳湖

庄廷尃著有《海洋外国图编》，未见其书，见其二图。

地球浑圆全图，始于明神宗时西人利玛窦，及国朝南怀仁等所进地球式，及《坤舆说》。但其地球经纬分度，以正面中国度线收狭小，而外域各国度线反放宽大者，据称地体浑圆，分绘作两半圆，应作中高之势，使阅者视正中则小，视斜侧应宽，庶合西洋线法云云。不知人视圆球，固当中面宽而侧面狭；今既于平幅绘图，则当正中与边隅一律均匀，其经纬度已分曲直线，虽突面之体，人岂不可带左右视，即与视中线法同；何得如西人偏执迁见，致天度地面，一图内有大小之殊耶？昔徐光启亦曾进《万国经纬地球图》，已无传本。今此图内经纬度线，核量匀派，其每度内应得水土界限，与西法旧图同；惟四隅之与中线，则概分均平，无大小偏陂之议。至西人旧图，为幅寻丈，未便箧笥。且所书国土，尚俱系前代名目，又图中混列虫鱼怪物，无关坤象大体，今并删除。只仿其水土形局，缩成尺幅。而外夷名称，悉遵钦定《职方会览》、《四彝图说》等书，间或旁附旧名，便核同异。至坤舆地圆之旨，元史札马鲁丁亦已言之。天有三百六十度，中界赤道，分南北极，以便推步；地亦如之，与天度相应。中国当赤道北，故北极常见，南极常隐；南行二百五十里，则北极低一度；北行二百五十里则北极高出一度。地体浑圆，是以知地之全周为九万里。又以南北纬度定天下之纵，凡北极出地之度同，则四时寒暑靡不同。若南极出地之度，与北极出地之度同，则其昼夜永短靡不同；惟时令相反，此之春，彼为秋，此之夏，彼为冬。以东西经度定天下之衡，两地经度，隔三十度，地隔七千五百里，则时刻差一辰。凡时刻内刻之四分，天即西过一度；相去一百八十度，则昼夜相反。自赤道南二十三度半为南道，即冬至限。赤道北二十三度半为北道，即夏至限。中国在赤道北，故日行南道，则中国昼短；日行北道，则中国昼长。日行赤道中，则普天下昼夜均平。因以日轮行天之势，分山海为五带。即赤道间为中带，其地甚热，日轮昼夜长短匀平之间，故也。一近北极圈，一近南极圈，此二处地甚冷，带远日轮故也。一在北极下中国昼长二圈之间，即北道夏至限。一在南极下中国昼短二圈之间，即南道冬至限。此二处皆为正带，一岁中日轮高下远近，得冷热往还相均故也。又以全地块段之势，分舆地为五大洲。曰亚细亚者为中土，大清国南至吕宋、亚齐、噶喇巴，北至新增白腊、冰海，东至日本岛，西至大乃河、黑海、西红海、小西洋等处。曰欧罗巴者，为大西洋南至地中海，北至白海，东至黑海，西至大西洋海各岛。曰利未亚者，为西南洋，南至大浪山，北至地中海，东至西红海圣老楞佐岛，西至圣多默岛①等处。其利未亚四围俱海，仅东北区尽西之海处微地，与西戎相连。大西人称，若此处能与大西之地中海相通，则西舶可由此达小西洋至中国，免绕利未亚之海，经大浪山风波，而又远二三万里也。曰亚墨利加者，是中国后面之地，全是海围，亦有数大国。于近赤道之宇加单处止微地，与南极下地相连，遂分南亚墨北亚墨二州。尽南为玛热辣尼峡②，惟见南极出地，而北极恒藏焉。人物荒杳，从海北转，即中土属之爪哇境矣。大地同海，本一圆球，以入图分绘两面，阅者联东西为一，反复旋合观之，与得三百六十度全势。全图内十度作一格，使简约易览。其纬度自昼夜平线，分南北起至两极，系平度渐近，

---

①圣多默岛（São Tome），今译圣多美岛，在几内亚湾东南。
②玛热辣尼峡，即麦哲伦海峡（Estrechode Magallanes）。

极圈渐小，而尽于九十度。其每度之东西里分，应渐减除。其经度自两极疏分至赤道，系直度，其每度之南北经线，应准定二百五十里无减。自京师顺天府为经线，正中初度者，乃东方九十度内，定九五居中之义。余经线为京师偏东偏西，循环合转仍三百六十。今每幅经纬线，得一百八十度，而外围之大圆周，亦仍三百六十度也。其各省府所定度位，则遵御制《数理精蕴》，以北极出地平，并日月交食各方，所测时刻天顶，推而定之。以中国所验而论，如春秋二分，日躔赤道时，于顺天府午正所测验，日离赤道天顶四十度；于最南之广州府午正所测验，日离赤道天顶二十三度。以二十三与四十相减，则余十七度，即知广州距顺天南北隔地面亦十七度矣。再以合天交食之理，定东西相去之广。以每年颁行月食，于最东杭州省城所验，较最西云南省城所验，每差五刻五分。以刻分核度数，则知两省东西相距二十度，是以舆图定两府东西隔二十度。余他省府与全地各国，及海岛海面，俱依方测量，勿可混列也。其日出入方位昼夜永短刻分，与夫交节气迟早时刻，各地不同处，自有颁行时宪，可与斯图外层之约略注载考核，或不甚舛。宣城梅文鼎曰：极度晷景常相因，知北极出地之高，即可知各节气午正之景。测得各节气午正之景，亦可知北极出其地之高。然其学非肤浅可窥，今第以监定所测京省等处北极出地度，并以京师子午线为中，而较各省会地所偏之度，凡节候迟早月食先后，胥视此。

或问古典籍记载，有言地之广大，东西南北曰四方，隅曰四维，总称八方，又曰四极。四游八纮之外，更有大九州。昔神农度地，四海内东西九十万里，南北八十一万里，地厚与天等之说。今述地球兼水土，而圆周止九万里，何据乎？不知地体围圆九万里，非可臆见。以所定里数而测月食，分秒里差，核以时刻。如日随天行，一日一周地面有十二时，较交食时分，得若千里。因知地兼海大围实九万里。再以北极出各地高卑，定南北准则，亦九万里。但南北有两极不动之定位，至东西乃随各方人居处，论天与地，本无东西定位，慎勿泥古为胶柱之议。譬诸记载，称有国土，从无日光，惟烛龙衔火相照；又有称天方仙界，日长无夜等说，固虚诞无凭。更有可据者，如称奉使至北方，日皆长昼，即日入尚皆见博，烹羊胛未熟，而日又东升；以为其长昼可异，乃不知其时值夏秋间至其地耳。如遇冬令，岂知其地之人，皆伏蛰而避长夜。犹之台郡杂志，载海中有暗呑，夷舶初抵是处，见其日亦长昼无夜，山青水秀，万花遍满，惜无居人。夷人谓其地美，留番众二百人住此，给以岁粮，俾为耕植。次后原舟至，值山中如长夜，前留番众，无一存者。举火索之，见石上遗书，言夏后渐成昏黑，且山多怪魅，所留人渐没矣。此处等所同北极下之地，皆近极八九十度内，乃夏则北有长昼，而南为长夜；冬则南有长昼，而北为长夜。至半年为日，半年为夜。恐闻者疑信未然。今将日躔南北带，冬夏二至限外，地面之昼夜时列书刻，以见昼夜长短一定之理。可见太阳非独于九重天内居中，而于南北两极一百八十度内，高卑上下，以成岁功亦在居中五十度内。吾人幸生中土，全仰太阳和煦，如君父爱育之下。其极北极南地面，光气稍偏，虽曰大德好生，而冰海火地，人物亦罕，由少资生之道也。此外更辑有《海洋外国图编》，容别续出，以补前图之未尽。

西洋人玛吉士地理备考叙

水火有气而无生，草木有生而无知，禽兽有知而无义，人有气有生有知，亦且有义，故最为天下贵也。是故君子以天为家，以德为本，以道为域；身躯由地而来，向地而归，灵魄由天而来，向天而归。人者不属此地而属天，何可轻忽人性之天，而背圣人之理乎？夫蛮狄羌夷之名，专指残虐性情之民，未知王化者言之。故曰：先王之待夷狄，如禽兽然，以不治治之，非谓本国而外，凡有教化之国，皆谓之夷狄也。且天下之门有三矣，有禽门焉，有人门焉，有圣门焉。由于情欲者，入自禽门者也；由于礼义者，入自人门者也；由于独知者，入自圣门者也。诚知夫远客之中，有明礼行义，上通天象，下察地理，旁彻物情，贯串今古者，是瀛寰之奇士，域外之良友，尚可称之曰夷狄乎？圣人以天下为一家，四海皆兄弟。故怀柔远人，宾礼外国，是王者之大度。旁咨风俗，广览地球，是智士之旷识。彼株守一隅，自画封域，而不知墙外之有天，舟外之有地者；适如井蛙蜗国之识见，自小自蒲而已。方今东西太平，远洋辐辏；凡洋艘到汉地通市，必绕地一周，围海数重，际天冥晦，不远万里而来相见。凡宇内穷极幽远，自日出之国，以至冰岳之岛，洲与洲而相岐，国与国而相左，闭户陆居者，终身所未闻，皆远客身之所经，目之所睹也。自非谂诸远人，则天文度数之远近，国土古今之盛衰，形势风俗之殊异，毕世其能想像乎？行舟沙礁之险易，到岸埠市之繁寡，即初涉商舶者，能遥度其津涯乎？诚欲扩智识而裨生人，其可以无是书？

玛吉士地球总论

夫地球以土水二者为本，土则分为山谷岛洲磐石沙泥，水则分为海江河湖渊潭涧溪。上下周围，天涯到处，飞者飞，潜者潜，动者动，植者植，而皆不离于其面也。古之探访地球者，以所寻得之地分为三州。一名欧罗巴，一名亚细亚，一名亚非里加，三者而已。及明弘治年间，始寻得新地，名之曰亚美里加，始合为四大州。后各驾舟历时，又寻出南海最南之澳大利亚大岛，且环以南洋众多各岛国，或聚或散。因此新著地理志人，又以诸岛合为一州，命之曰阿塞尼亚[①]。是以近日地球，始分为五大州也。一、欧罗巴，二、亚细亚，三、〔亚〕[②] 非里加，四、〔亚〕美里加，五、阿塞尼亚。又诸谙地理者，既知地球圈线周围共九万里，复以所得古今各处度量地面，周围约有积方二垓五京七兆九亿六万方里。五大州内所寻之地，所访之岛，所游至近之处，极远之邦，各方共计地约六京八兆八亿二万五千里；水则约一垓八京九兆一亿三万五千里。水陆二面两相比较，地则一分，水则三分。

至于人数千亿，约分五种：或白，或紫，或黄，或青，或黑。其白者，乃欧罗巴一州，亚细亚东西二方，亚非里加东北二方，亚美里加北方，此数方之人，颜色皆白，面卵形而俊秀，头发直舒而且柔。其紫者，乃亚非里加北方，亚细亚南方，除天竺及亚细亚所属数海岛不同外，其余颜色黑紫，鼻扁口大，发黑而卷。其黄者，乃印度一国，及亚细亚南方，亚美里加南方之人，其颜色皆淡黄，鼻扁口突，发黑而硬。其青者，乃亚美里加人，其颜色大半青绿，面貌毛发与黄者颇相等。其黑者乃亚非里加人，颜色乌黔，容凸颧高，口大唇厚，发黑而卷，有如羊毫，鼻扁而大，类似狮准。间亦有白色之人，居其东北，则皆欧罗巴、亚细亚二处人，曩时迁移彼地者也。又亚细亚南方及各海岛，亦有黑人，而形容体态，与亚非里加之黑人迥殊。夫天下万国之人，有下中上三等之分。下者则全不知有文义学问，止务渔猎，游牧各处。中者则习文字，定法制，立国家；但其见闻浅陋无深远。上者则

---

① 阿塞尼亚 (Oceania)，即大洋洲。
② 原缺"亚"，依上下文意补"亚"。

攻习学问，修道立德，经典法度，靡不通晓；承平则交接邦国，礼义相待；军兴则捍御仇敌，保护国家。论五州万国之语言文字，约有八百六十种。欧罗巴语音五十三，其通用者十有七。一、大西洋①，一、大吕宋②，一、意大里亚，一、佛兰西③，以上四者，乃罗马国辣丁语所分（泒）〔派〕者也。一、亚里曼④，一、贺兰⑤，一、弗拉萌牙⑥，一、大尼⑦，一、瑞典，一、那华⑧，以上六者，乃古调多尼加语所分泒〔派〕者也。一、英吉利，其语乃辣丁、调多尼加⑨二国所相并者也。一、厄罗斯⑩，一烘哥里亚⑪，一、伯罗尼亚⑫，一、布威弥亚⑬，以上四者，乃古斯加拉窝尼亚⑭之语所分（泒）〔派〕者也。一、额力西，其语乃古额力西国所传者也。一、回回，其语乃回鹘，又名回纥国所传者也。亚细亚语音，一百五十三，其通用者十有五。一、回回，一、天方，一、伯尔西亚，一、回纥，一、中华，一、满洲，一、蒙古，一、日本，一、高丽，一、琉球，一、暹罗，一、越南，一、阿瓦⑮，

---

①大西洋，此处指葡萄牙国（Portugal）。
②大吕宋，指西班牙（Spania）。
③佛兰西，又作佛郎察，即法兰西（France）。
④亚里曼，即德国（Germany）。
⑤贺兰，即荷兰（Holland）。
⑥弗拉萌牙，疑即弗兰德斯（Flanders）。
⑦大尼，即丹麦（Denmark）。
⑧那华，即挪威（Norway）。
⑨调多尼加，即条顿。
⑩厄罗斯，同俄罗斯（Russia）。
⑪烘哥里亚，即匈牙利（Hungary）。
⑫伯罗尼亚（Polania），即波兰（Poland）。
⑬布威弥亚，亦作博厄美亚，即波希米亚（Bohemia），今捷克西部。
⑭古斯加拉窝尼亚，今译古斯拉夫语（slavic）。
⑮阿瓦（Ava），缅甸古都，地在缅甸萨蒙河西岸。

一、印度，一、西藏等语。亚非里①语音一百一十五，其通〔用〕②者五。一、伯尔卑勒③，一、壹的科鼻，一、尼几里西，一、哥布达，一、桑哀等语。其天方语音，亦通行于此州之北方。亚美里加语音，则有四百二十二，其至通用者，除土语外，多系别州之语：一、英吉利，一、大吕宋，一、葡萄亚，一、佛兰西，一、贺兰，一、大尼，一、瑞西亚④等语。南洋阿塞尼亚州语音百十七，其通用者惟马来语音也。以上八百六十种，按省而分论之，约有五千余种。更按府县村镇而论，则其数莫能计矣。

地球推方图说 弥利坚国人培端撰

余尝考中华诸古书，多主地方而静之说，少有言地圆而动者。今试以大船游行海面，至北极海，即见北斗星高在顶上，不能见南极。若游行南极海面，又见南极星亦高在顶上，不能见北极。可见南北之地皆圆。又试以船自广东向西开行，先过印度海，又向西南过亚非利加；又过南大西洋，南亚美理驾，折向西北过太平海；然后直由西行，仍能回至广东。此又可见东西亦圆，故周行无碍。第地球圆图既列于前，恐未甚了目，故复推方而绘其全。凡分四大洲，曰：亚细亚、欧罗巴、亚非利加、南北美理驾。各有图在后，至诸海岛皆不别列。

亚细亚洲，幅员广大，为四土之最。东界大东洋海，南界印度洋海，西界地中海及红海至欧罗巴，北界北冰海。居是土著，东有大清国十八省并内外蒙古诸部，新疆回疆、朝鲜；又东海岛，

①亚非里，即亚非里加，指非洲。
②据上下文应有"用"字。
③伯尔卑勒，即博尔博尔（Borbor）。
④瑞西亚（Suecia），即今瑞典（Sweden）。

如日本、琉球，其最著者也。南为暹罗、缅甸、南掌①、印度等国，西为前藏、后藏、波斯等国，西南为亚剌伯回部，西北为土耳基等国；再西为买诺所称小亚细亚者，是极北为俄罗斯界。俄罗斯之境土，虽十之六在亚细亚，而国都建于欧罗巴，则属之欧罗巴而已。

欧罗巴洲，在亚细亚西，以乌拉岭为界，西距大西洋海，海水由西北注入，曰波罗的海，由正西注入，曰地中海，由西而东有巨浸，曰黑海。汉初意大里亚之罗马国，创业成一统，中国称为大秦。五代攘乱，散为战国。元末，日尔曼②列国，在欧罗巴之中原称霸；自明至今，大小（其）〔共〕③成十余国。曰俄罗斯，曰瑞典，曰埏国④，曰〔日〕尔曼，曰普鲁士，曰奥地利亚⑤，曰希腊，曰瑞士，曰意大利亚，曰荷兰，曰比利时，曰佛兰西，曰西班牙，曰葡萄牙；至其雄峙海岛者，曰英吉利。

亚美理驾洲，地分南北，中如蜂腰，长约二万八千余里。东距大西洋海，与欧罗巴、亚非利加二州相望，水程约隔万余里。西距大东洋海⑥，直抵亚细亚之东。其极西北隅，与亚细亚极东北隅，隔一海港。南亚美理驾，明时属葡萄牙、西班牙等管辖，至今分立数国。如可伦比亚⑦、秘鲁、智利、巴西等。更有诸小国及群海岛，皆不赘叙。北亚美理驾，中国称米利坚者是。其民，或从英吉利来，或从佛兰西来，后并立为一国。官以民情向往推迁，

①南掌，亦作兰场、兰掌、兰章、揽章、缆掌等，即今老挝（Laos）。
②日尔曼，今通译日耳曼。
③据甘本改为"共"。
④埏国，即丹麦（Demmaik）。
⑤奥地利亚，今通译奥地利。
⑥大东洋海，此指太平洋（Pacific Ocean）。
⑦可伦比亚（Colombia），今通译哥伦比亚。

粮以各部轻重自纳。至其称花旗者，则因华人见其船挂花旗而名之也。夫本国有自主之权，至今不改。初英吉利与之构兵，经数年不解，至乾隆四十九年始议和。本国人立华盛[①]为领首，自后每四年一易以为例。今幅员增广，户口日繁，已分为三十余大部矣。人民物产，大约二十年之久则倍之。其农务工作，兵丁贸易，赏罚刑法，来往宾使，修筑圯桥诸大事，皆由议事阁[②]酌议。其乡学县学医学皆设馆，男女无一不读书，文质彬彬，称极盛焉。余详国志。

①华盛（Washington），今通译华盛顿。
②议事阁，即美国国会。

海国图志卷七十七 _{邵阳魏源辑}

筹海总论一 _{原无，今补。}

陈伦炯天下沿海形势录

天下沿海形势，从京师、天津东向辽海，左延山海关、宁远、盖平、复州、金州、旅顺口、鸭绿江而抵高丽，右亥山东之利津、清河、蒲台、寿光海、仓口、登州而至庙岛。其登州一郡，陡出海东，尽于成山卫，与旅顺口南北隔海对峙，海舶往盛京、天津者，以成山为标准，此登州西北之渤海也。成山卫转西南则靖海、大嵩、莱阳、鳌山、灵山，而至江南海州，此皆登州西南之海也。海州而下，庙湾而上，则黄河出海之口，沙泥入海则沉实，支条缕结，东向淤长，潮满则没，潮汐或浅或沉，名曰五条沙。中间深处，呼曰沙行。江南之沙船往山东者，恃沙行以寄泊。船因底平，少（阁）〔搁〕①无碍。闽船遇此，则魄散魂飞。盖闽船底圆，加以龙骨三段，架接高昂，（阁）〔搁〕沙则碎折。更兼江浙海潮，外无屏蔽之山以缓水势，故潮汐比他省为最急，苟乏西风开避，则舟随溜（阁）〔搁〕靡不为坏。是以海舶往山东两京，必从尽山对东开一日夜，避过其沙，方敢北向。而登、莱、淮海稍宽，海防亦由五条沙为之保障也。庙湾南自如皋、通州而至洋子

---

①原作"阁"，据《海国闻见录》改为"搁"。

江口，内狼山、外崇明，锁钥长江，沙坂急潮，其概相似。而崇明上锁长江，下扼吴淞，东有洋山、马迹、花脑、陈钱诸山，接连浙之宁波、定海外岛。而嘉兴之乍浦，钱塘之鳖子，余姚之后海，宁波之镇海，虽沿海相连要疆，但外有定海为之捍卫，实内海之堂奥也。惟乍浦一处，滨于大海，东达渔山，北达江南之洋山，定海之衢山、剑山，外则汪洋。言海防者，所当留意。江浙外海以马迹为界，山北属江，山南属浙。而陈钱外在东北，俗呼尽山。山大澳广，可泊舟百余艘。贼舟每多寄泊，江浙水师更当加意焉。由此再南历衢山、岱山而至定海，东南由剑山、长涂而至普陀，普陀直东，外出洛迦门，有东霍山。夏月贼舟亦可寄泊，伺劫洋舶回棹，且与尽山南北为犄角。山脚水深，非加长碇缆，不足以寄。普陀之南，自崎头至昌国卫，接（联）〔连〕①内地，外有韭山、吊邦，亦贼舟寄泊之所。此皆宁波之内海也。自宁波、台州、黄崖沿海而下，内有佛头、桃渚、崧门、楚门，外有茶盘、牛头、积谷、鲎壳、石塘、（枝）〔披〕②山、大鹿、小鹿，在在皆贼艘出没之区。而乐清（束）〔东〕崎玉环，外有三盘、凤凰、北屺、南屺，而至北关，以及闽海接界之南关，实温、台内外海径寄泊樵汲之区，不可忽也。

闽之海，内自沙埕、南镇、锋火、三沙、斗米、北（交）〔茭〕③、定海、五虎而至闽安，外自南关、大崡、小崡、闾山、芙蓉、北竿塘、南竿塘、东永而至白犬，为福宁、福州外护，左翼之藩篱也。南自长乐之梅花镇、东万安为右臂，外自磁澳而至草屿，中隔石牌洋，外环海坛大岛。闽安虽为闽省水口咽喉，海坛

①据甘本改为"连"。
②据甘本改为"披"。
③据《海国闻见录》改为"茭"。

实为闽省右翼之扼要也。由福清之万安，南视平海，内虚海套，是为兴化。外有南日、湄洲，再外乌邱、海坛。所当留意者，东北有东永，东南有乌邱，亦犹浙省之南屺、北屺、韭山、衢山，江省之马迹、尽山也。泉州北则崇武、獭窟，南则祥芝、永宁，左右拱抱，内藏郡治，下接金、厦二岛，以达漳州。金为泉郡之下臂，厦为漳郡之咽喉。漳自太武而南，镇海、六鳌、古雷、铜山、悬钟，在在可以寄泊。而至南澳，则闽粤分界矣。泉、漳之东，外有澎湖三十有六岛，而要在妈宫、西屿、头北港、八罩、四澳，北风可以泊舟，若南风不但有山有屿可以寄舶，而平风静浪，黑沟白洋，皆可暂寄。惟洋大而山低，水急而流洄。北之吉贝、沉礁一线，直生东北，内礁暗礁布满，仅存一港蜿蜒，非熟习者不敢棹入。至南有大屿、花屿、猫屿，北风不可寄泊，南风时宜巡缉焉。澎湖之东则台湾，北自鸡笼山与福州之白犬洋对峙，南自沙马崎与漳之铜山对峙，延绵二千八百里，西面一片沃野，自海至山，浅阔相均，约百里；西东穿山至海，约四五百里。郡治南抱七鲲身，而至安平镇大港，隔港沙洲，直北至鹿耳门。鹿耳门隔港之大（绵）〔线〕①头、沙洲，而至隙仔海翁隙，皆西护府治。而港之可以出入巨艘，惟鹿耳门与鸡笼淡水港。其余港汊虽多，大船不能出入，仅平底之澎船，四五百石之三板头船，堪以出进。此亦海外形势，以捍内地者也。

南澳，东悬海岛，捍卫漳、潮，为闽、粤海洋适中之要隘。外有三澎小岛，为南风贼艘经由暂寄之所；内自黄冈、大澳而至澄海放鸡、广澳、钱澳、靖海、赤澳，此虽潮郡支山入海，实潮郡贼艘出没之区。晨远扬于外洋以伺掠，夜西向于岛澳以偷泊，

---

①据《海国闻见录》改为"线"。

故海贼之尤甚者，多潮产也。赤澳一洋，自甲子南至浅澳、田尾、遮浪、汕尾、鲘门港、（天）〔大〕星、平海，虽属惠州，而山川人性与潮无异，故立碣石镇以扼其中。自此而入粤省，外自小星、笔管、沱泞、福建头、大峿山、小峿山、伶仃山、旗纛屿、九州洋而至老万山，岛屿不可胜数，处处可以樵汲，在在可以湾泊。粤之贼艘，不但艚艍海舶，可以伺劫，即内河桨船、渔艇，皆可出海剽掠。粤海之藏垢纳污，莫此为甚。

广省左捍虎门，右扼香山。而香山虽外护顺德新会，实为省会之要地。不但外海捕盗，内河缉贼，港汊四通，奸匪殊甚。且其域澳门，外防番舶，与虎门为犄角，有心者岂可泛视哉？外出十字门而至鲁万，此洋艘番舶来往经由之标准，下接崖门、三灶、大金、小金、乌猪、上川、下川、咸船澳、马鞍山，此肇郡、广海、阳江、双鱼之外护也。高（群）〔郡〕之电白，外有大、小放鸡；吴川外有硇州，下邻雷州、白鸽、锦囊，南至海安。自放鸡而南至于海安，中悬硇州，暗礁暗沙，难以悉载，非深谙者莫敢内行。而高郡地方实借沙礁之庇也。雷州一郡，自遂溪、海康、徐闻，向南干出四百余里而至海安，三面滨海，幅阔百里，对峙琼州，渡海百二十里。自海南绕西北至合浦、钦州、防城，而及交址①之江平、万宁州，延长一千七百里。故自海安下廉州，船宜南风，上宜北风。自廉之冠头岭而东，白龙、调埠、川江、永安、山口、乌兔、处处沉沙，难以尽载，自冠头岭而西，至于防城，有龙门七十二径，径径相通。径者岛门也，通者水道也，以其岛屿悬杂，而水道皆通。廉多沙，钦多岛，地以华夷为限，而又产明珠，不入于交址，是以建海角亭于廉，天涯亭于钦。

———————————

①交址，或作交趾，指今越南北部和中部地区。

琼州屹立海中，地从海安渡脉，南崖州、东万州、西儋州、北琼州，与海安对峙。诸州县环绕熟黎，而熟黎环绕生黎，而生黎环绕五指岭、七指山。五指西向，七指南向，周围陆路，一千五百三十里。府城中路，直穿黎心，至崖州五百五十五里，万州东路，直穿黎心，至儋州五百九十里。自海（内）〔口〕①港之东路沿海，惟文昌之潭门港，乐会之新潭、那乐港，万州之东澳，陵水之黎庵港，崖州之大蛋港。西路沿海，惟澄迈之马（岛）〔袅〕港，儋州之新英港，昌化之新潮港，感恩之北黎港，可以湾泊船只。其余港汊虽多，不能寄泊。而沿海沉沙，行舟实为艰险。此亦海外稍次之台湾。惜田畴不广，岁仰需于高、雷，虽产楠沉诸香，等于广南，甲于诸番，究非台湾沃野千里可比。中国之海防，自辽而始，至琼而尽，首尾凡万余里。

张汝霖澳门形势篇

濠镜澳之名，著于《明史》，其曰：澳门，则以澳南有四山离立，海水纵横贯其中，曰十字门，故合称澳门。或曰：澳有南台、北台，两山相对如门云。澳今西洋意大里亚②夷人俶居，环以海，惟一径达前山，故前山为拊背扼吭地。北距香山县一百二十里而遥，南至澳门十有五里而近。其有寨自明天启元年始，立参将营，国初因之。康熙三年改为副将，未几以左营都司代，何准道曰：康熙七年秋，海贼从寨右登岸，攻劫果福（国）〔园〕③村，副镇遂请移驻县城，坐令扼塞之地武备损威。相仍至今，五十六年。建土城，起炮台、兵（防）

---

①据《海国闻见录》改为"口"。
②此处误，应为葡萄牙。
③据《澳门记略》改为"园"。

〔房〕① 二，门外复建台，列炮各十。雍正八年，设县丞署。乾隆九年，建广州府海防同知署，增兵舍百间。而前山之势益重，东门外为教场，出南门不数里为莲花茎，即所谓一径可达者。前山、澳山对峙于海南北，茎以一沙堤亘其间，径十里，广五六丈。茎尽处有山拔起，跗萼连蜷，曰（连）〔莲〕华山②。万历二年，茎半设闸，官司启闭。康熙十二年，建官厅于旁，以资戍守。出闸经（遇）〔莲〕花山下，有天妃庙③，折而西南，一山青巉，中嵌白屋数十百间，形缭而曲，东西五六里，南北半之。有南北二湾，可以泊船，规圜如镜，故曰濠镜，是称澳焉。前明故有提调、备倭、巡缉行署三，今惟议事亭④不废。国朝设有海关监督行台及税馆。其商侩、传译、买办诸杂色人多闽产；若工匠，若贩夫、店户，则多粤人，赁夷屋以居，烟火簇簇，成聚落。其舟楫有高尾艇，有西瓜扁，又有省渡、石（歧）〔岐〕渡、新会江门渡。有洋船石立庙祀天妃，名其地曰娘妈角⑤。娘妈者，闽语天妃也。雍正七年，观风整俗，使焦祈年。乾隆十年，分巡广南韶连道薛韫，先后巡视有记。薛韫《澳门记》：自香山县凤栖岭迤南凡一百二十里至前山，又二十里为濠镜澳。不至澳六七里，山崭然断，亘沙堤，如长桥，曰莲花茎。茎末山又特起，名莲花山。又伏又起，中曲构，长五六里，广半之，直坤艮，是称澳焉。澳惟一茎系于陆，馈粮食，余尽海也。以故内洋舟达澳尤便捷。遵澳而南，放洋十里许，右舵尾左鸡颈。又十里许，右横琴左九澳，湾峰表里四立，象箕宿，纵横成十字，曰十字门，又称澳门云。其东南百里间，为老万山，孤岛具营垒。山东北注虎门，属番舶入中国道。此山外则天水混同，无复山矣。而澳夷出入洋则不于虎门，于十字门。二门俱斜直

---

①据《澳门记略》改为"房"。
②据《澳门记略》改为"莲"。莲华山又名莲峰山，即今澳门北部之望厦山。
③天妃庙，今澳门莲峰庙，为澳门三大禅院之一，始建于明代。
④议事亭，今澳门市政厅前身。
⑤娘妈角，今澳门妈阁庙所在地，位于澳门半岛南端。

老万山，十字门特近澳也。澳夷西洋族，自嘉靖三十年来此，岁输廛缗五百一十有五，孳育蕃息，迄今二百有余年矣。其户四百二十有奇，其丁口三千四百有奇。白主黑奴，内剌兵一百五十名。其渠目：兵头[①]一，掌兵；理事官一，司库；判事官一，司狱；而总领（一）〔于〕番僧一人。其教号天主。其业惟市舶，慧者肄天官术。为庙者八：曰三巴，曰咖斯兰，曰大庙，曰板漳，曰龙崧，曰风信，曰支粮，曰花王。附庙置狱。狱三重，薄罪圈拘，听礼拜庙即释；重则缚置炮口，击入海。为炮台六：曰东望洋，曰咖斯兰，曰三巴，曰南湾，曰西望洋，曰娘妈角。炮铜具四十六，钱具三十，大者六十一，小者十有五。凡庙若炮台，独三巴为崇闳焉。乾隆十年乙丑二月，予以巡海至此，偕海防印同知光任、香山江令日暄登乃台。译人次理事官前导，而兵目领番卒，手布绣旗，肩鸟铳，一十二人排右。台方广可百亩，中有堂，西南指十字门，东望则九洲洋，如列星罗几砚间。下即宋文天祥勤王经由之伶仃洋也。西望则三灶、黄扬诸山，而北折而上为崖山也。转而内瞩，洲屿参互，水有艨艟哨桨之次比，陆有亭障壁垒之相望，前山寨附其背，虎门扼其吭。国家御内控外大一统，岂不伟哉？**澳东为东澳山，又东为九星洲山，九峰分峙，多岩穴、奇葩异草；泉尤甘，商舶往来，必汲之，曰天塘水。其下为九洲洋，旁连鸡拍山，多暗礁。又东为零丁山，东莞、香山、新安三邑划界处，下为零丁洋。又东至于旗纛澳。又东北不二百里，有二门，曰虎门、蕉门。蕉门南瞰大洋，有暗礁，不能寄碇。与东洲门、金星门，可泊艚艉漕船，洋舶不由之。金星门之旁，有鸡笼洲、小茅山。虎门即虎头门，大虎山峙其东，小虎山峙其西，双扉耸然，海水出入其中，横档山限之。所谓粤东山有三路分三门，而以大庾为大门；海有三路亦分三门，而以虎头为大门，东西二洋之所往来，以此为咽喉者也。横档山有东西炮台，与南山三门炮台，声势相应，虎门协副将领之。上有虎门寨，明万历十六年建，国初毁于寇。康熙二十六年建今寨于石岐岭，筑土为之。五十七年改建砖城，官兵自邑还驻之。**薛韫《虎门记》，虎头门以虎山得名。山有二：西曰小虎山，东曰大

---

①兵头，指澳门总督。

虎山，如连珠巨浸中。稍折而东南，右横档山，左南山，相距五六里，岧然双阙，而海出入其间，界中外，故曰门。横档山首尾树炮台二，高水面约五十仞。南山炮台一，可三仞及水，俱宿目兵焉。循南山下十余里，三门炮台一。三门者，山前突二石插波划水为三也。目兵如各炮台数。横档南三十里许为龙穴山，先置汛哨，今废。南山东南三四十里为校椅湾，略如（郊）〔校〕关形，而已旷廓，外绝涯涘矣。虎山内外重洋，而门当其最深流处，番舶及内郡巨艚必由以入，（绝）〔经〕狮子洋达广州，海中函谷关也。而门左右率浅洋，惟不任（漕）〔艚〕舶行，他舟纵所如。寥乎！闭外夷之门一而开内攘之门且千矣。夫陆有冈，海有港，此胜败得失之地也。虎头门既城，石旗麓聚兵千有八百八十八人。领于副总兵官，而偏师亦往往守港口，但使声援，冈有不及，逻（词）〔缑〕冈有不谨，重门击柝以御暴客，庶其惩〔前〕而毖后患哉？虽然海门以闭内外也，外困于内，变生于常，道必又有制治于兵防之先者。

又名秀山，宋张世杰奉帝昺退保秀山，即此。由是逾狮子洋，入黄埔，是为今诸番舶口。虎门天启，海阔而多礁，舟触之立碎。番（船）〔舶〕至，必官给引水人，导之入，固天设之险也。又虎门下有合兰海，每岁正月初三、四、五日，现城阙、楼台、车骑、人物，倏忽万状。康熙丙辰，见戈甲之形，粤有兵变，盖海市也。

北则青洲山。前山、澳山，盈盈隔一海，兹山浸其中。厥坏砠，厥木樛，嶒岉荟蔚，石气凝青，与波光相上下。明嘉靖中，佛郎机既入澳，三十四年复建寺于兹山，高六七丈，闳敞奇闶。天启元年，守臣虑其终为患，遣监司马从龙毁其所筑城，蕃不敢拒。今西洋番僧构楼榭，杂植卉果，为澳夷游眺地。

又北为秋风角，为娘妈角。一山嶙然，斜插于海，磨刀犄其西，北接蛇垶，南直澳门，险要称最。上有天妃宫。其前山迤北，由陆道雍陌，明万历中设雍陌营。逾径顶，达凤栖岭，以至于县。

澳西下十里有北山，下为北山村、沙尾村，西为灯笼洲。其与秋风角对峙者，曰南野角。旁为挂碇山，船可寄碇。

又西为大托山、小托山、大磨刀、小磨刀。山有炮台。上下二门，过此为虎跳门。崇祯十年，红毛驾四舶由此门入广州求市。

外有岛，广百余里，是为浪白滘。明初诸蕃互市于此，嘉靖中始移濠镜。万历三十五年，番禺举人卢廷龙计偕入都，请尽逐澳中诸蕃出居浪白外海，当事不能用。

又西为黄杨山，上有张世杰墓。下为黄梁都，有巡检司。城方一里，都司戍之。稍南为咸汤门，外为三灶。山产盐，有大使领之。高澜山，多鹿，元海寇刘进据之，明初平。有腴田三百顷，居民烟火与三灶相望。

其南有四山，为内十字门。又二十里有四山，为外十字门，澳夷商舶出入必由之。有横琴山，宋益王南迁泊此，丞相陈宜中欲奉之奔占城，飓作而殂，宜中遁。夜有火烧舟舻，几尽。一名深井山，澳曰井澳。横琴二山相连，为大、小横琴，元末海寇王一据之。旁一山曰银坑，水最甘洌。又南五十里，曰蒲台石。又东南为老万山。自澳门望之，隐隐一发，至则有东西二山，相距三四十里。东澳可泊西南风船，西澳则东北风船泊之。山外天水混茫，虽有章亥不能步己。岁五六月，西南风至，洋舶争望之而趋，至则相庆。山有人鬈结，见人辄入水，名曰卢亭。相传晋贼卢循溃兵逃此，子孙皆裸体，尝下海捕鱼充食，能于水中（住）〔伏〕三四日不死。地多伏莽，山故名大奚山，有三十六屿，周三百余里，居民不隶征徭，以鱼盐为生。宋绍兴间招降之，刺其少壮者充水军，老弱者放归（去）〔立〕寨，有水军使臣及弹压官。庆元三年，盐禁方厉，复啸聚为乱。遣兵讨捕，墟其地，以兵戍之，未几罢。后有万姓者为酋长，因呼老万山。雍正七年，两山各设炮台，分兵戍之，与大屿山屯哨为犄角，则澳门、虎门之外蔽也。

英夷入贡旧案

乾隆五十八年敕谕前一道

皇帝敕谕英吉利国王知悉：咨尔国王，远在重洋，倾心向化，特遣使恭赍表章，航海来廷，叩祝万寿，并备进方物，用将忱悃。朕披阅表文，词意肫恳，具见尔国王恭顺之诚，深为嘉许。所有赍到表贡之正副使臣，念其奉使远涉，推恩加礼。已令大臣带其瞻觐，锡予筵宴，叠加赏赉，用示怀柔。其已回珠山之管船官役人等六百余名，虽未来京，朕亦优加赏赐，俾得普沾恩惠，一视同仁。至尔国王表内，恳请派一尔国之人住居天朝，照管尔国买卖一节，此则与天朝体制不合，断不可行。向来西洋各国有愿来天朝当差之人，原准其来京，但既来之后，即遵用天朝服色，安置堂内，永远不准复回本国。此系天朝定制，想尔国王亦所知悉。今尔国王欲求派一尔国之人住居京城，既不能若来京当差之西洋人，在京居住，不归本国；又不可听其往来，常通信息，实为无益之事。且天朝所管地方，至为广远，凡外藩使臣到京，译馆供给，行止出入，俱有一定体制，从无听其自便之例。今尔国若留人在京，言语不通，衣服殊制，无地可以安置。若必似来京当差之西洋人，令其一例改易服饰，天朝亦从不肯强人以所难。设天朝欲差人常住尔国，亦岂尔国所能遵行？况西洋诸国甚多，非止尔一国，若俱似尔国王恳请派人留京，岂能一一听许？是此事断难行。岂能因尔国王一人之请，以致更张天朝百余年法度？若云尔国王为照料买卖起见，则尔国人在澳门贸易非止一日，原无不加恩视。即如从前博尔都噶尔亚①、意达里②等国，屡次遣使来朝，亦曾以照料贸易为请，天朝鉴其恫忱，优加体恤，凡遇该国等贸易之事，无不照料周备。前次广东商人吴昭平，有拖欠洋船价值银两者，俱饬令该管总督，由官库内先行动支帑项，代为清还，并将拖欠商人重治其罪。想此事尔国亦闻知矣。外国又何必派人留京？为此越例断不可行之请。况留人在京，距澳门贸易处所几及万里，伊亦何能照料耶？若云仰慕天朝，欲其观习教化，则天朝自有天朝礼法，与尔国各不相同。尔国所留之人，即能习学，尔国自有风俗制度，亦断不能效法中国，即学会亦属无用。天朝抚有四海，惟励精图治，办理政务，奇珍异宝，并不贵重。尔国王此次赍进各物，念其诚心远献，特谕该管衙门收纳。其实天朝德威远被，万国来王，种种贵重之物，梯航毕集，无所不有，尔之正使等所亲见。然从不贵奇巧，并无更需尔国制办物件。是尔国王所请派人留京一事，于天朝体制既属不合，而于尔国亦殊觉无益。特此详晰开示，遣令贡使等安程回国。尔国王惟当善体朕意，益励款诚，永矢恭顺，以保乂尔有邦，共享太平之福。除正副使臣以下各官及通事兵役人等，朕赏加赏各物件，另单赏给外，兹因尔国使臣归国，特颁敕谕，并锡赉尔国王文绮珍物，具如常仪，加赐彩缎、罗绮、文玩、器具诸珍，另有清单。王其祗受，悉朕眷怀，特此敕谕。

乾隆五十八年敕谕后一道

皇帝敕谕英吉利国王知悉：尔国王远慕声教，向化维殷，遣使恭赍表贡，航海祝釐。朕鉴尔国王恭顺之诚，令大臣带领使臣

---

①博尔都噶尔亚（Portugal），今葡萄牙。
②意达里（Italy），今意大利。

等瞻觐，锡之筵宴，赉予骈蕃。业已颁给敕谕，赐尔国王文绮珍玩，用示怀柔。昨据尔使臣以尔国贸易之事，禀请大臣等转奏，皆系更张定制，不便准行。向来西洋各国及尔国夷商，赴天朝贸易，悉于澳门互市，历久相沿，已非一日。天朝物产丰盈，无所不有，原不借外夷货物以通有无。特因天朝所产（荼）〔茶〕叶、磁器、丝斤，为西洋各国及尔国必需之物，是以加恩体恤，在澳门开设洋行，俾得日用有资，并沾余润。今尔国使臣于定例之外，多有陈乞，大乖仰体天朝加惠远人，抚育四夷之道。且天朝统驭万国，一视同仁。即广东贸易者，亦不仅尔英吉利一国，若俱纷纷效尤，以难行之事妄行干渎，岂能曲徇所请？念尔国僻居荒远，间隔重瀛，于天朝体制，原未谙悉，是以命大臣等向尔使臣详加开导，遣令回国。恐尔使臣等回国后禀达未能明晰，复将所请各条缮敕，逐一晓谕，想能领悉。

据尔使臣称，尔国货船将来或到浙江宁波、珠山及天津、广东地方收泊交易一节。向来西洋各国，前赴天朝地方贸易，俱在澳门设有洋行，收发各货，由来已久，尔国亦一律遵行多年，并无异语。其浙江宁波、直隶天津等海口，均未设有洋行，尔国船只到彼，亦无从销卖货物。况该处并无通事，不能谙晓尔国言语，诸多未便。除广东澳门地方仍准照旧交易外，所有尔使臣恳请向浙江宁波、珠山及直隶天津地方泊船贸易之处，皆不可行。

又据尔使臣称尔国买卖人要在天朝京城另立一行，收贮货物发卖，仿照俄罗斯之例一节，更断不可行。京城为万方拱极之区，体制森严，法令整肃，从无外藩人等在京城开设货行之事。尔国向在澳门交易，亦因澳门与海口较近，且系西洋各国聚会之处，往来便益。若于京城设行发货，尔国在京城西北地方，相距辽远，运送货物，亦甚不便。从前俄罗斯人在京城设馆贸易，因未立恰克图以前，不过暂行给屋居住。嗣因设立恰克图以后，俄罗斯在该处交易买卖，即不准在京城居住，亦已数十年。现在俄罗斯在恰克图边界交易，即与尔国在澳门交易相似。尔国现有澳门洋行发卖货物，何必又欲在京城另立一行？天朝疆界严明，从不许外藩人等稍有越境搀杂，是尔欲在京城立行之事，必不可行。

又据尔使臣称，欲求相近珠山地方小海岛一处，商人到彼即在该处停歇，以便收存货物一节。尔国欲在珠山海岛地方居住，原为发卖货物而起，今珠山地方（现在）〔既无〕① 洋行，又无通事，尔国船只（已）〔既〕不在彼停泊，尔国要此海岛地方亦属无用。天朝尺土俱归版籍，疆址森然，即岛屿沙洲，亦必画界分疆，各有专属。况外夷向化天朝、交易货物者，亦不仅尔英吉利一国，若别国纷纷效尤，恳请赏给地方居住买卖之人，岂能各应所求？且天朝亦无此体制，此事尤不便准行。

又据称，拨给附近广东省城小地方一处，居住尔国夷商，或准令澳门居住之人出入自便一节。向来西洋各国夷商，居住澳门贸易，画定住址地界，不得逾越尺寸。其赴洋行发货夷商，亦不得擅入省城，原以杜民夷之争论，立中外之大防。今欲于附近省城地方，另拨一处给尔国夷商居住，已非西洋夷商历来在澳门定例。况西洋各国在广东贸易多年，获利丰厚，来者日众，岂能一一给拨地方分住耶？至于夷商等出入往来，悉由地方官督率洋行商人，随时稽查。若竟毫无限制，恐内地夷人与尔国商人间有争论，转非体恤之意。核其事理，自应仍照定例，在澳门居住，方为妥善。

又据称，英吉利夷商自广东下澳门，由内河行走，货物或不

---

①据乙未本改"既无"。

上税，或少上税一节。夷商贸易往来纳税，皆有定则，西洋各国均属相同。此时自不能因尔国船只较多，征收稍有溢额，亦不便将尔国上税之例独为减少。惟应照例公平抽收，与别国一体办理。嗣后尔国夷商贩货赴澳门，仍当随时照料，用示体恤。

又据称，尔国船只请照例上税一节。粤海关征收船料，向有定例。今既未便于他处海口设立交易，自应仍在粤海关按例纳税，毋庸另行晓谕。

至于尔国所奉之天主教，原系西洋各国向奉之教。天朝自开辟以来，圣帝明王，垂教创法，四方亿兆，率由有素，不敢惑于异说。即在京当差之西洋人等，居住在堂，亦不准与中国人民交结，妄行传教，尤属不可。

以上所谕各条，原因尔使臣之妄说，尔国王或未能深悉天朝体制，并非有意妄干。朕于入贡诸邦诚心向化者，无不加之体恤，用示怀柔。如有恳求之事，若于体制无妨，无不曲从所请。况尔国王僻处重洋，输诚纳贡，朕之锡予优加，倍于他国。今尔使臣所恳各条，不但于天朝法制攸关，即为尔国（代）〔王〕谋，亦俱无益难行之事。兹再明白晓谕，尔国王当仰体朕心，永远遵奉，共享太平之福。若经此次详谕后，尔国王或误听尔臣下之言，任从夷商将货船驶至浙江、天津地方，欲求上岸交易。天朝法制森严，各处守土文武，恪遵功令，尔国船只到彼，该处文武必不肯令其停留，定当立时驱逐出洋，未免尔国夷商枉劳往返。勿谓言之不预也，其凛遵毋忽，特此再谕。

奏英夷贡表转进折乾隆六十年十二月，粤督朱、粤关舒奏。

奏为英吉利国呈进表贡，奏明请旨事。据洋行商人蔡世文等禀称：据英吉利国大班披朗称，伊国王备具恭进大皇帝表文方物，由本国夷船寄粤，令伊面见总督关部大人，将表贡赍呈，转求代奏等语。臣等当即传见该大班，据将夷字正副表二件，伊国自书汉字副表一件，贡物一分呈出。臣等公同阅验，其汉字副表，虽系中华（自）〔字〕①书，而文理舛错，难以句读。随令通晓该国（自）〔字〕书之通事，将夷字副表与汉字表核对，另行译出。臣等核其文义，缘该国王因前年贡使进京，仰蒙皇上怀柔体恤，赏赉渥优，不胜喜欢感激，是以备具表文、土物呈进，以表悃忱。且声明前年天朝差大将军带兵到的蜜地方，伊国曾发兵相助。此事在从前贡使起身之后，他们不曾得知，是以未在大皇帝前奏明等语。臣等询问该大班的蜜是何地方，据云在中华西北地方，与本国海道毗连等语。是的蜜似即系廓尔喀地名，其所称曾经发兵相助之语，措词极为恭顺，而又意存见好。外夷慕化输诚，益仰德威广被。惟是各国进贡，向系专遣使臣赍奏。今该国并无贡使来粤，止系该大班接到表贡，求臣等转奏，与例未符。谨缮录贡单同原表三件，恭折奏呈御览。其贡物如准赏收，俟命下，臣等另行委员赍送京师。

乾隆六十年译出汉字夷表

英吉利国王雅治②管佛兰西并（受）〔爱〕伦③等处地方，呈天朝大皇帝：我宗室议政大臣马甘尼④，由天朝京都回到本国，带有大皇帝书信，所谕情由恩典，我心中十分感谢欢喜。所差贡使进的礼物，蒙皇上赏收，赍到御赐各物，当即拜领。足感大皇帝记念，彼此虽隔重洋，但俱要望通国太平无事，百姓安宁。蒙大皇帝谕称，凡有我本国的人来中国贸易，俱要公平恩待，此是最

---

①据甘本改，"字"。
②雅治（George），今通译乔治。
③爱伦（Ireland），即爱尔兰。
④马甘尼（Macartney），今通译马戛尔尼。

大天恩。虽天朝百姓不能来我国贸易，若有来的，我亦要尽心一样看待。我已分付在港脚等处地方官员，遇有天朝百姓兵丁人等，务要以好朋友相待。从前天朝差大将军带兵到的密地方，我国兵总亦曾相助。前贡使到京时，未得我们因都士丹地方音信，是以未曾将此事奏明。将来如有机会，亦可以表我的诚心。据贡使回称，大皇帝万寿康宁，并称我将来年寿，仰托鸿福，均同一样。我心实在欢喜感激。惟望中华同外国永久共沐天恩。顺具本国些须土物，伏乞赏收。自英吉利国本都呈。一千七百九十五年六月二十日。按因都士丹，即温都斯坦，译音不同。盖言贡使未接印度兵总之信息也。

嘉庆九年译出汉字夷表

英吉利国王雅治管爱伦等处地方，呈天朝大皇帝：从前太上皇帝，恩威远播，四海升平。今大皇帝仁慈威武，天下太平，均同一德。凡有本国人来中国贸易，俱蒙一体公平恩待。我因天朝百姓不能来我本国贸易，我已分付在港脚等处地方官员，如与中国相连地方，遇有天朝百姓兵丁人等，务要加意相待。即遇有别项事情，要我出力，我亦十分欢喜效力。我与佛兰西国前已修和，因和之后，伊国强（和）〔横〕① 无理，是以我今复与伊国战争。我本意原欲和好无事，岂料伊国强横凌辱，致我不能忍受。又于海口地方设立重兵，显有歹意。我恐被伊国占夺，无奈亦只得设立重兵防守，并非意存好斗。我虽然与伊国战争，仍可照旧来中国贸易通好，并无阻碍。那佛兰西国海口虽有重兵，我已用兵船围住，伊不能出口。此外又多派兵船护送，是以我贸易船只可保无虞。又幸遇大皇帝圣明，即使佛兰西国有着人到中国谣言，疏间我国，我想大皇帝必不听信。再伊国不独存心想占夺我国，并

---

①据甘本改"横"。

欲占夺我之属国。伊国若兵力不能相敌，伊必另设阴谋。即伊国恃强设计，我国均能设备提防，可保无虞。查该佛兰西国内，已乱了十三年。佛兰西老国王为人甚好，竟被伊国人弑害，深为可悯可恨！如今伊国有一人做了国长，存心无道，意欲惑乱人心，使通国之人，不顾五伦，不畏天地。我想伊断不能惑中国。大皇帝英明素著，定然洞察其奸。恭祝大皇帝长享四海升平之福。具本国些须土物，伏乞大皇帝赏收。自英吉利本都一千八百四年五月二十二日。

粤督倭关延奏片稿_{嘉庆九年十二月}

查英吉利国王表内，所称与佛兰西国争斗及佛兰西国有着人到中国谣言疏间等语。查系嘉庆七年八月间，有在澳居住之夷目委黎多①寄信与在京居住之西洋人索德超，言英吉利国有大战船六只，近澳门停泊，恐有觊觎澳门情事，转呈管理西洋人大臣苏楞额具奏。钦奉谕旨查询，经前督臣吉查明，英吉利国护货兵船均已陆续回国。其在澳门外湾泊时并未滋事。因该国向来恃强，住澳夷人是以惊疑等情，奏蒙圣鉴在案。今该国王表文所称谣言疏间之语，自系指前事而言。本年该国亦有护送货物兵船四只来广，随即护送货船回国，并无丝毫滋事。且贸易夷船，英吉利国货物最细，较别国买卖殷厚。该国夷目夷商，均称恭顺。臣等窥测其隐，因与佛兰西蛮触相争，恐为离间，有妨贸易，故于表内特陈其事。密询洋商潘致祥等，亦佥称委系此意，该二国僻居东北海外，去粤东甚遥，断无虞别滋事端等语。似属可信，可以仰慰圣厪。

---

① 委黎多，亦作唩嚟哆（Procurador），澳葡自治机构议事会成员，掌本澳番船税课、兵饷、财货出入之数，修理城台街道，并代表澳葡与广东地方政府联络，协调在澳葡人与华人的关系。

粤督那关延复奏 嘉庆十年三月

奏为英吉利国呈进表贡，接奉廷寄，恭折复奏事。伏查外洋各国夷商，俱无兵船，惟英吉利国货船有兵护送。而该国商船亦无兵船，惟其国王货船始有兵船四只护送。其兵船在虎门外，交易后随同货船回国，不准少有逗留。臣等亦派有兵役防送。其余各夷国货船内，均有炮火器械，自资防范，于例原准携带。至该国原表称欢喜效力等语，隐（跃）〔约〕①其词，自系闻洋面盗贼不靖，或需伊等出力之意。查夷人不过沾沾计利，即如上年澳门夷目，愿备兵船二只，帮同师船出洋缉捕。臣延即以体制不符，且不能得力，与倭议以后，停止夷船协捕。于本年正月，会奏在案。而此二只洋船，迄今无踪，亦实无遭风失事等事。细揣其情形，不过借协捕为名，可以免此二船出入纳税。而英吉利国自亦得闻此事，希冀效尤免税，又恐澳门夷船出力有功，或待彼国冷淡，其意不过如此。至各该国夷船，船只既大，多载炮火，向来洋盗俱不敢抢劫。澳门等要处，又有师船巡防，不致少有疏失，可以无廑圣念。

嘉庆二十一年七月奉上（论）〔谕〕：此次英吉利国贡使到天津时，谢筵不遵礼节，至通州已称叩跪必能如仪，迨至御园，朕将次升殿，正副使臣俱托病不能瞻觐，是以降旨即日遣回。但念该使臣虽有失礼之愆，该国王万里重洋，奉表纳贡，其意至为恭顺，未便绝之已甚，转失字小之意。因将该国王贡品内择其至轻微者地理图四张，画像二张，铜板印画九十五张，加恩赏收。仍赏给该国王白玉如意一枝，翡翠玉朝珠一盘，大荷包二对，小荷

---

①据乙未本改"约"。

包（二）〔八〕个，交该贡使领赍回国，以示厚往薄来之意。该贡使等领到赏件，极为欣感，亦颇形悔怯。现已自通州起行，俟到粤后，着蒋攸铦等仍照例给予筵宴一次，并谕以尔等福分浅薄，已至宫门，不能瞻仰天颜。大皇帝怜念尔国王慕化输诚，仍酌收贡件，并赏（称）〔尔〕① 国王贵重品物，尔等应感激天恩，迅速回国，俾尔国王敬悉恩意。其未收贡件，均妥为照料上船，勿令损失。倘晓谕之后，该贡使等复将未收贡物，恳乞赏收，总以业经奉有明旨，不敢渎请，正言拒绝。钦此。

（敷）〔敕〕② 谕英吉利国王知悉：尔国远在重洋，输诚慕化，前于乾隆五十八年，先朝高宗纯皇帝御极时，曾遣使航海来庭。维时尔国使恪恭成礼，不愆于仪，用能仰承恩宠，瞻觐筵宴，锡赍便蕃。本年尔国王复遣使赍奉表章，备进方物。朕念尔国王笃于恭顺，深为愉悦。循考旧典，爰饬有司，俟尔国使臣至日，瞻觐宴赍，悉仿先朝之礼举行。尔使臣始达天津，朕饬派官吏在彼赐宴，讵尔使臣于谢宴时，即不遵礼节。朕以远国小臣，未娴仪度，可从矜恕，特命大臣于尔使臣将次抵京之时，告以乾隆五十八年尔使臣行礼悉跪叩如仪，此次岂容改异？尔使臣面告我大臣以临期遵行跪叩，不致愆仪。我大臣据以入奏，朕乃降旨于七月初七日令尔使臣瞻觐；初八日于正大光明殿赐宴颁赏，再于同乐园赐食；初九日（升）〔陛〕辞，并于是日赐游万寿山；十一日在太和门颁赏，再赴礼部筵宴；十二日遣行。其行礼日期仪节，我大臣俱以告知尔使臣矣。初七日瞻觐之期，使臣已至宫门，朕将御殿，尔正使忽称急病不能动履。朕以正使猝病，事或有之，因

---

①据甘本改"尔"。
②据甘本改"敕"。

只令副使入见。乃副使二人亦同称患病，其为无礼，莫此之甚。朕不加深责，即日遣令归国。尔使臣既未瞻觐，则尔国王表文亦不便进呈，仍由尔使臣赍回。但念尔国王数万里外奉表纳赆，尔使臣不能敬恭将事，代达悃忱，乃尔使臣之咎。尔国王恭顺之心，朕实鉴之，特将贡物内地理图、画像、山水人像收纳，嘉尔诚心，即同全收，并赐尔国王白玉如意一（枘）〔柄〕，翡翠玉朝珠一盘，大荷包两对，小荷包八个，以示怀柔。至尔国距中华遥远，遣使远涉，良非易事。且来使于中国，礼仪不能谙习，重劳唇舌，非所乐闻。天朝不宝远物，凡尔国奇巧之器，亦不视为珍器。尔国王其辑和尔人民，慎固尔疆土，无间远迩，朕实嘉之。嗣后无庸遣使远来，徒烦跋涉。但能倾心效顺，不必岁时来朝，始称向化也。俾尔永遵，故兹敕谕。

海国图志卷七十八 邵阳魏源辑

筹海总论二 原无，今补。

粤东市舶论 清河萧令裕

康熙二十三年，台湾郑氏平，海禁大开。二十四年，从疆吏之请，设江海关、浙海关、闽海关、粤海关，于是内地商舶兼通南洋，荷兰助顺，先请互市。他岛夷望风景附，莫不瞻戴斗牛，梯航岁至。英吉利最后款关，其国皆在大西洋，荒远莫测。而自汉以来，所通西域，仅至西南洋而止。然以《汉书》"前后西域"二传考之，则知西域之与西洋地虽相辽，俗不甚远也。《班书》称罽宾国王治循鲜城，其民巧，雕文刻镂，治宫室，织罽刺文绣；好酒食，有金银铜锡以为器。市例以金银为钱，文为骑马，幕为人面。其风气物类，与罽宾同者，有乌弋、安息之属。乌弋之钱，独文为人头，幕为骑马；安息亦以银为钱，文独为王面，幕为夫人面。今英吉利、佛兰西、荷兰诸国，善制钟表，穷极工巧，织罽之属，精妙绝伦。所用洋钱，（一）〔亦〕① 以银铸，幕为人面，或为王面，斯其俗相近，一矣。《班书》称安息国，画革旁行为书记，师古谓今西方胡国及南方林邑之徒，书皆横行不直下。今西洋诸国，书旁行斜上，皆拉体纳字，今钦天监有书拉体纳字文。鸟迹蛛

---

① 据甘本改为"亦"。

丝，由左以达右。斯其俗相近，二矣。《班书》自宛以西，至安息国，虽颇异言，然大同自相晓知。其人皆深目多须顿，善贾市，争分铢，贵女子，女子所言，丈夫乃决正。今西洋诸国，善贾争利，家事取决常于女子。妇主资财，夫无妾媵。微不同者，深目鲜须耳。斯其俗相近，三矣。盖大西洋之地，在《汉书》惟大秦国足以当之。《范书》言大秦国，亦云海西国，以金银为钱，银钱十当金钱一。其王常欲通使于汉，而安息欲以汉绘彩与之交市，故遮阂不得自达。至桓帝延熹九年，大秦王安敦，遣使自日南徼外，献象牙、犀角、玳瑁，始乃一通焉。直至明代万历中，利马窦入中土，而大秦人始通于中国。继以佛郎机、荷兰戈船相继至粤（间）〔闽〕。故大西洋之通，自明代始。若天竺国，一名身毒，则西南洋非西洋也。亦于明季国初，为西洋诸国据其海口，设炮台、立市埠，今来粤贸易港脚、白头夷附英吉利旗号者，即古之天竺国。于是大西洋与西南洋始混而为一。征诸汉时西域之俗，既如彼，验之今日南洋之舶又如此，岂非向背之故。振古如兹，怀诱之方，无远不届者哉！

夫象胥达志，情款非易通也；涨海浸天，帆樯非乐赴也。而黄支献见，汉以来始不绝书；番禺都会，唐以后舶乃云萃。可知殊裔之贡珍，视中华为天府；诸蕃之怀化，求市贾以自封也。昔之圣王稔其风尚，故结以恩信，招以货贿，蛮夷竭欢，象来致福，减戍守之费；兵革不兴，收征榷之赢，军储是赖。远览古今因时之制，得失之林，断可识已。是故趋利如鹜者，种人溪壑之常；因势要约者，函夏金汤之固。孟坚所谓汉多财物，必市乃得所欲。乃罽宾实利赏赐贾市，其使数年而一至者，真为得其情实也。知其情实而御之，有道矣。

或曰：圣王分九州，制五服，务盛内，不求外。汉之蛮夷，通市货买，好辞为诈，多求使者护送，以事绝远。故孟坚谓盛德在我，无取于彼也。今南洋诸舶，抵我边境，什百为群，连樯相接，器则火炮蛮刀，人则趫捷狙狯，设有伏莽，坐见披猖。汉之已事，可得拟乎？应之曰：此未足以为虞也。军旅之事，必权衡于主客，洲岛之俗，惟利益于贸迁。凡夷之必我资者二，而我之不夷患者二。番人性嗜乳酪，胶结肠腹，惟大黄、茶叶，荡涤称神，一不得食，立致困病。异时恰克图口不与俄罗斯通市，西洋各国，市大黄于粤，每国限以五百斤，防其漏入俄罗斯也。比开关如故，红毛、花旗诸酋，合辞吁请，毋限定数。是知疺疠之祲，非药罔济；旗枪之用，在彼同需。今茶斤出口，岁计四五十万，频年交易，定有积存。然茶之为物，霉变易生，三岁以后，不可复食。如闻英夷夸诈，诩有三十年之蓄。此其欺罔，不辩自明。设有禁断，惊扰内作，其必我资者，一也。番人近利尚功，以海商为世业，沿海埠头，竞思垄断；转相贩鬻，算及毫厘。其有别部杂港，思商中国，率为遮阂，用擅专利。又叩关之舶，珍货山积，来自本国，例讥重税。国主藉有税入，用供饷俸。住澳门者为大班，总其贸易；厚资本者为船主，统曰公司；他伙长水梢、附货载舱，无不希收余羡，用裨生计。举国上下，皆以中华为利薮。其必我资者，二也。英夷窟宅，渺隔重洋，惟澳门租住，是其顿宿之所。澳夷虽甚贫薄，未易全以贿通，其米利坚、佛兰西诸国，夙兴仇雠，不能统壹。如有跳梁，使相攻击，以夷伐夷，正可抚为我用。故佛郎机之寇新会，卒以成禽，_{明嘉靖中。}和兰番之寓台湾，终归败遁。老巢既远，持久为难，其不夷患者，一也。民非水火，莫能生活。番舶之来，商梢百数。近时洋米载自吕宋，转饷无乏，诚难与争。然万山以外，飓风堪虞；一入万山，粮道立断，加海水味淡，秋冬变咸。_{潭洲迤北之洋，春夏清甘可饮，盖北江之所}

从入也。秋冬水涸，海气上浮矣。夷来下碇，每在秋冬，涓涓之滴，不堪入口，是故守炮台之险，绝奸民接济之路，断校椅之泉，截大屿龙穴之汲，以守岸为上计，不交锋于大洋。我逸彼劳，彼客我主，其不夷患者，二也。去彼二患，守我二资，交易坦途。番客大至，航三万里之海，但有牵来；讥四十柁之征，都无检阅。兹非柙藩之善政，钦贤之遗规与。且尤有说焉，凡夷之狡焉生心者，皆汉奸之导诱也。而汉奸之敢于煽惑者，皆执事之侵渔也。往夷货之来，有税有钞，有进口、出口之规，有分头、匹头之算。箱包漆木，动辄规例之收；呢羽钟表，咸入彤廷之贡，此取之在上者也。商保之船，必资规费，货销之数，按抽行用。黄埔一进泊，而丁胥之事例已夥；省澳一往来，而牌照之取求又夥。吏役之生活，仰给惟于舶来；蔬米之日需，翔贵由于买办。此取之在下者也。取得其道，则（受）〔官〕[①] 吏乐输，而荒服有出涂之愿；取失其道，则商胡敛怨，而奸豪售贪狡之谋。何者？商行资用，类皆取自夷中，一苛于商，即商因而厚敛；一敛于夷，即夷从而忮求。厚敛者以官为市，而商或润其余；忮求者引商为援，而夷斯逞其忿。始则规制并髦，侈然而违犯；继则语言慢易，唬然上侵。小则炮械森陈，阳为防护将牢之说；大则兵船飘忽，阴怀恫疑虚喝之谋。欲惩奸而畏首畏尾，欲大创而筹饷筹兵。盖贪纵侵凌于无事之日，不得不弥缝姑息于有急之秋也。苏轼谓洁廉哲人之细事，而古今边患常生于贪，守边得廉吏，则夷夏乂安。谅哉言乎！

市舶之通，人多同异。自英吉利横海上，骄慢日闻，于是有为封关罢市之议者。应之曰：市舶者，岛夷向化之诚，沿海居民之利也。得其所欲，则瀛渤晏安；失其所营，则奸豪反侧。善谋

---

①据甘本改为"官"。

国者，但当自计利害，不足与论是非也。方嘉靖时，海寇大作，毒东南者十余年。其始因倭舶至闽、浙互市，诸大姓及商贾多负其直，倭粮匮为盗，诸大姓胁将吏捕逐之。兵且出又泄师期，令去约他日至，偿其直；他日至，负如初。倭大怨恨，而内地奸民复煽为乱，遂焚掠州县。巡抚朱纨至，首严通番禁，犯者置重典。又愤闽、浙势家多庇贼，上疏言过激。中朝士大夫与为难，争掣其肘，劾纨至死。中外莫敢言海禁事。于是徐海、汪直内讧，而倭乱成矣。乡使互市之倭，不亏其直；洋来之舶，不禁其通，则徐海、汪直公然贸易之商，日本、佛郎机长此朝宗之集也。挟倭之贼以胁官，即挟官之兵以胁倭，诪张为幻，负直不偿；金鼓一振，毒遍四海。当时商贾酿祸，万死莫辞。而市舶既革，利权在下，港外交通，走险不择。朱纨通番之禁，殆亦因噎而废食者哉。郑晓称倭祸起于市舶，礼部遂请罢市舶，而不知所当罢者市舶太监，非市舶也。可谓深切着明矣。今粤海通市，百有余年，假令奏罢，停其来舶，洋行货直，类多赊贷，一时殷商垫给，既所不甘。疲商责偿，于何取办？势必远夷怨咨，要遮不去，而买办、引水、渔船快蟹之徒，沙文、马占、<small>沙文者雇于夷；马占，通夷语者也。</small>通事、洋货铺之属，惧于失业，潜为教诱。椎髻之俗，好乱由于性生；飞鸮之音，集林忘其怀化，未形隐患，可胜言耶！且防边之策，尤贵招徕。《汉书》谓匈奴贪，尚乐关市，嗜汉财物，汉亦通关市不绝以中之。故知抚绥遐服，非财赂无以款通；怀畏远人，必负贩乃能要结也。夫中行说卫律之谋主，是汉患之内生也；卖马邑交易之无功，由衅端之自启也。如彼英夷，不同冒顿，自为海贾，何暇远图？但使关市持平，夷商亲附。脱有奸猾，隐为诈虞，屏之远方，肆诸朝市。百蛮慑伏，岂敢动哉？然而体顺夷情，主平市价，必有以大服其心，乃使其无所藉口。必先外藩无轻节府之意，而后款塞谨功令之遵；其要在于行禁肃清，纲首难以贿进，而无取乎闭关封港，俾番商裹足而望洋也。《后汉书·张奂传》，迁安定属国都尉，羌性贪而贵吏清，前有八都尉，率好货财，为所患苦；及奂正身洁己，威化大行。班超谓任尚曰：蛮夷难养易败，宜荡佚简易，宽小过，总大纲而已。夫小过之纠，不肯为其简易，财货之好，乃甘为其患苦，抑何方寸岑楼，不揣本而齐末之甚乎？君子是以知君卿之导（和）〔利〕，推本信诚。卢奂之清白，用怀远俗也。

鸦片烟，一名阿片，一名阿夫容，出英吉利属国。种红罂粟花，叶如靛青，子如茄，每根仅结子二三颗。熟时，夜以刀划皮分许，膏液流出，晨收而浸于水，俄顷出之，贮诸器。取叶暴干为末，杂揉其中，视叶末多少以定成色。叶末半则得膏半，然后捏为团叶裹之。见《海录》。有公斑，有白皮，有红皮。公斑为上，白皮次之，红皮最下。前代无此物，明时始入中国。龚云林《医鉴》：用阿片泥和糯米为丸，治百病，名一粒金丹。李时珍《本草纲目》云：俗人房中术用之。雍正中，年希尧刊集验良方，鸦片屡见。初不言其吸食也。镶竹为管，或磁或银，挑烟于盒，如粒如丸，就灯而吸，倚枕侧眠，盖自乾隆末年始。嘉庆初，食者渐多，特奉明禁，至今日而家喻户晓，俗不可挽。凡食烟之人，燃灯在榻，必两两对卧，左右移易，（薜苣）〔邂逅〕论心，用除嫌恨，名曰开灯。日久中病，应时而食，名曰烟引。引至而不得食，则四肢颓然，涕泗交下，刻不能支；吸烟数口，精神顿回，名曰过引。引深者日须三四钱，引少者以数分计。盛年柔脆，先零何早？筋力乍衰，髓竭乃槁，此食烟之状也。烟土之入，始在澳门，继归黄埔。今上初元，森严设禁，乃移泊于新安县属之零丁洋。其地水路四通，凡福建、天津、江浙之泛外海者，皆必由焉。岛民万余家，皆蛋户渔艇，贩私为业。道光三四年来，趸船五六艘。前总督阮元密奏请暂事羁縻，徐图禁绝。近则约十七八船，经岁逗遛，接递新烟。洋船驶进鹿门，转入蛟门，以所载之土运黄埔、深井。地名。有窟宅为奥援，有快蟹为护送，分售于会城之窑口。其送烟匪艇，一名扒龙。数十健儿，摇桨如飞，列炮械而行。比年澳门之押冬夷，往来省城，自觅各船交易。窑口之利又分。而天津、闽、浙船，大率在省议价，到趸交土。他大吏之贡船、差船私携过岭者，岁又不知几许，此贩烟之众也。雅片烟惟公斑行于粤，各省类白皮。每白土一包，合三斤，直洋银二十一二圆。去窑口之沾润，规费之花销，番夷约得银十三四圆；贱时亦每包十三四圆，番夷约得银八九圆。每岁以一百万包计，番夷实得银千三百万圆不等。自余价银，尚七八百万、四五百万圆。大抵水师有费，巡船有费，关役有费，营汛有费，差保有费。以窑口为授受，以烟价为取偿。世尽奇货之居，人竞染指之望，此售烟之利也。其害深，其习锢，其来远，其利溥，其人夥，其势横，法令之设，只同于具文。根底之深，遂蟠于天下。说者谓番舶来货，亦贮趸船；异时禁之，税额将虞短绌。然关税之赢百数十万，鸦片之耗千万有余，岂贪其至轻而忘其至重耶？夫资财销竭，逾其人心风俗之间；鸩毒晏安，惰我坚甲利兵之气，职谋国是，不得不挽救力操也。然而有所操，即有所遗。操其末者遗其本，操其伪者遗其诚。惟末是趋而以伪相市，更及十年，而其效可睹矣。

粤东滨海之区，耕三渔七，幅员辽阔，民食不敷，岁仰广西桂、柳、梧、浔诸府之接济。设遇粤西年荒，诸郡（闲）〔闭〕籴，则粤东米价翔贵，小民粒食维难。惟洋米产小吕宋国，地在闽粤之南，土沃水膏，不耕而获。稻米一石，值银数钱，由海道来广，不过六七日，粤关市舶每载入口。乾隆八年，钦奉谕旨，凡遇外洋货物来闽粤等省贸易，带米一万石以上者，免其船货税银十分之五；带米五千石以上者，免其船货十分之三，其米听照市价，公平发粜。仰见圣谟广远，轸切民依，灼知开禁南洋，为控制外蕃起见，国家富有四海，并非需此税银。与其以茶叶、大黄易呢羽、钟表无用之物，不如助筹足食，利赖间阎。训典煌煌，胜算操而垂裕远也。自司榷者专利自封，多不以此为便。奉行日久，旧制渐湮。嘉庆十一年以后，续来米舶，粤关止于免钞，饬令空船出口。由是夷商无利，来米顿稀。道光四年，总督阮公奏请各国夷船，专运洋米来粤，免其丈输船钞。所运米谷，起贮洋行粜卖。原船载货出口，一体征收税课。得旨允行。一时黄埔、澳门，岁增米十余万石。然各国来粤米船，均系零星小贩，并非资本充裕之夷，每船载米三四千石及一二千石不等，虽有出口货物，其数不甚相悬，洋米之获利既微，出口之税银仍纳。所免进口钞规，始犹抵敷关费，渐且不足取偿。缘阮公入告之时，仅据县禀议行，其乾隆八年宽免米船货税之恩旨，未经查明声叙，是以但能导夷船之岁至，而不能使洋米之积余，可以收效于会城，而未得推行于全省。本年早稻收获，仅及六成；秋冬亢旱，晚稻不足三成。来岁青黄不接之际，即查照乾隆、嘉庆年间成案，饬商采买洋米回粤粜卖，将来平其市价，非不可转歉为丰，而暂时举行，究非永久之善策，似应奏援乾隆八年旧例。嗣后凡遇外洋夷船，并无别货携带，专运洋米来粤，五千石以上者，免其出口货税十分之三；一万石以上者，免其出口货税十分之五；其载米不过五千石以上者，仍照道光四年成案，止免进口钞规，不宽出口货税，以广皇仁而昭限制。如此则外洋米谷进口愈多，以关市之征资积贮之益。然而议者或曰：天朝民食，岂藉外洋？榷货免征，且将亏税。夫茶马者，西北之利也。以内茶易番马，不得谓中国之战骑取给于夷也。通其地之有无，使所产不归红腐；收其土之蕃育，使所积皆我边储，神明之用，因应无方也。若粤关正额盈余，岁需银九十万两，比年奏销，常溢收四五十万。其中进出货物，以英吉利公司夷船为大宗。英吉利风俗，向来精勤织作，所制呢羽、洋布、纱线等物，非中国无以流通。洋米产小吕宋等处，不过一隅之地，又距英吉利国都方万余里，使进口洋米，出口减税，止港脚[①]、花旗[②]诸夷闻风兴贩，亦无过十之五六。英吉利阖境民夷，必不容废其织作，专以贩米牟利。是进口之呢羽如常，即出口之货税无减，粤关正余之数，岁终岂虑悬绝耶？且即关税稍绌，而藏富于民，备户口之流亡，免司农之赈贷；以下益之有余，补上损之不足，经国之远猷，绥边之至计，讵与夫头会箕敛者，较短絜长耶？或者又谓米非洋产，买自边郡，船若畅来，尽携鸦片。此皆参随巡拦之属，造为飞言，阻挠善政，以自殖其私。不知内米、洋米，味各不同，市价番价，岂甘折阅？况零丁疍船，自贩烟土，即洋米不通，而货船独不赍夹耶？夫洪范八政，一食二货。因货通而食足，交易而退，各得其所。裁成辅相之方，莫善于是。是在当路君子之勤求民隐而已。谨议。

源案：此议洋米，但知小吕宋，而不知暹罗及新嘉坡、葛留巴、港脚诸地，皆岁岁运米入口。又不知运米一二千石者，亦准免税十之一，且有赏给米商顶戴。自康熙至乾隆，叠次恩旨，具载《皇清通考·四裔门》，别详东南洋吕宋、暹罗二国志内。

粤东章奏一两广总督林则徐

窃臣等承准军机大臣字寄，道光十九年十二月十一日奉上谕。

①港脚，指在印度与中国之间从事贸易的外国商人（Couty trader）。
②花旗，指美国。

本日据曾望颜奏夷情反复，请封关禁海，设法剿办，以清弊源一折，又另片奏澳夷互市货物，亦请定以限制等语，著臣等悉心妥议具奏。谨将察看筹议情形敬陈之。查原奏以制夷要策，首在封关，无论何国夷船，概不准其互市，而禁绝茶叶、大黄，有以制伏其命。封关之后，海禁宜严，应饬舟师，将海盗剿捕尽绝；又禁大小民船，概不准其出海。复募善泅之人，使驾火船乘风纵放，而以舟师继之，能擒夷船，即将货物全数给赏。该夷未有不畏惧求我者。察其果能诚心悔罪，再行奏恳，准其互市，仍将大黄、茶叶，毋许逾额多运，以为箝制之法等语。臣等查粤东二百年来，准令诸夷互市，原系推恩外服，昭示怀柔，并非内地赖其食用之资，更非关榷利其抽分之税。况自上冬断绝英夷贸易以来，叠奉谕旨，区区税银，何足计论？大哉谟训，中外同钦。臣等有所秉承，无所用其瞻顾。惟将各外国在粤贸易，一律停止，则有尚须从长计议者。窃以封关禁海之策，一以绝诸夷之生计，一以杜鸦片之来源，虽若确有把握，然专断一国贸易，与概断各国贸易，揆理度势，迥不相同。盖鸦片出产之地，皆在英吉利国所辖地方，从前例禁宽时，原不止英夷贩烟来粤，即别国夷船，亦多以此为利。而自上年缴清趸船烟土以后，业经奏奉恩旨，概免治罪，即未便追究前非。此后别国货船，莫不遵具切结，层层查验，并无夹带鸦片，乃准进口开舱。惟英吉利货船，聚泊尖沙嘴，不遵法度，是以将其驱逐，不准通商。今若忽立新章，将现未犯法之各国夷船，与英吉利一同拒绝，是抗违者摈之，恭顺者亦摈之，未免不分良莠，事出无名。设诸夷禀问何辜？臣等即碍难批示。且查英吉利在外国，最称强悍，诸夷中惟米利坚及佛兰西尚足与之抗衡，然亦忌且惮之。其他若荷兰、大小吕宋、连国、瑞国、单鹰、双鹰等国，到粤贸易者，多仰英夷鼻息。自英夷贸易断后，他国颇皆欣欣向荣。盖逐利者喜彼绌而此赢，怀忿者谓此荣而彼辱。此中控驭之法，似可以夷治夷，使其相间相睽，以彼此之离心，各输忱而内向。若概与之绝，则觖望之后，转易联成一气，勾结图私。《左传》有云：彼则惧而协以谋我，故难间也。我朝之驭诸夷，固非其比。要亦罚不及众，仍宜示以大公。且封关云者，为断鸦片也。若鸦片果因封关而断，亦何惮而不为？惟是大海茫茫，四通八达，鸦片断与不断，转不在乎关之封与不封。即如上冬以来，已不准英夷贸易，而臣等今春查访外洋信息，知其将货物载回夷埠，转将烟土换至粤洋。并闻奸夷口出狂言，谓关以内法度虽严，关以外汪洋无际，通商则受管束，而不能违禁；不通商则不受管束，而正好卖烟。此种贪狡之心，实堪令人发指。是以臣等近日不得不于各海口倍加严拿，有一日而船烟并获数起者。可见英夷货去烟来之言，转非虚捏。不然，以外洋风浪之恶，而英船仍不肯尽行开去，果何所图？若如原奏所云：大小民船概不准其出海，则广东民人以海面为生者，尤倍于陆地，故有渔七耕三之说，又有三山六海之谣。若一概不准出洋，其势即不可以终日。至谓捕鱼者，止许在附近海内，此说虽亦近情，然既许出洋，则风信靡常，远近难定，又孰能于洋面而阻之。即使责令水师查禁，而昼伏则夜动，东拿则西逃，亦莫可如何之事。臣林则徐上年刊立章程，责令口岸澳甲，编列船号，责以五船互保。又令于风帆两面及船身两旁，悉用大字书写姓名，以及里居牌保。惟船数至于无算，至今尚未编完。继又通行沿海县营，如有夷船窜至该辖，无论内洋外洋，均将附近各船暂禁出口，必俟夷船远遁，始许口内开船。其平时出入渔船，逐一验查，只许带一日之粮，不得多携食物。若银两洋钱，尤不可许随带出口，庶少接济购买之弊。至大黄、茶叶二物，固属外夷要需，惟臣等历查向来大黄出口，多者不过一千担，缘每人所用无几，随身皆可收藏，且尚非必不可无之物，不值为之厉禁。惟茶叶历年所销，自三十余万担至五十余万担不等，现在议立公所，酌中定制，不许各夷逾额多运，即为箝制之方。然第一要义，尤在沿海各口查拿偷贩出洋，否则正税徒亏，而漏卮依然莫塞。是以制驭之道，惟贵平允不偏，始不至转生他弊。若谓他国买回之后，难保不转卖英夷，此即内地行铺互售，尚难家至日见，而况其在域外乎？要知英夷平日广收厚积，本有长袖善舞之名，其分卖他夷，独牟余利，乃该夷之惯技。今断绝贸易之后，即使从他夷转售一二，亦已忍垢蒙耻，多吃暗亏。譬如大贾殷商，一旦仅开子店，寄人篱下，已觉难堪。惟操纵有方，备防无懈，则原奏所谓该夷当畏惧而求我者，将于是乎在矣。至于备火船，练乡勇，募善泅之人，则臣等自上年至今，皆经筹商办理，惟待相机而动。即各山淡水，上年本已派弁守之。始则夷船以布帆兜接雨水，几于不能救渴；继而觅诸山麓，随处汲取不穷，则已守不胜守，似毋庸议。总之驭夷宜刚柔互用，不必视之太重，亦未便视之太轻。与其泾渭不分，转致无所忌惮，曷若薰莸有别，俾皆就我范围；而且用诸国则不啻殴渔，此际机宜，不敢不慎。况所杜绝者惟在鸦片，即原奏亦云：凡有夹带鸦片夷船，无论何国，不准通商。则不带鸦片者，仍皆准予通商，亦已明甚。彼各国夷人，原难保其始终不带，若果查出夹带，应即治以新例，不但绝其经商，如其无之，自不在峻拒之列也。又另片请将澳门西洋贸易定以限制。查上年，臣林则徐先已会同前督臣邓廷桢节次议及，嗣经核定章程，谕令澳门同知转饬西洋夷目遵照。即如茶叶一项，每岁连箱准给五十万斤，仍以三年通融并计，以示酌中之道。其他分条列款，该夷均已遵行。至所请责令澳夷代英夷保结一节，现既不准英夷贸易，自可毋庸置议。

奏弥利坚代英夷请款疏参赞大臣杨芳等

　　窃照英吉利逆夷于二月二十四日乘驾兵船及火轮三板等船，欲进省河，经凤凰冈官兵奋力击退，即于二十五日缮折，由六百里驰奏在案。是日米利坚国领事多利那，因该国货船并不在禁止通商之列，先经琦善批准，带进黄埔贸易。适值英夷攻打虎门，被阻不得入口，闻凤凰冈官兵击退逆船，来向营盘禀诉。据总兵长春报知前来，当饬署广州府知府余保纯带同通事译讯。据多利那称，英夷既被击退，自不敢再有他求，惟念称兵犯顺，系英国兵头所作之孽，其带货商船并未敢随同滋事，而因此阻滞年余，不得贸易，在该商为其本国兵头所累，原不足惜。而我米利坚等国，向来恭顺，不敢私卖禁物，蒙天朝恩准，照常贸易，极为感激。乃到粤经年，被英国牵累，不能进埔开舱，以致货物霉烂，资本亏耗。现查英国夷商，情亦急迫，可否于此次击退兵船之后，姑准其商船一体贸易，庶各国不被英国妒恨，免致阻梗牵留。而英国货船在埔，其兵船即有顾忌而不敢滋事，似亦制服之一法等语。臣谕以该夷所言，虽亦近理，殊不知英夷肆逆逞凶，罪恶重大，实自绝于天朝。今蒙命将出师，特申天讨，即谓夷商并无助逆，究系英国之人，又安敢以通商为请？正词回复去后，是日逆船虽无动静，而探知退泊未远。臣料其早晚又必来扰，戒备益严。惟省城所存炮位，不如虎门之大。虎门炮台既失，炮亦随之。且外海师船，在虎门者均被逆夷烧毁，别营舟师刻难调集。虽有内河巡船及招募水勇快艇，只能防而不能攻。臣与兼署督臣怡良等正极焦切，适于二十六日巳刻长潮之际，南风大起，该逆大小兵船添至七只，火轮船三只，三板船二十余只，果皆乘风拥至。其时凤凰冈等处营盘，各放枪炮，击毙夷兵不少。而逆船恃其坚厚，且行且拒，冒死闯入省河，飞炮火箭，施放无数。幸各城上下内外，已将官兵壮勇排列如山，不令少有空隙。且臣等先经示谕军民，以防御英逆，与他寇不同，其炮弹能于远处裂开以烧房屋，而火箭又着物即燃。此时保卫城垣，首须扑除火患，是以于列队兵勇之外，复逐段多添扑火兵丁，使房屋不烧，人心即定。虽是日逆船炮箭施放不绝，而省城内外，周密巡防，并无一处失火。该逆见守城如此严紧，立即移窜空旷之白鹤滩中心，暂行下碇，不敢逼近城垣，亦不敢复放炮箭。（弟）〔第〕仍虑其堵截上下游各船，则省中一切日用以及军火所需，皆无不棘手。正在分筹剿逐间，复据洋商伍怡和等，以各国领事夷商于英逆带兵之人无不交口斥詈，该兵船因见城上岸上，均各森严，亦即畏惧而退。二十七八九等日，兵船及火轮船、三板船均陆续开离省河。惟各国夷人在粤，均望承平，谓英夷既经缴还定海，不敢更有他求，惟贸易一事，系天朝二百年来稠叠恩施，不得不代恳法外施仁，仍循旧制。呈出义律等所立笔据，有不讨别情，惟求即准照常贸易。如带违禁之货，即将船货入官字样。是其前此要求（奸）〔奸〕计，此时无可复施。惟臣等奉命督兵，只知军务为亟。断不因各国连番环请，稍任懈我军心。即其笔据之言，虽曾寓目，仍如无睹。（弟）〔第〕既有此情形，理应据实入告。固不敢冒昧陈乞，亦不敢壅于上闻。至其所云贸易夷人，并未随同滋事，货船入口，正可制服夷兵等语。臣暗访明查，尚非诞妄，而就兵机而论，亦有时以纵为擒。与其峻拒群夷，恐致一同觖望，或先从权制驭，借以密运深谋。伏候圣主指示机宜，不胜凛感悚惶之至。案：所云不讨别情，只求照例通商，是烟价香港皆不敢索，又许退出虎门也。非弥利坚夷目从中讲款，不能有此机会。

海国图志卷七十九_{邵阳魏源辑}

筹海总论三_{原无，今补。}

复奏各国夷情疏_{靖逆将军奕山等}

窃臣等承准军机大臣字寄，道光二十一年正月十九日奉上谕。怡良奏接办粤海关务税课短绌一折。据称粤海税务，以夷税为大宗。本年所到夷船不及十分之二，因各国之船为英夷拦阻，不能进口，是以六月后，正当征输畅旺之时，转致短绌等语。广东例准各国通商，其恭顺各国，自仍照常贸易。英夷强悍桀骜，阻挠各国生计，各国岂肯甘心失利？着奕山、隆文、祁𡊰于先后抵粤时，查明各该国情形，果否怨恨英夷，阻挠生计；抑稍有觖望于天朝，未能招徕抚绥，以致向隅失业，据实具奏。将此各谕令知之，钦此。臣等抵粤后，密加查明。缘粤海关务旧章，例准通商各国，除居住澳门西洋夷人货船向在澳门卸货外，其余米利坚、佛兰西、荷兰国、大小吕宋国、嘤咈咺国①、椗国、瑞国、单鹰国②、双鹰国③、英吉利国并港脚各国，货船向例应进黄埔查验开舱。各该国距粤程途远近不同，每年来船数目约在一百余只二百只不等。自二十年三月二十六日起，截至六月初二日止，只到有

---

① 嘤咈咺国，即今比利时（Belgium）。
② 单鹰国，即丹麦（Denmark）。
③ 双鹰国，即意大利（Italy）。

米利坚国、吕宋国货船十九只。自是之后，并无货船进口。盖因英夷犯顺，驶有兵船来泊（澳）〔粤〕①洋，所有各国贸易商船，均被英夷阻挠，不得进口。英夷强悍桀骜，各该国力不能制，阻遏外洋，无不同深怨恨。迨至本年二月初六日，英夷闯入虎门，攻破乌涌卡座，夷船直达黄埔，是以向准通商之米利坚国、佛兰西国、及港脚货船共四十二只，始得随后进口。英夷恳求通商，经臣杨芳会同抚臣怡良体察情形，奏明仍准恭顺各国，照旧通商。各夷无不欣感，共戴皇仁，并不敢觖望于天朝。传讯各通事所禀，亦俱相符。现在虽经开舱，而殷实客商，均经纷纷迁避，商民交易者，甚属寥寥。臣等现已出示晓谕，令其急速回来，各安生业，与恭顺各国照常贸易，无须惊疑。日来渐次归业，民情少觉安贴。

谨案：廷寄之意，原欲以夷攻夷，惜复奏未能仰体庙算，详察夷情也。

奏佛兰西国夷情疏道光二十二年二月

将军奕山等

查佛兰西与英夷毗连疆界，各为一国，素称强悍。前因争扰地方，构有嫌隙，彼此交兵多年，后经议和。该国亦与广东向来交易，上年十二月间，据报该国新到兵船一只，兵头真时尔、士思利管驾来粤，泊在香港对面尖沙嘴地方，并云后尚有兵船未到等语。正在密饬查访间，旋据报称佛兰西兵头士思利乘坐小三板来省入馆，当经密饬洋商等暗为访询。据云：来省意欲面见官府，有禀商事件，不肯明言。带有素晓中华言语之和尚玉遮、依里达二人同来，禀称该国兵头有密商军务，不用通事传话，恳请面禀等情。臣等以该国向通贸易，素称恭顺，乃英夷兴兵犯顺，阻挠各国生意，未始不怨恨英夷。今既据禀请当面密陈军务，正可因

①据乙未本改"粤"。

势利导，驾驭羁縻，为以夷攻夷之计。当即于距城十里之半塘地方，传令来见，询其来意。据称该国王闻英夷与中华构兵，恐该国商船被其扰累，是以遣伊前来保护，并谕令到此从中善为解散。臣等谕以尔国向称恭顺，素所深知。英逆如此顽梗不化，肆行强暴，将来尔等各国必受其害。尔国王既遣尔带兵前来，果能出力报效，必自当据实奏明大皇帝，格外优待恩施。据称：我国与英夷虽属敌国，但现在新和，无隙可乘，不能妄动。若无故攻彼，恐别国不愤，不如息事罢兵，早了此局方妥。当讯以尔有何息事之法？据称：伊愿与英夷讲说，伊若允从则已；如不允从，即向其藉词交兵等语。臣等谕以英逆屡次犯顺，现在侵犯宁波、定海

等处，致干圣怒，简派扬威将军各路带兵前往剿办。此时本将军等如何敢擅准令伊讲说？据称：大人等既不敢奏，我先出外洋，与英夷兵头讲说，如有何信息，再来回报。当即酌加赏赉该兵头及和尚，旋即辞出外洋。又据汛弁探报，逆夷兵头仆鼎查，于上年十二月间，由浙潜回香港。又探得佛兰西兵头到香港，与逆夷兵头见面二次。旋据香山驻澳县丞张裕禀称：佛兰西和尚玉遮等面禀，该兵头现有要事，于正月十六日开船，前往吕宋去看兵船，留话给真时尔和尚进省禀复。二月初五日，真时尔到行，呈递说帖，仍以解和为词，希冀赏给英逆马头。臣等察其行事，以英逆新与连和，佛夷思于中取利，又思分地，故为之居间。夷情诡谲多端，该兵头虽阳为恭顺，焉知不藉探内地虚实，别生事端？虽现在该夷同米利坚各国夷商进省行照常贸易，而无故求和，不能不疑，遂以好言拒绝，并导以不可助逆，玉石俱焚。若能为中国出力，大皇帝必加恩于尔等语。除密饬水陆兵勇，严加防范，观其动静外，所有佛兰西兵头来省情形，不敢壅于上闻，据实附陈。

案：佛兰西求面禀军情，其来意之诚可见，且得与英夷素仇之勍敌，使之讲款，英夷必

曲从。即使不从，而藉词交兵，英夷亦必畏。事机莫善于此，乃稽延半载，始听其行。及入长江，而江宁款议已定数日矣。

复奏各国夷情疏靖逆将军奕山等

道光二十二年正月二十四日，奉上谕：有人奏英逆纠集天竺、佛南、小吕宋等国夷船数十只，同恶相济，请饬晓谕解散等语。此等远夷，被该逆纠合，自系迫以威利，未必真心相助，果能设法解散，以孤其势，此事或有转机。着该将军、督抚，体察情形，悉心筹画。如果各夷可以理谕，即剀切宣示，晓以大义，俾不为逆夷所愚。但须斟酌尽善，然后举行。又须持以慎密，断不可少露风声。原片着抄给阅看，钦此。臣等伏查，原奏内声称镇海等处，停泊夷船数十只。五月初六日，定海新到夷船二十一只，初九日又到夷船四十余只，或云来自天竺，或云佛南及吕宋各夷等语。查前次奏报逆船折内，自四月至五月初六日止，先后共出老万山驶赴浙洋者，计四十七只。所称镇海、定海两处停泊逆船，自必即系四月内，由粤驶往船只。但从前据该营县探报，均称该船系自英逆本国驶来，并无声明别国之说，兹复细加采访。缘西洋诸国，总名为欧罗巴洲，并无天竺国名目。史载天竺国，一名身毒，在月氏东南数千里，其俗重佛法。又闻天竺，一名印度，孟呀喇及喀布尔，皆系印度之一隅。喀布尔即前此传闻与英夷打仗之国，嗑呀喇则英夷属国。至佛南国，或即系佛兰西。因夷语西字是尾音，以致传写不一。本年春间，佛兰西国兵头真时尔及士思利管驾兵船来粤，带有素晓华语之和尚玉遮、依里达二人同来谒见，曾经臣等将晓谕该夷情形奏明在案。风闻该国与英逆两不相下，现因英逆日强，恐其蚕食，早已整顿兵船，预为防备。吕宋在粤洋之东南，该国如赴浙江，即由台弯福建一带北驶，原不必由粤洋经过，有无船只助逆，无从而知。闻该国贫而弱，自顾不暇，未必能以兵助逆。且该国商船，向在澳门贸易，亦颇恭顺。惟访闻海外各国，另有一种船只，名为西裴柳，其船上多系黑夷，炮火俱备，往往受雇于各外国，代人打仗，索价数万员至一二十万员不等。现在英逆分扰各省，难保非此等船只在内。该逆插以旗号，即作为伊本国之船，亦未可知。臣等伏思佛兰西与吕宋各国，素称恭顺，原可以理晓谕，设法解散。惟该国是否与英逆同恶相济，无从得其确据。且该国现无大兵头在粤，仅止小夷商贸易，似未便向其讲说，转失天朝体制。查佛兰西兵头于春间呈递说帖，本以代英逆讲和为辞，嗣因该兵头士思利出洋后，总未再来。臣等随时体察情形，如果有机可乘，自当因势利导，以靖逆氛而崇国体。

复奏印度夷情疏 将军奕山等

道光二十二年四月，奉上谕：御史苏廷魁奏粤海逆夷潜遁，当乘机速办善后事宜一折。据称传闻，英夷为孟阿喇攻破，逆夷兵船，纷纷遁回，请选派兵勇赶紧修筑虎门炮台，以资抵御。广东省城，东北陆路，名燕塘墟，贼若乘间而入，顷刻可至，其要隘莫过于城东之大沙河，宜筑长堤。省城西南地，名龟岗，其东岸宜设营兵，使彼首尾不能照应，水陆皆可制胜等语。逆夷恐恶贯满盈，结怨各国，现在传闻有孟阿喇攻袭之语，着奕山等密查粤东所泊夷船，驶去若干只，夷众传说若何？如果该国有事，逆夷陆续逃遁，该国夷人在粤甚众，总可得其实在底里。或系他国与英逆有争斗之事，或孟阿喇纠集别国与之为难，均着查访明确，据实速奏。该将军等前奏修复虎门各路炮台，必须由内及外，次第办理。此时该逆如果将船只陆续撤退，留泊广东无几，正可趁此赶紧购料兴工集事，毋稍观望。并着奕山相度机宜，倘可乘该逆窘迫之际，出其不意，明攻暗袭，殄灭无遗，亦足以纾众愤而快人心。至燕塘墟、大沙河、龟岗，为贼陆路所必经，应否筑堤设营水陆交严之处？着奕山等相度地势，妥筹办理。该御史原奏，着钞给阅看，将此由五百里谕令知之。钦此。臣等伏查本年二月间，风闻英逆所属之孟阿剌地方，向有英夷兵目，带领黑白夷兵，各数百名驻守。因黑夷出兵在外，多有伤亡，仅剩白夷兵，不敷驻守。该逆兵目于去冬勒派土夷商民，充当兵役，因而构怨，群起刺杀夷目，并将白夷兵数百名焚毙殆尽。嗣又据香港探报，英逆前占孟阿剌埠头，藉产鸦片厚利，得充兵饷。因被孟阿剌么怅鬼子，将八颠之弟杀死，夺回鸦片埠，以至兵饷不继等语。当经臣等以得自传闻，究无确据，曾于前次奏报折内，声明在案。是该御史所奏，合之粤中传闻，不为无因。惟该逆兵船，是否因此纷纷遁回，前此密饬查探。兹据署大鹏协副将及各处探报，前闻孟阿剌将英国兵头戕害，英夷遣火轮船来粤，赶回兵船巡船，驶至孟阿剌应援之说如果属实，自不应有兵船驶至。乃现在英逆兵船、火船，又陆续驶到三十余只。查探所到之船，已有向东开驶者，其余湾泊各船，或云留泊香港，或又云亦欲驶往江浙。据查探情形，似该逆夷船只驶回孟阿剌应援之说，未必可信。但近日又访闻得英国之东，另有恩田国，相距约三月水程，英夷欲得其地，被恩田国设计诱骗，于本年正月内杀毙英兵万余名，现在干戈仍未止息等语。又传闻逆夷先与喀布尔打仗，现在又与治拉拉拔打仗，有地名古斯尼，仍被治拉拉拔夺回，该逆夷深恐喀布尔与治拉拉拔和好。又访闻喀布尔与孟阿剌各处总名印度等语。奴才等窃思该夷在海外欺凌各国，因而各国与之为难，似系事所必有。而现在查询该国夷众，所有孟阿剌、恩田国及喀布尔各情节，或称得自传闻，或称并无其事，其所言地名亦恐传播语音，不无讹错，一时殊难得实。案：加布尔城即阿付颜尼城，乃爱乌罕之国都也，在中印度西（此）〔北〕境，与俄罗斯游牧〔地区〕接壤。治拉拉拔即机（窟）〔注〕国之音转。恩田国在印度东，水程三月，疑即缅甸国之音讹。

复奏英夷情形疏扬威将军奕山

窃臣等准军机大臣字寄，道光二十二年三月奉上谕：本日，据奕经等奏，广东送来通事二名，熟悉夷语，现派司员向逆夷等连日隔别诘问等语。白夷干布尔既属头目，必知该国一切情形。且现有通事二名，自可一面妥为抚养，一面细询该国底里。着奕经等详细讯明。英吉利国距内地水程，据称有七万余里，其至内地所经过者几国？克食米尔距该国若干路程？是否有水路相通？该国向与英吉利有无往来？此次何以相从至浙？其余来浙之孟加剌、大小吕宋、双鹰国夷众，带兵头目，私相号召，抑由该国王招之使来？是否被其裹胁，抑或许以重利？该女主年甫二十二岁，何以推为一国之主？有无匹配？其夫何名？何处人？在该国现居何职？又所称钦差提督各名号，是否系女主所授，抑系该头目人等私立名色？至逆夷在浙鸱张，所有一切调度伪兵及占据郡县，搜劫民财，系何人主持其事？义律现已回国，果否确实？回国后作何营谋？有无信息到浙？该国制造鸦片烟，卖与中国，其意但欲图财，或另有诡谋？以上各条，该将军等即分别诘问，详晰具奏。将此各谕令知之，钦此。臣等遵即督饬司员等带领通事，将各条逐件连日询问。据该白夷等供称，自英吉利国城至内地广东地方，总视风信，遇顺风时不过三个月即至香港，迟则四月五月不等，至迟亦不过六个月即可以到。所过地方，若佛兰机、急欲迥土郎、骂达剌、沙姑路庇令、骂勒格、星加坡等处，皆英吉利所属。其所经有何国？均难指实名目。或船上淡水乏食，遇有洋面附近之山，即用小船拢岸取水，其地方名目，未能细辨。至克食米尔，即孟加剌地方，孟加剌是其总名，克食米尔乃孟加剌所属。孟加剌又英吉利所属，英吉利所有大船到加剌吉达①为止，其地有小河可通克食米尔，亦有陆路，距加剌吉达约计千里，复有陆路通鲁慎②、大吕宋、佛兰机等处。此次来浙之兵，均系该国王所调，只有英吉利（大）〔人〕当兵，其吕宋、孟加剌、双鹰国之人，不能当兵。所来之各国夷人，乃商船雇工，系该带兵官雇来办事，及充当水手。该国女主乃老国王之侄女，国王无子，其侄女赋性聪明，故立为主，名域多唎。乃英吉利所属渣骂剌国王之子，名鼻连士阿剌拔，国人称为法是满，（及）〔乃〕该国第一等官职，并不干预国事。至钦差提督等名，从未听闻，亦非女主所授，大约皆系私立名色。至犯浙一切事件，从前乃占那丽架阑顿调度，自该逆死在定海后，乃占那哥付调度，其人一向在宁波、厦门、定海等处。占那哥付乃骂达剌沙之勾连那官，即陆路之兵头也。义律系去年即由广东动身回国，其有无音信来浙，该白夷等均未能知晓。鸦片烟土，乃孟加剌孟米乡所出，就深山地方，秘密制造，其本国人苟非制造鸦片之辈，俱不准入乡看其制法，盖恐泄漏其术，其利或为所夺。英吉利及西洋花旗等国，俱系赴孟加利益米各处贩入内地，但欲图利，并无诡谋等语。以上各条，经司员等逐件细询，理合恭折复奏。

复奏越南轧船情形疏 两广总督祁𡎴

道光二十一年八月十八日，奉上谕：朕闻英吉利逆夷在粤滋

---

① 加剌吉达，即今加尔各答（Calcutta）。
② 鲁慎（Russia），即俄罗斯。

扰，有越南国贸易人声闻英夷悖乱天常，称兵犯顺，并云彼国善制船炮，工且迅速，各项火器精于英吉利所为，若有文檄与之，彼国自能效顺等语。逆夷近日叠肆猖獗，必应设法大加惩创，越南是否素为该逆所最畏？船炮火器是否能制英夷之命？其愿为效顺之语果否出于至诚，抑系别有所图？着祁𡎴、梁章钜确探密查，并于接奏后，密行知广西巡抚周之琦，一体查探，据实具奏。事关重大，毋稍含混，亦慎勿泄漏，是为至要。将此密谕知之。臣等遵查此事，先于本年四月间有越南国人阮得烘，在臣祁𡎴衙门呈控新会县船行梁潘辉等，于数年前失风漂至越南，打沉船货，向伊借银买带货物，今来粤追讨未偿，呈恳追还等语。随饬县传讯，梁潘辉等供认欠银属实，即行措交。阮得烘在省守候追欠之时，复在臬司衙门呈递一纸，内称伊在粤见英夷如此猖獗，不过恃船坚炮利。本处战船，力不能敌，该国所造之船颇为坚厚，皆系甘露鬼子驾驶。如中国给该国王文书，当可代造，不过四百金即造一只。并称该国与英夷近无嫌隙，事宜机密等语。臣等随访查，越南虽素产木植，若造一坚厚大船，亦非数百金所能办。即造成该船式样，本地无人驾驶。前督臣林则徐仿照越南制成轧船四只，内港外洋均不可用，是其明征。又查阮得烘不时外出贸易，本年只身来粤，并不常住越南，恐非安分之徒。揆其情词，不过冀恳速为追欠，似无别意。其所称该国可代造船只之语，该国王并不知晓。臣等以事关外夷，未敢冒昧，俟再访查办理。旋据新会县禀报，欠项全数交清给领，即饬令阮得烘回国。兹奉谕旨饬查，当即一面飞行广西抚臣周之琦，一体确实查探，臣等一面密为商核。查越南之于天朝，久称恭顺，闻昔曾战败英夷之师，至今两不侵犯。此特见之前人说部，系嘉庆十三年之事，迄今已阅三十余年，英夷日见强肆，且与越南未再交兵，故未闻有英夷畏惧越南之语。至其船炮之坚利与否？广东距越南较远，一时难得确据，容臣等再为探访。该国船炮火器，果否精于英夷所为？该国王有无至诚效顺之意？逐一设法确探密查。并俟广西抚臣就近查访实情，是否可行？移知到日，另行具奏。

再奏越南轧船情形疏_{两广总督祁埧}

十月十五日，承准军机大臣字寄，奉上谕祁埧等驰奏。遵查越南国人阮得烘在粤守候追欠，曾于臬司衙门呈称英夷猖獗，专恃船坚炮利，该国所造之船颇为坚厚，如中国给该国王文书，即可代造。揆其情词，不过冀恳追欠。现在欠项全清，已经饬令回国。至该国之船炮果否坚利，尚须查探等语。广东距越南较远，一时难得确据，自系实在情形。着祁埧、梁章钜确加查访该国船炮火器是否精于英逆所为？该国王有无至诚效顺之意？逐一设法探询确实，即行奏闻，钦此。臣等以此事所关重大，必须查探明确，不敢稍有虚饰。因思现在钦州知州黄定宜，籍隶广西龙州，其在籍时，应有所闻，而钦州地方，又与越南接壤，就近查访，亦易得实。当即据越南夷人阮得烘前在省城所禀之言，一面严密饬行该州详加访察，一面会同随时密访。有常往越南贸易之顺德县民人周彦才及琼山县民人陈姓，现在省城详加询问。据周彦才口称：本年八月，伊甫自越南起身回家，越南现因英夷滋事，亦随时警备，约造有战船七八只，每船三桅，四十余桨，船用长木直板，船身则以硬木为之，厚五六寸，或七八寸不等。又另有仿造英吉利之属国新洲货船约十余号，亦用硬木制造，皆坚重有余而灵动不足。该国铜炮颇少，铁炮亦不甚大。又该国寓兵于农，其打仗多以象力取胜，且能陆战而不善水战。该国由都城出港三十余里始为大海，各外国货船如至该国，议明入港后，该国先将各国船中炮械搬至岸上，代为看守，俟出港时送还。看来越南向恐各国在其本国滋事，并未闻英逆有畏惧越南之说。访之陈姓所言，亦大略相同。又访闻现募乡勇中有炮手林九，其人从前曾被张保招去，后经改过投回，复为良民。曾帮张保与越南打仗，必知底细，随令管带乡勇之可靠绅士密向查询。据称越南战船有金蟹、银蟹之名，如天津来粤货船式样，坚牢而不能快驶。其内河船有名牙钗者，长十余丈，阔二丈，桨百枝，亦看风势为迟速。曾被张保打沉数只，看来难与英夷对敌等语。又据钦州知州黄定宜禀称，本籍龙州地方，与现任之钦州，均与越南之东北境毗连，惟距该国王驻扎之富春地方，尚有二千余里，其海防船只，制作未能深悉。就平日传闻，该国向制巡洋大师船二只，悉令附近居民合力探取坚巨大木，轮纳成造，以铜包底，故俗呼为铜皮船，约可载二百余人至三百人不等。此项船只料件虽坚，滞笨不灵。此外复有巡洋小兵船，多用藤篾穿扎而成，俗名藤船，止可坐二三十人或四五十人。其船行驶较便，第遭风撞礁，即行破散。前此，该国王令夷官修造巡船，大者几及数月，小者亦几一月始竣。是木料虽多，而工匠未见迅速。且查道光二十年间，该国夷目阮廷豪等兵船，在崖州洋面，遭风沉船，递至钦州，转送回国。有捞获铜炮三位，一重八十余斤，一五十余斤，一止三十余斤，式样与内地过山鸟枪相似。又闻：越南现闻英夷滋事，亦虑扰其边地，修备防守。该国自去冬添造战船，至今尚未毕工，时时托人探听英逆消息等语。又检阅档案，道光十二三年间，该国奸民陈加海纠结内地游匪杨就富等，在夷洋狗头山啸聚劫掠，曾经该国以兵力不足，请内地舟师前往帮捕，始能歼厥渠魁。可见该国巡船并不得力。臣等查广东省虽距越南稍远，然该国情形，节次访查，大略相同。伏思该国世受天恩，素称恭顺。现在国王阮福暶新受敕封，尤当感恩图报。如果该国船坚炮利，兵力精强，断无不竭诚报效之理。而该国王并未表文陈请，亦未呈恳督抚据情转奏。其为力不从心，未能与英夷为难，已可想见。除由广西抚臣周之琦就近查访，确实另奏外，所有臣等会同密访缘由，理合先行具奏。

按：越南两次击败英夷，皆诱其深入内河，而后以小船环攻胜之，非以驰逐大洋角胜也。越南轧船破敌，见于《皇清通考·四夷门》，并非说部。又见于英夷所撰之《四洲志》。则敌国公论，必得其实，非夸张传说之词。谓越南不长于大洋，而长于内河则可；谓越南长于陆战，而不长水战则不可。

海国图志卷八十 邵阳魏源辑

筹海总论四 原无，今补。

剿夷兵勇约法七条 两广总督林则徐

一、夷兵船虽长若干丈，尔等不必看得他长；虽有大炮若干门，尔等不必畏他炮多而大。盖夷炮惟在两旁，我师只要攻其头尾，譬如头南尾北，有北风则攻尾，有南风则攻头；若头东尾西，亦以东风攻头，西风攻尾，既占上风，又避炮火。再兼察看潮势，取其顺潮，则得胜必矣。夷船吃水多者二丈余，少亦丈余，我船吃水不过数尺，自远处绕转，必能占其上风。若攻头则必先打其头鼻，攻尾则必先打其后舱。后舱有玻璃者，乃其带兵大官所住，火药等物皆在焉。此处叠攻必破，破则火药自发。其舵虽有铜包，但是生铜，炮打可断。舵断鼻断，则全船皆无主宰。且船内拉篷之人，前后最多，若经几炮轰打下海，则船上无人，不能自动，即大炮皆为我得矣。

一、驶近夷船头尾，则我船俱须分左右翼，如雁翅（行）〔形〕①，斜向船头扑拢，船尾摆开，方能聚得多船，且火器不致误掷自己帮内。譬如夷船头东尾西，我船乘西风攻尾，则近左者，船头应向东南；其近右者，船头应向东北，大家都用斜势，则炮

---

①据乙未本改为"形"。

火无非击在夷船，不至反击自己。其余俱可类推。此惟在乎舵工（之）〔转〕① 舵之得力，巧者快者，加赏数倍。并将所得夷船上银钱、钟、表、呢羽等物，以双分给予舵工。若临时误事，当进不进，当转不转，即将舵工斩首示众。

一、炮火能及之处，即先开炮；至鸟枪可及，便兼开枪；迨喷筒火罐能及，则随便用之，多多益善。总须掷到夷船，不至误掷本船为要。其桅上抛火罐之法，应择两人，头戴竹盔，胸前遮小藤牌，系绳于背，其腰仍带双刀，并系火绳。一人上头桅，（二）〔一〕② 人上二桅，皆上至顶，与篷齐为止。其下每桅，两人拉滑车，将竹篓所装火罐每篓约装火罐十余，每罐用药线四根，包以布袋。用力拉上。其桅顶之人，即用火绳点着火罐，随点随放。此篓放完，彼篓又上，总使夷船上应接不暇。且桅上抛罐，而船头仍须多放喷筒，如此络绎不绝，则夷船被毁必矣。即使船未全毁，而火势既猛，夷人必站不住，我师定可乘势过船。既过之后，则火罐喷筒，皆停止不用。

一、兵勇过船，遇夷人便用刀砍，其首级留在随后统算，不可急献首级，转误要事。除砍夷人外，其船内最要之物，莫如柁车缆、篷桅缆、鼻头缆，能将各缆全行砍断，则船已为我有，又何患银钱货物之不我有哉？凡得一夷船，所有过船之人，应将船上银货，一律尽行分给，并别颁重赏。总不许于船内先行抢货，转误杀贼工夫，违者照军法惩办。

一、我船斜向攻击夷船头尾，大抵以四角分计，每角拖船至多不过容四只，其大者不过容三只，即四角合攻，亦不过用十二

① 据甘本改为"转"。
② 据乙未本改为"一"。

船至十六船攻击夷船一只。此外即有多船，亦可分击他船，不必聚在一处，转致凌乱。若有时必须多船齐攻，应听带兵将官号令。鼓声大擂，红旗招呼，即是集船合攻。或有时前队船斜攻已久，未得见手，则应暂令休息，后队仍由斜向拢上。但须听带兵官号令，方准调换，不得擅自退息，违者立斩。

一、瓜皮小艇应雇三十只，上装干草、松明，擦油麻斤，配火药十之一二，用草绳捆住，上盖葵席。船之头尾，各用五尺长小铁炼一二条，以铁环系定，其一头拴大铁钉长七八寸，其末须极锐利。船上置大铁槌二把。使善泅者二三四人，皆半身在水，半身靠在船旁，挨桨以行，妙在甚低，夷舡炮火所不能及。一经拢近夷船，无论头尾两旁，皆可贴紧敲钉，将火船钉在夷船木上，将火点着燃起，其人即泅水走开。纵有极大夷船，有此火船十余只，钉住焚烧，亦无不毁之理。况上面有火罐喷筒，中间有壮勇爬桅过船，下面又有火烧，该夷三层受敌，抵当此一层，不暇兼顾彼一层，安有不授首于我者乎？

一、破敌首重胆气，胆大气盛者必胜。况此次杀一白夷赏一百圆，黑夷半之，生擒者视其人之贵贱，格外倍赏。是杀得十夷即得千圆，杀得百夷即得万圆，再多者并可得官，何等快乐！即或阵亡，亦可得二百圆赏恤。各宜拚命奋勇，立功邀赏。如有临阵退后，即刻斩首，悬竿示众。

答奕将军防御粤省六条

一、水道要口宜堵塞严防也。此时夷船既破虎门，深入堂奥。查省河迤东二十余里，有要隘曰猎德，其附近二沙尾，两处皆有炮台；其河面宽约二百丈，水深二丈有零。又省河西南十五里，有要隘曰大黄滘，亦有炮台，其河面宽一百七丈，水深三丈余尺。

若前此果于该两处，认真堵塞，驻以重兵，则逆夷兵船万难闯进，省垣高枕，何须戒严？乃既延误于前，追悔无及。今夷船正于此两处要隘，横亘堵截，使我转不能自扼其要，几如骨鲠之在咽喉矣。惟有密饬近日往来说事之员，督同洋商，先用好言，诱令夷船退离此两处。而在我则密速备运巨石，雇齐人夫，一见其船稍退，即须乘机多集夫兵累千，连夜填塞河道。一面就其两岸厚堆沙袋，每岸各驻精兵千余，先使省河得有外障，然后再图进剿。此事不可缓图，尤不可偏废。若仅驻重兵而不塞水道，则夷船直可闯过，虽有兵如无兵也。仅塞水道而不驻重兵，则逆夷仍可拔开，虽已塞犹不塞也。塞之驻之，而不堆沙袋，则以兵挡炮，立脚不住，相率而逃，仍犹之乎不塞不驻也。此两处办成后，应致力于内洋之长洲冈及蚝墩，最后则筹及虎门。彼处有南沙山巨石可采，如何堵塞，容再酌议。

一、洋面大小船只，应查明备用也。查虎门所泊师船，除沙角失事时被焚十只外，闻尚有提中营二号三号大米艇二只、五号小米艇一只，提右营二号大米艇一只、五号小米艇一只，现停镇口，自应由水师提督配齐弁兵炮械，以备调用。其虎门以外，附近之水师营分东则提左营大鹏协、平海营碣石镇，西则香山协广海寨，现在各有师船若干，配驾弁兵炮械若干，亦应分饬配足，报明候调。至省河有府厂、运厂两处，均系成造师船之所。现在各有造竣师船几只，另购堪以出洋大船几只，应饬据实开报，并将篷索杠具，即日备齐，听候查验。再上年府厂改造巡船及新造安南三板，现在尚存几只，装配炮械若干，亦即开明听用，其招到快蟹船十九只，现泊何处？此内壮勇若干？炮械若干？亦即禀候核夺。

一、大小炮位应演验拨用也。查此次虎门内外各炮台，既被占夺，所失铜铁炮位，合各师船计之，不下五百余尊。其中近年所买夷炮，约居三分之一，尽以藉寇资盗，深堪愤恨。今若接仗，非先筹炮不可，而炮之得用与否，非先演放不可。查佛山新铸八千斤火炮十四尊，佥谓无处试放。殊不知演炮并不必极宽之地，只须水上备一坚固之船，安炮对山打去，其山上两头设栅拦截，必不至于伤人。并须堆贮大沙袋，每袋约长四五丈，宽二尺余，堆成横竖各一丈，高七八丈，以为炮靶。对靶演放，既有准头，而炮子之入沙囊，深至多少尺寸，果否沙可挡炮，亦即见有确凭矣。此十四尊，试过如皆可用，即日运省备防。其余即于佛山如式再铸，倘试后有须酌改铸法之处，亦即就近谕匠遵办，以臻周妥。又番禺县大堂，现有五千斤夷炮四位，似可拨至离省十五里之雁塘墟。向来演炮处所，亦照前式，堆排沙袋演试。又广协箭道，有夷炮六位，斤重较小，似可拨在北较场如式堆演。所有来粤客兵，即令该管官带领轮班演炮，如此则炮力之远近，炮挡之坚松，与兵技之高下，无不毕见，一举而三善备焉。再前据广州协赵副将开报，该协箭道并贤良祠，现存（该）〔堪〕用各炮约五百位。又红单船、拖风船，卸下各炮，亦约有一百位。虽俱不大，然未尝不可备防，似应分别查验演放，以便分配各船及岸上营盘应用。至装配船兵，宜将船只驾到将近佛山之五义口、茉莉沙、瓜埠口等处，分起装就听调，庶免疏虞。

一、火船水勇，宜整理挑用也。查夷船在内河，最宜火攻。前月经杨参赞饬备柴草、油料、松香，装就火船约百余只。闻系署督标中军副将祺寿、候补知县钱燕诒等经理其事。兹隔多日，恐柴草等物霉湿短少，应饬查明，重加整理。其装载之船，原只以备焚烧，固不必坚固新料，但亦不宜过于敝旧，且必须有篷，方能驶风。若专藉一二人之力，犹恐推送迟缓，不能成功。其船约以数只为一排，驶近夷船则环而攻之。能于各船头尾系大铁钉，钉住夷船燃火，使之推不开，拔不去，当更得力。其未用之先，此船宜移上游近佛山一带，装载完妥，黄夜乘风，与有炮各船，一同放下，随攻随毁，谅必有效。又内河东路之菱塘司一带，另有捐办火船百余只，即某所捐办也。分段停泊，如需应用，亦可随时调集，以收夹击之效。至水勇一项，人人以为必须雇用，惟患其有名无实，前此虚糜雇资，已非一次。除淇澳之二百八十人，系鲍鹏为前琦部堂雇用，闻已散去，可毋庸议外，若臬、运两司访雇之水勇一百二十名，闻有董事管带，应可得用。第未知其船现泊何处，似应查点试验。又番禺县张令，原由揭阳带来壮勇三百名，皆系以鸟枪擅长，每人各有自带之枪，施放颇准。此一起虽系雇为陆路之用，而上年曾经谕明，肯下船者多加雇资，彼即欣然下船，似宜将此壮勇三百名，作为水战之用。此外再雇，务须考其技艺，查其底里，必使层层保结，不任滥竽。并谕明临阵争先者，即予拔官；如敢潜逃，立斩示众。信赏必罚，自足以励士气而壮戎行矣。

一、外海战船，宜分别筹办也。查洋面水战，系英夷长技。如夷船逃出虎门外，自非单薄之船所能追剿，应另制坚厚战船，以资制胜。上年曾经商定式样，旋因局面更改，未及制办，其船样尚存虎门寨。如即取来斟酌，赶紧制造，分路购料，多集匠人，大约四个月之内，可成二十船。以后仍陆续成造，总须有船一百只，始可敷用。此系海疆长久之计，似宜及早筹办。若此船未成之前，即须在洋接仗，计惟雇觅本省潮州及福建漳泉之草鸟船，亦以百只为率，将其人船器械，一齐雇到，给予厚资，听其在洋自与夷船追击，不用营员带领，以免牵制。仍派员在高远山头，瞭望探报，果得胜仗，分别优赏。其最得力者，赏拔弁职，充入营伍。缘漳、泉、潮三郡，人性强悍，能出死力，既可兼得名利，自必踊跃争先，较之本地弁兵顾惜身家者，相去远甚。至于能在水里潜伏之人，查本省陆丰县之高良乡、饶平县之井洲及福建澎湖之（入）〔八〕罩乡，其人多能久伏水中，似亦可以募用。其火攻器具，如火箭、喷筒、火球、火罐之类，亦宜多为制备，以便临阵抛用。

一、夷情叵测，宜周密探报也。查逆夷兵船进虎门内者，在三月中旬探报，有三桅船十四只、两桅船三只、火轮船一只、两桅大三板四只、单桅大三板一只。其各国货船，在黄埔者现有四十只。自虎门以外，则香港地方，现泊有夷兵船十七只、伙食船三只。此等情形，朝夕变迁，并非一致。似宜分遣妥干弁兵，轮流改装，分路确探，密封飞报，不得捕风捉影，徒乱人意。其澳门地方，华夷杂处，各国夷人所聚，闻见最多，尤须密派精干稳实之人，暗中坐探，则夷情虚实，自可先得。又有夷人刊印之新闻纸，每七日一礼拜后，即行刷出，系将广东事传至该国，并将该国事传至广东，彼此互相知照，即内地之塘报也。彼本不与华人阅看，而华人不识夷字，亦即不看。近年雇有翻译之人，因而辗转购得新闻纸，密为译出。其中所得夷情，实为不少，制驭准备之方，多由此出。虽近时间有伪托，然虚实可以印证，不妨兼听并观也。至汉奸随拿随招，自是剪其羽翼之良法。但汉奸中竟有数十等，其能为之画策招人、掉弄文墨、制办船械者，是为大奸。须将大者先除，则小者不过接济食物，即访拿亦易为力矣。

禀夷船克制之法 江浙委员

伏查夷船最大者，长十五丈、宽二丈余，次者长十二丈、宽一丈九尺。高五层，下三层装货，吃水二三丈；上二层出在水面，炮位多者七十二门，次者五六十门不等。炮位安设两旁，其船头尾皆高仰，不能安炮，与内地兵船不同。船头有（东）〔数〕① 丈大斜木一根，一应精巧帆索，均系其端，谓之头（冀）〔鼻〕②，乃一舡之把握，非数十人不能运动。而尾后之柁，机括灵活，只须一二人便可手拨，与内地之全力在柁尾又不同。大桅系大木三截接（驾）〔架〕③，并非一木独竖，驶风能行三面，若迎面顶风，则较内地洋船，尤形笨缓。其桅虽称坚固，所悬炮位甚小，有警即放桅炮，以为号令。临战或仰空飞堕炮子，以警敌人，其实并非攻击之用。前广东林制宪，用价一万八千元购得西洋大号旧夷船一只，一备兵勇演习仰攻，丈量查勘，具得实在情形。我兵攻击之法，当避其两旁，而专注其首尾。缘两旁不但有炮，且夷兵皆伏舱内，彼能外（系）〔击〕④，而我难内攻，惟头鼻无炮而挽鼻掌索之夷，均立船面，无所遮护。但能断其头鼻，或杀挽鼻夷兵，则全船皆乱，不能行驶。我兵迎头抢上，势如破竹矣。又舡尾有后楼玻璃窗二面，系船主所居，瞭望之地，其下系火药舱，亦其要害。若用小船水勇于尾后攻击，使彼船旁炮位无从施放，而我以火器掷入舱内，则船主等不难一轰而毙。此用内地小船克制大夷船制胜之法。盖西洋花旗夷及安南夷破英吉利，均系专用小船。去年邓制宪在厦门，即得力于水勇夹攻其首尾，而林制宪派调师船，两次接仗，亦系断其头鼻，皆获胜仗。是以夷船在粤，惟远泊大洋，方敢下碇。至近港口二三十里以内，私贩鸦片，则船必终夕随风潮往来行走，不敢停留，盖恐我小舟水勇，乘夜潜

①据印本改为"数"。
②据甘本改为"鼻"。
③据乙未本改为"架"。
④据乙未本改为"击"。

袭，天明即返。夷目入夜昏暗，不能瞭准，难于施炮抵御。及至
浙江招宝山下，则数大船停泊数月，距岸虽近，无所畏惮。实由
浙江不知闽广设策破夷，未曾出师攻击之故。若能内河守御严密，
再募水勇乘用内地网船、杉板船、草鸟船之类，改装渔贩船户，
潜拢夷船，前后夹攻。夷船转东，则尾随而东；转西则尾随而西。
夷船笨大，不如小船之灵捷；夷炮不能及，即贼技无所施。且焚
且攻，夜出昼返，则道头港招宝山之船，何能守留数月，安然无
事？诚恐将来夷船驶入江境，我兵勇未谙攻击之法，合亟禀请，
通饬沿海营县，先购募沿海渔户水勇，练习火船攻剿技艺，分藏
各港口内。遇有夷船驶入内河，即仿用前法，夜乘风潮，攻其首
尾，使该夷受创，永远不致窥伺。实于扼要剿堵，大有裨益。

陈天津御夷情形疏扬威将军奕（山）

〔经〕，道光二十（三）〔二〕年五月。

窃五月十一日，臣等因逆夷攻陷江苏宝山县，飞饬总兵尤渤
带兵改道，赴苏接应。旋接到两江总督牛鉴来咨：宝山失守，提
督陈化成业已阵亡。该督现在退至嘉定地方。连日据各路禀报，
夷船由西南外洋驶向东北而去，纷纷不一。现在上海已有夷船二
十余只，定海道头等处停泊及驶出夷船约四十余只，陆续在金唐、
羊山、横水各洋面，游奕无定。现又据象山县官禀报，自西南外
洋驶来四桅、三桅、二桅等船十六只，亦向东北驶去，大约夷船
统在八十只内外，其形长圆不一，并不似一国之船。但逆船既多
分窜，沿海迤北各口岸均属吃紧。臣等已飞咨各督抚将军加意防
范。至天津海口为畿辅切近之区，年来一切防堵事宜，节经钦派
大臣审度周详，该督及带兵大臣，定能布置妥善。设逆夷胆敢窜
进，必将自取灭亡。惟臣等到浙半年以来，身历其事，所有该逆
伎俩，见闻较为亲切。该督等或未能灼悉，谨就所知，胪叙五条，

以备防堵之助。

一、天津货船皆能直抵关门，逆夷如欲驶近，宜以镇宁防守为要。凡系商渔船只，皆宜聚于关内，勿使出入，免致夺我船只，资为逆用。且凡通海港汊及偏僻小路，均宜派人稽查堵截，毋令一人来往，以断汉奸传递消息，接济粮食。并令府城内外各居铺，连环取保。其庙宇等处，概不许容留闲人，庶不致造作浮言，摇惑众心。

一、江浙地狭路仄，难于布列阵势，不得不于沿海近海之处，安兵防堵；北方地势宽展，尽可于逆夷火炮不及之地，扼要安营，并于高阜处搭设高架，遥为瞭望，以次传报。该逆惟恃船炮，如欲豕突上岸，彼之大炮一时不能运动，我兵用抬炮连环轰击，较为得力。

一、沿塘筑土墩，不甚可恃，逆炮力猛有准，不过一二炮，土墩便已坍塌。其逆炮大半自桅顶施放，凭空下击，我兵虽藏伏墩内，仍不能避。或于营外建筑土城，庶可避其火箭。

一、逆夷声东击西，是其惯技，每当枪锋相施、烟焰迷漫之际，彼必多方从背后及两旁绕出，或冲营阵，或截营盘，我兵腹背受敌，遂不得手。是宜先将各处小路，设法截断，或拨兵瞭望堵筑，并加意防守营盘，自不致有顾此失彼之虞。

一、北方地势既旷，逆夷登岸，必以大队攻扑，我兵即须以大队迎敌。该逆总以五人鱼贯一排，腰插手枪尖刀，背插火箭，其鸟枪以四杆轮替，为首者施放，第五人装药，以次传递，联络不绝。我兵于正面攻剿之外，尤须于远处多伏马队，两旁横冲其阵，彼必自乱。并查逆夷惯用炸炮，我兵易致受伤。如临敌之际，地势宽展，宜各以数十人分作数队，庶彼炸炮落于空地，不致每发伤人。

以上五条，请饬下直隶总督及带兵大臣，酌议办理，或于防剿事宜，稍有裨益。

请推广文武科试疏两广总督祁𡎴

窃臣于上年钦奉谕旨，着就所属文武员弁勤加访察，如有才能出众、民心爱戴及洞悉夷情、深通韬略者，随时酌量海疆地方，何人与何地相宜，不拘资格，即行奏请升调，候朕擢用等因。钦此。臣因留心体访，广东文武各官，凡久于其任者，均尚可熟悉夷情，而深通韬略者，实难其选。已将无员可保缘由，另折复奏。伏思内外文武臣工，多以科甲为策名之始，文场乡会试第三场，试以对策，武场乡会试内场，试以默写武经。主司果于是取人，士子果于是考究，本足以觇实用。只以相沿日久，不免视为具文。其弊由文试惟重制艺、声律，武试惟取命中挽强，士子以后场无足重轻，漫不经心，相率流为剽剟抄袭，侥幸进身。迨服官以后，无暇讲求，文则止论钱谷簿书，而不知经济；武则仅讲弓马骑射，而不习韬（铃）〔钤〕，循分供职，即可晋秩除官。猝然有事之秋，所学非所用，是犹不识药性医方，而责以卫生切脉；不习规矩律吕，而责以制器和音，何能程功奏效？今但请文武两科，申明功令。尚恐积习既深，仍属有名无实。臣愚以为有文事者，不废武备。今将于武备收得人之效，即须就武备开取士之途。似宜于奉行成法之中，微寓变通考选之制。如文试第三场策问五道，请定为五门发题，曰博通史鉴，曰精熟韬钤，曰制器通算，曰洞知阴阳占候，曰熟谙舆图情形。令士子报名应试时，照从前本经之例，于册内分别填注。考官仿元人经疑，以两书异同，设作问题，果能贯通阐发，而首二场文艺尚属平顺者，即一律中式。盖经学已于二场发题考试，则发策不必复问；史学则于古今成法无所不该，最征器识，其余四门，若兵书则详水战之阵法，图志则通外域之夷情，并足裕远谟而操胜算。至武试，除默写武经外，请添问策一道，分韬略、技艺、火攻、水战四门，仍如文试，令该生指项注册，入内场日亦举以为问，所对不必深论文理，亦不必限字数。如能各就所习，确凿指陈，而骑射与膂力尚属合式者，亦一律中式。仍请钦派大臣，于文武二科试策核实磨勘，以免剿袭之弊。如此认真遴选，士子自必争自濯磨。恐一时难以举行，请自下届乡会试为始。数科之后，月异日新，人才或可期辈出。或将谓现行乡会试策问，固已周备，何必专限五门，使易于怀挟幸获。不知求全责备，淹贯为难，专门名家，请求较易。现行名虽美，其优者仅以考据见长，余多临时敷衍成篇，毫无实济。若各就专门之学，主司临时就其诸说之可疑者发问，又何从揣摩怀挟？或又谓以此取人，恐蹈能言而不能行之弊。然能言而不能行者，固所必有，断无不能言而能行者。课虚责实，未尝不可拔十得五。又或谓兵法占验，理宜秘密，且术数及拳棒教师，向例所禁，不可以入于策问。然此所以防奸宄，而非所以待秀良，且以跅弛不羁之才，收入彀中，俾就范围而效驱策，似亦收揽人才，免入歧途之一道。以上三说，皆不足虑。至现在文武官员，虽一时未能得人，然文职微员及武营末弁，难保无因职分卑微，不能上达，以致无所表著。并士民人等伏处草茅，即有奇才异能，因不攻举业，无由效用，未免向隅。考唐宋以来，广设科目，名臣接踵。可否将博通史鉴五门，分立五科，特诏举行。无论现任致仕、大小文武职官及军民人等，准以所业由该地方官申送督抚考校。如所言足资采用，及技击精强，即行分别咨明吏兵二部，调取入京，详加考试，选其才具真实者，奏明引见，分别酌用。如此鼓舞振兴，庶不致用非所学，日起有功，可以稍慰我皇上遴选才能、整饬戎政之至意。

案：韬钤火器等门，施之于沿海闽、粤可也。或文乡试照旧，专于沿海，武乡试推广数门可也。此奏欲通行于十七省之文乡试，故为部议所格。

海国图志卷八十一 <small>邵阳魏源辑</small>

夷情备采一 <small>原无，今补辑。</small>

澳门月报 <small>一论中国，道光十九年及</small>

二十年新闻纸，两广总督林则徐译出，中有四条曾附奏进呈。

中国人民居天下三分之一，地广产丰，皆土著，少习驾舟之事，才艺工作甚多，我皆不奇；所最奇者，惟中国之法度，自数千年来皆遵行之，在天下诸国中，或大或小，无有一国能有如此长久之法度也。额力西国①之梳伦②，与孔夫子同时，各立法度。然额力西国已经数易其主，法度亦多更变。罗问国③亦在孔子之时，当日强盛，平服天下一半地方，然今所剩之地甚微少。阿细亚西边诸国，前曾强盛过，迄今衰败，变为旷野，而今中国仍遵行其法度。现今西方诸国，皆立国不久，只欲以兵戈相胜，一国欺夺一国，皆因其法度规矩不定，不遵约束也。中国非无变乱，不过暂时受害，乃有一主，即复统一如前。即平服中国之金朝、元朝，必用中国之风俗律例，此可谓胜中国以力而中国反胜之以文也。中国法律与由斯教之法律相同。中国人与外国隔别，又不习以兵火剿灭邻国，以为自己系上等之人。由斯教亦自负上等人，

---

①额力西国，即古代希腊（Greece）。
②梳伦，现通译梭伦。
③罗问国，即古代罗马国（Roman）。

而遵守摩西士之法律，严拒外国人，正与中国同，皆是保守自己免杂风俗。正似罗问国加特力内之教师，终身不娶，不作差事，努力扶持教法，至耶稣一千年时，遂令通欧罗巴俱行遵敬此教。罗问教内之规矩亦极严肃，其治罪之律例正与中国律例相等，故中国惟自谓王化之国，而视外国皆同赤身蛮夷。

若论人民之多，即无一国可与中国比较。即如俄罗斯有一百四十一万四千四百四十六方里，城池亦宽大，人烟亦稠密，然户口不过一百九十二万五千名，而中国只湖广地方，宽不过十四万四百七十七方里，即已有户口四千五百零二万名。佛兰西地方，宽有二十一万三千八百三十八方里，户口三千二百零五万二千四百六十五名，而江南地方，宽九万二千九百六十一方里，户口即有七千二百万名。欧色特厘国①宽二十五万八千六百零三方里，户口三千二百一十〔万〕名；中国河南、山西两省，宽十二万方里，户口即三千七百零六万名。英吉利国宽十二万七千七百八十八方里，户口一千二百二十九万七千六百名；广东一省，宽不过七万六千四百五十五方里，户口即有一千九百十四万七千名。是中国一省，即可抵西洋三大国之人民。俄罗斯设立陆路兵丁六十万名，佛兰西陆路兵丁二十八万一千名，欧色特厘陆路兵丁二十七万一千名，英吉利国陆路兵丁九万名，在中国设立陆路兵丁七十六万四千名，在数国之中为最多。惟论及中国海上水师之船，较之西洋各国之兵船，则不但不能比较，乃令人一见即起（增）〔憎〕恨之心。

中国不肯与外国人在海面打仗，惟有关闭自己兵丁在炮台内，又断绝敌人之火食，此或者是最好之法，亦系将来必行之法。然

①欧色特厘国，即奥地利（Austria）。

此法实难行，盖因各处人烟布满，居民只欲卖火食，所以在尖沙嘴、铜鼓洋各处，火食亦甚易得。但要好待土地人方好，或者中国必用旧时待郑成功法子，将其沿海各岸人民驱入三十里内地，不遵命者杀。我思此法今亦难行，因遍处海岸，皆系富厚城池。当日所以能行者，以开国得胜之兵威也。

中国之火枪，系铸成之枪管，常有炸裂之虞，是以兵丁多畏施放。中国又铸有大炮，每一门可抵我等大炮四十八门。尚有许多大小不等炮火。惟中国只知铸成炮身，不知作炮膛，且炮身又多蜂眼，所以时常炸裂；又引门宽大，全无算学分寸，施放那能有准；又用石头铁片各物为炮弹，并用群子封门子，皆粗笨无力，兵丁或以五人十人为一排，百人为一队，不同我国分派之法。

又中国兵丁行路，亦不同我等队伍密密而行，皆任意行走，遇紧急时，谁人向前趋走极快者，即是极勇之人。中国兵丁，多用兵丁之子充之，以当兵为污辱，凡体面人不肯当兵。其钱粮甚少，遇征调便乘机勒索虏掠，居民见兵过，无不惊惧。由行伍升至武官，只要善跳善射，并无学问。尤要有银钱，就可买差使，买缺推升，各省皆然。

现在中国人买甘米力治船，又要扣留黄旗两船入官，此事不久，可见一番新世界。今暹罗、安南亦学别国制造兵船，故中国亦用此法。然有两种阻碍：一系中国水手愚蠢，难得明白精熟之人，必寻别国之人方会驾驶；一系工价太贱，若雇外国人，不敷养赡，不肯为中国用。安南国船亦仍照旧制，只比中国师船稍好看，然亦不甚利便。暹罗国尚有西洋式样船数只，不过用以贸易，况其船舱制造不好。现在都鲁机人，曾有西洋人指点装造好船样，然总不及欧罗巴。若中国人欲学外国之式制造师船，必寻外国人指点如何驾驶。凡有外国人肯为中国人所用者，初时必定应许多工价，各样恩典，迨后定必被骄傲官府，骗其工价，并且凌辱。如荷兰人在日本国，务与西洋人相反，事事遵从日本法律，并助日本国捕陷西洋之人，毕竟得何好处？现在荷兰在日本之贸易，已减至两只船而已。

西洋人留心中国文字者，英吉利而外，耶马尼①国为最，普鲁社②次之。顺治十七年，则有普鲁社之麻领部一士人，著书谈中国，现贮在国库内。又有普鲁社之摩希弥阿部落教师，亦曾译出中国《四书》一部。又有普鲁社之般果罗尼部落一名士曰阿旦士渣，著书论中国风土人情，但用其本国文字。嘉庆五年间，有人曰格那孛罗熟谙中国文字，但恃才傲物。又有耶马尼国之纽曼，曾到广东回国，著一书论佛教，一书论中国风土，将带回许多书籍，与耶马尼诸国人考究，又翻出《诗经》一部。又有力达者著《中国地理志》一本，说中国如极乐之国，令耶马尼人人惊异。又有耶马尼之包底阿，现在佛兰西国，雕中国活字板，普鲁社人亦出财助成其事。又有欧色特厘阿一人曰庵里查，亦著一书论中国钱粮。

又曰：中国官府，全不知外国之政事，又不询问考求，故至今中国仍不知西洋，犹如我等至今未知利未亚洲内地之事。东方各国，如日本、安南、缅甸、暹罗则不然。日本国每年有一抄报，考求天下各国诸事，皆甚留神。安南亦有记载，凡海上游过之峡路皆载之。暹罗国中亦有人奋力讲求，由何路可到天下各处地方，于政事大得利益。缅甸有头目曰弥加那者，造天地球地里图，遇外国人即加询访，故今缅甸国王亦甚知外国情事。中国人果要求

①耶马尼，即今德国（Germany）。
②普鲁社，今普鲁士（Prusia）。

切实见闻亦甚易，凡老洋商之历练者及通事引水人，皆可探问。无如骄傲自足，轻慢各种蛮夷，不加考究。惟林总督行事全与相反，署中养有善译之人，又指点洋商、通事、引水二三十位官府，四处探听，按日呈递。亦有他国夷人，甘心讨好，将英吉利书籍卖与中国。林系聪明好人，不辞辛苦，观其知会英吉利国王第二封信，即其学识长进之效验。

道光十七八年，澳门有《依湿杂说》，乃西洋人士罗所印，由英吉利字译出中国字，以中国木板会合英吉利活字板，同印在一篇。序云：数百年前，英吉利有一掌教僧，将本国言语同讷体那言语同印，今仿其法，所言皆用中国人之文字。此书初出时，中国人争购之。因其中多有讥刺官府之陋规，遂为官府禁止。中国居天下人中三分之一，其国又居阿细洲地方之半，周围东方各国，皆用其文字；其古时法律经典，皆可长久；其勇敢亦可与高加萨人相等，性情和顺灵巧，孝亲敬老，皆与欧罗巴有王化国分相等。惟与我等隔一深渊，即是语言文字不通。马礼逊自言只略识中国之字，若深识其文学，即为甚远。在天下万国中，惟英吉利留心中国史记言语，然通国亦不满十二人。而此等人在礼拜庙中，尚无坐位。故凡撰字典、撰杂说之人，无益名利，只可开文学之路，除两地之坑堑而已。

澳门月报二 论茶叶

贸易中货物之利于人并利于税饷，舍茶叶外断无胜于此者。中国每石茶叶，收税饷二两五钱，又洋行会馆各费，每石抽银六员至九员不等。先日，公司与洋商交易时，每石茶叶纳饷并费皆系六两七钱，比今减少。除中国省城税饷外，海中沿途尚有关口七八处，亦须俱纳税饷。俟到英吉利国，每棒税饷又纳银三钱七分五厘。统计茶叶税饷较之原（值）〔价〕① 已加一倍，再加水脚各费，运至英国卖，（值）〔价〕与武夷山买价，岂止加数倍耶？惟米利坚国税饷减少，故各埠茶价较贱。

茶叶销用极广，故我等于各地尽心栽种，欲敌中国独行之买卖，印度之阿山地方出茶，仅敷本地用度，后人于阿山上面寻出地方栽种茶树，近已装茶出口。道光十九年，兰顿②已有阿山茶叶，均以为奇。其茶小种有三种，白毫有五种。后经茶师考察，此茶有伤原性，致有烟气苦味，皆由工人制造不善，须得尽用中国工人栽种，即与武夷无异。近年荷兰亦于所属葛留巴用力栽种，道光十八年已有两种茶叶，因此岛福建人居半，故所种茶树茂美。此外如新埠等岛及西洋之没拉济尔，亦用心栽种，徒费工钱，而地土不宜，今皆废弃。

英吉利之外，米利坚人销用绿茶最多。一千八百三十三四两年，道光十三四年。米利坚船由中国装出茶叶不下一千八百六十八万八千五百三十三棒，从前并无此数也。欧罗巴内地销用茶叶，以荷兰、俄罗斯两国为最。荷兰每年要销二百八十万棒，耶麻尼每年销用一百八十万棒，或二百万棒。佛兰西在广东出口时，茶叶虽多，然沿途分售，及到本国进口时，数已减少，只销二十五万棒，然只用之以作医胆经之药材。因佛兰西酒多便宜，故不甚销中国之茶也。俄罗斯茶在北边蒙古地方买去，在一千八百三十年道光十年买去五十六万三千四百四十棒，在一千八百三十二年道光十二年买去六百四十六万一千棒，皆系黑茶。由喀克图③旱路运至担色，

---

① 据甘本改"价"。
② 兰顿，即英国伦敦（London）。
③ 喀克图，今通译恰克图。

再由水旱二路分运娜阿额罗。其黄旗船、绥领①船、普鲁社船，所运茶叶，皆不甚多。其印度各埠销用之茶，每年有英国六七船前去售卖。其阿支比拉俄②各岛中茶叶，系中国福建商人装出贩卖。中国人海船放到苏禄③、文莱、路哥尼阿、新奇坡④附近各处，系顺西北风驶去。英吉利人亦有在新奇坡买中国茶回国者，其茶均是上等。现在各岛每年销茶之数，年增一年。总而计之，中国每年出口之茶叶有七千余万棒，与鸦片贸易可以抵对。

现在中国人阻止贸易，致我国人皆尽心在东印度之阿山地方栽种茶叶。前此虽亦知其地宜茶，尚未甚尽心。今已奏闻兰顿本国，请免赋税。奉到示谕，设法鼓励。今已做出茶叶百九十箱，若更加多本钱，可以多种百倍也。近日英吉利攻服模定地方，其土亦宜茶，再请中国工人制造，即可得利。闻阿山茶树，第一年每株可值先士六七个，自此递年加增，及至六年后，即递年减少。约计五万二千六百忽地方，每年产茶可值劳碑银二百二十个。

我国王以小吕宋耕种不甚起色，下令：凡有农器进口，免税；凡有人肯栽洋靛等贵物，议公项如何奖赏；又肯垦荒栽种各物之人，如何赏给，令各官商议定夺。若有两家合栽架非树，数至六万株者，给头等赏银八千员；四万五千株者，给次等赏银六千员；三万株者，给三等赏银四千员，并于架非出口时免税。凡栽种桂皮、茶叶、桑树者同之。凡栽种椰子树者，较架非树三等，每等加赏二千员。其栽玉桂、丁香者，赏格较架非树加倍。凡栽种洋靛及糖蔗，及以上各树之人，准其自开斗鸡场，永不纳税。现在

---

① 绥领，即瑞士（Switzerland）。
② 阿支比拉俄（Archipelago），似指印度尼西亚群岛。
③ 苏禄（Sulu），亦作苏录、苏鲁、苏罗等，即今菲律宾的苏禄群岛（Sulu Arch.）。
④ 新奇坡，今通译新加坡（Singapore）。

中国人及印度人、本地人，会合不过二十家，其耕种产业，上好糖不过二万棒，或产洋靛不过一万棒者，方其栽种时即不收地税。若有人代官府尽心耕种各树，五年之后不但免其地税，并将五年内所纳税饷加三倍给回。

澳门月报三论禁烟

鸦片制造，一在八达拿①，一在默拿②。皆孟阿拉③地方。而孟阿拉各官设法加工，总要引中国人嗜好此物。在加尔吉达孟阿拉首部落税簿上，即可查出每年鸦片到中国多少，到别处多少，无不列明。近来六年间，孟阿拉出产七万九千四百四十六箱，内有六万七千零三十三箱到中国，故鸦片乃是中国最销流之物。今将其数目开列于下：一千八百三十三年，道光十三年。中国七千五百九十八箱，各处一千八百一十箱。三十四年，道光十四年。中国一万二百零六箱，各处一千七百九十箱。三十五年，道光十五年。中国九千四百八十五箱，各处一千五百一十箱。三十六年，道光十六年。中国一万三千零九十四箱，各处一千七百五十七箱。三十七年，道光十七年。中国一万零三百九十三箱，各处二千二百一十三箱。三十八年，道光十八年。中国一万六千二百九十七箱，各处三千三百零三箱。此但系孟阿腊一处鸦片数目。除孟迈④等处所发卖在外，每年印度所收鸦片税饷，自五百万至一千万员不等。故巴厘满遂以印度为属国中之第一。以近来论之，鸦片运到中国者，从古以来，实无多过于今日，总因孟阿腊官府贪心所致。故孟阿腊港口贸易，较之孟买尤

---

①八达拿，即今巴特那（Patna）。
②默拿，即贝拿勒斯（Benares），今名瓦拉纳西（Vārānasi）。
③孟阿拉，即孟加拉（Bangla）。
④孟迈，即孟买（Bonnbay）。

大。计所纳税饷多于地租，每年解至英国之银约六十三万九千棒。合三百一十五万员。连存留在印度以及各官所用之银，大约有二百万棒。合一千万员。故英国受鸦片之利益不少，亦以此招中国人之忌。

在印度鸦片之税，英国多年得孟阿拉地税银四百二十二万九千七百十二员，地税外又征收饷银。现在常例外，再加四款税饷：第一款，种波毕之时即须上税；第二款，波毕成熟之时，以估价之多少上税；第三款，于取波毕汁之时亦须上税；第四款，于出口之时又要上税。合计收饷银连地税共收银九百六十八万四千余员。除公司贸易外，余地皆禁止不准栽种，以免走私漏税之弊。但除英国所辖地方外，他国亦有出产鸦片者，如麻尔洼①地方亦种波毕，且制作好，价值昂。先年麻尔洼鸦片有公司包揽时，三分中只有一分由孟迈出口，二分由布路亚国②所辖之拿孟③出口。及近二年，去此包揽贸易之后，今却有十分之九由孟迈出口，只一分由拿孟出口。因此英国逐年得孟迈鸦片税饷银百万员。此法度之好无穷，故今鸦片之税饷，在英国实在难去。

一千八百年间，中国准鸦片进口，以药材上税。及后奉旨禁止，而广东官府仍准鸦片趸船长湾在黄埔，距省有十二里。至一千八百二十〔二〕年，道光二年。鸦片进口太多。故令趸船出口，不准湾舶黄埔。由是湾零丁洋及澳门急水门等处。又议定规银每箱若干，自总督衙门以及水路文武官员皆有之，惟关口所得最多。或在船上来取，或在省城交收，皆逐月交清。亦有将鸦片准折，每次自一箱以至百五十箱为止，却无定数。此走私之光景，着实可痛。正犹西洋人好饮辣酒，都鲁机及印度、无来由人好食生鸦

①麻尔洼（Malva），今通译马尔瓦。
②布路亚国，即葡萄牙。
③拿孟，即达曼（Daman）。

片，皆害人性命之物，而争食不已，以致印度及麻尔洼亦印度自主之国，未属英吉利者各相争种。若想印度人不栽波毕，除非中国人不食鸦片；若想中国人不买鸦片，除非印度不栽波毕，二者皆所不能。

　　鸦片乃印度各官养成，后又得巴厘满①甘文好司②示谕允准，而印度之官利其税饷，于二十年间，每年有七百五十万员税饷。近来数年已至一千余万，在英吉利属国中最为资财之数。自广东公司散后，其公司之人，即作鸦片买卖，又将卖鸦片之银买茶叶回国。而英国之茶叶饷亦甚大，故国中所受鸦片利益不少。今义律缴销二万余箱，如此英国岂不破费一千二百五十万员？此刻我等可为贩卖鸦片之人贺喜，缘鸦片买卖原是一件就要崩倒极危险之事，久在其头上。西边之善人、老实人，久已为之痛哭，兹竟如此平安收场，实意想不到，故我等为其喜不可言！

　　前在一千七百三十七年，乾隆二年丁巳。带来鸦片不过四千余箱。前时鸦片准纳税进口，至一千七百九十六年才禁止。嘉庆元年丙辰。一千八百三十六年，道光十六年丙申。又欲如前纳饷进口，奏而未允。其时已多至三万余箱。因恐外国以鸦片易换纹银，又必多开银矿，致竭中国之财源。中国乃天下生齿繁盛、出产最丰之国，若以鸦片易纹银，犹如拔取其国中之精华。如中国之绉纱，佛兰西之小带及烟叶，皆英国所禁。又如英国之疋头，为陷麦所禁。陷麦乃耶马尼国部落。中国禁鸦片，犹如佛兰西之波利稔王禁英人不准至本地贸易相同。虽是严禁，皆不能行。缘鸦片趸船泊在外洋，外国人未尝自带进口，系中国走私船，执其所买之鸦片单，驶至趸船，凭单交土。而中国人带进内地者，用重银贿赂官府，求其佯为不

---

①巴厘满（paliment），即英国议会。
②甘文好司（House of Commons），即英国议会下议院。

知。所以有鸦片贸易罪过论，系地尔洼于一千八百三十九年_{道光十}在兰顿所作，以为不独坏中国人之风俗，且使中国人猜忌英吉利人，令两国通商事情有碍，且有走私之恶名。

特尔达说零丁洋系中国荒地，并无兵房营汛保护，可以任外国人停泊。然忆在一千八百二十八年，娜威①额达船上水手为人所杀，中国亦将凶手捉获施刑。又一千八百三十五年，英吉利多罗顿船被劫之事，亦系一件证见。是中国人在相近自己海岸上，施行其政治，以保护他国之旗号，故亦可在彼处地方，行其所立之章程，不得谓在零丁洋面贩卖鸦片，系合法之事。只好说贩卖鸦片之船只，比中国水师船布置更好，格外坚固而已。

鸦片贸易，英国人带至中国每年约有一千二百余万棒，银计六千余万员。鸦片系印度之波毕所作，即如我国比酒、仁酒系薏仁所作，墨兰地酒系额立所作，皆恶酒也。有智之人，恐受其害，多不敢饮，而饮葡萄酒、白酒。然饮仁酒、比酒之人，亦不能禁绝。如英国人要弥利坚人除去黑奴，及要俄罗斯人除去其耕田之奴仆，并要中国人除去妇人裹足之事。改换其法律，准人遵从各样教门，惩治溺死儿女，待外国人如本国人等事，中国其肯从之乎？又如英国禁止浓酒之事，其始斯葛兰②、爱伦、兰墩③销售浓酒，其酒税为国中税饷之最。其后因浓酒害人，加重其税饷，俾其昂价，则穷人饮之者少。乃走私日多，饮者亦日多，徒漏税饷，而无益于禁酒。当英吉利国王渣治第一④管国时，定例每棒浓酒收税饷时令两个半，只准领牌零卖，不准开设馆。又出赏格，凡有

①娜威（Norway），今通译挪威。
②斯葛兰，即苏格兰（Scotland）。
③兰墩（London），今通译伦敦。
④渣治第一，即英王乔治一世。

一小杯酒未纳足税，罚银一百棒，给与报信之人。读此例者，皆满身汗流。凡有身家之人，皆知禁止。而浓酒贸易遂落于下等不堪之人。此等人无产业可罚，放胆走私，且将报信之人满街驱逐，两年间积案万有二千人。每年国中销流浓酒，尚不下五千六百万棒。一千七百四十二年，始仍准人领牌开浓酒馆，减少税饷，与中国禁鸦片事无异。

中国人若以鸦片贸易同英国讲论，英吉利国王定肯禁止贩运鸦片到中国。即印度栽种波毕之事，亦定可停止，而栽种别物。国家之税饷及众人之利益，仍可再得。况现在鸦片贸易不十分大行，以致各处贸易利息亦皆减少。看此时势，惟有等候中国之事情定夺而已。今将缴与中国及存下鸦片之数目，开列在下文：义律缴与中国鸦片共计二万零二百八十三箱，值鲁碑①二千五百万个。麻尔洼存旧鸦片一万二千箱，值鲁碑七百二十万个；存新鸦片二万三千箱，值鲁碑一千一百五十万个。孟阿拉存旧鸦片八千箱，值鲁碑三百二十万个；孟阿拉新鸦片二万二千箱，值鲁碑八百八十万个。总共值鲁碑五千五百七十万个，该五百五十万棒有奇。

方缴鸦片时，义律立意赔补之，给与各船收单，并问各人要在印度收回鸦片，抑或要会单在国库内收银。时鸦片客商皆愿得会单回国收银。义律遂写会单十七张，寄与国中管库官支银，并付回国中文书，限十二个月，由本国库给还所缴鸦片之价。今年广东围公司馆勒缴鸦片之事，正如我英国监禁佛兰西使者在炮台上。因我等关口官府闻佛兰西使者在近哆洼地方携佛兰西小带上岸，故将佛兰西使者监禁，待他缴上违禁货物后，方才释放。与

---

①鲁碑，印度货币单位，今译卢比（rupee）。

今广东事一样。

闻义律望国王之命，四个月即可回来，必待接到回信，方准船只进黄埔。近日所到之依里沙士地挖船，系八月初二日，中国七月十三日。自兰顿开船。云广东缴烟之事，兰顿于七月十三日中国六月二十日即已知道。国中之人皆摇动，自律衙门及甘文好司之官府，俱各相问；尚未接到义律之信。盖义律之信系交阿厘尔船带往兰顿，大约总要十月间即中国九月才能到。又有兰顿所接孟迈及中国商船家信，说及缴烟之事，英国各皆警动，即买卖亦不甚好，银铺利钱长至六分。又向佛兰西银铺借银四百万棒，又向花旗银铺借银八十万棒，交与银店支发，真是从未闻过如此之紧。茶叶价长至加二分，而各庄茶叶尚不肯卖。所有东边货物，逐一长价。

十二月到兰顿之茶七万包，当卖去五万八千包，存下一万二千包未卖。所存下之茶，内有一半系带茶叶进口之人贮起，（奈）〔索〕价甚高，卖出之茶叶比十月间价更贵。后因买者日少，价钱渐已减落。前月十六日，接得印度信来，说自七月间，广东已将英国贸易停止，遂致茶叶价值又复长价。至前月下旬，传说国家要与中国打仗，茶叶价更增长。自后市上卖茶之人皆囤积不卖，买茶之人到外购买，毫不能得，以致下等之黑茶、绿茶亦如常时好茶并工夫茶一样价值。

中国围守夷人缴烟之信，七月三十一日即六月二十一日已到兰顿之因底阿好司、都内各衙门及贸易店、银店，俱有扰乱。是日在兰顿天色昏惨，米价亦昂贵。国中甚苦缺银，银价即已增长。湖丝前时价值不好，现今已大改变。所有茶叶尽皆起价，兰顿各物件无不昂贵。在此季内，孟迈地方要到中国鸦片、棉花存下未去者，共计亏银六百万棒。真是大有害于利益，若再迟延不理，必倒塌许多贸易，地方穷困。

中国与英国贸易，而英国库中每年所得之税饷不下四百五十万棒。约一千五百万员。若一经停止，数月之间国中定必困乏。前时有公司时，各大班亦常虑及停止贸易之事，常要蓄积茶叶，以备两年之需。因散公司后，即无茶叶存蓄。缘散商贸易，茶叶到国立图即销，何能存积？现在英吉利并米利坚二国亦已鼓动禁鸦片，并即出告示，定贩鸦片及食鸦片之罪；又出赏格，求人做极好之告示，以禁止鸦片。又有《鸦片贸易罪过论》，系地尔洼于一千八百三十九年，道光十九年。在兰顿所作，以为鸦片不但坏中国人之风俗，并令中国人猜忌英吉利人，令两国通商有嫌恨。现在有许多仁爱之人，立为一会，欲禁止此贸易。其哲付里士系此会著名之人，在孟阿拉建立医馆，同律①山顿及沙②渣治土当顿，共立此会，欲先讲明与众人，感动其良心，然后递禀回国，求律好司③、甘文好司及巴厘满衙门各官府助理。此会立定章程，必要巴厘满开口，分付东印度公司，禁止不准栽种鸦片，方可禁止，变作他项正经贸易。

兰顿新闻纸内载云：律士丹合递一禀，讲论中国停止贸易，皆由鸦片犯禁起见，讲国王将鸦片贸易停止。中国人禁止鸦片，系为风俗、政事、税饷，外国人即应遵其法律而行。现在众人皆说中国官府受规不管，禁止有名无实。又说中国拘禁我等使者。殊不思受规乃官府之事，而朝廷一知立即究办，安得说禁止有名无实？况义律并非使者，不过系代理人而已。若按英国律例，即应按各客商所有之鸦片，更加三倍罚银，今中国不过只将其鸦片收缴而已。然因致累我国正经贸易，亦受亏缺，所以不能任人

①律，lord 音译，意为勋爵。
②沙，sir 音译，意为爵士，用于姓名前或姓氏前。
③律好司，即英国议会上院（House of Lords）。

再卖。

　　我等自知以鸦片贻害中国之故，为中国人所憎恶，常欲自解于中国，因思惟医道有益于人，于嘉庆十年有医生俾臣①者至粤，教种牛痘，一年收所种小儿数千。道光七年，有医加厘赤者，在澳施设眼科，五年中医愈华人四千余，费去施药银千有八百余棒，皆众人捐助。道光十五年，复有弥利坚国名医伯驾者，亦开外科，数年间，医愈七千余人，一切（下）〔外〕证，皆来就医，其余轻证难以数计。所费银亦三千两，亦众人捐助。此皆伯驾不贪利，不厌烦，一片诚心所致。

①俾臣，即英国东印度公司外科医生皮尔逊（Alexunde Pearson）。

海国图志卷八十二 邵阳魏源辑

夷情备采二

澳门月报四 论用兵

现在兰顿国①都中，有助官兵要打仗者，有助民人不欲打仗者，争论三昼夜，决以纸阄。各大官得九分战阄，方免争论。现在东印度英国属地及国中各部落，已出令各船装定军器，往东印度会合。又甘文好司分付，不准扰害中国地方。又云打仗之事，宜长久不宜短速。试问我等应将鸦片〔贸易〕② 抛弃乎？抑与中国长久打仗，以保鸦片乎？看来中国究没有行过一事，足为我国攻打之故。

中国海岛约分三段：一、广东海岛，其最大者在省之西南。其省之极东即有南澳。若论泊船适中之地，莫好过尖沙嘴。二、福建海岛，大者曰台湾，甚是富厚，有淡水、鸡笼二港口。其对面彭湖，地甚瘠瘦，然为台湾必要之区。次即海坛，不及二岛之大，然人民居彼甚多。三、浙江之海岛，舟山甚小，然形势甚好，以之作贸易，必更兴旺于别处。因系中国中央地方，如宁波、杭州、上海、苏州等处，往来必由之路，故亦紧要。我等若得如此

---

①兰顿国，即英国。
②据乙未本补"贸易"二字。

一处地方，在彼立定，再得一处如新奇坡海岸，可招集邻近地方到来贸易，又必其地所产足敷居民之用，且为贸易来往必经之港口，则所获利益不少。

广东谣传中国官府欲将省城外房屋拆毁，以为城池之保障，此不足信。广东省城高有十忽，周围亦有炮眼，并无城濠，如欧罗巴各国无城墙之（郭）〔部〕[1]落一样，凡工作手艺栈房贸易多在城外，较城中更为蕃庶，岂能尽行拆毁？若行此法，则受害之人更多。

道光己亥十一月即中国九月三十日新闻纸曰：得忌喇士船主遵义律之命，去攻打九龙山炮台，正在出力时，已经衰败，被中国打退。又另有三板几只赶前帮助，亦皆退回，陆续归尖沙嘴。次日又预备有军器之杉板船，再去攻打。众船至亦皆觉得昨日之败，若不报复，英吉利旗号必定受辱。于天未明时，鼓勇而去。岂知所预备之事，皆属枉然，是日又收〔队〕回尖沙嘴。义律此事办理大错，无一件错事可以比之。诸事软弱，可悲可怜。此举原系保护我国旗号之体面及我等自己之声名，理应极力攻打，烧毁师船，拆毁炮台，以除所受之凌辱。今却如此收煞，我笑义律意见错，又能忍受也。

道光己亥九月十二日，即八月初五日。有大吕宋墨尔咩那两枝桅船湾泊在潭仔，清早五点钟时，被中国数船拢近，似是兵船，吕宋水手即扯起旗号。不久即见有两火船驶来，水手即放碇链以避火势。后又有大艇两只，一在船头，一在船尾，纵火大烧，时又有许多小兵船拢来，满船俱是手执军器之人，起船上人惊慌齐下水，又被中国人捞起。众人遂搜取船上物件，连水手衣服、伙长

---

①据甘本改为"部"。

路程图取去，割下旗号，复放火烧船，约共值银二万余员。将伙长水手及捞起多人，俱带回去。此逭船被逐未回国者。

道光己亥十月二十八日，即九月二十二日。英国两只兵船自澳门洋面起碇至虎门，因风被阻，延至十一月初二日早才到。共走五日，方至虎门。兵头士密一到穿鼻洋，即禀求不要烧毁尖沙嘴湾泊之船，容在彼等候国王回信；或另设法卸货，递禀后退出三里听候批示。及至次早，提督发回，并未启视，谕速交出凶犯。旋见提督师船出洋，将近英国兵船，士密先放大炮攻打，即有师船四只一同放炮回击，打了两点钟之久，因提督显其大勇扶持，船只致未大伤。我们华轮船上被提督炮伤船头并绳索等件，人亦受伤，速即退出，回到澳门洋面。义律、士密、马礼臣随即上船赴尖沙嘴，赶回保护矣。

前时船主士密在尖沙嘴退出外洋，中国即以为是害怕他。缘中国是顺风顺水，直来奔击英船，仿佛就要全烧毁我等船只。士密等因在炮台下打仗，恐有危险，我等不能退步，所以及早退出。近闻九龙炮台新修更坚固，又闻多出师船，并装满引火之物，明是要围两只兵船，待湾泊着即向船放火。现在我等船湾泊铜鼓洋，潮水甚急，难于湾泊，却利于中国人顺流火攻，甚于尖沙嘴。不知士密何故在此湾泊？

道光庚子七月初二日，即六月初四日。香山县会同澳门同知出一告示，言奉总督之命，英国兵船近来离出海岸，足见不敢攻敌中国兵威，不过保护鸦片走私贸易。谕令师船封禁大小河口，以免英国兵船进来。除师船装载火炮器械出外洋毁灭夷船外，并令渔船蛋家出洋攻打。其家属官为资给养赡，所赏之银亦比前时赏格上所说最多。不知可能准给否？然中国人预备攻打封港兵船之事，甚是勇壮。又闻有船百只由虎门出来。

　　道光庚子新闻纸曰：二月二十八日，即正月二十六日。有广东师船二只及许多小火船烧然向金星门之船吹来，幸被风水淌近岸边，烧了中国许多小艇，及外国底威尔大杉板船头桅被烧，不久救息。又有哥洼支麻里船避火搁在浅滩，久方驶脱。其窝拉尼兵船上，当遣杉板将火船拨至岸上，离去各船，以免于险。闻各船上装有喷筒，不见开炮。是晚又有火船到来，皆不得顺遂。所喜是晚潮小风软，中国人若放得各火船得法，我等船必大受其害。此算是第一次。后来恐中国人若一练熟驶火船有准，即更有危险之事，切当小心提防之。

　　道光庚子六月十三日，即五月十四日。新闻纸云：早上有十只火船乘着猛流向金星门来，我等湾泊许多船，皆起碇以避其害，并放下在兵船上之杉板，将火船驱至岸上，惟闻炸裂之声，不能为害。当火船冲来时，有许多中国官艇拢来，欲望有着火之船即行攻打。后见火船不能成功，遂即驶回。只跳过两桅之特威尔船上，杀死水手几名，即跳下水去。火船样子皆甚好，满载引火之物，一对一对用链链起。以上皆林制军督广东事。

　　道光庚子五月二十二日，即四月二十二日。有希尔拉士船主穰西，在福建南澳岛之西北遇见八只中国商船、三只大舵船，外看全似买卖船，毫无分别。渐驶渐近，船主才起疑心，分付预备，尚未停妥，那船已贴着我船右后梢，施放鸟枪。此时风静，又在打鱼洞中，我船不能离开发炮，亦只得放枪回拒，乃我之枪火放去，全不中用。因中国船用皮席遮蔽甚好，彼水手在席后地放枪火，甚稳定有准。又用火料数次烧着，皆救灭了，不致延烧船上绳索。良久风才起，我船方能转动开炮，海贼始行逃去。我船上水手五十名，被伤十五名，而船主穰西受伤甚重，下腮及眼、周身及腿，皆受重伤，心中甚可忧愁。此福建邓制军所募水勇攻剿之事，夷不知，以为海贼也。

又九月十九日，即八月二十四日。新闻纸曰：福建泉州来信云，布林麻兵船帮同阿厘牙达兵船在厦门与中国打仗，我之弹子穿过中国师船，直打至岸上，共打沉师船数只。中国人遂连夜将各师船驶回港口内。次日中国又择选师船装上大炮二百零四门，其中有极重大之炮，再与我等打仗。我兵因不能上岸，遂将兵船驶开至炮弹不及之处。然中国打至兵船之弹子亦不少，其炮弹有重至十八棒者，十二两为一棒。兵船大桅之帆竿已被打折。中国又在港口及对面海岛建炮台数座，以为防守。前时派设兵船数只，封厦门港口，惟现在兵船遇了勇敌之后，大抵必去再请兵帮助矣。此亦福建邓制军时事，以后新闻纸无考。

兰顿付来新闻纸云：现在甘文好司派设甘密底①去查察仓库，并立定仓库之法，将去年所得之税饷并去年国中之费用、民间所拖欠之税饷，一并列明。在一千八百四十年，道光二十年。按大概情形看来，所收之税饷钱粮约有四千七百六十八万五千棒，另在印度公司所收之税饷钱粮已有十五万七千棒，合共算来已有四千七百八十四万二千棒。计开本年还账之银二千九百四十三万九千棒，此外别样大庄使费银二百四十一万棒，其余各官俸银之类约有一千七百四十五万一千棒，总共算来约费用银四千九百三十万棒。若将所收钱粮税饷之数与费用之数比较起来，即见得所入不敷所出。查前任管库官，为国中费用不足，故由库中出单揭下银一百万棒以为文学馆之费用，此项已归于杂项大庄费用之数内。再去年库中曾出单揭下银二十六万棒，以为在爱伦地方各和尚之费用，此项亦系前任管库官拖欠下来之账，俱已归于杂项费用数内。除

---

①甘密底，为 Committee 的音译，意为委员会。

此两项之外，尚差一十九万八千棒，此数系归在本年费用之数内，现在尚未查清，所以不能得知是亏空不是。去年所收得之钱粮税饷约有四千八百一十二万八千棒，去年费用银四千九百九十八万八千棒，除去所揭下为文学馆用之项，短少银八十六万棒。后又提出为军需费用银七万五千棒，合共算来短少费用银九十三万五千棒。在去年共计亏空银一百四十五万七千棒。然除却在上文所载为爱伦地方各和尚费用银二十六万棒之外，亏空银一百一十九万七千棒。又除却为付寄书信费用银二十五万棒之外，亏空银九十四万七千棒。又除去为军需等项费用短少银九十三万五千棒之外，实亏空银一万二千棒，并无着落。此系去年所收税饷并费用之数也。在本年所算清之数，论及各款费用，即有赔还账目和息银三千四百八十七万七千棒。奉两好司衙门①之命，给出兵费银为水师用六百万棒，为军器库用五百六十五万九千棒，为武备杂项费用银一百八十八万五千棒，其中多已出了银单；只存二百七十三万六千棒，未曾出单。为各官俸银一千六百八十八万棒，总共费用银四千八百七十五万七千棒。此外尚有数款费用银，一系水师费用并各兵之工食，定必要丰，致可令兵力强勇，为此项已经提出一十万棒，后又为派设官府费去银七万五千棒。第二系加拿达②系在北阿米利坚洲英属地方之费用。因本年查仓库之时候，比往年更早，所以尚未得知。前年加拿达之费用银系五十万棒，去年加拿达费用银一百万棒，本年加拿达之费用银虽未得知，然就最少之数，且算三十五万棒。第三系与中国行兵之使费，皆系印度国家先支，然后国中给回。前时与爪注系噶啦吧地方打仗时，尚可以预料

---

①两好司衙门，即指英国上、下两院。
②加拿达，今通译加拿大（Canada）。

所用之银，故能先出银单。但与中国行兵之事，未知何时方能歇止？所以不能定其数目。况印度兵丁之费用甚大，所以更不敢预先料定。现在按东印度公司付来之数，自起兵后至五月初一，即三月三十日。已经费去银五万四千棒。若再行兵六个月之久，其费用必致有一十六万二千棒，连以上所用五万四千棒，算来即有二十一万六千棒。然其中有运载船之费，若打仗得久，即不必用运载船。如此看来，大抵一十五万棒即可以足，余为打仗之费。除却自起兵后至五月初一，即三月三十日。所用之银外，即可留下一十万棒，以为再打仗六个月之费。此项兵费，乃系东印度公司先行支给，待至再查库时给回。此去年并本年查库各款之数也。再推算下年国中费用之大概数目，计还账目利息银约要三千一百八十七万七千棒，为水师并军器库各项零碎银约要一千六百八十八万棒，合共费用银四千八百七十四万七千棒。再加上水师费用银一十万棒，武备及水上派设官员费用银七万五千棒，为加拿达费用银三十五万棒，为与中国行兵事费用银一十五万棒，大概下年查库时，其费用必致有四千九百四十三万二千棒之多。此系一定必须之数，其余尚有许多未曾列出。

澳门月报五论各国夷情

俄罗斯系与中国素和好之国，俄罗斯近来屡欲攻击东印度，今此中国停止英国贸易之事，大抵亦系俄罗斯之阴谋，在京都内怂恿所致。然中国亦可发二万兵由缅甸入孟阿拉，驱我等出海。

我等闻俄罗斯之权柄阴谋，大有害于我等东边之印度、西边之巴社等国。俄罗斯有书馆在北京，中国情事，俄罗斯可以知悉，而我等并无人与北京来往。中国已知英吉利、印度之税饷皆由鸦片及茶叶、棉花，故俄罗斯亦欲夺我等印度之税饷，令公司所属之地不能安静，亦已足矣，又何必再用别法来相害耶？一千八百三十七八年，道光十七八年。我兵攻取印度西北，直到干拿哈①，又至加布尔②，已近西藏之西界，距叶尔羌、戈什哈地方不远，边疆上驻有大兵。在此几座城，与达机士顿并附近各国贸易极大，中国见我等先在印度不过贸易，后却全得了地方，又得新奇坡，又似有谋澳门、小吕宋之意，又似有犯中国之意，故中国将各埠头（门）〔闭〕塞，只准在广东贸易。又兼有俄罗斯人挑动，故用此胆大之法。中国向来不肯待我等与大西洋、俄罗斯各国一样，我今要中国待我等与大西洋、俄罗斯各国相同。其俄罗斯争印度一篇，已录印度卷内，此不重出。

印度付来之信，闻得俄罗斯已带兵攻打机注，系自主之鞑鞑里国。数仗皆胜。又闻俄罗斯使者二三日内已离比特革③俄罗斯东都往北京，不知此使者系学习中国文字十年照例替换之人，抑系讲论英国之事？纵系讲论英国之事，亦必数月方可到得。大抵俄罗〔斯〕使者未到中国以前，我与中国事已闹开矣。凡中国人之思疑俄罗斯，比思疑别国更甚，断不肯听从俄罗斯人之言语。然我等亦必提防俄罗斯人之阴谋诡计。

新奇坡新闻纸云：暹罗国王闻我等攻敌中国之事，甚非笑轻忽我等以一撮之多，而攻打天朝无数之兵丁，现在暹罗国王将所有赴中国贸易之船尽收回船厂。而在曼果④暹罗国都贸易之中国人与新奇坡贸易之中国人，亦皆戏笑我等，可见中国人如何恃其人民之众。又曰：国中新得作飞炮之法，可与佛兰西人斗胜。盖佛兰

---

①干拿哈，即阿富汗的坎大哈。
②加布尔，即阿富汗的喀布尔（Kabul）。
③比特革（Petersbeurg），今译彼得堡。
④曼果（Bangkok），今译曼谷。

西人初用飞炮之时，英吉利人即十分留心学之。而佛兰西人于打仗时用兵船少而能胜英人者，皆因其火药胜于英吉利之火药。现在喏付厘亦说英吉利飞炮与佛兰西飞炮一样，在英国试飞炮之法乃建一只大坚固之船，无论船只相距远近，俱可施及，直飞至大船上，炮即裂开，将此船打成碎片，仅剩船底未坏，而片刻即沉海矣。用火药不过十一二棒，弹子内又包藏火药两棒半，亦少有烟，落下时亦无声，而远方闻之，如放八十棒火药之大炮。此亦国家之新鲜强勇，故国家封密不令人知，惟佛兰西有此。

米利坚驳英吉利新闻纸曰：尔屡次争论，不过结上有云，若查出船上有一两鸦片，甘愿将犯人交中国官府正法，船货入官等语。尔岂不思英国屡次示知义律，云：凡到中国贸易之人，皆应遵守中国法律乎？我等若不夹带鸦片，中国人亦不能加以刑法。傥我等船只人民到英国，若有违犯英国法律，岂能不按英国法律治罪？何以到中国遵中国律例，即以为有辱本国之尊贵？前英国噶船、色循船均具结进口，皆系公众道理。

又曰：米利坚旗号，已被英国鸦片贸易所污。因数月前，有走私鸦片之船，扯米利坚旗号在中国海岸来往，且有英吉利人口说，必要尽心尽力以陷害米利坚人等语。幸中国官府识破其奸，米利坚人方免受害。我今请问尔英吉利船，扯米利坚、佛兰西、黄旗各国之〔旗〕号，为公正道理乎？抑为不顾私利乎？又如缴烟时，鸦片价值每箱不过洋银二百五十员，何各英国人将烟卖与义律呈缴之时又索价每箱五百员之多？欲望英国库中偿补之。我并非欲揭出英国人之短处，但果系如此，必更有许多不堪说之事，故不得不略陈之。

澳门西洋兵头覆英吉利兵头士密信曰：英吉利人不要想我留英人在此居住，我亦必守中国人所定章程，不肯违背之。只是中国与英国两边之事，我皆不理。尔但说英吉利人不在澳门居住之难，不思及西洋五千人为英人亦受重累，所有贸易皆要停止。尔若不念朋友之情，我即将近来几个月内所有之事，宣布与通天下人知道，求各国公议判断。尔所行之事，不独犯我国法律，乃亦有犯于英吉利国家之法律。

设欲停止正经贸易，不许外国通商，如日本近来二百年不与外国往来之事，此必不能。彼时日本人之机智，与欧罗巴各国相等，即国中之强勇亦与欧罗巴各国相同，况彼时欧罗巴人已得中国之利益，故视日本之贸易不甚要紧。今二百年来，西洋各国行船之法、勇敢之心及国中财帛俱已大增于前。在日本贸易之日浅，在中国贸易之日久，所以中国贸易即难停止。

育乃士跌国①即米利坚国名定必无打仗之意，其信内云：无论米利坚人在中国如何吃亏，育乃士跌国家定必尽心调停平安而已。前因欧罗巴各国时常打仗，大吕宋各部落亦屡扰乱，所以米利坚凡事俱能忍耐，不肯同别国打仗。

英国人离省城后，因行为有不是之事，故中国人以此罪英国人。米利坚人系恭顺中国，得以照常贸易。前月间，我等已议定暂在港外贸易之章程，独花旗②不与和心，此系外国不能齐心会合之大害也。

米利坚人从前只欲作两边俱不管之人等语。观去年米利坚人缴鸦片时，只当系英吉利人之物，难道英吉利国家便不赔补米利坚人所代缴之鸦片价值乎？但米利坚人如果欲作两边不理之人，即应停留在虎门外洋，方得平安，不应具结进口。米利坚人若果

---

①育乃士跌国（The United Sates），即美利坚合众国。
②花旗，指美国。

能长长两边不理，即可免却我等许多忧愁之事。

英吉利、欧斯特里、俄罗斯、普鲁社四大国已经同都鲁机国立定章程，又将此章程写寄与伊揖国之巴渣官，但未曾会合佛兰西国，恐此事将来令佛兰西与英吉利两国不相睦。巴厘满衙门已命水师军添二千水手，又命即速整顿船只。佛兰西亦增添其兵丁。此事系两边错会了意，我等望其相友爱而定夺之。

海国图志卷八十三 邵阳魏源辑

夷情备采三

华事夷言录要 此书两广总督林则徐
译出，曾见于两江总督裕谦奏折。

火药外国未用时，中国已有之。罗针亦由中国海船行至西洋。磁器则近日西洋各国亦设窑仿造，而普鲁特之墨林部落尤多，终不及中国之泥细而精洁。惟种牛痘一法，系由西洋传至粤也。

中国之画，惟重写意，虚多实少，不如西洋之工细。而洋画人物，又是一片黑影，不独中国人嫌之，即西史载英国前代女王伊来西麻，于写容时，亦不许写此黑影。

外洋有歌舞而无演戏，有火燎而无灯笼。兰墩国都街市，皆以煤火通于墙筒，互相贯通，光明如昼，绝无纱灯、纸灯。前此贡使律马加尼①至北京，回经运河各镇市，灯光灿若繁星，归国夸述，以为大观。

又中国药材多是草木，外国药材草木仅居十之一二。西洋医不诊脉，而中国及回回医皆信脉理，有二十四样脉，诊之即知其病何证。又西洋不择日，而中国钦天监凡举事必择吉日，西洋绝无此说。

---

①律马加尼（Lord Macarney），今通译马戛尔尼。

前此西洋耶密等在京作钦天监，曾带西医与各官府往来，借行克力斯顿教，是以教师必先晓医道，方能为人所说。

粤省火烛一起，将夷馆及各街道烧成白地，与道光二年兰顿国都之火烛无异。

西洋人皆短衣窄袖，惟白头回人长衣宽帽，时常剃发，与中国人无异。

中国最重文墨，多由寒微至贵，纽曼译出中国之书，言其政事最好，通阿细亚州无此善政，即欧罗巴洲之罗问克力斯顿各大国，政均不及，故称王化之国，惟武勇不如西洋。若中国而兼西洋之武勇，我等敬中国尤当不同。

前时有罗问国之耶密奉使至北京，授钦天监，著有许多书籍，道中国之风俗。现在佛兰西各国，多有藏贮，使我等得知中国之风俗，皆应感耶密也。中国音语最难学习，近有波罗士特①之教师，勤力学习，是以马礼逊、米尔尼、麻士文三人，俱能通中国语言文字。

佛教与回回教、克力斯顿教②亦有分别，中国称为佛，日本称为释迦，蒙古称为剌麻，印度称为密他，缅甸称为偶麻，西藏称为麻哈母尼，暹罗称为波纳分教，其实一也。佛生于加治麻国，在克力斯顿教一千年之前。如谓人死复生，为禽兽鳞介，互相轮回，皆各教所无。而克力斯顿教中又分出二教：曰额力教③，曰加特力教④，皆以净水教化，（现）〔视〕仙佛鬼魔及地狱皆一例观之。我思佛教之道理，未必能胜于加特力教、额力教之道理。

---

①波罗士特（Protest），即基督教新教。
②克力斯顿教（Christon），即基督教。
③额力教，即希腊东正教。
④加特力教（Catholic），基督教一支，即天主教。

昔年多麻士至中国传加特力教时，中国从教者仍信奉鬼神，以加特力教中不禁人奉鬼神之像也。及耶密至中国，观前所行之教，皆非正道，始删去许多敬奉鬼神之事。

孔夫子书，系耶述用拉提纳字体译出，甚少精理。我等若信其不甚明白之书，以为中国儒教道理止于此，恐为耶述所误。

中国有回回之马伙墨顿教，各处建庙礼拜。又有由教，其人甚少，只散在乡间，单身修炼。

中国人以欧罗巴为夷，皆由不通欧罗巴之语言文字。是以于麻六甲设书院教师，以教化中国之人。中国人之聪明灵变，除英吉利外，他国皆不及。

各洋商名浩官、茂官、启官、教官、经官、明官、海官、三官、贞官。各通事名亚担、亚东、亚江、亚兰细、亚周、亚钦。

十三间夷馆，近在河边，计有七百忽地，每忽八尺。内住英吉利、弥利坚、佛兰西、领脉①、绥林、荷兰、巴西②、即巴社白头回。欧色特厘阿、俄罗斯、普鲁社、大吕宋、布路牙等国之人。

广东走私之船，曰快艇，曰蜈蚣艇，以其多桨形似得名。排列枪械，每于黑夜，由小河鱼贯而出，分赴各岸售私，专与官船相避。粤东汊港纷歧，熟习港歧，易于趋避。倘遇官船邀截，不及走避，即持械拒捕。

鸦片船皆下碇于伶仃洋，其岛高尖独峙，颇有居民，山可御东北风。若风暴将起，则驶往对面之金星门，否则被风吹出大洋外矣。

西洋种罂粟花曰波毕，其上等者在麻哈默那，次等者在麻尔

---

①领脉，即丹麦（Denmark）。
②巴西，即波斯（Persia），今伊朗。

洼，孟买、加尔吉达，即孟阿腊首部落。皆英吉利所辖。东印度地，
每箱载两满，每满各重六十七棒，十二两为一棒。合中国秤，每箱百
斤有零。其价自一千三百鲁卑至一千五百鲁卑不等。五十五先士，值
一鲁卑，二鲁卑值一番银。装箱后，用格（粒）〔拉〕巴船①运至各国售
贾。除印度外，又有回教之都鲁机，亦产鸦片，每年亦有千余箱
运至中国，多是弥利坚船运之。凡装载鸦片之船，每船约载三百
疍。每千六百八十斤为一疍。俟过七洲洋后，到伶仃洋，即有军器之船
在彼湾泊，将鸦片移入有军器船内。至夜有内地蜈蚣艇来接，载
运至省城。此等船常有二三十只，与官船抗拒。其格拉巴船在伶
仃洋守候，鸦片卖完时，扬帆回去。中国始由穿鼻洋跟至老万山，
空放响炮，回称夷船尽已驱逐远扬。

粤省与外国交易番银，俱是用大吕宋之达剌洋钱，故外夷各
带达剌番银，以买中国之货。近则出口之银比入口更多，以鸦片
年增一年，烟价多于茶价也。

广东炮台外砌有围墙，以防敌人上岸攻我炮台后路，而墙皆
硗薄，只好圈其兵丁，不令外走，若以御敌即不能。夷船禁烧酒，
同于中国之禁鸦片，水手好酒，同于中国之嗜烟。盖水手在船昼
受炎热，夜卧风露，加以烧酒之力，一饮则必醉，醉则必发寒热，
往往不治。禁令虽严，而水手以酒为命，时时盗买，多藏于水桶，
船主望见，但见是水，不知皆酒也。

黄埔在水中央，周围皆洋货船，而内地尤帆樯如林。以外国
贸易船比之，外国所纳税饷，不过本地百中之一，所以中国不甚
希罕外夷在粤之贸易。

---

①格拉巴船，即鸦片飞剪船（Clapper）。

外夷雇中国人供役曰沙文[1]，故华夷有事，官府辄先以禁买办火食及撤退沙文为首务。嘉庆十二年夷兵头特鲁厘[2]带兵上澳，及嘉庆十九年英兵头那列士到澳门时，道光十九年律劳卑[3]到省城时，均即封港停止贸易，驱逐沙文，打破夷馆，提拿通事。必待事定，始开舱发沙文也。

中国户口之数难考，即征收地丁人数亦难信，完钱粮时只家长一人出名。中国以六人为一户，西洋以五人为一户，如广东省城众即百万。古时户口，炀帝时共有八百九万户；一千一百二十二年海壮帝时，宋徽宗宣和四年。有二千零八十八万二千户；一千二百九十年急赖间为帝时，元世祖至元二十七年。有一千三百十九万六千户；一千五百零二年，明孝宗弘治十五年。有五千三百二十八万二千户；一千六百四十四年顺治元年清朝初，减至二千七百二十四万一千户；乾隆间（会）〔合〕共一万五千万人。以孟阿拉之户口方里比较中国，中国约二万二千八百万。阿弥于乾隆四十二年住燕京，依官书计算中国户口，连无钱粮之人，共二万万人。佛达阿拉士译出部钱粮户册，亦有一万四千八百二十一万四千余人。与前二数比较，尚不甚相远。至近年人数日增，更可想知。

中国产米，不敷日食，故准洋米进口，并免米船之税。近年米利坚、英吉利由小吕宋、葛留巴、新奇坡运至米不下二万二千八百十六趸，每趸一千六百八十斤。而鸦片货物寄放伶仃洋则不仅米船也。印度之人民极多，不须外米接济，而反运米出口接济东西洋各埠。何以彼有余而中国反不足？且工作则中国更勤苦，饮食则中国更爱惜。印度凡食余之物，他人即不食之。设印度地面而以中国人居

---

[1]沙文（Servant），意为“仆人”、“佣工”。

[2]特鲁厘（William O'Brien Drury），英国海军少将。

[3]律劳卑（Lord William John Napier），英王派往中国的驻广州商务监督。

之，获利尤倍，可见中国之蕃衍稠密，更胜于印度矣。按（央）〔秩〕①马礼逊之数，马礼逊，官名，非人名也。父子世习汉文，其子曰秩马礼逊。秩者小也。中国幅员一百三十万方里，户口三万六千四十四万三千人，其地之辽阔，人之蕃盛，自古鲜有。

中国商欠固多，亦有外夷不清粤店之帐即开帆回国者。粤店既不能禀官追还，而外夷不法，亦不能禀官处治。

俄罗斯不准船到粤，只准陆路带茶六万六千箱，计五百万棒。因陆路所历风霜，故其茶味反佳。非如海船经过南洋暑热，致茶味亦减。然俄罗斯亦托外国船只带货到粤贸易。

每年中国与各国贸易，并中国出口与外国贸易者，约值银八千万员，以英吉利、米利坚为最大。

自公司散后，无人管事，洋商有再着大班来粤之请。英国遂派领事一人律劳卑于道光十四年至粤，管理贸易，欲在粤设立审判衙门一所，并如英国设主里十二人以助审案。七月二十四日，律劳卑并未经洋商通报，突然闯进省河，中国总督大怒，遂停贸易，禁火食，预备火攻。于是委船押同律劳卑下澳。律劳卑到澳，即气忿死。道光十六年，英国义律至澳，由广督奏称各国贸易，惟英吉利设有公司，四首商管束，曰大班、二班、三班、四班。其船定于七八月到广，以货换货，至次年二月出口。维时各大班请牌下澳，至七月间请牌上省。自公司散后，事无专责。前督卢曾奏请敕令夷商寄信回国，再遣大班来粤管理贸易。今十六年十一月，接据夷人义律携一妻一子至澳，约束商人水手，惟不管贸易。

西洋饮中国之松萝茶、熙春茶，颇觉有损，疑中土人以害人

①据甘本改为"秩"。

之物，转绿茶为黑茶。何以我等饮此种茶，便觉有损？安南、日本、爪洼即葛留巴等，亦产茶而不多。近则印度公司所辖之阿山，在缅甸北，云南之西，西藏之南。产茶颇旺。

广东洋货税饷甚重，夷商屡禀官宪，且洋行会馆抽分，每百两抽内地卖家三分，公贮以备洋行倒塌欠款无着者，即以此代偿。近因洋行欠项太重，公项不敷，遂仍各欠各还。第公项代赔之例虽改，而抽分如故。名为抽内商，而内商必增货价，则亦仍出自外夷贸易中矣。夷船进黄埔装载七百疍者，计其官费及引水通事一切使费银将近五千圆，故非大船不能堪此重费。

康熙初，鸦片准作药材进口，每担纳税银三两，后又每包加税银二两四分五厘。至乾隆年间，吸食日多，广督奏请奉旨严禁入口。嘉庆间禁益严，初枷杖，后军流。

鸦片私疍船，初在澳门，后因住澳之布路亚人索费太多，业此者遂议改他地。于道光二年设立疍船，安设军器，抛碇伶仃洋。由葛留巴之船载至伶仃洋，过载疍船，即卸载回帆。商人在省讲定价值，即先交银，写立发票，付与快蟹船、扒龙船（付）〔赴〕① 伶仃洋运入省城。所过地方水师官均已受贿放过，故近数年多至数倍。

嘉庆二十三年，印度鸦片进口者只有三千二百十箱，道光六七年九千九百六十九箱，道光十二三年有二万三千六百七十箱，道光十六七年即多至二万四千箱。计印度接济中国，鸦片居其大半，虽亦有销售别处者，总不若此地之多。此外都鲁机亦有千箱。能以入口，除鸦片外，亦有他税重之货，亦泊于伶仃洋，由快艇潜运货物至岸，偷漏税饷。此由道光五年，加增海口税饷，始有

---

① 据乙未本改为“赴”。

此弊。后因广东洋米接济，奉旨免米船进口之税，因此鸦片及重货多暗寄于未甚满载之米船入口。

有人言情愿断止鸦片一物，另开南边港口贸易可乎？我恐未必能行。盖天朝只准在粤贸易者，畏恶外夷，拒而远之，不许深入腹地也。

蒙古在西北之地，与欧罗巴相近，故饮食性情，颇近欧罗巴之人。

中国文字，天下闻名已数千年，才能迭出，甲于天下。许多道理规矩，皆与欧罗巴之国略同，只是疲懦不善于战，故为外国人所轻。若以中国人之才能，而兼外国之刚强，则欧罗巴人视中国人又不同。想因承平日久，刚气已退，自知不善战，故每事只用柔治。其防守之兵，有事只闻炮声而已。水师船遇西洋并无军器之商船，尚抵挡不住，何况兵船？且军器亦多废铁造成，年久并未修理整新，火药则烟方出口，子即坠地矣。

水师之无用，亦由不善调度之故。我见广东岸上粗工力作之人，甚是勇壮，即如中国水上之人，欧罗巴人尚不能及。若以欧罗巴人与岸上粗力人比，自更不能及。若拣此等强壮之人充当兵丁，真可谓精兵。昔有大吕宋人到广日记云：中国之人若善调度，即为第一等勇壮之兵。言诚不谬矣。

贸易通志

英吉利国，四面环海，以师船环守本国者百艘，其余分布各国市埠，每埠或数十艘、或十余艘不等，共计兵船五百三十艘，水师兵三万五千丁，连水手梢工共九万。佛兰西兵船三百有十艘，俄罗斯国百有二艘，弥利坚国五十四艘。其兵船大者载大炮百二十位，又次者七十位，此之谓阵舰，小者自六十位至三十位，又小者自二十位至十位，此以之出奇制胜，无事则以之护送商船，巡逻海贼，有事则以攻战。

夹板船顺风逆风，皆能驶驾，而无风则不能行。爰有智士深思天地间空中运动流转之物，惟风水火三者，今风力水力皆无可恃，惟有火力可借。火药之力能裂金石、震虚空，愈闷之则力愈大，岂不可以火轮代风轮、水轮乎？于是以火蒸水，包之以长铁管，插柄上下，张缩其机，借炎热郁蒸之气，递相鼓激，施之于轮，不使自转。既验此理，遂造火轮舟。舟中置釜，以火沸水，蒸入长铁管，系轮速转，一点钟时可行三十余里。翻涛喷雪，溯流破浪，其速如飞。不论风之顺逆，风之有无，潮之长落，溜之上下，借阴阳之韝鞴，施造化之鹿卢，巧矣极矣。弥利坚与欧罗巴隔海数月程，五印度与欧罗巴绕地数万里，而火轮遄驶，不过四五旬。大则军旅，小则贸易，往返传命，有如咫尺，不疾而速，不行而至，非天下之至神，其孰能与于斯？且火机所施不独舟也，又有火轮车，车旁插铁管煮水，压蒸动轮，其后竖缚数十车，皆被火车拉动，每一时走四十余里，无马无驴，如翼自飞。欲施此车，先平其险路，铺以铁辙，无坑坎，无纡曲，然后轮行无滞。道光十年，英吉利国都两大城间，造辙路九十余里，费银四百万员，其费甚巨，故非京都繁盛之地不能用。近日西洋各国都多效之。此外又有火轮机，凡布帛不假人力而自成织，巧夺天工矣。然地有纡曲高下，不可行火轮者，惟在填平道路，将碎石墁地，使其平坦；两旁轨辙，以铁为槽，行时溜转如飞，则一马之力牵六马之重。

西洋贸易，不但航海，即其在本国水陆运载，亦力求易简轻便之术：一曰运渠，一曰铁路。运渠者，如中国之运粮河。荷兰濒海多沙，船易浅搁，沿岸而行，程途纡远，国人议开运渠，自国都至海，长百五十余里，阔五丈四尺，深二丈，火舰往来无碍，直抵都城，避险就安，费银五百万员。各商舟行此渠者，纳饷补费，以备岁修。又其国内支河，四通八达，画舫安坐，昼夜遄行。沿岸村庄，绿杨穿映，有同江浙。其沟大抵阔六丈，深六尺，砖铺两岸，以马牵舟，虽不如火轮之速，而安稳如衽席也。佛兰西国亦开大渠，通湖入海，长二百二十里，费六百五十万员。英吉利水渠亦多，然近屿不长，所至通海，掘不甚费。弥利坚国，其始地广人稀，近日各国辐辏，四方流寓，垦辟日广，物产殷阜，乃大开六渠以通货。第一渠长千余里，掘费二千二百万员，阔六丈，深六尺，每年纳饷二百余万员。第二渠长千有八十里，掘费九百万员，每年纳饷百余万员。第三渠长百八十里，掘费百十九万员，岁纳饷十万员。其余以渐短小。通计每年国帑关税，入多出少，共计三千余万员，皆连河通市之益。至于无水可通，山险泥滞，运货维艰之处，则亦为石衢铁辙，以利车轮。虽不及火轮之速，然遇纡回高下之地，火轮无所施，则此又通其穷矣。故西洋贸易，但求一劳永逸，不为惜费苟安，而行渠行路之人，皆令纳课以备岁修，则又一举而上下两利。至海口停泊之所，若无天生形势拱抱，则风潮澎湃，舟易触礁。西洋各国于此险港，则外筑石塘以护其外，而海舶环泊其内，又筑炮台以御贼，则皆中国所无，亦中国所当法。

中国以农立国，西洋以商立国，故心计之工，如贾三倍。其国所立规制以利上下者，一曰银票，二曰银馆，三曰挽银票，四曰担保会。前二者，国王与商民分立之；后二者，则商民自设之。银票如中国之楮币，国王出之，以时收纳，循环不失信，故外便商而兼利国。银馆者，如中国之银店，收银代为生息，但彼则国王自设之，或寄存银或支借，或出票。荷兰国银馆，始于万历三十七年，章程公正，各国取信。佛兰西国银馆，嘉庆间因军饷支用过当，所收银二千万员，一时倒败。其后更立章程，再开银馆，能收银九百万员而止。银馆最大者推英吉利国都，始于康熙三十二年，初止收七百万员，后至乾隆五十年，增本至万万五千万员，内借支国王四千余万员，公信无欺，故各国商旅皆愿存银其中，恃以无恐，赋税之出纳，皆存于银馆。弥利坚亦开银馆，道光十二年本银七千九百万员。嗣后十七年，其私馆败，银有出无入。近日复兴，人复取信矣。其他西国各有之，而此三国为最，不独国都有之，其各城通市，私馆亦多。故银馆者，民之库，国之币，商贾之源。商民茕独，有所寄贿，则免其经营。贫商得以借贷，则资其转运。挽银票者，如中国之会票。凡西洋本国之商，欲赴广东贸易，挟重资（沙）〔涉〕险远，甚为艰难。但寄票与驻粤之商，会银交易。又如英商欲向花旗商买货而无现银，则亦出票会银于售货之某地，而彼商欲买英货者，即于某地收兑其银焉。此三者，中国皆有此例，惟担保会则中国无之。其会有三：一曰船担保。舟航大洋，难保沉覆。假如船价二万员，载货五万员出海，每月纳会中银每百两纳二三钱。设使船三月到岸，平安无失，所纳银存为会中公费；如或船货有失，视其损失之分数，如仅桅折货湿，会中按数偿补；如或全船沉溺，则会中即偿其半。但必实报实验，众力恤灾，从无推（却）〔卸〕。英吉利国都二十一会，其本银或八万，或五六万，或三四万员不等，同休戚，共利害，岁终会计，有利均分，有害分受，要之利多害少。二曰宅担保。城市稠密，回禄堪虞。假如本屋价银二千，每年纳会中银二十员，不幸被灾，则会中亦代偿其半。三曰命担保。假如老妻弱子，身后恐无生计，每年于会中入五十员，死后如后嗣成立，无需赒恤则已；如贫不能自存，则会中赡其家，每年一千员。此四者，皆西国恤商之政。而尤要者，则曰以兵船保护商船之法。如商船在海遇仇国及海贼来攻，则国之师船迅驶而来，或护其前，或殿其后。待商船各驶去收港，而师船列阵交战以退敌。凡交战之际，商船皆不得出港，倘擅动蹈危，则担保会中不偿其所失。凡各埠贸易之银，皆由师船递寄，故师船寄课，为万全无失之策。

滑达尔各国律例 米利坚医生伯驾译出

尝思各国皆有当禁外国货物之例，其外国不得告诉委曲而违此禁，亦不得以仁情推辞。若他告诉委曲，是不过欲利而已，该国必不以他得利而违自己之禁。试思凡国有禁，皆有所谓而然也。

第三十七章

一禁立之后，如有犯禁船货物夹带出口，或夹带入口，或带货漏饷，则变价充公。

第二百九十二条

打仗者，是我们出于不得已，强逼而应有此事也。盖打仗者，有公私之分，或两国交战，或二主相争，所事皆出于公，而兵权亦出于公，此是也。私自两人相敌，此是性理之常，此之谓也。

予详审有应战，有不战者。若情有可原，固无论人人皆欲战，岂不欲自保其身，自护其地，而于当战之日而竟不战者乎？然战合于人心，事自合乎天理。如匪盗打劫村场，谁不与之抗拒？是理所必然，势当如是，是故应战。应不战者，皆以合义为贵，非可苟焉而已也。今我说此，应想一想于自己。但如英吉利国王，不与大臣同行事，虽用钱银，不逼迫百姓守兵械。他们为打仗，据实是必议大臣同行，与索军粮。

一当者 如父母打不孝顺之子女，此是应当也。但别人因我子女不孝之事，他将我子女打，所论之理，亦不应当打我之儿子也。

二职　如琉球人往别国，忽遇大风，打烂船只，失水往中华去，此琉球人并无钱财，亦不能糊口，不能回国，则要禀明此县，或日后方可回国，此是人情之职。

三或　如外国带鸦片往省，流毒射利，该本国不准他进口，亦不能告诉一说之事，此是理也。

四守法　往别国遵该国禁例，不可违犯。如违犯，必有罚以该国例也。

五公法者　但有人买卖违禁之货物，货与人正法照办。

六或　或各花旗人各司其事，花旗之事，别国之人，往花旗去，立不能做此处兵丁也。

七不论　不论别国人在此该国。

八或　如若英吉利国女王欲与佛冷西国打仗，但大臣思想无道理，此大臣不愿发一将，不发一银，何得战也？

法律本性正理所载第三十九条 袁德辉译

各国有禁止外国货物，不准进口的道理。贸易之人，有违禁货物，格于例禁不能进口，心怀怨恨，何异人类背却本分，最为可笑。若不分别违禁不违禁，以及将本求利，均不准进口，可以含怨。即如甲国货物而至乙国，并不见有违碍，而乙国禁之，此谓之不是好意，亦可含怨。已无遗碍，而又无实在明白说出其所以不准之理，立此等例禁，令人难以推测，算是与人隔别，断绝往来也。所立例禁，即如走私出口入口，有违禁货物，并例准货物，偷漏不上税饷情事。有违犯者，将船并货入官充公。

一百七十二条

中国、日本国无有照会某处之船准进，某处之船不准进，皆禁止外国人，不许进口。在欧罗巴洲中各国，除与有仇敌之数国，此外人人皆可游行，国国可以进口。一经准其进口，就当遵顺其律例。我思律例之设，原为保存身家性命起见，非关遵其例，即子其民之理。国家立法，应须如此。而外国人，一入其地，即该凛然遵顺。国家抚有天下，治理亿兆，而律例亦不止此。自法制一定，普天之下莫不遵守。故外国有犯者，即各按各犯事国中律例治罪。其治罪之意，不过令人保全身家性命也。

二百九十二条

兵者，是用武以伸吾之道理，有公斗、私斗。公斗系两国所兴之兵，私斗乃二家所怀之忿。以妥当道理而论，凡保护自身及保全自己道理，自然可以有用武之道理。此等道理常在人心中，亦人人所共知。有些迂儒，用经典上义理，如己身已被人杀害，犹曰只好任他杀去而已，总不任杀人之名。此等错意见，终怕行不开。原其故，无非为避害保身，此亦人之常情。然兵亦不是乱用，若知夫天性所赋之理，不得已而用兵，总合夫道理，以仁义之律法而节制之。国中权柄，是决断争辩，镇压伤害，禁止我们。私自所欲伸之义理，欲与外国人争论，先投告对头之王，或有大权之官。设或都不伸理，可奔回本国，禀求本国王保护。核其可行则行，可止则止。若概而准之，与外国人理论相对，则国中无一人不连累其中。人人亦可扰乱，何以保全两国和气，此系大危险之事。先要审定虚实，有何怨的道理？或是应该兴兵，或是应该不兴兵，或是须要用兵，国中方才太平，悉听国王裁夺。无此法度，何能一国太平？

如此，惟国王有兴兵的权。但各国例制不同，英吉利王有兴兵讲和的权，绥领王无有此权。

英吉利王无有巴厘满衙门会议，亦不能动用钱粮，不能兴兵，要巴厘满同心协议始可。

海国图志卷八十四邵阳魏源辑

仿造战船议

请造战船疏方熊飞安庆府监生

英夷犯顺，荼毒生灵，所以猖獗日盛者，以我军徒守于岸，无战船与之水战耳。海口城市居民稠密，绵亘数里，防守弁兵，丛集海岸；夷炮轰击，不必审准，发无不中，房屋倾颓，兵民伤毙；无胆者相率而逃，有勇者不免于死。于是议者动谓逆夷船坚炮利，其锋莫当；不知逆夷之炮固利，我军之炮何尝不利？但夷船在水，进退左右，四面皆能自如；我军只有退后一路，其余三面，皆受其制。盖在岸者其势聚，聚则易于中；在水者其势散，散则难于中，此胜负所由分也。夫边疆有警，则战场在陆；沿海有警，则战场在水。我军若有战船，散布水面，夷船不过三四十只，其来必乘风涛之便，不能一时俱到。乘其大帮未至，才到数船，即放炮轰之；随来随剿，即可省力。即使大帮全至，我军但能预先提向上风，压而击之，则火弹、火箭、火罐，固可因风施为；即风色或转逆风，不利攻击，则游奕趋避。沿海港汊，皆我内地，可以寄碇；而夷船不能也。战船定系两旁有木架，高下两层，遇贼即用绵絮渔网浸海水挂之；贼炮虽猛，以柔制刚，以水克火，不能为害。夷船高大如山，体势笨重，非风不行。海上亦有数日无风者，昏夜暗令善水者数人，乘无风时，伏其舵后，用斧锯断其系舵巨缆，舵必上仰而不得力，一遇风作，其船自覆；即不覆亦不能动。此时若用渔船，连环堆载火薪油硝，夜往焚之。渔船低小，夷炮不能下及。夷船底面虽有铜片包裹，而船上之篷席绳索一烧，船亦坐困。此时再以战船逼之，殆如釜中之鱼，将焉逃哉？而且将士在船，四围皆水，不比在岸之一人先逃，众即相率而溃也。既绝逃生之念，自萌敢死之心，此时勇气百倍，何患攻之不力，战之无功？愚昧之见，各海口用战船数十只，雇渔人之素习风涛，惯驶船舵者，以充水勇；在船训练，每船以百人为断，以武弁数人领之，巡防海洋，自是有备无患之胜算。何也？各处沿海城市，如前此所失之镇海、宁波诸处，以及后之失守等处，皆海港以内之地，非即海滨。其距海滨或百余里，如天津之距海滨百二十余里是也；至近亦有数十里，皆非海船之夷炮所能及。惟逆夷知无战船以袭其后，故敢直入内港，攻陷城池，抢夺无忌。若有战船散寄外洋，彼必不敢直入港内，而惧战船之截击港口，断其归路矣。则港内地方，何至有失守之虞。不但此也，凡有汉奸与逆夷通水米，贩烟土者，即以战船阻截，放炮击之；逆夷之粮食无从而给，烟土无从而卖，财物无从而掠，水战无从而胜，计穷势蹙，坐而待毙矣。此一劳永逸之道，而议者概不及此。盖因承平日久，额设之战船，例价甚轻，监造者不肯赔累，板薄钉稀，一遇风涛颠播，必至破坏不堪适用。若得新造战船，每船必需万金，方能坚实；修造计百万金，恐耗经费，故隐忍不言。不思逆夷之患，何时能休，军饷之需，伊于胡底。以防守无益之费，作造船练兵之资，当时之所费，相当后日之所省甚大。如曰：造船必待时日之久，缓不及急，则一面修造战船，一面雇大商船以应之，且雇大渔船以助之；但能善乘风潮，亦可出奇制胜。至战船成，则无虑矣！请以地势之所宜，酌为船数之多寡，而详定之。奉天、天津，粤之虎门，闽之厦门，皆最大海口也，各宜二十只。浙之定海，宜十五只，其乍浦宜十只，以为策应。江苏之崇明宜十五只，其上海宜十只，以为策应。福建之福州，山东之登州二处，海口最狭，防守犹易，各宜十只。凡十处共船百五十只，无事各巡海口，一有警报，福州厦门相近可以互援，江苏浙江可以互调赴援，山东、天津、奉天，亦可以互调赴援。外洋乘风乘潮，行船瞬息千里，应敌者相与暂阻于前，赴敌者不难随踪于后。我军前后夹攻，逆夷腹背受敌，将见守无不坚，战无不胜，是在水之百五十战船，远强于在岸之数十万雄兵，尚何逆夷之足云。况战船一造，即操必胜之权，有明征矣。前此，李提督之以三十只船，破粤东艇贼三百余船，又破台湾巨盗蔡牵八百余船。及姚总督之破郑芝龙，皆以船灭贼，以少胜多。又况逆夷闻修战船，谅必心惊胆丧，不俯首求款，即望风而溃，不战而自遁矣。岂非策之最上者哉。战船之修，宜及此时，亡羊补牢，三年蓄艾，未为迟也。迨夷匪荡平，即以此船巡洋缉盗，武备张而不弛，遐方畏而胥怀，长治久安，在此一举。

复奏仿造夷式兵船疏_{两广总督祁㙉}

九月二十五日，奉上谕，奕山等奏制造战船一折。据称快蟹拖风、捞绘、八桨等船，仅可用于江河港汊，新造之船，亦止备内河缉捕，难以御敌。惟在籍郎中潘仕成捐造之船，极其坚实，驾驶演放，炮手已臻娴熟，轰击甚为得力；并仿照米利坚国兵船制造船样一只。现拟酌照英夷中等兵船式样制造，并将年分例修师船，暂停节费，为改造大船之用各等语。朕思防海事宜，总以造船制炮为要，各省修造战船，竟同具文，以致临时不能适用，深堪愤恨。此次所造各船，自不致拘守旧式，有名无实。据奏停造例修师船，改造战船，所办甚合朕意；均着照议办理。惟海船大炮系属悬放，火药发时势必向后坐掣，如何得有准头。现该督等奏，业已娴熟得力，着将如何施放之处，再行详晰具奏。所进图说各五件，着再缮就三分，咨交江苏、福建、浙江督抚。本日已有旨谕令各就该省洋面情形详加复勘，何者合用，奏请制造。并将原件发给讷尔经额，转交托浑布阅看；如果合用，将来均需粤省制造，分运各省。据奏潘仕成所捐之船，坚实得力；以后制造船只，即着该员一手经理，断不许令官吏涉手，乃致草率偷减。所需工价，准其官为给发，并不必限以时日，俾得从容监制，务尽所长等因，钦此。臣等遵即传到该员潘仕成，恭宣谕旨。该员感激天恩，情词踊跃，自愿垫发银两，交木商购备船料，由该员监工制造，尽心竭力，务使一船得一船之用。旋据禀称即行先发银十万两，交木商出海，约可购船料十余分等情。臣等查此项经费银两，仍须由官给还。前经靖逆将军奕山，会同臣等奏明，拟将粤东现届拆造年分，例修师船，暂停制造。惟每年节省，为数无多，随后再行筹款奏办等因，在案。兹督同各司道等覆行详查，所有届限应行大修小修各项师船，原因虽有损坏尚堪修理，若一概不修，是以有用之船，全归废弃。而各海口额定船只，短少太多，难资巡缉。是已届小修大修船只，似仍应照例修理，其届限应行拆造船只，系全照价制造，即可全行停止。合计各厂每年应行拆造师船，多者十余只，少者八九只，间有三四只者。其师船有米艇及捞绘等项之殊，米艇又有大、中、小之别，每只例价自一千六百余两，至四千三百余两不等。就十年以来，比较经费，若每岁节省，约计三万两上下不等。此外别有遭风损坏师船，事出不虞，不在寻常岁修之例，每年难以核定；亦拟将应修者仍行估修，应改造者亦即一律停止，以归节省。惟每岁节省银两无多，不敷改造大船之用。查本省外省士民援照豫工新例，在广东藩库报捐。前于具奏办理夷务，用过银两数目折内声明，有已上兑银十七万两，统应归入军需项内备支；嗣后陆续报捐，截至九月底止，计共捐银四十五万余两。现在军务既定，可无意外之需。广西留防兵丁一千五百余名，已全数撤令归伍；水陆各勇，亦经分别裁撤，止存六千余名，每月不过用银五六万两。此后壮勇尚可再行裁汰，更可节省。所有造船之费，即可在报捐银两内动用。其一切制造事宜，统由潘仕成一手经理，毋许官吏涉手。仍钦遵前奉谕旨咨商两湖、四川督臣，将可造大船坚实木料，俟体察实在可用，即分别咨取，一并发交潘仕成监制。俟造就三十只后，是否足用，再行酌量办理。并另造小号战船三四十只，跟随大船作为羽翼，常用驾驶操练。将来旧式师船，每年停造之数渐多，即将此项新船，补拨各海口。平时可资巡缉，有事调备不虞，似于海防有裨。至前奉谕旨，饬令粤海关监督臣传谕洋商设法购买夷船。已据洋商伍秉鉴、潘正炜禀称，捐买米利坚、吕宋夷船各一只。臣等查验木料坚实，尚堪应用；惟船只尚小，且亦略旧。现仍督饬洋商随时察访购办，谨将船只图说各五件，遵旨照绘，移咨江苏、福建、浙江各省备查。再船内放炮取准一节，查夷船桅上造有桅盘，用中等木桩镶做，形似半筐，其上可容十余人。桅上所用大炮，系用绳悬拽起，安置桅盘之上。现在潘仕成所造之船，船身系照夷船制造，其桅篷则仍是内地式样，船上止有桅杆，并无桅盘，不能悬放大炮。现在所造船内，用炮架安置演放轰击。其炮架图说，先已进呈。俟下次采到木料，即全仿夷船桅盘之式，一律制造。前又有造就夷船小样一具，业经奕山携带回京，豫备进呈。

造炮工价难符例价疏_{靖逆将军奕山等}

查军营器械必须整齐，枪炮必须坚利，方足以壮军威。办理防堵善后，炮械尤须制造精良。粤东旧存军械，及各兵丁随带军装，本不敷用，且损烂遗失，均应随时添补。惟时值急需，工价物料，倍昂于平日；若照例价核发，断难备办。且此次新铸三千斤以上各大炮，炮身愈重，则膛口愈宽，炮子则须加大加重，适与膛口配合，方能轰击有准；又恐炮子过重，不能及远。查夷人所用大炮子，多有通心，亦有空心者。今仿照制造，庶几模大质轻，可期攻坚致远。又将空心炮子分作两开，炼成熟铁，中系铁练，约长尺许；用时将铁练收入空心，仍旧扣合，无异寻常炮子，一经轰击出口，则两半飞舞，形如蝴蝶；击中夷船桅索，即行钩挂焚烧，名为蝴蝶炮子。再旧式炮子合缝处，总有线痕一道，横梗中央，轰击时不无窒碍。现在饬匠铸造，务须磨光无线。此等名目做法，例所不载，其工料价值，亦非寻常所铸炮子可比，应请俟各样炮子铸成后，核明铜铁斤重数目，汇同军装器械各项，援照浙江奏案，于例价外酌加四成，俾工料可期坚固，而制办不致棘手，事竣一律造销。再英夷猖獗，全恃火器猛烈。我军亦须多添枪炮。广东自兴军以来，至今已陆续铸造铜、铁大小炮千余位，自数百斤至八千斤及万余斤不等。并有各国夷人护货来粤，带有大炮鸟枪，其枪炮铸造精良，别有自来火鸟枪，推动机关，即能燃放，无需火绳，较为灵便。当饬洋商及绅士军民，广为购买；而价值亦较昂贵，应请按照购买制造实价，确切造具细册核销。至铅丸火绳，军营需用甚多。查乾隆五十七年，工部奏明各省备办铅丸，不准另开耗铅火工，其火绳一项，常年操演所用，令兵丁自备，以归节省。倘遇另案军需动用，该督抚预行奏明，均照京城制造药铅火绳工料办理。奉旨依议，钦遵在案。今英夷滋事，各兵勇操练巡防，需用药铅火绳等项，为数不少；制造铅丸，不无火耗，未便责令自备，应请照奏定章程，均照京城制造工料办理。但广东产麻较少，火绳向用榕树皮成，造用之已久，毋庸更张，应仍按麻火各绳，分别例价核销。又查从前旧式炮架，笨滞艰涩，旋转不能如意；且系寻常杂木，木性松脆，一经炮发震动，榫缝开裂，既难取准，又不能再行施放。况从前所用炮位，数百斤及一千斤上下者居多，此次添铸二三千斤至一万斤以上大炮，断非旧式炮架所能运动；即五六百斤各炮架，亦须坚实利用。现系拣选至坚至重之槐木及油椎等木装作两层。上层四小铁轮，中贯铁心，如磨盘式，以便旋转。下加两大木轮，四全铁轮，以凭扯运。中间着力处所，加用铁条，外包铁皮，其木轮钉以铁瓦。所用工料价值，较之从前制造，相去悬殊，而运用较灵。查大炮之轰击有准，全在炮架得力，未便因工料昂贵，即为迁就。除一万余斤之大炮架，尚须筹议制办外，其已经制造之大小炮，计架一千五百余座。内有照旧用式样，另换工料者，有平底两层四轮，中用磨盘心者；有照夷式四轮，两旁加用滑车，以便牵拉进退者；又有照夷船内所用炮架分为两层者；费用计复不资。谨将各炮架式样，绘缮图说四分，并另缮炮架价值银数清单，先行恭呈御览。

水勇小舟攻击情形疏 将军奕山等

道光二十一年八月二十八日，奉上谕，给事中朱成烈奏拒炮之法：以牛革两片联而为一，使尖其脊，如蛤之开，负于背后，高出于首；贼如开炮，则群伏于地，牛革上窄下宽，炮子必皆滚落，此陆战之法。若与水战，则以木驴置于小舟之上；亦以牛革为之，如船篷式，而尖其脊。炮子到脊，滑不能住，皆从两旁滚入水中。且小舟高不过一尺，木驴高不过三尺，大炮自六七尺以上，飞过不能击及，可操必胜之券等语。现在逆焰凶恶，全恃炮火，我兵于避炮之法，不可不博采众谕，加意讲求。着该将军参赞，及沿海各将军督抚，体察情形，该给事中所陈御炮之法，是否可行，据实具奏。将此各谕令知之。

臣等当即如法，用牛革双层，上窄下宽，制就蛤形，旁设二环在内，左右分执，以便开合起伏。于常操时，用抬炮遥试，锣鸣即伏，可躲避。惟两手持牌，不能执持枪械；又不能遮身后之人，夷人炸炮落地，始行轰裂四击，毒火满地，即使牌可护身，不能前进；夷人闯至，徒手亦不能杀贼。至木驴载以小船，加牛皮三层，臣等亲放至海面，使快蟹船以子母炮演放，二百步外，两层俱透，五百斤炮中之，连船俱覆。春间在燕塘制造护船挡牌，以大木为架，用藤笆二层，棉胎二层，牛皮三层；用一千斤大炮，在三百步外试之，中皆洞彻。详细体察情形，以此御夷皆不得力。惟粤省现制长牌，下缀双轮，以藤为托，以棉絮厚铺其上，幔以牛皮，覆以湿被；牌上留孔，以红糖盐水灌透，永不干燥；以二人执之在前，行则护炮，止则为营。植牌时，牌尖向后斜立，火箭抬炮，俱可自上溜过，陆战尚属可用。

该给事中又称，水战则以牛皮木驴置于小舟之上，而尖其脊，炮子到脊，滑不能住等语。该给事中意在以小胜大，以卑避高，诚不易之论。粤中水勇亦用此法，惟船上不用木驴，系用八人，以桨荡扒龙小艇，旋转如飞，驶进贼船，即覆舟下水，以首戴之而行，一近贼船，即反船超上，抛掷火弹火炮，得势则钩船而上，不得势，仍覆舟荷之而行。大炮下击，子必落水，且人在水中，万不能中。但此等人非真习水性者，不能驱使；陆续广为招徕，现在仅得二百余人。随火船出没，或可乘间制胜。

制造出洋战船疏靖逆将军奕山等

道光二十二年六月十四日，奉上谕，前据奕山奏广东曾捐造大号兵船一只，颇能驾驶出洋。可见木料人工，随地皆有；急公好义，正不乏人。嗣后如有捐赀制造战船炮位者，该督抚查明保奏，朕必照海疆捐输人员，从优鼓励。钦此。又七月十五日，奉上谕。沿海向备战船，原以为巡哨御侮之需。近来各省多半废弛，不能适用。是以海氛不静，御寇无资。广东为沿海首要之区，必应先行整顿。前经降旨谕令该省，制造大号战船，自必早为筹画，妥密办理。惟此项船只，无论大小，总以坚固适用为主；并能于中间安放炮位。若仅依向来水师战船修造，仍属有名无实。着该将军等极力讲求，雇觅工匠，迅将各样大小战船，赶紧制造。其式样如何，着先行绘图贴说，驰奏呈览。如木料不能坚实，制造不能如法，将来经朕派员查出，惟奕山等是问。倘一时不克凑集，如有可购买之处，着即先行设法购买。钦此。又七月十六日，奉上谕，前因海疆防御，首重战船，降旨饬令粤省酌筹制造，并将方熊飞原呈，钞给阅看。兹复据金应麟奏请饬多备船只，其造舟之法，如子母舟，联环舟及楼船走舸，斗舰海鹘，游艇蒙冲，并三层船、两头船、闷头钉船、皮船等项，式样不一。着奕山等悉心体访，查明该少卿折内所奏各船，究以何项船只，最为得力；即购备坚实木料，赶紧制造。并将拟造船式绘图贴说具奏。其该省洋商内，如有深悉造船之法，及力能设法购买夷船者，并着文丰留心访察，加以激劝。原折着钞给阅看，将此谕知奕山、祁埙等知之。钦此。

臣等伏查该少卿金应麟，具奏各项船只，俱系征诸载籍，所论不为无稽。惟是造舟之法，贵因时以通变，尤贵因地以制宜。

往往有宜于古，而不宜于今，宜于江而不宜于海者。该少卿奏称川、广之船，足以制江；闽、粤之船，可以防海，原非专指粤东一省而言。而臣等体察粤东现在情形，自应专于请求防海御敌之船，以期得力。若如该少卿所称子母舟一项，遇敌即钩其舟，母船纵火，与彼俱焚，伏兵开子船归。联环舟一项，分为两舟，中连以环，遇敌纵火，前环既解，后舟即回。二者但可为焚烧敌船之用。又如走舸，轻若飞鸥；游艇则回军转阵，蒙冲则开掔掉空，矢石难破。四者但可为掩袭敌舟之用。至于楼船，则建楼三重，可驰车马。斗舰则百二十步以木为城，但质体笨重，昔人已虑其陡起暴风，人力难制。又如三层船，首尾造暗舱，以通上下；中层铺刀板钉板，以设机关。两头船两头制柁，遇东风则西驰，遇南风则北驰。以及闷头钉船，状如板片，人在舱底，每多掩蔽，水拍船上，亦不沉没。皮船用生牛马皮、竹木缘之，状如箱形，以竿系木，相辅而行。以上各项船只，式样不一。现在粤东省河内，如快蟹、拖风，及捞缯、八浆等船，似亦大同小异。然悉心体察，仅可用之于江河港汊，若施之于茫茫大海，则亦未见其尽善也。匪特此也，即如粤东自上年造船以来，绅士许祥光等，捐造船二只，左右设浆六十四枝轻捷便利。若驶往大洋，又苦于不能荡浆。批验所大使长庆，承造船一只，仿照昔人两头船之法，两头制舵，中设两轮以激水，左右设浆三十六枝。以上三船，仅可备内河缉捕之用。广州府知府易长华，承造船一只，较之例造大号米艇，工价加倍，虽可驾驶出洋，但木料板片，未能一律坚致，亦难御敌。惟查上年绅士潘仕成捐造船一只仿照夷船作法木料板片极其坚实船底全用铜片包裹，以防虫（蛀）〔蛀〕。现已调拨水师营弁兵驾驶，逐日演放大炮。臣等亲往白鹅潭，督令操练，炮手已臻娴熟，轰击甚为得力。现在潘仕成，续又造成新船一只，照旧船加长，工料亦仍旧坚固。尚有未造成二只，与此船同式，督工赶办，约九月内亦可造竣。本年夏间，有米利坚国兵船二只，护送夷货，驶至黄埔。该夷船人告知通事等云，伊外国兵船结实长大，如天朝官员想上船看视，尽管来看等语。维时南韶连总兵马殿甲署督粮道西拉本，赴东路一带稽查壮勇，与提督吴建勋等登其兵船。该兵头呈献小三板船一只，伊国地理图一册，随优加赏赉，以示怀柔。当即逐细察看，该兵船分上下两层，安设大炮四十余位，均有滑车，演放推挽，极为纯熟。其尤灵便处，中间大桅及头尾桅均三截，（蓬）〔篷〕亦如之，设值风暴，即将上截桅篷落下。较之我船桅系整枝，尤觉适用。譬如北风，若行船自南而北，即系顶风，谓之折戗；我船迟笨，戗驶行似梭织；夷船转篷灵便，戗驶略偏风而行。我船向用木碇棕绳，若遇急流巨浸，下碇不能抓地。该夷船碇纯用铁造，尤为得力。随觅巧匠照该船形势，制造船样一只，臣等公同阅看，悉心筹画。逆夷恃其船坚炮利，因我师船不能远涉外洋，与之交战，所以肆行无忌。监生方熊飞所称额设战船，例价甚轻，监造者不肯赔累，以致板薄钉稀，难御风浪，系属实在情形。而该少卿所称造舟之法，宽以岁月，持以实心，无惜重赏，无拘文法数语，尤属中肯。此时如讲求最为得力之船，必须仿照夷船式样，庶堪与该夷对敌。惟最大夷船，炮位三层，可安大炮七十余位；船身长十七八丈，亦觉制造维艰。兹拟就其中等兵船式样，如法制造。并将官绅等造成各项船只，分别绘图贴说，恭呈御览。至采办木料，上年委员赴钦州一带购买，据禀洋面不靖，安南木商，不肯出海，无从购办。查坚实木料，出产于外洋者居多，现在设法招商采办。并传谕粤海关监督文丰，晓谕洋商，购买夷船。兹据该监督呈称，转据洋商禀称，现在黄埔夷船，俱系载货来粤，仍须原船载货回国，未肯出售。俟探听进埔之船，如有坚固愿售者，再行设法购买等语。至现在潘仕成造成战船一只，核实估价，计银一万九千两。该监督情愿捐廉，陆续发给，无须动用帑项各等情。理合一并奏闻。再查制造战船，即取其工坚料实，断不能吝惜重价。必须先造大号战船三十只，再造小号船三四十只，既可为大船羽翼，又可资洋面缉捕，所费实属不赀。臣等公商，拟将粤东现届拆造年分例修师船，暂停制造，以冀节省经费，为改造大船之用。每年节省，为数无多，容随后筹出款项，再为奏明办理。

又道光二十二年五月靖逆将军奕山，奏查逆夷巡船有大中小三等，专为接仗而设。大巡船载炮七十余门，中巡船载炮四十余门，小巡船载炮二十余门。其装兵船，则仅有炮十门、八门，及四门、二门不等。系为夷兵居住，及装载火食之用。

水师提督吴建勋，拟仿照夷船制造战船式，计长十三丈，宽二丈九尺，深丈八尺，木料坚实。间或购自外洋，船底骨长十七尺，底板内板计两层，底板厚四寸，内板厚三寸五分。头桅、二桅，俱长六丈，三桅长五丈七尺。每桅分为三截，视风之大小，随时续之使长，卸之使短，大可驶风行走。风篷用布，亦分四层张挂，如遇顶风折戗，收驶便捷。船底板之内，内板之外，共安横柴一百五十四道，曲手一百五十四对，舭柱一百零八条。舵条长三丈七尺五寸，径一尺。铁锚大小四门，抛泊时随宜用之，共重五千六百斤，系铁练大小三条，共重一万九千斤。船底骨并头尾鳌舵，俱用铜片包裹，共铜片重一万三千余斤。另用生铜钉一千四百余斤，铜柱钩环，不在此内。铁钉自一尺三寸长，至五寸二分不等，共计重一万六千余斤。此外铁板、铁箍及钩环之类，约计用铁一万余斤。船底骨用洋杪木，桅用杂木，底板、内板俱用梨木，舵柱、舵牙、缴关心俱用榄木，舭柱、缴关盘、炮架，俱用吕宋格木，头鳌、横柴、曲手，俱用樟木，舱面用红罗木，其余多用油松或杉木。船头安炮一位，船尾左右安炮二位，上层左右，共安炮二十二位，下层左右，共安炮二十四位，各重二三千斤不等。船内设水柜四个，米舱二个，器械舱二个，火药舱一个，炼舱二个。另有官舱，为弁兵栖止处所，此船约可容三百余人，所用工料银两，将来造成，方能核计。另有图一张进呈。

广州府知府易长华，承造师船，长一十三丈，宽二丈六尺，深一丈零五寸，较大米艇加长三丈五尺，加宽五尺四寸，加深一尺二寸，船底及舢板，俱厚三寸，较米艇加厚一寸。大桅长八丈七尺，头桅长七丈五尺，三桅长三丈二尺，船头并两旁及船尾，共开炮门二十五个，各安一二千斤大炮。大桅之前为缴关，用以盘绞篷索；大桅之后，中间为火药柜，两旁为淡水舱。木料俱选用坚实，间有采于广西，购自番舶者。缴关风坛、舵柱用桄木，桅夹横柴，拱腰、舢柱、曲手用樟木，舢板上下用黎木，中用杉木，战棚板用红罗木，大桅、头桅用洋木，大桡、二桡、三桡俱用咖嘲呢木，其余均用杉木。船头两旁，安舢板以便探水。船外两旁，各安水蛇五道，其内安大曲手五对，中曲手二十一对，以固船身。船内两旁，安拱腰二百四十四条。又于舢板内，安舢柱一百七十四条，排比极密，以拒炮子。铁钉俱加长加密，自长一尺九寸至五六寸不等，共用铁一万五千余斤。此船约可容二百人，共用工料银八千余两。另有图一张进呈。

批验所大使长庆，承造水轮战船一只。船身长六丈七尺，舱面至船底，深四尺三寸，头尖连阳桥宽五尺三寸，中连阳桥宽二丈。两头安舵，两旁分设桨三十六把。中腰安水轮两个，制如车轮，内有机关，用十人脚踏旋转；轮之周围，安长木板十二片，如车轮之辐，用以劈水。巴杆二道，以西桅杉木四根为之，各长三丈，每道安布篷一架。舱底安曲手湾绕，共三十四对，以樟木为之。水轮用梨木、榄木，舵用桄木、桶木，其余多用杉木。铁钉自长九寸至三四寸不等，约共用铁三千余斤。两头及两旁共安大炮十二位，二千斤至八百斤不等。其船上墙板炮窗等处，用生牛皮为障，毛竹为屏，架以藤屈，夹以棉胎，以避炮火。交战之际，更罩罟网六层，并棕片布屈为软障，用时以水灌湿，庶可御敌，以壮军心。其篷索平时以药浸制，再于船中暗设火器药烟，临阵旋转旋放。此船约可容百余人，共用工料银七千两。另有图一张进呈。

在籍刑部郎中潘仕成，新造战船一只。船身长十三丈三尺六寸，底骨长十丈零八尺，面宽二丈九尺四寸，高深二丈一尺五寸。底骨用洋梢木，围大六尺，径二尺。船底横柴八十余度，俱大六寸，厚六寸。两边拱腰，共计三百三十余度，俱厚七寸，大五六寸。上下曲手，共一百六十余只，俱用樟木、梨木。船底用柳州杉板，厚三寸。船帮用洋油木，板夹拱腰，共厚一尺三寸。船内柜口龙并柜阵共一百一十五条，通用洋杪木、油木、橡黎，俱大八寸，厚六寸。柜板用红罗木，厚二寸半。船内外横筋共三十二度，大一尺二寸，至八九寸不等。大桅长八丈七尺，中间甲口，围大八尺四寸，径二尺七寸，用洋来吧麻木。头桅长七丈五尺，中间甲口，围大六尺六寸，径二尺一寸，用洋来杪木。舵碇俱用咖𠿕呢木。船底用铜片包裹连钉片共用铜六千七百余斤。铁钉长二尺，短至五寸不等，共计用铁二万四千余斤。另铁铙二门，及铁条铁马铁勾以拘船身。风帆三架，俱用洋来帆布，计长四百余丈。船舱分三层，下层压石约深三尺余。二层间档板十六度，俱用红罗木，厚二寸半。中藏水柜三个，火药柜三个，弹子柜二个。中层两旁安大炮二十位，船尾安炮二位，自二千斤至三四千斤不等。柜顶棚面，两旁安炮十八位，自一千斤至数百斤不等。仍可分列子母炮数十杆。船头炮位，随宜安放。此船可容三百余人，共用工料银一万九千两。尚有未造成战船二只，亦照此式制造，约九月杪可以完竣。另有图一张进呈。

在籍户部员外郎许祥光等，捐造战船二只。船身长九丈九尺及十丈不等，均宽一丈六尺，高深一丈三尺。大桅长五丈六尺，头桅长四丈二尺，三桅长二丈三尺。船底以西桅杉木为之，厚三寸。底骨用足油松木，舨板及左右护板，俱用杉木柚木。舨板厚八寸，护板厚三寸半，舱内横柴，共一百二十根，用樟梨等木。曲手共二百四十条，用樟木舵，碇用槎木，桅夹、风坛，俱用大樟木。火药柜外用铁片包裹，铁钉自长九寸半至长数寸不等，共用铁九千八百余斤。中分二层，上层头尾并两旁，共安大炮十五位，自二千斤至八百斤不等。炮位之上，设护板；炮手在下，借以遮蔽。护板上，密排子母，炮三十六位，与大炮相间，连环施放。上层舱面，留厫口二处，与下层相通，以便炮手人等出入。下层左右，设桨六十四枝，桨眼间设子母炮及小铜炮，以备近攻。打桨者与放炮者，各有专司，且各有避炮之处。有风驶帆，无风打桨。每大战船一只，用此船二只前后策应。船内共设水勇一百七十四名。其船吃水仅三尺，遇浅水亦驾驶如常。此船工料，每只约用银五千余两。另有图一张进呈。

安南战船说 余姚县知县汪仲洋

前两广制府林公到镇海，论及战船，检箧中绘存图式以授，计凡八种，而安南船居其半。一种广东水师营快蟹艇图，计两桅，每面用桨二十枝。一种知沙碧船图，计三桅，有头鼻，与英夷船同，炮二层，三十四位，长十二丈。一种花旗船图，三桅与英夷船同，炮二层，二十八位。一种安南国鱼船图，此船一名战船，用在布梭、大头三板船后，长约八丈余，宽若八九尺余。更加宽长亦可。形如大西瓜扁式，两边安炮；兵在篷内打仗，不见敌人炮火，有胆进攻。木料要十分坚厚，使炮子打不动。头尾两边，各设桨三四枝，或设车轮激水，更为稳捷。炮眼上一层设木栏，栏如女墙式，排列枪炮。栏上设木拱，篷厚二尺，顶有井口，以透烟气。一种安南国大师船图，船身约长十四丈，宽约二丈一二尺，舱深一丈余，船头与尾均平。绞缆用绞盘，船底舿厚五寸余，水离舿厚七寸余。舭边一尺余，以坚木为之。舭外企排六寸宽厚木枋以挡炮。舱内通挡藏火药舱，安大炮后正中，两边夹以水柜，相离二尺，不至潮湿。用木桶装贮，不用瓦器。凡两桅，桅凡二段，以笋接竖，式与英夷相同。此船较鱼船更巨，皆安南之大船也。一种安南布梭船，形如夷船小三板式，长约三丈，宽六尺。两旁每面设桨十余枝，头尾各安熟铁大子母炮一位，两旁配小炮四位，枪兵二十余名。两头用舵，首尾不分，随意棹走。一种安南大头三板船图，此与布梭船当先夹攻。其船头须十分坚厚，外加八字桨，以生牛皮数层盖之。且船头高于船尾二尺，弹子击来，伤不着船中之人。船两旁高与棹桨人头齐，船头安千斤炮一位，两舿船尾，各安子母炮，配桨兵二十余名，把舵一名，司炮数名，枪兵数名，每船约用三十余人。船身长三丈余，宽七八尺，舿用坚木厚约二寸。此船及梭船，越南谓明太祖用小船破陈友谅大船之法；英吉利来侵越南，赖此等船胜之。以其不借风潮，而能运动如飞也。一种车轮船图，前后各舱装车轮二辆，每轮六齿，齿与船底相平；车心六角，车舱长三尺，船内两人齐肩，把条用力攀转，则轮齿激水，其走如飞；或用脚踏转，如车水一般。船身长一丈七尺五寸，船舱肚阔五尺，船边护木，离船一尺一寸。头尾用木篷，中用竹篷，船篷至底高六尺余，一半入水，如船轻用石压之。盖船底入水一尺，则轮齿亦入水一尺也。按以上安南船凡四种，其布梭船、大头三板船，长仅三丈，操楫飞行，进退惟意，实与轧船相似，而无轧船之名，诚能仿安南之四种。若大师船鱼船造三分之一，布梭船、大头三板船造三分之二，工料务求坚实，枪炮咸为预备，拣选善没水之健勇，不时操练，分布粤之虎门，闽之厦门，浙之镇海、乍浦，吴之上海，北直之天津。随英夷所到之处，长短大小相卫，但于海口内洋攻之，彼何能肆行无忌阑入内地？

《瀛环志略》曰：英吉利兵船极大者，安炮一百二十门，次一百、次九十、次七十四、次六十。中等者，安炮四十四，次三十六，次二十八。小者安炮二十，次十，次六。其船大者三桅，长十五六丈，次者二桅，长约十丈。船形平直，两舷高六七尺，船腹入水，深者三丈余，浅者两丈余，小者丈余，包以铜片，厚一二分，防蠓虫蚀船也。船底有三龙骨，正中者高三尺许，平而直；两旁者相距尺许，低于中龙骨尺许。船底厚约七八尺，表里两层，故谓之夹板。钉极密，以铜为之，长尺许。舵甚小，在中龙骨之尾，长与中龙骨齐。桅三节，在根者围约三尺余，长约十丈；入船腹者三丈余，直抵龙骨，在外者七丈余，中一节围约尺余，长约二三丈，上一节围不及尺，长止丈余。每节相接处，有木架，可坐数人，持仪器审方向，又可悬炮击远。帆分三幅，以布为之，卷舒极速；绳索密如蛛网，两旁有绳梯，用以登桅。船首有桅，长二三丈，其势斜立，亦施篷以兜风，谓之头鼻。炮位少者一层，多者两层至三层。上一层在船面，下两层于船旁开炮洞，人在船腹。其船行大洋中，不畏风浪。其篷关掫灵巧，能收八面之风。惟入水过深，最畏礁石，一阁浅即立败矣。船料皆番木，或黄色、或赤黑色，皆极坚韧。船之内外，时时拭涤，皆极光泽。绳索拭以油使其柔韧，隔数日辄重拭之。

万历中，汪铉凿舟沉敌之说，自来以为奇策。谓募善水之人，伏船底用利斧凿孔，其船立沉。又闻善水之人，能伏水底七昼夜，能于水中食饼饵，兼操作。尝以询之窦提军振彪，提军云：此技余少时尝学之未成也，而知其梗概。凡人入海，必先闭目，否则为咸水所侵，目且盲；必闭气，否则流随吸入，转瞬而腹彭亨。年少力壮者，闭气稍久，亦断无逾刻许者。其能不浮不沉，恃手足之运动。运动少停，则随波涌出水面，断无在水中尚能施力运斧之理。且海水波浪最劲，愈深愈劲，能浮江河之水者，入海水则败；能浮内港之水者，入大洋则败。善水之人，在大洋落水，得片板可不死。若徒手浮沉大浪中，力尽气微，亦未有不死者。此技即使至精，断不能化其身为鱼鳖。世俗耳食，资谈柄则可喜，施之实事则愚矣。又守备吴金魁，水师勇士，杀海贼无算，为贼伤毙，得旨优恤。亦尝习此技，余问之亦云然。

海国图志卷八十五 邵阳魏源辑

火轮船图记

火轮船图说 歙县郑复光

曩见传钞《火轮图说》，不能通晓。嗣见小样船仅五六尺，其机具在内者未拆视。又于丁君守存处见一图，俱有在内机具，与前图相表里。故会通其意，为之图说。其尺寸就小样船约之，质多用铜。大船未必尽然，会心之士，必毋泥执。

一曰架　铜为之，下槛四根，长短各二，连成长方以为底。上梁四根亦如之，四角各竖一柱，而架成矣。其近前梁处加一横梁，从上直穿三圆孔，中一旁二。其后槛居中，亦从上穿一圆孔。其旁两长槛，当横梁之下，各有圆孔，则横穿之。架之大小，称船之舱。

二曰轮　后轮二，命为支轮。缘其小于前轮，取其支架，令平可陆行以抵舟也。形似车轮，两轮共轴；轴端圆而轴中竖短柱一，柱端亦圆，为直轴入后槛孔中，则两轮可前后转，以便左右也。轮在舟内。前轮二，命为飞轮。名见《奇器图说》。缘轮体重而形圆，一周之重如一，故其未动也，似多一重；而其既动也，则多一力。所谓已似无用，而能以其重助人力者也。轮心孔方，轴圆而榫方，轮随轴转者也。轴近榫处，各作一曲拐；曲拐外贯旁槛横孔乃安轮，轮在槛外而舟内。外轮二，命为行轮。轮舟双环，连之以版，或八片，或十余片，用以拨水如桨然。在舟外两旁，毂孔亦方。

三曰柱　曲拐二，皆运之以柱。为边柱，下端各作圆孔，以受曲拐，上贯横梁两边孔，另有中柱贯横梁中孔。三柱上齐，连以横栓，所以同其下上之也。中柱稍短，其下入于气筒。气筒颇粗，面有盖，盖心有管，恰套中柱下端，密而宽；宽以利柱之下上，密欲其不甚泄气也。气动中柱，则边柱同动，而曲拐运转飞轮也。附

气筒机具，得自丁君传来之图。甲乙为总管，藏在锅内；气从甲下行至乙，则分而为二；上由丙入己，下由丁入庚；乙内有舌如门扇，轴安左边。如风箱中事件。气从乙入，为舌所碍，不能两管并进，必寻隙而行。辛为铁条，即如中柱。入子孔内。戊为托版，以铜铁为之。初疑太厚，或夹皮如水炮中事件。丁君言在沸水热气中，皮难坚久，见风枪中事件，亦铜铁也。壬另一管，上通丁下通癸，原称癸为盘；不类，殆是筒也。内气化水，则入于此。癸外当另有盘贮冷水，癸浸其内，气过盛，使化水，不致毁裂机器也。气寻隙行，假令隙在丙，舌必下而掩丁；气全入己，则戊为之下矣。戊下己足，气来不止，必寻隙入丁，舌自上而掩内，气全入庚，则戊为之上矣。夫己庚相等，则势均力齐，因子稍泄气，癸能化水，自生呼吸，所以下上甚速，灵动微妙，不可思议。但曲拐之转，因柱下上，可左可右；而飞轮一动，重助其势，则左之必左，右之必右，自有顺无逆矣。

四曰外轴　内外枢　轴内端方而外圆，连内方处，圆之入船帮，连外圆处，方之入轮毂，方端入内枢，圆端入外枢。内枢铜版一片，厚一分，阔七八分，长视飞轮，内径稍杀，中作方孔，以受轴内端。版片两端，各立短柱，入飞轮两辐之间，辐动则拨

短柱，而轴随之转矣。外枢略同内枢，长视外轮，径稍盈，则向内一折，使足函外轴。又向外一折，各作两孔，用两螺丁以固于船帮；中心作圆孔以受轴外端，所以管轮而利轴转也。

五曰外轮套　径足函外轮而止，内外两层，外为正面，全圆之；内为背面，半圆之，连合以墙，亦半圆而止。所以围外轮束水使上，不旁倾也。半圆径边，安两合页，用螺丁固于船帮墙上。

六曰锅灶　锅下安灶，后开火门，锅边起墙，高及架；上有盖，立两柱夹之，柱端安横梁，中开孔，以螺丁固其盖。前有灶突，高过于架以出烟。锅近上口，旁有一管，横曲上出，其端如碗，以入水。碗底管旁横一柄，命为闭气柄，右推则开以入水，左推则闭不泄气。稍下复次第安两管，为出水管，皆横曲下垂；有闭气柄，盖为斟酌水之多寡设也。锅灶切近内之后气筒，则在架前横梁之下。当是长管藏锅内，从项下垂将至锅底，一折横行，至气筒处，以远滚气入筒也。曲拐左近，下有垂管，安闭气柄；想与气筒相通，盖欲泄气以泊舟，兼为气化以出水也。

七曰桅　两截参差相接，下截高过船舱，端作长方栅栏架，长约尺半，阔八寸，上可栖人，以窥远用炮也。

八曰绳梯　上结栅架，下结船边。

九曰破风三角帆　有木如桅，卧安船头，长四五尺，突出船头者三四尺。端系两绳，一附木系于桅根，一斜迤而上，系下截桅上，成三角形，略合句四股三之度。布作三角帆，斜边及下边，安铜圈无算，套两绳上。逆风张之以破风，不逆则收之。然不能一将便收，必解绳方无碍。则用铜圈者为收折如扇，以省手摽之烦耳。

十曰破浪立版　舵　二版立舟底，高约及尺，厚二三分，前齐舟底，后杀于底者寸余。另附木片，高称之，阔约一寸，为之舵。舵干上入舟处有木套，形似碑，藏其机于内，高及胸，上端横出一轴，轴端有加版轮。_{名出《奇器图说》。}顺拨则舵左，逆拨则舵右。

十一曰全图　原传图说，言帆虽设而不用，逆风日行二千里。图说甚略，俱不明了。晋江丁君拱辰《演炮图说》云：夹板船大顺风日夜行六百里，火轮船顺逆风顺逆流亦行六百里，以表与脉较准，一呼一吸，为时一秒，二船皆行二丈一尺，似属征实。然一周八万六千四百秒，以二丈一尺乘之，里法百八十除之，得一千八百不合。盖所据推算尺度之殊，不足异也。至原传图说，帆设而不用，则何必设。又画有法条，实为无用，皆不足据。或谓风力可以飞石移山，并其逆风能行者亦疑之。不知飞石移山之风，顺风且不可行，逆风岂真谓此。殆谓寻常逆风，他舟袖手，此可径进；风若稍顺，则熄火张帆，未尝废帆不用也。其巧在三角帆以破风，立版以破浪；行船巧在轮，运轮巧在曲拐。若夫风浪之力，所以大者气法也，水火之力亦气法也。分风擘浪，则彼气之力失势；火炽水沸，则此气之力得势。彼失此得，其加减比例，诚有不可拟议者。则逆风能行，理有固然。虽日二千里不无夸张，或谓昼夜行千二百里者近是。

火轮船式

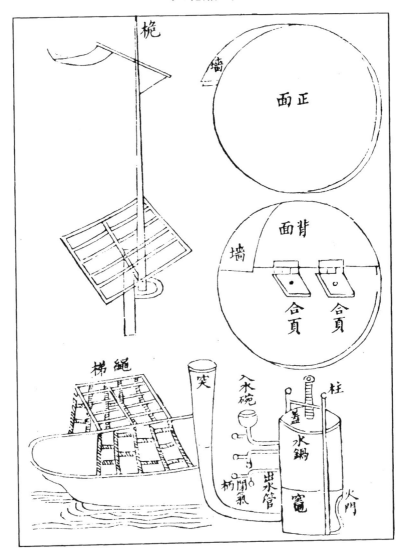

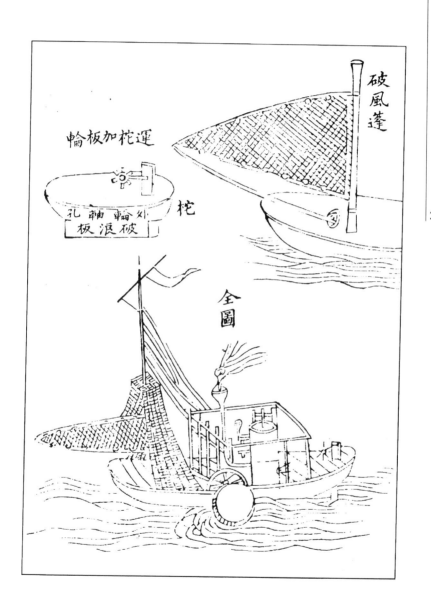

破風蓬

輪板加柁運

柁

列板輪軸孔
破浪板

全圖

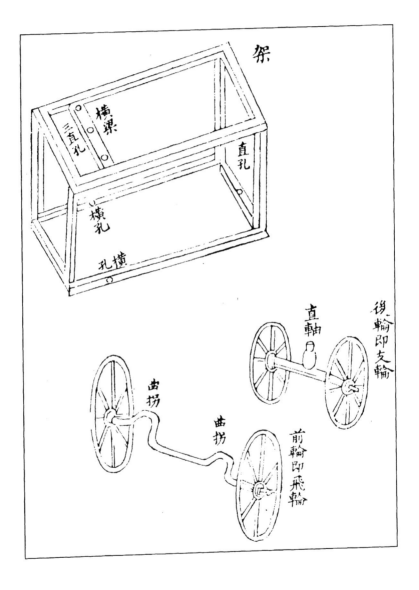

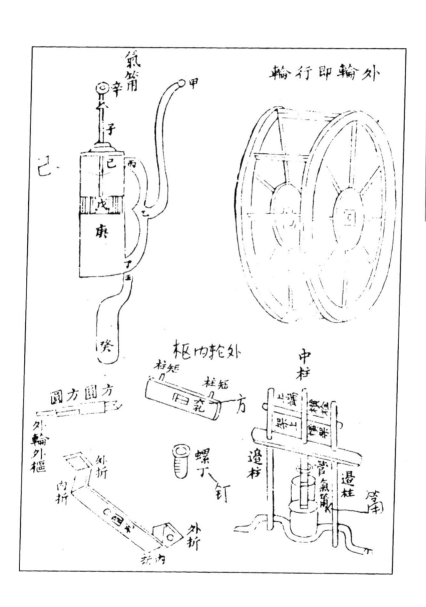

氣筩

輪行即輪外

樞内輪外

中柱

圓方圓方

外輪外樞

螺丝釘

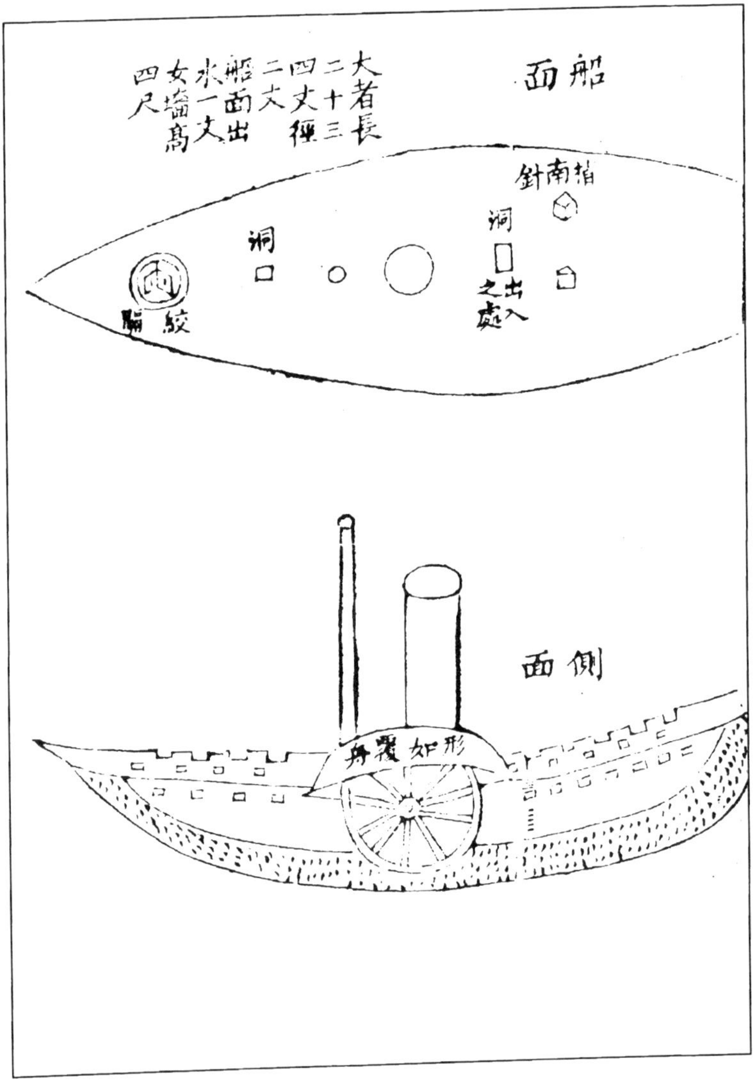

船面

大者长二十二丈
四丈
船面出二丈
水塘一丈
女墙高
四尺

指南针

洞口

洞口
出入
之
处

锚绞

侧面

舟覆如形

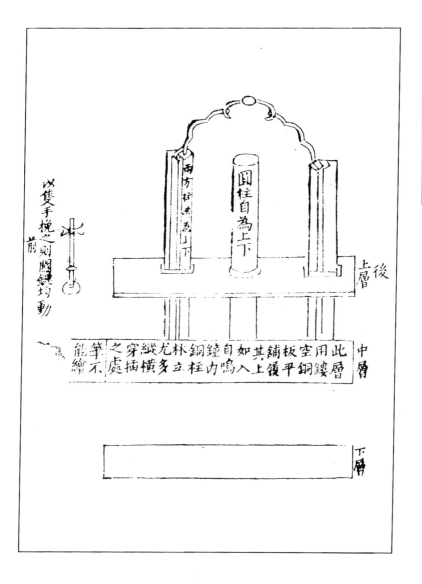

火轮舟车图说 西洋人

子作火炉，上开烟窗，丑为火罐寅位开小洞，盖以铁版；上湾装一卯管，与辰桶连。辰桶下装巳、戌、酉三管；巳管通午桶未竿之底，致气推上；酉管通午桶未竿之上，致气推下；惟戌管独湾，通出气之亥管。又辰桶中装小申桶，高低视辰桶之半，而无底板，长短约可罩住，或巳戌或酉戌二管。故丑罐水滚至极，气从丑上卯入辰，过巳至午，则未竿必升上；未竿升而申竿必下。未申竿头装曲柄，各系转轮竿，上下不止，轮即辘轳不住。舟车之利莫便于此。又卯管当半装机关钮，如关之则水气不通辰桶，而未申竿即不运动，舟车可立止不行。其寅位铁版之轻重，约以丑罐中水气之加减五分之一。假如水气得五十斤，则铁版当用四十斤，气满丑时，罐随气可升降。若无此铁，恐罐有迸裂之忧也。昔未作此器时，牛马之外，最捷莫如明驼，日行千里。由今视之，则瞠乎后矣。有心济世者，曷勿仿式为之？

其丁筒内之戌号铁片，既水气蒸激如此，其动甚快，激上迫下。则辛号用一条铁，连合戌号铁片，上出筒外，合着机关，辛号铁条，就感动在外之机关。虽此条但上下感动，而因此牵制于别项活窍，则周围轮机，无不转动也。

又曰：火轮船，自英国寄信至印度，由地中海行走，二月可到。若用常船则虽走地中海捷路，亦须三、四月方到，其方便可见矣。惟此船费银甚多，公司今要罢之，各商情愿捐银，仍照此法办理也。此船由英国京城起程，驶入地中海，地中海东南有一地，在南海之间，如腰带之形相连亚西亚及亚非利加之地，海舟在此，要改（般）〔航〕三日之陆路过至红海。另用炊气船接进印度海，直至孟买后，可由陆路转寄孟雅剌各处矣。但此等火船，只可在外洋阔河驾驶，宜慎用于小河窄港。缘斯船中舱之底，火煮两铜锅沸水，待水之沸气，蒸入机窍内，则机关自动，机动则能使船旁两轮，棹水转动不停，其行如飞；恐有迎面小艇，狭港相遇，则有翻倾之害。故中国可行于长江大河，难行于舟艇聚密之小港也。

火轮船说 西洋人

《每月统纪传》曰：今西方各国，最奇巧有益之事，乃是火蒸水气舟车所动之机关，其势若大风之无可当也。或用为推船推车，至大之工，不藉风水人力，行走如飞。或用之造成布匹，妙细之业，无不能为，甚为可奇可赞！至其感动之理，却非难明。盖万物之内，多被热气布涨成之。虽铁条厚实之物，性亦如此，近火烘热，则必涨大一些，而水力尤甚。盖水一分煮到极沸，则变为气，须千分百分之地，才可容载之。兹若将一罐，以水斟满，而将盖封之，致气不能出，则水到沸时，其罐必迸裂，是水布涨之力可见矣。今以蒸水之气，感动机关，即是此理也。读者看上画图，可明此理。其甲号者，乃是大铁罐，用时必斟满以水。在下乙号是火炉，炎火甚炽因煮水滚必当有变。气罐内独有丙号一筒，为水气所出，气过此筒则别至丁号大筒。此筒上下皆塞，惟有癸号小筒，水气由之进，至壬号大盘，复冷变回水也。其丙号筒至子号则分为二。其一在己号，入丁号筒之上；其一在庚号，入丁号筒之下。在子号又有一扇小门，转移于己号庚号两小筒之间，此通则彼塞。又丁号筒内有戊号一片铜或铁，密合其筒内径，而可在筒内上下。

水气由丙筒至子号小门，上己筒进丁筒，其戊号铁片，则迫下，且子号小门封塞，己筒水气，则必由庚筒下进至丁筒；其戊号铁片，复激上至子号小门，则封塞庚筒也。戊之铁片，恒常上下如此致所进之气，不复由己庚二筒而出，乃由庚后一癸筒出，至壬处复变水矣。

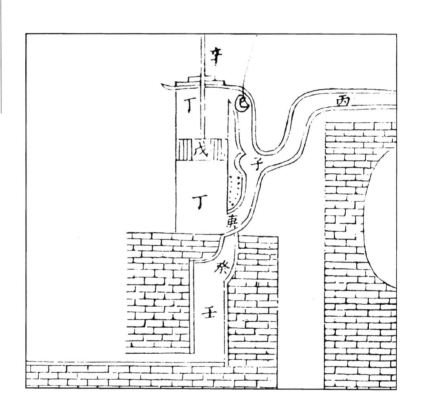

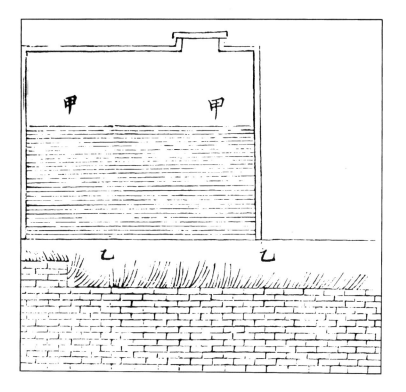

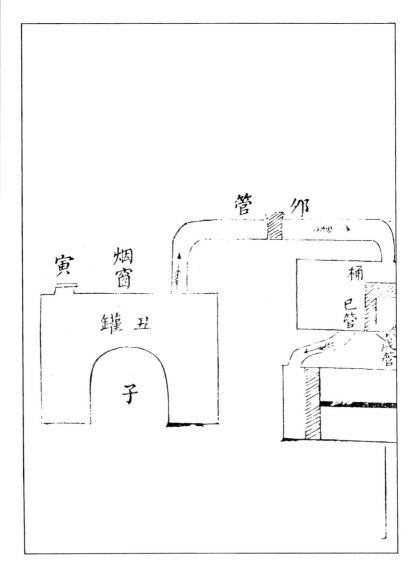

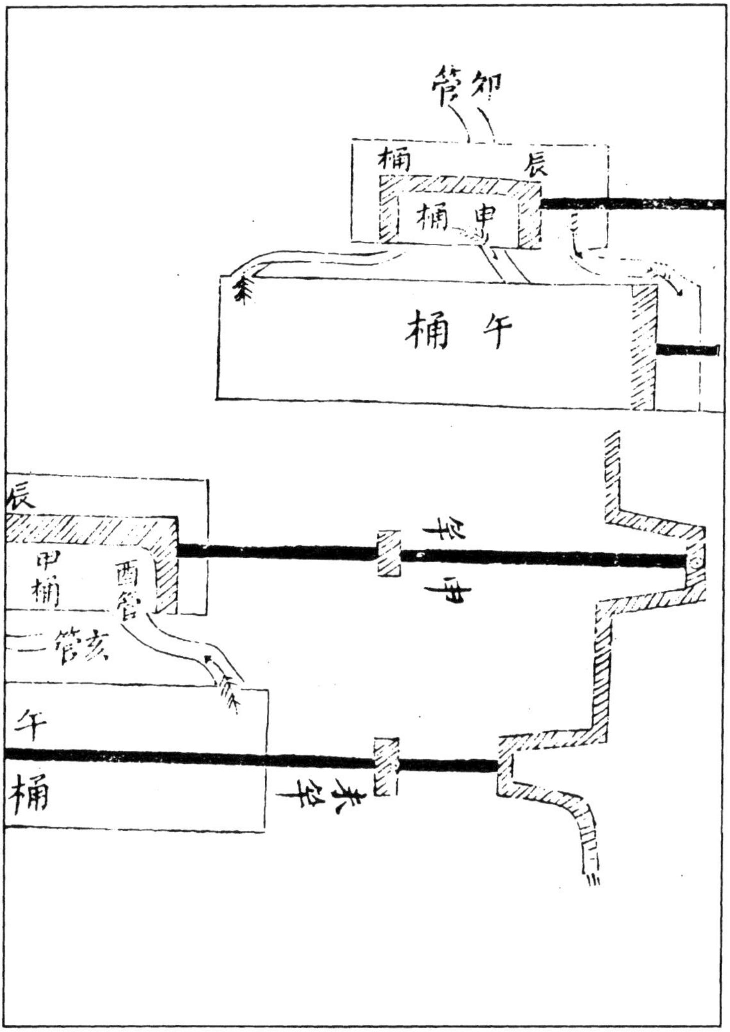

卸管
辰桶
申桶
午桶
辰
申桶
酉管
亥管
午桶

海国图志卷八十六邵阳魏源辑

铸炮铁模图记

铸炮铁模图说

浙江巡抚刘片奏：查嘉兴县县丞龚振麟，于道光二十年六月，调赴宁波军营差委；因素有巧思，在营制造轮船。前钦差大臣裕谦，令督制军营一切器械。迨九月间，臣复令在省局监工。凡军器中一切应用机括之物，皆系该员督率指示。如铸造炮位，向须合土为模，再行范金倾铸；而土模非月余不能干燥，极为费手。上年冬间，雨雪连绵，模不能干，以致炮不能铸。该员冥心苦索，创为铁模，试用与土模无异；仍可源源镕铸，且事简功倍，所省工费尤多，不特内地工匠等所未知，并为西洋夷法所未有，其运施之灵，用心之细，实属不可多得。现在扬威将军，已照会臣将该员先行记功，以示鼓励。兹查出该员监造鸟枪，亦有不能合用，功罪不能相掩。是以臣声请一并交议。但其在局数月，监造之器，不计其数，且多灵巧坚固，洵属劳绩懋著。即鸟枪之震落门盘，露有沙眼，亦因多加火药之故。况仅止四杆，为数无多，可否将该员应得处分，俯予宽免。奉旨准行。

庚子夏，英夷犯顺，侵入舟山。其时振麟备职禾中，奉檄赴甬东，见逆帆林立，中有船以筒贮火，以轮击水，测沙线，探形势，为各船向导，出没波涛，惟意所适。人金惊其异，而神其资力于火也。振麟心有所会，欲仿其制，而以人易火，遂鸠工制成小式，而试于湖，亦迅捷焉。中丞刘公闻制船事，令依前式造巨舰，越月而成，驶海甚便。中丞又以炮架旧式重滞，仅能直击，与林少穆制府共相筹画，拟数千斤重器置于上，畀一人之力，使之俯仰左右旋转轰击，授以绳墨，振麟得以师承其意，而如法以成，即图中磨盘架四轮车是也。辛丑秋八月，蛟门失事。省城添局制造，授振麟以铸炮事，铸炮向以合土为模，经旬累月，一模始成，一铸即废，不可复用。当军书旁午，缓难济急；且时入冬令，雨雪连绵，制尤不易。尝谋一劳永逸之计，殚思竭虑，拟以铁易土为模，而苦无成法。遂以私臆创造，模成后，鼓铸便捷。旋蒙入告，并以所呈图说刊订成书，移咨沿海，同人纷索，遂复校刊是编，叙而存之，以志一时之知遇云尔。龚振麟自序。

炮始于范蠡，然飞石击人，非火攻也。元人得西洋炮，轰取襄阳，后不甚著。前明中官郑和造大舶，征服西洋诸国，招徕粤东通市，于是中国有佛郎机炮。兵家者言，〔盖〕缺如也。惟泰西汤若望《火攻挈要》、《秘要》两卷，专讲炮法，颇为详备。然其建炉造模之繁难，甚于内地。内地泥模，层层笋合，虽较汤法简便。泥以水合，非一月不能干透，若值冬令雨雪阴寒，晴霁绝少，则非三两月不能干透。且一铸之后，随即毁之。当军兴紧迫之际，何能咄嗟而办。禾城龚振麟县丞，精于泰西算法，故制造军械，皆能覃思极巧，神明乎规矩之外。如造夷船式，炮车用四（辋）〔轮〕，可以推拽进退。（军）〔车〕上另用磨盘木四面旋转，皆堪施放。辛丑夏，英夷犯顺。予从事镇海粮台，兼管炮局，甚虑制造之艰缓，与商变通之法。振麟拟创铁模，工匠骇为河汉。既而铸造若干，著有成法，其法至简，其用最便。一工收数百工之利，一炮省数十倍之赀。且旋铸旋出，不延时日，无瑕无疵，自然光滑，事半功倍，利用无穷。辟众论之异轨，开千古之法门。其有裨于国家武备者，岂浅鲜哉！道光癸卯四月上浣，东牟鹿泽长识。

制铁模法

视炮之大小，约分为几节。或四、五、六、七节均可，总以炮身之长短为准，长则约分多节不必拘定。合土按各节式，做成泥炮以为心。每节上下卯笋，须极吻合。烘透接成一泥炮，使无偏倚。炮箍、炮耳及照星花纹起线处，悉照式完备。然后用土按节，合成外模。照铁模本身外线，做成车板，于内面车镟，务令极圆。烘透每节于径线分为两瓣。如合瓦式，须极正极匀为要。倾铸时，从炮口一节起，首先另做成圆平土托一块，亦烘极干。将炮口一节泥炮，倒竖于托上。次将外模一瓣，亦竖于托上，与所竖泥炮遥对务准。中间留出空位，即系铁模地步。复用熟泥，补平烘透。与两边瓣缝相平直。再将次一瓣合成一节，用两铁箍箍紧；另用烘透之泥圆板一块，周围与节周相等。覆于一节之上，圆板与节相合，须先做成笋槽，俾第二节之卯笋可以相属。板上留出铸口。范铁倾铸，成一节之一瓣，亦待冰透，即将先立之一瓣轻轻退开，除净所补之泥，仍旧合好箍紧；每瓣相合之缝际，须做小卯笋相合，俾无参差之弊。复取泥圆板，覆上范铁倾铸，则一节合瓦式成矣。且缓出模仍然安置不动，待冰透去上覆泥圆板，将第二节之泥炮，接于已铸之第一节泥炮上。次将外模一瓣，续于已铸之第一节外模上，亦如前法，用泥补好烘透。再加次一瓣接合，用箍箍好，上覆泥圆板，按次倾铸。凡各节层层悉如前法次第顷成，务使相属。各节两瓣相合之缝须令错落如砌砖墙之（真）〔直〕缝同式。凡每节之一瓣，须用冂字样熟铁钮二个，相对嵌入，使安放有准。须于末铸之先，反嵌于外模里面，留出冂字下脚，使铁汁自为齿住。以上各节铸完，即将内外泥胚去净，磨光听用。用后放于干燥处所，不可近潮气，虽用至数百次，完好如初，永无弊矣。若铸四千斤以上至万斤炮之模惟将每节分为三瓣，余法同。

铁模铸炮法

先将每瓣内面，用细稻壳灰，和细沙泥调水，用帚薄薄刷匀，如粉墙状。次用上等极细窑煤调水刷之，两瓣相合，如合瓦形。用铁箍箍紧烘热，节节相续。余法皆与用泥模同。至倾足成炮后，立可按瓣次序，剥去铁模，如脱笋壳状。露出炮身，凝结未透，尚属全红。设有不平处所，即用铁丝帚、铁锤收拾。是以凿洗之工可省，并可立出炮心，除净泥胚，膛内即天然光滑，亦不费镟洗之工矣。

铁模利效

一铁模用一工之费，而收数百工之利也。始造时仍先用土分段合成，较泥模工料加至二倍。既成之后，一劳永逸。虽倾铸数百次，愈久愈熟；非若泥模，一铸即成瓦砾废器。是以两泥模之工之用，而作数百次之工之用也。

一铁模用匠之省无算也。改用铁模，则泥模之工料，以及舂泥打泥板之小工可省；所需惟做炮心之匠、铸炮之匠耳。如用匠四十名，每日可出炮三位，若赶办二日相牵，可出九位，虽阴雨亦不能闲阻。计算一炮之工，仅费数千文。是一炮较泥模，已省至十余倍矣。一铁模用匠可限定工程也。盖泥模须舂泥极熟，打泥板待曝干作模，又须层层用炭烘透。工匠借辞拖延时日，督催严则倾铸时，故使瑕疵丛生，而诿于督催过严，泥未舂熟，模未干透之故；使督者无从置辞。而铁模则永无此弊，故可定限，刻期而成。

一铁模铸成炮后，可省修饰之工也。泥模铸后，即成瓦砾，嵌于炮身，须用多工细细凿洗修饰。今铁模所铸，立刻出模，炮身自然干净，丝毫不加修饰。则修饰之工省矣。

一铁模所铸，可省洗膛之工也。泥模所铸，非两三日不能冰透，使火气内攻，镕汁浸润于膛心胎上。出之既属不易，洗之更费工程。无论如何镟洗，总难一气光滑，不若铁模所铸，旋铸旋出，火气不致内攻，膛胎出之既易，复能天然光滑，上下如镜，施放可以致远，而无涩滞之弊。

一铁模铸炮，可无蜂窝之弊也。泥模虽费用炭火烘足，外面干透，而土性自润，一见热汁，则潮气自生；是以腾沸不已，即生蜂窝，不能坚结浑然，施放可虞。今铁模无湿气可生，无腾沸之事，则蜂窝不起矣。

一铁模可经久收藏，以备岁修之用也。泥模不特一用即废，且开工后必须待至一月左右，始能范金倾铸；是待一炮之成，已须经月之久。今铁模既成，目下倾铸收利无算；足用后仍复完善如初，可以收藏，以备岁时添补修改之用。其时只须置炉做炮心，不待天时立可范铸，二三日炮即成就，用毕复可收藏。垂之永久，利用无穷焉。如军行塞外，道路修阻，炮身重滞搬运不易，可将炮模携带，随地鼓铸，尤为便捷。

按制炮法，炮之一身，厚薄轻重，均有一定准则；故西法有比例推算之说，要皆以膛口空径为则。譬如一炮约定膛口空径为一寸，则炮墙近尾处应厚一寸，近耳处应厚七分五厘，口边应厚五分，故自外观之，口锐而尾丰。耳之圆径及耳之长，俱应一寸。比例相生，作为定率推步。是以炮体大而膛口亦大，故可用数十百斤封门之弹。不然，则炮体蠢然重滞，炮口窄不容拳，徒有数千斤之名，虽食药多而子力不称，安望其致远乎？若谓前法膛大墙薄，有炸裂之虞，盖未细推耳。即照空径一寸推之，近尾处厚亦一寸，计通径为三，内减空径容积得面积，六寸二十八分三十一厘八十五毫。较空径面积，七十八分五十三厘九十八毫。已大至八倍矣。以八倍之力束之而尚炸裂，必是铁料不善，岂可诿之于厚薄间耶？似比例相生之法为至善也。至位置炮耳前后，有四六比例之法，以轻重计之。不可以寸尺计为至要。自耳中心至炮口，十居其四二，自尾珠至耳中心，十居其五八。再以炮体围圆定上下，以耳之外圆线上切炮体之中线，则耳就下，适得其半，如捧托然。不特运用轻捷，俯仰如意，更无纵跳倾欹之弊。

又药膛火门亦有一定之法。炮膛内须置药膛，药膛径小于炮膛径二分许。底圆口微敞，如茶杯里面底形。所重在底圆，万不可平。开火门须于紧挨药膛之极底处，则无后坐之虞。此工匠最难措手处，略不经心，为其所误，虽制作精细，亦为废物矣。开火门法，铜铁各异。铜炮于铸成后用尺内外比量极准以钻开之。铁炮先用熟铁缠丝，打成火门管听用。俟铸时安稳泥心胎之际，将火门管置于心胎尖上，极正极准，而后范金倾铸即成矣。

夷模全圖說

式全模镞

炮尾

炮口

第五節 第四節 炮耳 第三節 第二節 第一節

頭炮

泥 炮 心 式

药膛

炮

膛

阿连樯铁

口心

炮心与泥模所用同仍用各土按层製成

第一節錢模左瓣分式

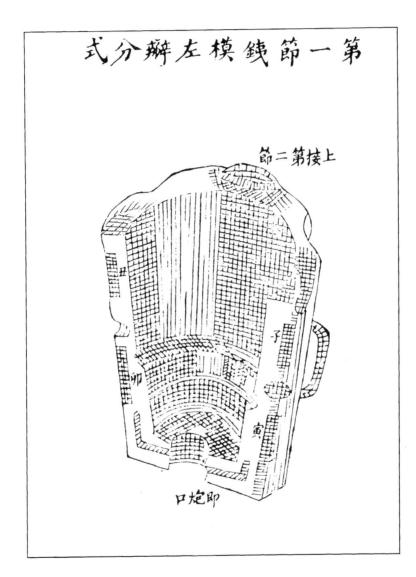

上接第二節

丑

子

卯

寅

即炮口

第一節鑄模右瓣分式

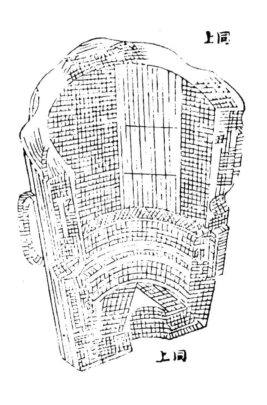

上同

上同

第二節錢模式

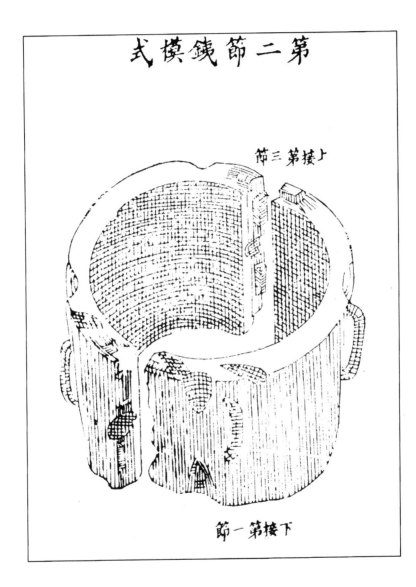

上接第三節

下接第一節

式模鑢節三第

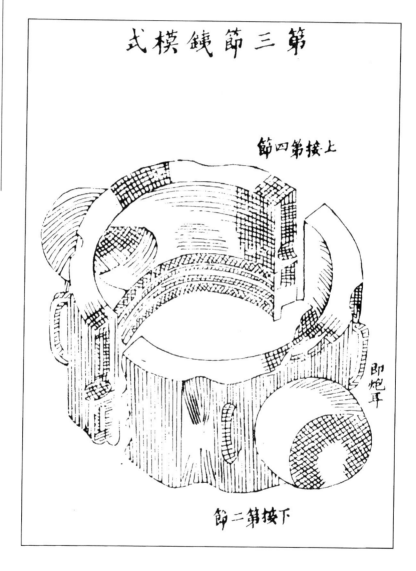

上接第四節

即炮耳

下接第二節

第四節錢模式

節五第接上

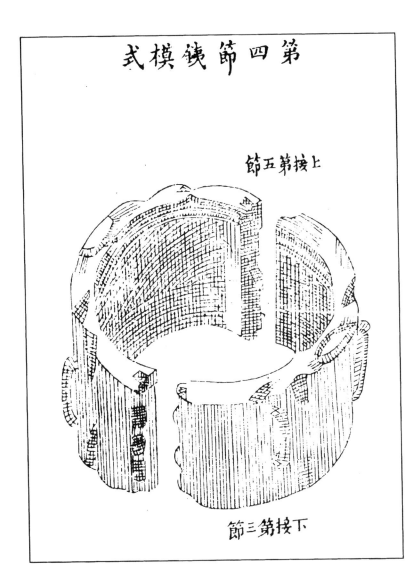

節三第接下

第五節錢模左辦分式

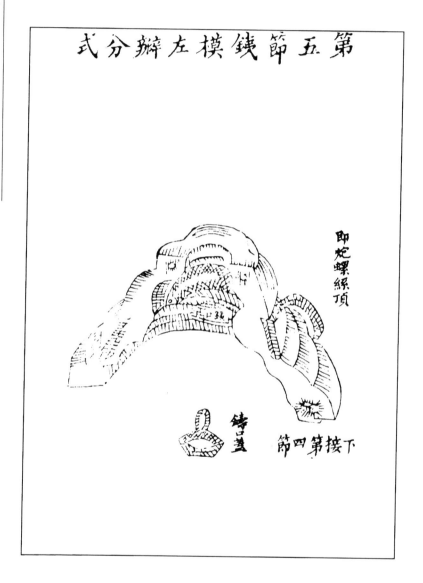

即蛇螺絲頂

鑄口蓋

下接第四節

第五节钱模右辨分式

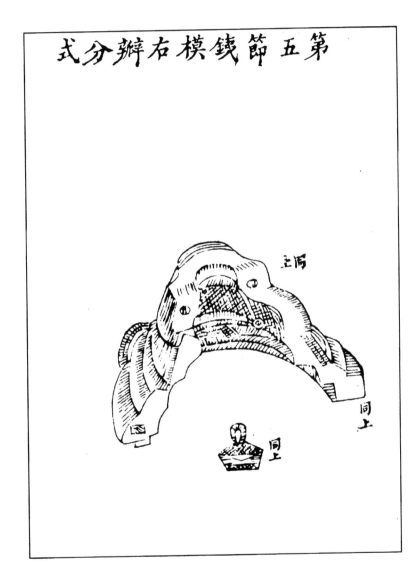

铸造洋炮图说 福建监生丁拱辰著

　　西洋铸炮之法，首在煅炼之工，而围径之大小长短，又须俱合算法。且药膛为炮身吃重之处，尤须坚厚得力，方无炸裂之患。是以西洋炮身，尾粗而头细。至于铜铁之性，各有不同；铜则性柔，铁则性刚。铸铜炮则工本甚巨，铸铁炮较为省费；果能煅炼精纯，即铁亦胜于铜。各省之铁，惟粤省所产者为佳；其中又有荒山及新旧黑麻铁、洋麻铁数种。所谓洋麻铁者，系产自外洋。其荒山铁者，系在荒山采矿炼成新片铁也。又从而〔煅〕之，谓之新黑麻尖锅铁。此铁性较纯，铸炮匠工初只用三成，而用荒山新片铁七成，合熔铸成炮位，多有蜂窝。后经改新黑麻尖锅铁，加至八成，取其坚实，配以荒山新片铁二成；或以新黑麻尖锅铁七成，配以洋麻铁三成，加工煅炼铸成，质体内外，一律光润，始无蜂窝之患。至于头尾之粗细，药膛之大小，亦须配造合式。其炮耳安置，更要合宜，轰震可期稳固。耳若偏前，炮发则炮身后仰，耳若偏后，则炮头下覆。要在轻重衡平，置身自宜微后；又须偏下，不宜过高，方为合法。其泥模务须焙干，否则火气下激，水气上蒸。水气大，则蜂窝亦多；蜂窝多，则有炸裂之患。故须炮口朝上灌铸，则后尾之铁较为坚实。其安引门更要得法，若引门直大，则火气透泄，发火必迟；偏前则必后坐。其孔必须自后微斜，前透入药膛底，不可分毫向前。烘药一燃，炮即发出而不动摇。至于炮膛为炮身之主宰，而受药之处贵乎圆坚，方免涩滞。须按围径大小，另铸一生铁药膛。其引门用熟铁打就，贯入膛底，将铁心先用青麻或藤皮裹住，后用泥滚圆晒干。先上沙浆，次用白土泥浆敷上，用木矩板限住，转圆俱合围径之数。晒干用火焙透，外用乌烟擦之，贯入生铁药膛内，上用泥条顶住，使炮心居中不移。将泥模逐层安上，其合缝处用泥盖护，又用铁箍束住，使其不脱，用火烧红，俟冷时内用乌烟擦之，周围用干土春实筑之，以固其模。铸时其铁水务须熔炼纯熟，去净渣滓，接续倾铸，不宜延缓间断，至满为度。俟过三四日，火气稍退，将土撤卸，去其模，则炮形自露矣。更俟冷透卸下，取出炮心，再用炭火烧过，俾铁性一律纯熟。然后令工匠打磨炮身，务要内外光滑，钻通引门，刻镌字号，试验演放，响亮稳固，即可合用。今绘图式，以备参考。

铸炮弹法丁拱辰

凡铸炮弹，无论大小，务要取其光圆坚实，围径尺寸，须合膛口，不宜过大过小。大则药力闭塞，恐有涩滞；小则药力泄气，弹出无力。而弹子又有数种，如实心及通心等类。大抵三五千斤小炮可用实心弹子；若八千斤至万余斤之大炮，近则实心弹子亦可用，远则弹子重大，恐难得力，又不若用通心弹子较为轻捷。所谓通心者系弹子中心上下，铸时即通一圆孔，用木塞住两头。外仍取圆，用油灰弥补光平。譬如一万一千斤大炮，用实心弹子约重七十余斤，若通心即可减去一二十斤分量，用木塞住，亦不过五十余斤，其体轻可以击远。至于铸弹子之法，若用两模配合铸出，则中腰必露线痕，不能光滑。必须先用蜡作弹形，围径取圆，再用泥包外模，上留一眼；用火焙其模，则蜡自熔泻而出，而模中自空。然后从眼内倾铸开模，则其弹光圆无痕。若铸通心弹子，先作泥心一条，将蜡配成弹子圆形，再用泥包外模，亦如前法，泄蜡灌铸，则模开弹出，中虚一孔，而围径亦光圆，此铸弹子之大略也。

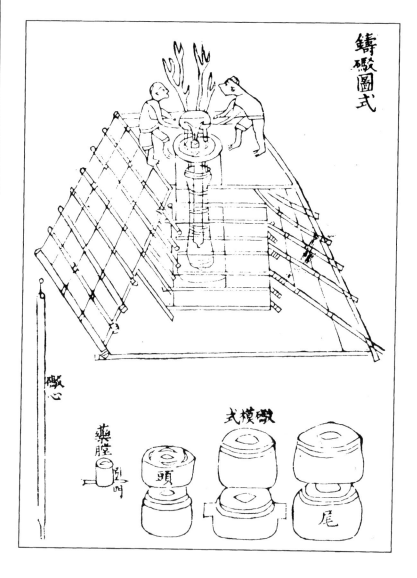

三千舶鐵碳式

二千舶鐵碳式

四千舶鐵碳式

一千四百舶銅碳式

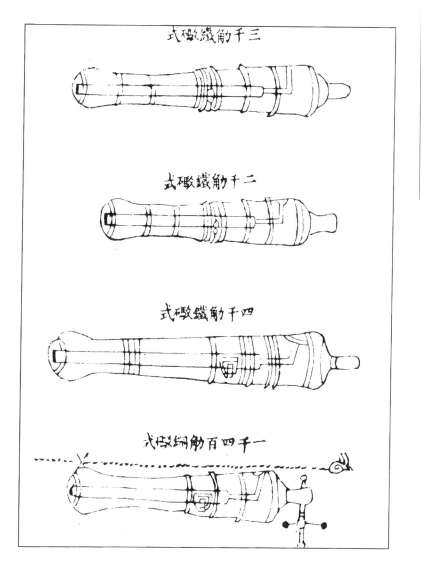

海国图志卷八十七 邵阳魏源辑

仿铸洋炮议

铸炮说附台炮　余姚县知县汪仲洋

夷炮铁质，重七百余斤；用铜仿铸，重九百余斤。其制火门一段最厚，自火门以至炮尾，其势渐增；自火门以至炮口，其势渐减；膛口极大而薄。火门下一段，内有药膛；较膛口收缩三分，装药二斤，封口铁弹七斤。虽七百斤可抵三千斤炮用。时林少穆来浙，出前明焦最所葺泰西汤若望造炮之法，分《火攻挈要》、《秘要》二卷，总名之曰《则克录》。其论筑台砌窑造模诸法，似不若中国较为简便，但以炮模干透为主。而其确不可易者，如铸铳分战攻守三等，铳身之上下长短厚薄，各有所宜。其言曰：西洋铸大铳，必依一定真传，比照度数，推例其法，不以尺寸为则，只以铳口空径为则。盖各铳异制，尺寸不同，惟铳口空径，则是就铳论铳，比例推类，自无差误。战铳空径三寸起至四寸止，身长从火门至铳口三十三径；火门前铳墙厚一径，耳前墙厚七分五厘径，铳口墙厚半径。铳底厚一径，尾珠在外；其珠之长大，各得一径。铳耳之长大俱各一径，火门至耳际得十三径。耳得一径，耳前之铳口径得十九径。此系四六比例之法，火门距耳得十分之四，带耳至铳口，得十分之六，此战铳之制也。守铳一名象铳，口下空径五寸，火门前装药处空径二寸五分。身长从火门至铳口八径，膛内装药窄处得二径，药前宽处得六径，装药墙厚半径。铳口墙厚二分五厘径，铳底厚一径，尾珠铳耳长大各六分径；火门至耳际二径，耳得六分径，耳前至铳口得五径四分。此系四分比例之法，谓火门距耳得一分，带耳至铳口得三分，盖以铳前膛宽体轻故也。以其膛口极宽，故名象铳；象铳即守铳也。又炼铁之法，铁质粗疏，兼杂土性，必着实烧煮，化去土性，追尽铁屎，炼成熟铁，庶得坚固。铜质精坚，具有银气。须先看验纯杂若何，如法参兑上好碗锡少许，用寻常炉座，将铜镕成清汁，以锡参入化匀，倾成薄片，听候烧入大炉铸造。按今用铁必用大炉，非两日夜不能追尽铁粪。洋铜本已炼净，只用小炉镕之，半日即能浇铸。用铁欲老，用铜欲嫩，皆与之合。其铸造各种奇弹，以及提硝炼磺用炭，皆有一定准则。又放炮近远之法。凡炮倒放，只宜一度至四度；仰放自一度以至六度。盖铳用弹三、四斤重者，平度击放，可到四百步；仰高一度，可到八百步，高二度可到一千四百步，高三度可到一千八百步，高四度可到二千步，高五度可到二千一百步，高六度可到二千一百五十步。若高七度从上坠落，则反近矣。诸凡放铳，以此例推。西洋教练火器之制，有学教官，教授各艺，朝夕演习，十日一考，立簿册注。三进者赏，退者罚，原等者免；再次原等者责，五次原等者逐回改业。限期以一季为度，必欲造成。一应器械、饭食悉资官给，亦无廪粮，学成方许教官开送武官处试演。十发而仅中五六者，止称通艺，回学再习。十发不差一者，称为成艺，收入营内，厚给廪粮衣甲，即名武士，礼仪服饰，咸旌异之。百发不差一者，始为精艺，给廪旌异，超等优示。其教官之责，即以所教武士之技艺精粗多寡以为升降。又根本至要，则在智谋良臣，平日博选壮士，练精神器，胆壮心齐，审机应变，自能战胜守固而攻克矣。否则空有其器，付托非人，适以资敌。其书约二三万言，此其肯綮也。予得此书后，与龚县丞互相起发，颇得神器三昧，用夷炮推放斤两尺寸，按原炮加一倍，自二、三、四倍，以至九倍，均可照算。先就夷炮，用加一倍、加二倍之法，作模试铸，可抵旧炮五千斤、八千斤之用。计自开铸以迄八月二十五日以前，共铸大、小铜炮一百二十余门，除分拨定海外，余皆摆列港口炮台。又夷炮架炮耳以后，架若层梯而下，以便演放时测量远近高下，以为仰放平放尺寸。架下有四轮，可以拽炮进退。林制府云：其在粤有磨盘炮架，可以旋转四应者。龚县丞将炮架改为两层，下层照常安轮，（下）〔上〕层中心以铁桩贯之。炮耳以后仍列梯级。虽四五千斤之炮，只以一二人拨之，即可随意所向。予以英夷惯于奇正相生，水陆夹攻；应移港口内有余之炮，兼防间道来袭。督帅以兵不足倚，恐其委而资敌也。讵知英夷觇知港口炮台层列，但以虚声攻击，而别用奇兵，由招宝山、金鸡山后攻入，镇海不守。而所铸神器及架，俱为夷人所有，岂不惜哉！

又曰：铜炮光滑，炮子及远。计千斤铜炮，可当三千斤铁炮之用。但铜炮一放，则浑身热透，难以连叠施用。而铁炮则一时不能红透，惟在铸之精细光滑，使与铜炮同功，则善矣。

又曰：木炮用坚木为之，长丈二尺，膛三寸，外围口厚三寸，底厚五寸。形式一切如铁炮之式，剜木心，两面合成，圆围用铁瓠十三圈。铁圈外再用毛竹包裹，以麻绳绞固。装药斤许，或装大铁弹一枚，或装铁条十余皆可。共重百余斤，四人、六人皆可抬放。每炮可连放数次，每放一次，刷矾水一次，即所谓抬炮也。或施于山谷之战，或沙漠难运重炮之地，似较铁炮为便利。

附炸炮法署陕甘总督林则徐奏

臣前次奏明仿照洋炮之法，制备应用等因。谨已捐资集匠将现有之炮位，先造转轮车架，以利推运而便旋转。又封口炮子一项，向来俱用实铁弹，于致远攻坚，已属得力。但一炮只毙一贼，多亦不过数贼而止。臣曾见洋炮有空心弹子之法，名为炸弹。因密授匠人做法。即在臣行署，督令试铸。虚其中而留一孔，此中半装火药，杂以尖利铁棱，仍将其孔塞住，纳于炮口，将孔向外。一经放出，其火力能到之处，弹子即必炸开，弹内之药，用磺较多，可以横击一二百步，其弹子炸成碎铁，与内贮之铁棱，皆可横冲直撞，穿肌即透，遇物即钻，一炮可抵十数炮之用。近日铸成试放，已向远处裂开。附近民人观者如堵，不知所用何法，而竟诧为未有之奇。是此种炸弹，实为行军利用。现就炮口尺寸，多制土模，铸造应用。其前派游巡将弁，叠据禀报，自旧腊下半月至今，各于沿山隘口逐加搜捕，实已全无贼踪；即荒僻山梁，积雪深厚之处，亦无人马行迹。臣复密加查访，均属相符。据兵民佥称，总因炮火猛烈，贼番闻风远遁。

炸弹飞炮说

炸弹飞炮轻炮说江苏候补知府黄冕

一、攻夷宜用炸弹飞炮方足制胜也。伏查夷变以来，历见各省章奏，虎门、厦门、宝山，皆为夷船飞炮所溃，其炮弹所到，复行炸烈飞击，火光四射，我军士多望风胆裂。其实夷船亦不尽飞炮，大抵攻坚城，沉敌船，则用实心之弹；惊敌阵，溃敌众，则用空心之炸弹。而内地大炮，则惟有实心铁弹，故止能透一线，洞一孔，而无益于行阵变化之用。有正无奇，非善策也。惟飞炮、炸弹之法，内地罕见，多骇为神奇，不知如何制造。道光二十四五年间，剿番青海，曾随林制军讲求火器，师心创铸，居然造成。曾经演试，其弹炸裂，飞击远到。边方聚观，无不骇异。且其弹浑成铸就，较之洋夷飞弹，用两瓣合成者，更为圆巧适用。曾经奏奉朱批嘉奖，在案。其弹椭圆，有如鹅卵。其法以泥为外模，复以泥为中胎。其泥胎中先藏尖利锥刀碎磁等件，复留上窍，以便铸成之后，去泥入硝磺，入毒药。大约二斤之弹，须空五六两，六七斤之弹，须空一斤有奇，余以类推。装药填实之后，仍与实心弹同重，则以椭补圆之故也。浑圆之弹，轻而寡力，故放出不能及远。惟椭圆力重，到远始炸也。其入药宜磺多而硝少，以硝性直出，磺性横出也。弹皮不宜过厚，亦不宜过薄，厚则药力不能炸，薄则药先炸而不能及远也。弹所到处，其弹皮固炸裂四散，而弹心之尖锐锥刀，亦复横穿直透；且毒烟所及，人皆晕倒；火光所射，众皆溃骇。数弹落营，而阖营皆乱；一弹入船，而全船可破。声如霹雳，势如鬼神，实为破敌奇器。伏查近年办理善后以来，所造防江大炮，身笨膛小，虽七八千斤，不过抵三四千斤之用。不若将此炸弹多造，装入配用。则炮虽不可改造，而弹子易于得力，亦足以挽其弊。

一、水陆战炮重笨，扛炮受子无多，宜改制以小受大之轻炮，方能利用也。窃查整顿水师之要总，以船炮为先，而内地江船，断不能如海船之坚大。至于海运沙船，虽系行海，亦非战舰。即一二千斤之炮，亦难施用。而抬炮之力量远近，又仅与抬铳等，故无以御海贼。今日欲反其弊，必须讲求炮制，使能以小受大，以轻胜重，以短及远，简便灵动，庶几一炮抵数炮之用，小炮同大炮之长，足以收克捷实效。飞炮炸弹，固为制敌奇器。但大弹必大炮方能容受，止可施于守城守炮台，而不能施诸战阵；可施于大海船，而不可施于中号小船，犹未足征利用之效。因又讲究小炮可容大弹之法，不用铸造，而用打造，不用生铁，而用熟铁，方能使炮身薄，而炮膛宽。缘生铁铸成，每多蜂窝沚体，不能光滑，难于铲磨；故弹子施放，不能迅利。至熟铁则不可铸，而但可打造。其打造之法，用铁条烧镕百炼，逐渐旋绕成圆。每五斤熟铁，方能炼成一斤，坚刚光滑无比。初次制成小炮二位，一重二百斤，一重一百六十斤。二百斤者，可容二斤有零之大弹，可抵千二百斤炮之用。重百六十斤者，可容一斤十二两大弹，可抵千斤炮之用。虽不能以一当十，已可以一当五。因又精益求精，再仿制百二十斤小炮一位，百斤小炮一位。以上小炮现存江南城守营。而其膛可受大弹，仍与前两炮等，竟可以一当十矣。炮愈轻工愈精，力愈大。炮轻力大，则其架必须稍大，或压以沙袋，庶放炮时架不扬起。铁经百炼，永无铸造之炸裂；施用灵活，尤胜巨炮之笨重。弹子飞出，到远四炸，又足以惊敌营而裂贼船。一人可以挽放，两人可以扛抬；小车小船，皆可运载。即施之陆战行阵，亦可进止自如，摧坚破众。较之生铁铸成，身厚膛小之大炮，其用广而效大，殆不可同年语。即较之抬炮仅受弹子数两者，亦得力十数倍。

再大炮惟用诸战舰，而不便于陆战。现在江、浙所制炮车炮架，亦止可施于沿海近岸，而西北平原，列阵驰击，尚非所宜。冕曾随林制军剿番青海，创制陆战炮车，仿轿车式而略小。不用木箱，而用生牛皮，以铁架撑之，倒安威远炮一位。内用抽屉，分藏火药炸弹。其箱内可放衣械行粮。驾以一马，虽沙陆之地，皆可长驱而进。临敌则卸马用人，以后为前，两人倒推而进，连环开放，一如排枪之用。地狭列小阵，前环十余车；地广列大阵，前环数十车、数百车；连环施放，间以抬枪弓矢，夹护左右。我军既有凭恃障蔽，心定胆壮，敌军莫能犯。夜间下营，则以数百车环列向外，即成营盘，可代鹿角。历来讲求车战者，莫善于此。东南各省不能车行者，无所用之。若天津沿海陆路，伏地雷数层，迎敌于前，遥列车炮于地雷之后。敌至则先点地雷，后开车炮，而官兵大队之鸟枪抬炮，又在车炮之后，此万全必胜之策。宜于平时置备，庶金汤巩固，而人心安堵矣。

或谓空心炸弹，长于横击，至攻坚直透，则不如实心弹之有力，曰：有此轻铁宽膛之炮，则实心大弹亦可用。但其弹亦必用熟铁，而不用生铁；用打造而不用倾铸，方可光圆滑溜，与夷弹相等。以百斤之轻炮而可容二斤之实心大弹，亦胜营制炮弹，得力良多。

炮车炮图说

枢机炮架新式图说浙江县丞龚振麟

制法

一、磨盘炮架须选极坚极燥之木为之。榆、槐、樟、柳皆可，惟松、杉、枫不可用。按炮规，定俯仰，分度数。梯铁什件，更宜浑坚吻合。其机巧在一枢心，即图中蘑菇头中心。两滑车。即辕木所藏铁轮。配合时，务须度取炮身轻重之中心，以辕木上承炮耳处为准则，下布枢心滑车为犄角势，使轻重持平。此最要者，总在炮耳之前后轻重相匀，不特运用轻捷，而施放时亦无坐、跳之弊。虽重至万斤，以一人之力即可旋转轻捷，指挥如意。

一、四辋炮车。辕木车轮，亦须坚燥木料。其机巧在轮轴承辕木处，视炮轻重之中心，亦以辕木上承耳处为准，俾推挽行走，及停轮施放，头尾轻重相适，无欹斜之弊，运用始能轻捷。

语云：工欲善其事，必先利其器，神器为克敌制胜之首务。若置如磐石，止击一敌，即敌适入于的中，亦仅一击而已；焉望其指挥如意，所向披靡耶？今考重学引重法，制成枢机二式，畀一人之力可以旋转如圜，随向轰击。一磨盘，为战舰，为敌台，为城关攻守之具。一四辋，为行阵，为隘口，为奇仗夹击之具，纵敌如潮涌，靡不克捷。

磨盤礮車全式

凡礮體千斤
以上至萬餘
斤者用此
式

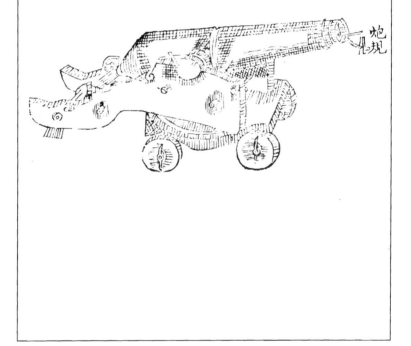

砲規

磨盤礮車底盤分式

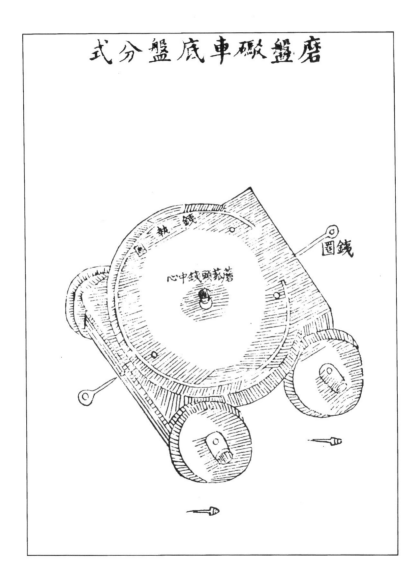

執錢

圈錢

盤轴頭錢中心

魏源全集

2058

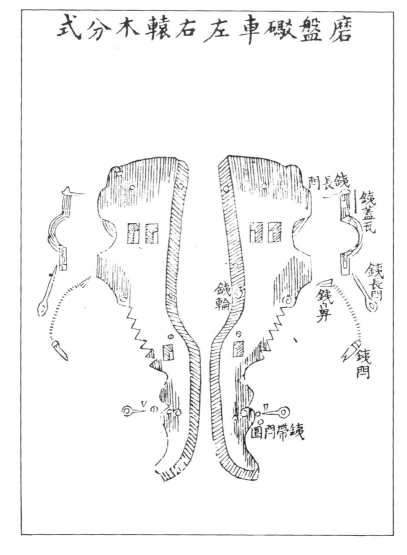

磨盤碾車橫檔及鐵什件式

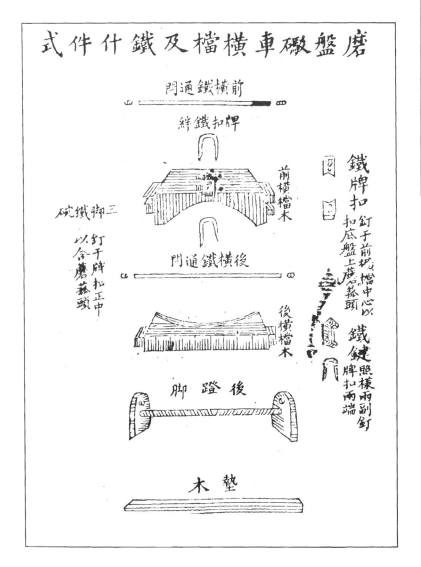

前橫鐵通閂

牌扣鐵絆

前橫檔木

三御鐵碪
釘于牌扣正中
以合磨蕬頭

後橫鐵通閂

後橫檔木

後蹬脚

墊木

鐵牌扣
釘于前概檔中心以
扣底盤上磨合蕬頭

鐵鍵
照樣兩副釘
牌扣兩端

四輞礮車全式

凡礮體千斤以內者用此式

式件什鐵及式分車礮輞四

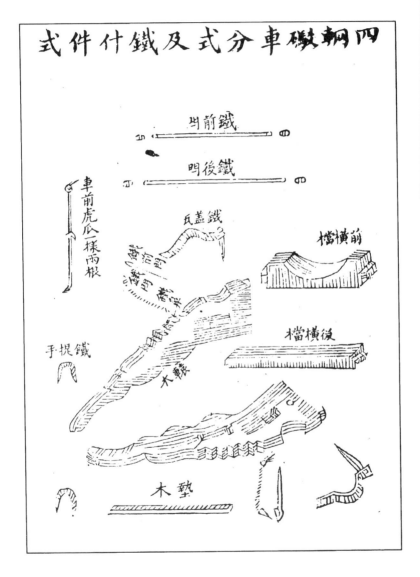

鐵前当

鐵後門

車前虎爪一樣兩根

瓦蓋鐵

前横擋

後横擋

手提鐵

木墊

木墊

四輌礮車輪軸分式

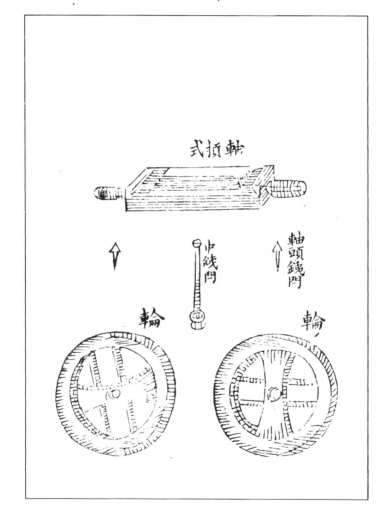

軸搪式

中礟門

軸頭礟門

輪　　輪

漏溼防以灰白盖外之築上合三用土架為末粗以棚礟也

大礮用滑車絞架圖

大炮须用滑车绞架图说福建监生丁拱辰

炮法贵乎精，又贵神速便捷，则（单）〔车〕架之法不可不讲。如八千斤至万斤之大炮，其炮架须用坚木制就，架之前后两傍，用粗铁环各二个；前面炮门下，用桄木横限一条，镶入石壁内，上亦安粗铁环二个。后面安绞架一具，左右立二柱，上架绞架横木轴。二柱之下，亦安二铁环。另制滑车二对，前面左右各一对，每对两个。前滑车内连镶二小轮，后滑车内镶一小轮，俱钉用铁环，配用光滑油绳。如欲推出，将左右前滑车一对，钩在炮门横限上二圈内，后滑车一对，钩在炮架后环内。然后将二绳引于绞架之上，绕之以手，用力绞转，则炮自然前进矣。务使炮头伸出炮眼之外，方可施放，否则恐轰震炮墙。如欲挽回，将后滑车，钩在炮后木柱二圈内，前滑车钩在炮架前面铁环内，前后互易而用，将前滑车二绳，引于绞架之上，绕之如前，用力绞转，则炮自挽回矣。将炮门掩闭，用湿透炮刷子扫净炮膛，然后下药，用木棍送入膛内，次下弹子，又用扎就麻球，如膛口大小，塞入膛内，使药不四泄，弹出有力。装毕再放，放毕如前法挽回，再装运发，四五炮后，须少停片刻，以防炮身透热。其炮台下石板，须铺平磨细，使其光滑，车轮行动无碍，方能轻便。大抵三二千斤之炮，只用滑车，即可扯动，无须绞架。盖用滑车一副，人力可省三分之二。譬如八千斤之炮，架有四轮，按一人扯一百斤计之，须用八十人；如用滑车，只须二十四人，即可扯动。若再加用绞架，其省力加倍，只用八人绞之，便可轻轻行动，是用力省而成功多。如欲使炮高下，左右用坚木棍撬起，垫之挪之转之不过二三人之力足矣，至于战船上炮，尤宜仿制车架。现在粤省内河各台，均经安用滑车绞架。其新修战船，亦俱安设滑车，演放甚为得法。若仅以木棍撬转，不特多用人力，且重而难移，而炮架时被撬动，不无损坏，究不若用滑车绞架之灵便得用也。今绘图于后：

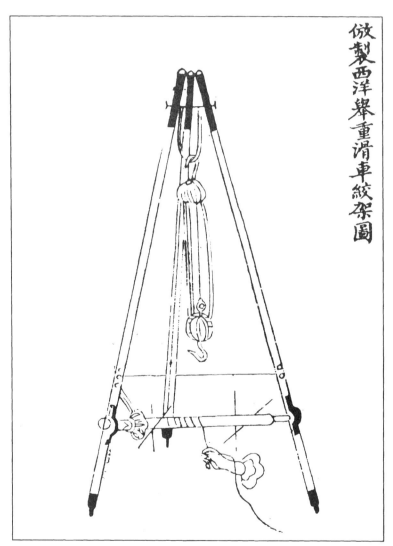

做製西洋舉重滑車絞架圖

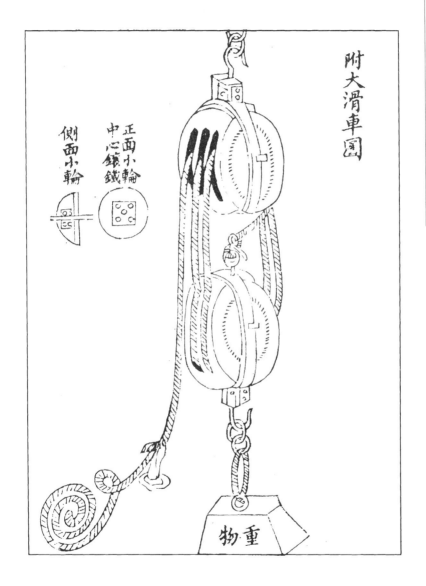

附大滑車圖

側面小輪

正面小輪中心鑲鐵

物重

举重大滑车绞架图说

前图所论用滑车绞架之法，系就平地扯炮而言，且炮架下又有四车轮转旋，故易于运动。至若凭空举重，如大炮上架等类，则其轻重悬殊，与平地迥不相同，尤须藉滑车绞架之力，方可举起。是以两器互相为用，其力更大，单用则其力倍减。大抵重物空悬，有垂压之势；滑车绞架并用，则纵或脱手，其绳必不能骤开，免致下坠。即如粤省现制三万斤大铜炮一位，其质体甚重，难以举动。曾令工匠仿西洋滑车绞架式，制就一具，如法举起，挪动上架，甚为便捷。大凡制造滑车绞架，必须用坚木为之。大滑车外加铁箍，复加粗钩，内镶三轮或二轮不等。又制举重绞架，每具用坚木柱三根，头尾包铁，下安铁锥，使着地不移，上贯铁横梁箍住，中悬一铁环，使三柱上合而下分，支撑左二右一，如鼎足而立。其左柱二根，中间用横铁条一道以限之，使其稳固；下安绞架横轴，以便运动。旁附铁齿轮一个，形如菊蕊，外圆内方，贯入轴端；上垂铁尺一条，其形如凿轴；顺转则无碍轮行，若逆转则格住轮齿，轴便不动。绳力不懈，使其有进无退，此制器之最巧者也。如欲绞起大炮，前后各置举重架一具，先将三轮滑车钩住，上铁圈，下二轮，滑车钩住重物围绳，每架用十余人力绞之，后用数人扯住绳头，以免滑脱。若后面再用一绞架，更省人力。此现制滑车绞架之式，考诸西洋人南怀仁所著《灵台仪象志》，内载运用滑车绞架各图说，大略相同。

旋转活动炮架图说

此旋转活动炮架，又谓之磨盘架，用坚木制就，凡交接着力紧要之处，皆镶铁板以固之。所有一万二千斤、八千斤大炮，须用此架方能灵便，而其工价较巨，视炮之大小，酌量配架。架分上下两层，其下层比上层四旁略大。上架下藏生铁辘轳小轮，左右各三个，下露十分之二，联络下架，合而为一，进退旋转自易。架之前后，安二铁圈，为施滑车之用，内有十字木，前后二道；前一道安铁磨心，须要坚粗，贯于上架；旁及后面有二沟，其周围下镶铁板以利轮行。此二沟皆承上架，辘轳铁轮，得以左右旋转。上架前有横铁枝一道，横上四道贯紧，旁加大钉贯下之，使坚固不脱。其前横木二道，上下相加，中心铁板包固，中有一孔，对入下轴，如磨之有枢。而旋转之，全在两旁辘轳铁轮三个。加以架旁四孔，插木棍推挽之，故觉灵便。如万斤八千斤大炮，只用四人，可推旋转左右，甚不费力。现在粤省炮台各大炮，均制此架，甚为得用。今绘图于后：

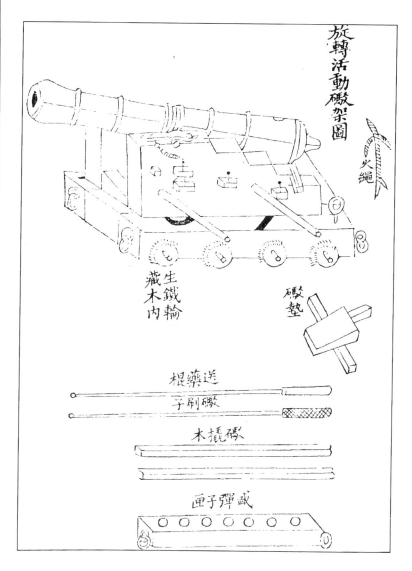

旋轉活動礮架圖

火繩

生鐵輪
藏木內

礮墊

送藥根

礮刷子

木攪礮

礮彈子匣

论车架举重等第 丁拱辰

向者所制炮架，木脆而轮细，不堪演放，兼且迟重难移。匠人惟知有轮必转，大小则一，殊不知轮大则轻快，小则重滞，有天渊之差也。试言乎舟上绞车，中安一枝绞柄，其长三尺，以绞重物。如重一千斤，手自绞柄之末，用力绞之，得一百斤之力，原有定额。若移而至一尺五寸之处，其用力必当三百斤。再移而至于一尺则甚重；或至五寸，则任出多力而不动矣。以此比轮，形异而法同。今之炮架制轮，必当配合，庶得轻快便捷。如架长六尺者，按十分之三折之，配轮径一尺八寸；架长四尺者，配轮一尺二寸，余可仿此。内外加镶铁箍，如恐大木难求，二三（斤）〔片〕合亦可用之。如此则架上安炮用力十分之一，可扯之行。若用铜铁制轮，又再加轻，每百斤用力三斤八两而已。又如制滑车之法，如图仿制一对，上轮比下轮递小，酌量绳之大小，而留其窍以穿绳，以不压下绳为度；每个内藏小轮三个，逐窍如式，穿络麻绳扯物。如单用一小轮，一百斤之物用力四十七斤；二小轮用力四十斤，三小轮用力三十六斤，四小轮用力三十三斤，五小轮用力三十斤，六小轮用力二十五斤。如扯万斤，亦依此算法。假如大炮一位，重八千斤，落架用力八百斤；再用滑车一对，内藏六小轮，止用二百斤力扯之。又再加绞架一个绞之，得用力二十斤。绞架之上安二绞柄，其一插入轴中，上下对分，长与绞轮之全径等，旁安拨柄，长与绞轮半径均。若手对拨柄拨之，或对绞柄绞之，又或对绞轮扯之，此三者力均十分之一。另上一枝绞柄上出轴心过半，而手由柄木绞之，则倍轻。若由后复用一绞架，纠缠手中所扯之绳，又再用力十分之一，闻者不之信。观于时辰钟，机械内藏大小四五轮，下悬铜葫芦重至七八斤，逐轮牵连，递相减力，至摆尺之际，以一小篾阻之，可止七八斤之力，于此可知也。又如撬物之木，柄长七尺，撬物百斤，过物至地平之上，一尺二寸，手对二尺之处，举之，用力一百斤，举至三尺，用力五十六斤，四尺用力三十八斤，五尺用力二十九斤，六尺用力二十四斤，七尺用力二十斤。又如挨磨轮轴，面径一尺二寸，亦用绞柄长七尺，穿入窍中一尺二寸，手对二尺之处挨之，用力一百斤；对四尺挨之，用力三十八斤。其轻重等第，与撬柄同。今将移大炮之高低，用六尺之撬柄，其轻重与六小轮滑车等。二者取便，皆可择之。至于滑车之用，不但轻快，兼且敏捷。观象台仪器重数千斤，窥测星辰，转运不容以稍缓，皆恃滑车功力，不然夜测星辰，四分之久，星已移度。而测炮犹测星辰，不容稍迟。独八千斤炮位，非滑车不能便捷利用，小者可免耳。

海国图志卷八十八 邵阳魏源辑

西洋用炮测量论上

西洋用炮测量说 福建监生丁拱辰

前代制炮之法，原于佛郎机①。佛郎机，即佛兰西也。初佛朗机与巴社回人战，制火器大破回人。回人不知其名，遂以其国号名之。上古初未有以炮战者，至北宋，广州始效其法。西洋制物，恒遵勾股，立表测影，期于必合。夷炮之多中者，非恃千里镜也，其制造演放，皆准乎法也。曾游海外诸邦，遇精于数学者，辄为谘访。且闻其制炮演炮，动合度数，心窃志之。今者英夷肆扰，率土共愤，而水战莫先于火器。谨即素所见闻者，笔之于书，以备当道之采择。如图所绘炮形而论之，以小挈大，以寸作尺，以尺作丈。如炮重二千斤，身长五尺，尾径一尺，头径八寸口径四寸，设若用刀切为上下两半截论之。弹发出去必由中间一线直出，不待智者而后知也。其下半截可置弗论，而上半截尾径五寸，头径四寸，以五尺之长，而尾至头已差一寸。犹目中所视上面之靶线，与炮中所发下面之弹线，出至炮口，渐合一寸。若出至一丈，渐合二寸；发至二丈五尺，已合五寸，则靶线与弹线已相交会合。发至三丈，则靶线转在下面，而弹线反在上面，两线相距已差二

---

① 佛郎机，此处指葡萄牙，而非法兰西。

寸。由此而渐远至一百二丈五尺，弹与靶上下已差二丈。又如佛山所铸生铁大炮，身长一丈尾径二尺，头径一尺四寸。切去下半截不论，而上半截尾径一尺，头径七寸；以一丈之身，而尾至头，自上面之靶线，与下面之弹线，渐差三寸；若二丈则渐合六寸，至三丈三尺三寸，渐合一尺，则靶线与弹线相交会合。再发去四丈三尺三寸，则靶线又转而在下，弹线又反而在上，两线相距上下已差三寸。至一百零三丈三尺三寸，上下已差三丈；若至二百零三丈三尺三寸，则差六丈。如弹发至四里，每里约一百丈，计共四百零三丈三尺三寸，则上下积差十二丈三尺三寸。如再铸之中铜炮，重三千斤，身长六尺，尾径一尺二寸，头径九寸五分；至四里亦差八丈。如欲中他船底，而弹反高越桅尾。不论大小炮位，皆有高越之差。此法按图细心检视，了如指掌。为今之计，已成之炮不论万斤至百斤，各先度尾之径若干，尾之径围若干尺寸，于炮头制一干坚木圈，周围与炮尾一样大，不容毫发之差。将木圈套附炮头，与炮口平齐，木圈勿伸出，便符勾股度数。如此则自引门后正中一线，直视至炮头正中，与敌船相对，然后施放，虽使童稚，亦能中的矣。或恐木圈经久销缩，有破裂之变，则用铁板镶固，虽久不坏。而新铸之炮，立令匠人于炮头外皮渐渐加厚，如花瓶口围，至与尾一样大，便合用矣。至于炮头上面正中，要起一珠为表，炮尾大围之处，上面正中亦当起一珠为表，与前表相对，更为细微。如前有珠后无珠，无可相对，反致生疑。不如前后皆无珠，较为妥协。久而精熟，得其变通，制造演放，动中肯綮，克敌制胜，可操掌握矣。

炮圈图说

按照炮头之圈如式制就，束之炮头，勿紧勿松。制法：内外圈务要极圆，内圈居中，勿偏四旁，方合度数。兹又绘副圈图一个，形属三角，高与圈厚等，后稍放长，前后皆要刻一线痕，以为中标识，用时方不偏斜。如恐一时木圈遗失，或逢损坏，则用此三角形缚之炮头，由引门后上面正中，向炮头上面正中，直视对绳，然后开炮，其法亦同。其照视之法，如炮图后，人目所视，前后均平如水面，向敌直去为度。勿使前后高低不均，致有微差。已成之炮，加此木圈，已合法度；若再加珠为表，其法益密。绘明珠式，以便安置。前珠可钉在木圈上面正中，后珠可安在引门后上面正中。安后珠之方法，如铜炮可钻一螺蛳窍，旋转入窍。如是铁炮坚刚难钻，可用松香煮蜡粘之，或用牛皮胶均可。如恐脱落，再粘亦易。测准之法如式，由两表尖峰对正，均平为准。

总之，已成之炮，不外加圆木圈及三角形二法，未铸之炮，不离头径加大，如花瓶口，头之围至与尾之围等，前后如图，安珠为表，斯为万全。夫制度之法，必当因时变通，整理合度，以垂久远，似乎不必拘泥旧章也。果能如是，则虽有夷炮百种新奇，不出此范围之中。

佛郎机子母炮安表式

制炮始于佛郎机，故回人谓炮为佛郎机。今中华惟子母炮尚存旧号，粤人谓之搭提，闽人谓之板槽，以其身有一槽，中加铁板塞紧，各以其意而名之也。大炮而外御寇破敌，无逾于此，轻快便捷，顷刻可叠发数出，连环不断，《兵录》最取此种为第一得力。惟当安照星；照星即立表也。盖其腰间广大无可作准，必当如图立表。如头径四寸，尾径五寸，则尾径大于头一寸；对半折之得五分，则头应加高五分。今头上立表高二寸，而尾后立表可高一寸五分。前后表各制一小孔，如管中窥物状，从二小孔窥之，对靶直击，发无不中也。今之子母炮多不立表，立亦不符尺寸，演放不能十分准的。未制之子母炮切不可不加表也。如已造就，亦可安之。

中西用炮论

凡中西大小炮位，自五百斤至五千斤止，每百斤用营制火药四两，而炮弹用薄棉先裹，外加红布包缝周密。用广东排钱尺，引绳度地，炮头加三角形，炮口高一度半，平放演试，不拘大小炮位，皆至百丈便坠地。即试八千斤炮，远亦如是而止。若不包棉，不包布，炮腹不满，药力旁泄；兼弹子与炮腹相磋，涩而不滑，则尚不能及如是之远。观于木喷筒，吹泥弹，满腹则力大而远；弹小则气泄易坠，理甚易明也。若欲使弹强发百丈以外，至百五十丈，先于彼处立靶，然后此地安炮，向天边空际高六度半，放去则能至百五十丈之远。如向空廿度至三十度高，击去可期二三里。然弹线如弯弓，不能径直，斜坠而下，虽远无用，万一能中，亦已无力矣。世俗传闻之说，谓大炮响如霹雳，声震三百里，弹子可击三四十里。一遭轰击，山崩地裂，屋宇被击，坍塌平地。此皆未经演试之谈，殊不知炮响小大一样，极大者声震五十里。大小炮皆发里许，击沙袋击山麓于百丈远，仅入土三四尺而已；惟至五六十七十丈之处，入土六尺至八尺之深。击砖墙仅洞穿一孔，连透数重墙壁；击三合土墙，则坚不甚坏，惟击石则碎裂，击杉木船只可穿三四重，若牛皮幔紧，亦可穿五六重；悬牛皮间网纱七八层，三十丈还不能贯穿。若击夷人战船，坚木厚三寸者，可贯穿二层，太远则不入。至力穷之处，席帆不能穿，惟染灰迹而已。所以夷人交锋，如在一里内外，不甚开炮，必在相距五六十丈极八十丈之内，彼始开炮，十可中七八也。若至一里之远，弹子多坠无力难准；虽可加高相补，究是无力。兼夷船上炮式不长，皆自二尺至四尺，最长七尺止。六七尺者发多中，三四尺者弹虽到靶，或高或下或偏。而口（自径）〔径自〕二寸至六寸，此外未见矣。其弹子所发，亦仅符一里内之用。今就英吉利、佛兰西、亚墨利加三样炮式，与中华生铁炮铜炮同用营药演放，比较远近相等；独是药料较胜，坠数较减耳。我军若不惜加赀，再加工料，均是一样得力，何必拘执用彼藤炭法。惟是彼船在洋，进退活动；且娴习日久，熟知炮性。击八十丈以外，炮口加高，量高补坠。有量天尺插在炮口，以定远近，加高度数，（拆）〔折〕为尺寸以补坠数。兼炮架活动，上下四旁多系滑车，轻快便捷，皆中国营兵所不习。即彼此炮弹远近相均，尚难制胜，而况药有美恶乎？今当铸就新炮之式，再加长腹，用上料火药，光滑大弹；炮身漆绿色，安置树林青草间，偃旗埋伏，使彼千里镜不能窥出安炮之处。而我军远窥测准，乘其无备，必可制胜。更于波罗浴日亭向狮子洋之处，就地铸就，每位二万斤、三万斤长大大炮四位，安置向外远击。此处设哨屯兵，稽查奸细，时刻戒严，以制其大艘内犯。然其施放，亦必待一里以内。盖炮腹愈大，用药愈多，则其弹子亦随之递增重大。所以大炮击远，仅能与小炮均，非大炮及远，小炮及近也。譬如射箭，大小弓箭相差不远；弓大箭大而镞亦重，其射远仍是六十步。即如子母炮虽小，亦可至百丈也。

　　凡立靶演练，只可度地五十丈及七十五丈，先将此二靶试准；再立百丈之靶。终日如法演练，无不多中。若如燕塘立靶之处，自平地至半山脚，靶比平地加高四丈，其远百二十三丈，而试靶平放不能到位，必当斜向靶上空际，用量天尺自地平测至高六度半，计十有四丈，演放坠落，方在靶上无异。即夷人放天炮，不惟无准难中，而中亦无力。凡弹子所去至百五十丈，已渐低落，如强弩之末，不能穿鲁缟也。必当以百丈内为用，按算所坠若干，加高相补。如测视红心至百丈，加高二丈四尺亦可中；此外即不可用。若新更加长，火药顶真，定可加远，不在此论。燕塘演练，虽年年有期，无如立靶之处，高县半岭四丈之高，演放惟认前面山石以为标准；使有素习此处地势者，炮准加高，亦只能中此处之靶。若移之他处，或使击船，固执旧方，诚有万难。且旧制炮位，头小尾大，多有弹子差高每至三丈左右。姑作绝长补短，以坠下抵高越；殊不知坠下之数，比高越之数有不同。且高越有限度，而坠下无垠涯。旧制即使可用，以高越之数补坠下，在百丈以外，姑许其中。若在百丈，高越三丈，而坠下只二丈四尺，相除尚高越六尺。如敌在七十五丈，高越二丈二尺五寸，坠下只一丈二尺，则相除高越一丈零五寸矣。如敌在五十丈，高越一丈五尺，坠下只七尺，则相除尚高越八尺矣。敌在二十五丈，高越七尺五寸，坠下二尺，则相除高越五尺五寸矣。更加测视者多照不到位，高越愈多，使现敌人交锋已久，尽知其弊，所以迅速直迫而来，使我利器竟成虚设。试立一靶远五十丈，用旧制炮位，不加圆圈，不加三角等法，与之测视，正对红心，定必高越成丈无疑。此法与西法相同，宜制三角准头，练试准绳，使知炮药弹子之性，相距道里远近，量高补坠之数，则发自多中。

至于旧法测视数端：有用锡片钻三空，安在炮尾上面窥之者，有用木版二片，各开二孔，前后悬葫芦者；有或悬垂珠，分安前后，二形相切，对线演放者。此二式谓之星斗，仅可以定偏正，而不可以定高低。惟有用竹管窥者，不拘定对靶，能知变通，上中下转移，斯可权用。今燕塘立靶之处，急宜改移进前廿三丈，木靶加阔加高各二尺，便合演练。而五十丈及七十五丈，为对炮之常经，更当演熟。不然，纵使此处练至百中，移至他处，则不合用矣。或问既能平放百丈，何以不能斜放向上百二十三丈之远，何以加此二丈之高，二十三丈之远，即如此大差乎？假使敌据高台，我岂不能高中乎？不知弹子出口，其力甚刚。设若击炮台上，当在地平斜斜向上六七八十丈之远，弹子有力，始能得中。如至百丈以外，是谓强弩之末，再欲使其就下之重体，凌空勉力而上。譬诸少年之人，血气方刚，登山甚疾；老大气衰之人，平行尚难，何况登高；以人喻炮，物理可推也。

至若击夷船之法。夹板船上，每桅三节相续，全靠左右偏摘摘紧，前后四桅牵连，相依为用。若击坏空中桅盘，四枝摇动，宽松倾侧，不堪驾驶，必当退出修理。又最忌攻击尾后，因多窗槅，木版脆薄，一击裂散。若火轮船上面与夹板无异，惟身加长而无中桅，内藏机械，包裹蒸气，处处紧秘，张缩冲动，经过各轮，始达船旁；激水大轮其质薄轻，始能越浅水，故易于击坏。坏其一机，则蒸气泄出不能行动。击破烟筒，则满船昏暗，迷目难堪。若坏其长筒，则当驶回外国，方能修理。观彼船上惟安头尾两炮位，每重千余斤至二千斤而止，其脆薄可知也。惟测视攻击之法，尤当变通。其夹板顺大风，日夜行六百里，火轮船顺、逆流昼夜行千二百里。以时辰表与人脉息呼吸，较准推算，人脉一呼一吸之间，二船皆行二丈二尺。夹板船逆风对我军面前经过，一呼一吸，船行一丈。如对面前斜去斜来，一呼一吸，能行七尺。其炮自点引门，一呼一吸始响，又一呼一吸弹始到。攻击时当如数按算，加量进前，则不大差。

至防夷船桅炮悬放之法。彼船桅盘上所安小炮甚长，自高击下，其势倍顺，比之地平演放倍远。炮台内火药，宜藏僻处，以防火弹坠落。其炮台内兵房，比墙宜低四尺，倒水倾落房后，使无所施。其大夷船桅安炮之盘，约高四丈，距台十丈，用勾股法推算，似编中长方曲折，及圆形二台；前墙高一丈二尺，后面兵房高八（丈）〔尺〕，桅尾弹击来，皆落后池矣。

压炮之物，向多用砂袋，重至五六十斤。演时炮身或退后或仰起，惟有五谷一压不动。计用红釉米一斤，小麦十二斤，绿豆二斤，芝麻二斤，粟十五斤，用红布袋盛之。演时先入药弹舂足实，测准，即将五谷压在炮耳适中上面，然后点引门，响后用麻扫浸水，洗尽灰烬，方可再演。凡撬柄、扒扫、引门锥、水桶、尖方炮枕，一切演放之具，皆当备足，庶免一物不备，临时束手无策。

以上所陈弹子，自二十五丈、五十丈、七十五丈至百丈四处坠下之数，系就中上营药为率。若用上料好药，则坠数较少，而下等之次药，其坠无所底止，皆不在此论。

用火药法

中华炮式。如炮身重每百斤，用火药四两。如夷炮四千斤乃四千磅，实重三千斤，用药七斤八两。中有身短而口大者，则加用十分之二亦无妨。惟演放时听声用药。临演之际，预用红布袋，每包二斤或三斤，可以写明。用时送入炮腹，逐包舂实，用引门锥，用力插看，以实为度。

用炮弹法

凡炮口配弹子，以九折为率。如口径六寸，配弹径五寸四分口，径二寸，配弹径一寸八分，余可仿此。试弹之法，用铜板或纸皮，规一孔周围符之，便知圆否。又当光滑，腰间一线，宜敲平贴。先用薄棉裹之，次用（木）红布包缝周密，送入炮腹。大弹入后，加群弹一包十二个，每个就炮口之径二折；如口六寸，每弹径一寸二分；口二寸，每弹径四分，余皆仿此。群弹已入，再用旧麻绳解散，扎成圆球，与炮口紧合，再舂入炮腹，使弹有力，自高击下，亦不辗出。弹勿过细，恐泄气无力，不能及远，或偏左右。

经试坠数

升平日久，向来大炮入弹演练，亦非常事；而放亦不求其中，中亦不知其差高之度，与坠下之数。今独立靶高一丈二尺，阔八尺，上画横线，日日演试，细验弹至二十五丈，坠二尺；至五十丈，坠七尺；至七十五丈，坠一丈二尺；至百丈，坠二丈四尺止。此外至百十丈，坠三丈二尺；至一百二十三丈，坠十丈，皆不合用。兹特据实数汇列明晰，以便逐处加高补坠，不论远近，皆有准绳。

测准亦有不中论

凡演练大炮，必当炮好、药佳、弹圆，其架便捷。架下地方平坦，不偏左右；安靶之地，不宜太高，亦不可过远，有一不合便不能中。如炮已旧，腹中生锈，凸凹不平，引门宽大，演放无力。或引门在炮腹底面进前二三分者，必能退撞。并有一经演放，炮口仰高，或连架跳起，或偏左右，以致不中。此可加米压重。亦有火药不纯，打不到靶。炮弹不圆及过小者，或腰间起线不平，炮架不得其宜，地有不平，炮身欹斜左右；偏左者弹必偏左，偏右者弹必偏右，皆不能中靶。若四者皆得其宜，发无不中也。

中华用炮变通转移法

西人铸炮用炮之法，极尽精微，不同于中华之草率。若示华人以西法，在智慧者一闻晓畅；其不解者，必谓历来演放，皆如用鸟枪打鸟，但用目力由尾视头对靶，何尝不中乎？不知大炮与鸟枪大有不同，鸟枪所击只十丈，而头小尾大，至十丈只差五六寸，入弹又非一丸，故所差不知。而大炮之差，则动论寻丈，必知变通转移，方合演放。若就数种度数不同之炮，执定一样演放，安能命中。即如用竹管窥视一法，较之各款星斗，较为相近。然当有分上、中、下转移之法，方能中靶。若执定管窥，不知转移，难期多中。转移之法，先将炮位度量；如身长八尺头径一尺一寸，尾径一尺五寸，比头径大四寸，对半折得二寸为母，以身长八尺为除，除之每十丈弹子差高二尺五寸。如相去五十丈，差高一丈二尺五寸；（如）〔扣〕弹坠七尺，尚差高五尺五寸。如用竹管欲打红轮正中，当测视红轮下五尺五寸，六折形三尺三寸。若打七十五丈，弹子差高一丈九尺，此处坠下一丈二尺，弹尚差高七尺，此处五折半形三尺九寸；竹管当向红轮下四尺左右。又如在相去百丈，差高二丈五尺，坠下二丈四尺，相除尚差高一尺，五折算，形只五寸；竹管当向红轮下五寸。亦有每百丈差高一丈八尺者，在五十丈差高九尺，扣坠数七尺，尚高二尺；六折算，形只一尺二寸，当向红轮下一尺二寸演放。如相去七十五丈，差高一丈三尺五寸，扣坠下一丈二尺，相除尚差高一尺五寸；六折算，形只在九寸左右也，当向红轮下一尺左右便合。如相去百丈，差高一丈八尺，而坠下二丈四尺，相除尚多坠下六尺；五折算，形只三尺，当向红轮上三尺演放。均是佛山新铸炮位，而测视有上下之不同，使执管窥之见将前炮与后炮一同演放，均是百丈之红轮前炮向下一尺，后炮向上六尺，其上下之差计有七尺，诚有天壤之别。凡用竹管者能如法转移，便与所用三角形相符。

西人铸炮用炮法

西人铸炮，其铁皆经百炼镕净。先用蜡制成一炮，丝毫无异，次用泥封密阴干。铸时用火烘模开孔，泄出蜡油；然后将铁灌入，四五日后始开模取出，置之荒野人迹不到处，将炮实满火药，用长心引火绳一点，各人尽远避藏迹；一经炮响，腾跃空中，跌落不坏，以不炸裂为度，使无后患。其铸法合度，多以引门上长方形为表，或安头上，或安尾后，或头尾皆安亦合度数。而火药较之中华，又更精细，坠数较减。如中华火药，至五十丈，弹坠七尺，至百丈，弹坠二丈四尺。用西人火药，五十丈坠四尺，百丈坠二丈左右而已。其弹子乃用蜡模铸就，浑圆如地球，腰间并不起微线。演时或用千里镜，或就引门测视对靶，自一十丈至百丈左右，皆有逐处加高补坠，高低转移。如击七八十丈及百丈，制一象限仪，插入炮口；如上段所述方法，加高一度，至五十丈高八尺七寸四分，至百丈高一丈七尺四寸八分，攻击甚准。并绘一图以便考证。此法《灵台仪象志》，有图可据也。

用炮远近释疑

或曰：子所著前编演炮差图，每百丈差高二三丈，设若四里差高十丈左右。其变通加三角表之法，善钩股者亦称合度。向闻大炮击远二三十里，姑不之信。意者或有十里，其弹子弯者不计，直者想有六七里可用。若据今日在燕塘演试中西大小炮位，皆在百丈左右，而直弹大约不过六七十丈，此外则渐渐坠低，其用法当如何安置耶，应之曰：用炮之法，不论弹发十里以至一里，皆当取其弹子直去者用之，弯坠者舍之。如弹发十里，而直者有六七里，今仅发一里为百丈，而直弹有六七十丈。当以此为用，加三角表之法，诚不可无。虽六七十丈之中略有小坠，此处有力可用。此外至八九十丈、百丈左右，弹渐渐坠下，不甚合用矣。而用者当渐加高以补其坠。如弓箭射靶，其理则一。现在贤良祠西洋炮式三位可据也。或曰：若然，则已合西法。设使不加三角表，定然高越。但见燕塘演练百丈之靶，虽多有高越过靶，亦有不高越中靶者，何耶？曰：炮制不一律，其中有尾过大而头过小者，每百丈差高至有三丈余，至靶高越必多。若如头稍加大，则每百丈差高二丈四尺者，至此弹子坠落，亦恰在二丈四尺，可以恰中。而旁观者以为不加三角表，亦可远近一律中靶。殊不知惟可中此百丈之靶，若自二十五丈至五十丈、七十五丈三处，各有高越，安能适中。或曰：加三角表，三处既已各有坠数；不加此表，反有高越，亦有法可绳之否？曰：凡炮位不同，一位自有一位度数。弹发高低，其性不同，所差惟在炮头之径数。差一寸者，至百丈即差丈余。虽同一厂所铸，一时一式，皆非一律。其用法当未经演放，先度定此几位尺寸度数，逐位度量身长及头尾之径，如上法算定差高补坠之数，记载一纸，谨记在心。上架竹管放低，转移窥测，则与加三角表同法。加三角表加高补坠数，架竹管放低就差高，随弹高下，均可互用。若无分等第，不知度数，执定一律演放；而不察者，以为不加三角表，击百丈亦时有中靶；不知击近，又有不同耳。或曰：子所论是矣，惟所云击至六七十丈之远，恐夷船之炮比我较能远，及以七十丈为用，窃恐不敌。曰：夷人制炮之时，已预配远近，用炮之时，有知远之方。先于船上用千里镜窥视人形大小，以定道里远近。测视准头远近不同，约量弹子可到，两地相去，窥视人形，明晰，在六七八十丈左右，弹放出去直而有力可中，然后开炮，远则不开也。然亦有时特意虚发者，如两处交锋，相距旷远窃恐弹发不到，先驾火轮船，迅发一炮探之，不能中则不开放。二十年以前，曾在澳门闻海上夷人战船交锋对炮，驶得甚近，约在六七十丈，始肯开炮。方今演试，始觉所言皆合。或曰：若此所云，夷炮亦不甚远。何以自河下击上乡村，有三四里之远耶？曰：凡炮安高一度半，平放可至百丈；若高六度半，可至百五十丈；高十度可至二百丈；高二三十度，击上空中坠落，便有三四里。不见夷船安炮其口仰上乎？此乃攻击城池，恐吓居民，不能有准也。要之夷人用炮考试，犹中国科场之考箭。倘推广其法，则海内之善于用炮者，到处皆是。此御寇之大助也。

用炮摘要

一、凡击敌之法，当首先审视人形长短，以知远近，方能命中。若就现时之炮无分远近，不知加高放低，执定一律演放，弹发无准。若知远近，击远加高，击近放低，发必多中，不致高越。加高补坠，放低就差。高用量天尺较之，便知对靶高低尺寸。大约击大船高约一丈，相去二十五丈及五十丈、七十五丈，三处测对船底。此外至一百丈，测对船底之上一尺；击百十丈测近船面。如小船高约五尺者，自二十五丈至七十五丈，比大船再低一尺。惟一百丈及百十丈，当再低五寸。所谓低一尺或低五寸，乃见水面离船底大概之形。此就现时所铸之炮总论大略，十位有六七位如是，其中亦有不尽如此者。若未曾用量天尺较对，猝遇交锋，就此权用，不特多中，且不高越船上，此就不加三角表而论也。

一、凡炮位准头，尽在炮头之径，当知算差之法。不知算法，虽知远近，亦难有准。若如编中算法，算出差高之度，除起弹坠之数，尚差高若干，转移演放，发无不中。

一、凡铸炮如中华所铸，每多头过小而尾过大，能中远不能中近，近则高越。西人铸炮，头尾相差无几，能中近不能中远。中华之炮能中远，只在一百丈至百十丈，若自七八十丈以内，弹多高越。西人铸炮能中近，自出口至七八十丈皆可中。此外至百十丈，测之正对多不能中，当加高补坠。中西二炮比较，击近者胜于击远；近者易中，其力甚刚，远者难中，其力甚微。凡炮位能中远者，恒不能中近；能中近则又不能中远。故算法不可不知。若欲铸就远近一律，测正皆可中靶，即西人之善铸炮者亦不能兼。今就欧逻巴各国炮式，度量推算，演试较合。惟佛兰西有一式，头径比尾径小无几，使弹不坠，每百丈差高一丈七尺。自弹出口直至七八十丈，所坠抵补差高，恰能相近，所差只在一二尺。若敌船相距八十丈以内，测正攻击，皆可命中。惟八十丈以外至百丈及百十丈，当渐加高补坠，较之仅能中远者不同。但敌船之大者，长十丈高一丈，至百余丈之远视之，短且低矣。且水上渺茫，弹自空中斜坠，击之难中，中亦无力。盖敌船迫近，其形甚大，弹子直贯易中。若欲击远，则加高补坠。所以离远不甚开炮也。今用一算法，不论大小炮，先算后铸，如佛兰西式为有准。

海国图志卷八十九<small>邵阳魏源重辑</small>

西洋用炮测量论下

象限仪图式

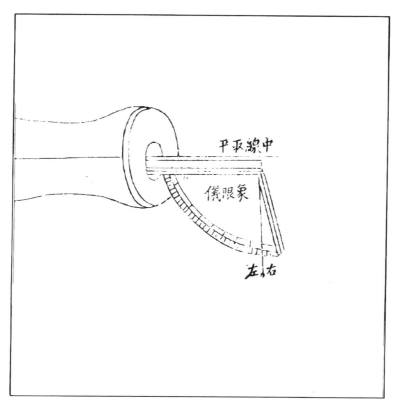

附制象限仪尺寸

此仪即弧三角，其制法大小随意。大则度宽，小则度密。以取圆三百六十度分为四限之一，得右限九十度。兹粤省所制半径五寸七分，旁另留余位三分，以备贯钉。又附左限十度，角穿一垂线，下悬一重球坠之。其方柄宜直长二尺七寸，上安两小铜圈，以便测视地平高低。每面宽七分，安在仪面之后。柄伸出一尺五寸便合用。

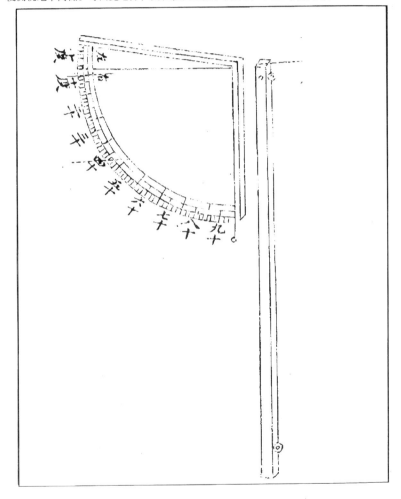

用象限仪测量放炮高低法 丁拱辰

此象限仪，即浑天仪四分之一也。按周天三百六十度，一限计分九十度，每度本作六十分。今因制具狭小，以每度权作十分算。此仪俗谓之量天尺，其为用也甚广。测视七政躔度，与夫量山度云，霄壤之高下，皆可推算。而西洋人用之测验炮差，尤为精微。盖炮之高下，各有不同，而加落之数，亦属无定。要在有所准绳，非可臆揣，故用此仪以较之。其法无论有表无表之炮，先将炮口安平，然后将此仪插入口内，使垂线不偏左右，其炮身中线自与之俱平。如欲击百丈以内之靶，则先以线平试演一炮，视弹去到靶，或高或低。低则加高，高则落低。加高则用右仪视垂线偏右几度，低则用左仪视垂线偏左几度。其加落若干度若干分，均须随时记清，以后施放即为准绳。如欲击二百丈之靶，又须较之百丈量为加高；如系击三百丈，则又须倍加。总期中肯为率，余可类推。平时司炮者，果能按炮一二演试得法，各自记明，虽未必炮炮皆中靶，然亦必不离上下左右之间。不然弹飞如陨星，一闪而过，又奚能远视测量高下之尺寸。至若大炮固能击远，然过远则弹去究竟无力，大约三百丈之内，一百丈以外，方能有劲也。盖炮力近则猛烈，可以摧坚破锐。至左右仪高下之数，只须左右各十度测量即可足用。故将左仪十度附于右仪之左，以便运用，此用仪之大略也。然炮之食药分量之多寡，弹子之轻重大小，均须合式，平时一一配定方能有准。若弹子小而膛口大，则药力四泄，弹出无力，而不能击远。倘弹子稍大，不合膛口，又恐有涩滞之虑。必须详慎，亲为检点，此乃就平地设靶而言。若夫由高而击低自下而攻上，须将仪柄执之手中，与炮身比平，从柄上前后两铜圈孔内，测视彼处，或高几度，或低几度。高则递加，低则递减。须知陆地设靶，与水面不同。如敌船来自水面，则进退无定。又在临时相度远近，测看敌船驶来，或乘风力，或顺潮信，更须视风力之缓猛，潮信之长落，以察其船行之迟速然后从容施放。如果审度得宜，不患炮发之无准矣。

演炮须知中线准则论

夫演炮须对靶，而目线与中线互有参差，立靶既有远近之分，则弹去即有高下之殊，要必有所准绳，而后可融会变通。盖炮有大小，头尾粗细之径，固有不同，而其形质浑圆，自百斤至千万斤，大小虽殊，用法则一。由中心测直，而画其中线当为准则，以较高下之差；然后用象限仪以记其加高落低之数，庶几稍有把握。今于后幅绘二图以论之。如无表之炮，其尾粗而头细，若从引门上用目线对炮头测平，则炮头较炮尾必高，而炮口自与之俱高，其中线亦与之愈远而愈高。假如炮口中线与上线相距一尺，出至二三丈之外，则中线渐远渐高，及至到靶，必高越目线之上而过。又如有表之炮，其头已加表与尾径相等；若从引门上用目线对炮头测平，则炮口内中线亦与之俱平。假如炮口中线与上线相距一尺，则对靶上相去自亦一尺。此两炮目线虽同，而中线彼此高下迥殊。设以此两炮下子演放，如击百丈以内之靶，可知无表之炮有高越之差，有表之炮有弹坠之失。然中线差高之数，其远近丈尺各有不同，而算差之法不可不知。譬如前论无表之炮，作身长二尺，头径二寸八分计之，上下分中，得半径一寸四分；尾径四寸得二寸，则头较尾小六分。即以六分为母，以身长二尺归之，计每尺差三分。如一丈则差三寸，十丈则差三尺，百丈则差三丈。若弹子由中线发出，至百丈之远有渐坠之势。譬如弹至百丈，约坠二丈四尺，除坠数外计尚差高六尺，则弹子仍越靶而过。盖因不知炮头尾径粗细之差，及加高落低之法，故两炮俱不得中，此一定之理也。如能知中线高下之差，高测则低，低则加高，用象限仪测量合度，此两炮又何尝不中靶耶？此算远近差高捷便之法，与勾股算数相同。故附其说，俾司炮者得以易晓。

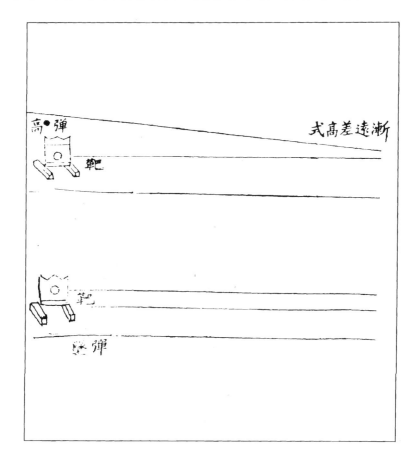

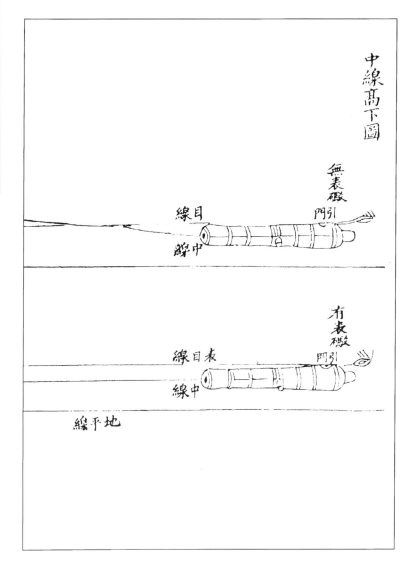

中線高下圖

無表礮

引門

線目

線中

有表礮

表線目

引門

線中

地平線

勾股相求算法图说

按勾股之法，其用甚广。以之测影，推度山川之高深，平原之广远，非勾股莫由而知。今略举一端，以明其法。如图所绘直线为股，横线为勾，斜为弦。譬如大股高二丈，大勾长三丈，以股求勾，问小股一尺，该小勾几何？法置大勾长三丈为实，以大股二丈为法除之，则每尺之股，得小勾各一尺五寸。若股一丈，则得小勾一丈五尺；若大股二丈，则得大勾三丈。又以勾求股，问小勾一尺得小股几何？法置大股二丈为实，以大勾三丈为法除之，则每小勾一尺，得小股六寸六分六厘。如问小勾五尺得小股几何？法以小勾五尺与大股二丈相乘，得一丈为实；以大勾三丈为法除之，得小股三尺三寸三分三厘。若勾二丈，则得股一丈三尺三寸三分；勾二丈五尺，则得股一丈六尺六寸六分；若勾三丈，则得股二丈，恰符原数，余可类推。此勾股相求算法之大略。与前篇炮位中线差高算法相同。因恐司炮者不谙勾股算法，难于洞晓，是以中线准则论内，附陈便捷算法，俾人易晓。今仍附此图以备参考。

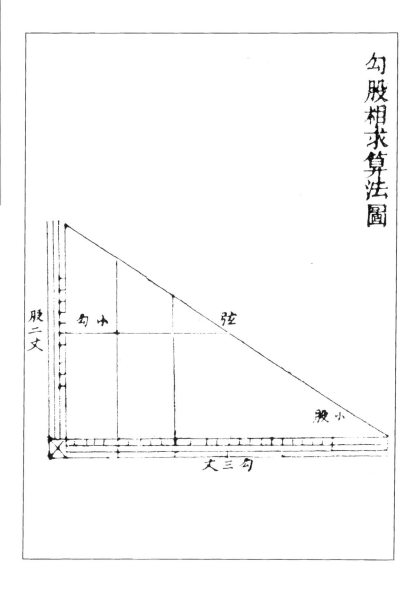

勾股相求算法圖

量頭尾徑圖

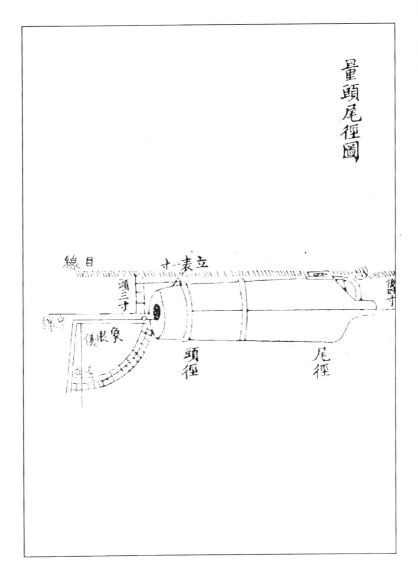

量炮头尾径捷便法

前篇所论演炮须知中线准则，然犹虑司炮者不谙测视头尾径之法，仍恐不甚了然，故又立一捷便较法，使人人可以易晓。假如有一炮，尾粗而头细，其形质浑圆，必须量头径尾径之数，方能得中线之准。其法以尺先自炮尾后蒂分中而上，用横线与尾扯平量直有若干尺。譬如测得四寸，则上下可知计八寸矣。上下分中而算，下四寸可置勿论，计仅得上半四寸。再用尺测炮头譬如测得六寸，分而计之，则上下各得三寸。下三寸可置勿论，以炮头上三寸与炮尾上四寸测平相较，计炮头周径各短一寸，故须立表补一寸。前后各得四寸之数，使其匀平，分中测视，方得其正。此犹就一炮而言，其他各炮前后粗细，又自不同。如较短一寸则补一寸，短二寸则补二寸；视短数之多寡，定立表之高低，方为合式。盖立表之意，无非欲使头尾之径，高低相等，取其平直而已。以之测正，可为标准，击近视高，低亦可用；击远则炮口加高，难以取准。若临时揣摩，则必失矩度。此又不若用象限仪测之平时记明尺度，较有准则。俾仓猝施放，不致失所凭依，今绘图于左。

进呈演炮图说疏 _{靖逆将军奕山等}

道光二十二年七月二十二日，奉上谕。有人奏近得一书名《演炮图说》，系丁拱辰所著。此人曾在广东铸炮，演试有准，亦晓配合火药之法。着奕山、祁𡎸查明是否实有丁拱辰其人，现在曾否在粤？所制炮台炮位，果否坚固适用？据实具奏。又闻广东造得火轮船，亦颇适用，着即绘图呈进。并将是否内地匠役制造，每船工价若干，一并详悉查明具奏。钦此。伏查丁拱辰系福建监生，前来军营投效，呈献象限仪一具，测量演炮高低之法。当经臣等于上年冬月间，亲往燕塘地方，用象限仪测视演放，尚为有准。该监生颇知急公，曾赏给六品军功顶戴。该监生著有《演炮图说》，系讲求演炮准则，而于配合火药以及修筑炮台，铸造炮位，亦只有论说，未经亲为制造。前经署督粮道西拉本，即就原书详加考校。复于团练壮勇之时，或在平地低处，或于炮台高处，先立靶于水面，用象限仪测视，演放大炮，往往中靶者多。该道与丁拱辰互相参酌，择其演炮要法，别拟图说数则，言简意括，刊挂炮台，俾人人易晓。现在驻守各台壮勇，俱能深明其法。其台上炮架，一律制造滑车绞架，推挽亦极灵便。除别制象限仪二具，交赍折差弁带京呈进外，兹将丁拱辰所著原书，及该道西拉本更订数条，各缮一册，先附报便咨送军机处进呈。至于火轮船式曾于本年春间有绅士潘世荣，雇工匠制造小船一只，放入内河，不甚灵便。缘该船必须机关灵巧，始能适用，内地匠役往往不谙其法。闻澳门尚有夷匠，颇能制造，而夷人每造一火轮舟，工价自数万员不等。将来或雇觅夷匠，仿式制造；或购买夷人造成之船，随时酌量情形，奏明办理。再查本年六月间，绅士潘仕成，独力报效，不惜重贶，雇觅米利坚国夷官壬雷斯，在僻静寺观，配合火药，又能制造水雷。据该绅士声称：所制水雷一物，尤为精巧利用。曾派人在彼学习技艺，俟将来造成后，如果演试有效，该绅士自行派人赍送到京，听候阅验，合并陈明。

源案：火轮船大小不一，如欲载多兵多炮航大洋之火轮船，自非价数万员不可。若行内河之小火轮舟，其轮不在两旁，而在船底如磨（磐）〔盘〕式者，现在粤东城外珠江有之。询彼夷人，制造不过数千员，每日亦可行八百余里。由珠江至香港，即有二百里洋面，则宁（海）〔波〕、上海内洋亦可遄行。中国制造火轮舟，但须仿此磨

（磐）〔盘〕式之小火轮是矣。至此奏所云，试造不灵便者，仍由粤商师心仿造，未延夷匠指授之故。倘肯出资延夷匠为师，不旬日而可成矣。

又大火轮船，有头号、二号、三号不等。去年上海夷酋，以三号火轮船出售于宁波，制造极其精工，索价二万员。则凡所称每舟需十万员者，尤妄说也。

海国图志卷九十 邵阳魏源辑

西洋炮台记

西洋低后曲折炮台图说丁拱辰

西洋炮台，可拒天炮火炮大炮火箭。其台最忌前低后高，以及台内构屋建塔高出墙头。因英夷一种天炮斜发空际，坠落炸裂乱滚。又学佛兰西飞炮，将大弹入大炮内，对阵直击，弹子炸裂，火迸敌营。倘轰击只在墙外，不致焚烧，若台内行兵之处，后有屋宇高墙，则一被轰击，火光飞溃，立足无地，且能焚烧火药局。其弹径四五寸，形如腊丸，上留一口，腹中空虚，藏许多小弹。每弹皆用染腊棉沙线札之，各通一引，总结于口，内实火药，着处破裂，火光一发，小弹带火乱喷，利害甚于天炮。如大炮对阵轰击，若墙内屋宇高耸，或炮台后墙枕山，高于前墙，一遭炮击，灰石飞扬，亦难立足。所以前宜高，后宜低，形势宜曲折，坚固宜三合土，收弹宜网喉。如图所绘，墙高一丈二尺，厚上八尺，下一丈二尺，顶如覆竹形。墙内路阔一丈，密挂网一丈，或四方，或斜方形，略如酒漏样。网喉长九尺，每网之下开一井，将网尾入井一尺，使（天）〔大〕炮自空中坠落，由喉入井，着水必熄矣。其路后筑兵房高八尺，比前墙低四尺，而房后高只四尺，倒水斜倾，落屋后之池。屋脊慎勿用瓦，亦用三合土，厚一尺。前后有门以通人，兵房之后留一路，阔三尺。路之后，开一长池。

若天炮之弹，坠在网喉，必落井中，如坠在屋背，必辗转落池。而炮墙既高于兵房，桅炮弹子，不能中入矣。台筑河旁，两岸对峙，各筑一台，略朝向外，口如八字样。仍于炮台之内，相去半里，由河边陆地填出一茎，直出中流尽处，渐广如出水莲花。茎之两旁，各筑一墙，扶翼中道，以护来往接应者。于水中茎尽处筑一台，长方形势，向外安炮，共成鼎足形，三面攻击，声威雄壮。仍于台前河中，多立品字木桩，名梅花桩，中泓留一水道甚狭，逶迤曲折，如之字样，使敌艘不得直入。若循道曲折而进，则两岸中流三台合攻，岂能飞越。至若海外孤悬，或海口三面环海，一面枕山者，则用圆台，大略如是也。

西洋圆形炮台图说丁拱辰

上所陈曲折炮台式，乃是内河两岸形势，他如虎门横档。孤悬海中，或两山对峙，半面环海，半面枕山，则当稍异。此则不用曲折之字样，可用圆形台式，就其山麓形势，循环周筑，或拱抱山后，就地筑造。勿似大角沙角，后枕山面甚高，前临海港甚低，如圈椅样，一遭炮击，碎石炸裂，飞火喷烧，立足无地，何暇顾及交锋。夷炮来攻，最喜寻此形势，便彼攻击。若前高后低，并空其后一面不筑墙，则彼虽有许多奇炮，皆无所施其巧。今绘一图，半面环海，就山麓环抱开一平壤，阔四丈，内台墙厚，上八尺下一丈二尺。墙后路阔二丈。路后兵房，并房之前后墙身阔一丈，兵房后用一坑，阔六尺，深丈余；墙高一丈二尺，路张网喉，每喉下开一井。兵房高八尺，坑愈深愈好，若有山上流泉，导入坑堑，可使天炮坠落，遇水必灭，如无泉水，已落坑底，其火亦不能喷高矣。兵房之制，亦与陆地河旁台式稍异。前有门而后不开门，其山巅可铲平，以筑小台。台墙略低，只用大炮中炮数位，过山炮子母炮十杆；弓箭手十人，前助击敌，后防间道。小台之门向后开，一小径曲折而下，直达大台之右，入于大台之内。台内开一偏门，以通行人。台墙后近山处，铲去山土一层，环抱周围，高与墙等，使其山脚壁立，而从间道者，亦不得越登矣。此抱山后之法，胜于枕山。而向闻澳夷云：中华炮台既不合式，况加石砌，更易迸裂。西洋各国炮台，皆就山势掘平，或掘山分为二三层，依山筑台，随式而成，率用三合土筑成。观澳门三巴门外城垣，东、西望洋炮台皆三合土为之，二百余年不圮，是其明证。至若山如屏障，或如木梳形，可就此法变通，亦难板执耳。以上二台，俱开三角炮眼，胜于方圆炮眼，炮架下铺细石，或坚木板，或三合土，不可用泥土，致炮架陷入土中，难以移动也。其木桩或三枝相近，连而为一，中下用横闩交连，一齐打落水底，上加大小石块压之，使不能绞起。因夷人有举重算法，及一应举重，挨磨车、绞车、绞架、滑车、螺旋转诸器，拔之甚易。若如此法，绞拔扯锯，皆无所施也。

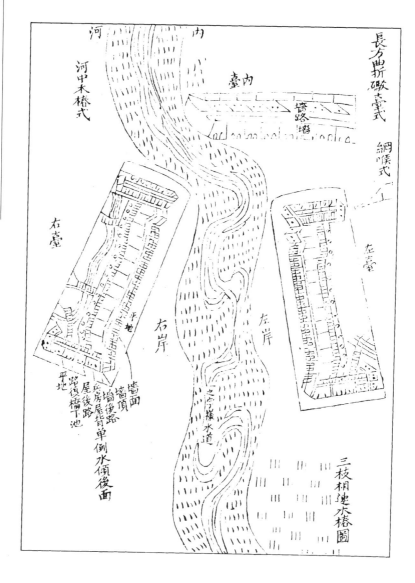

圓礮臺式

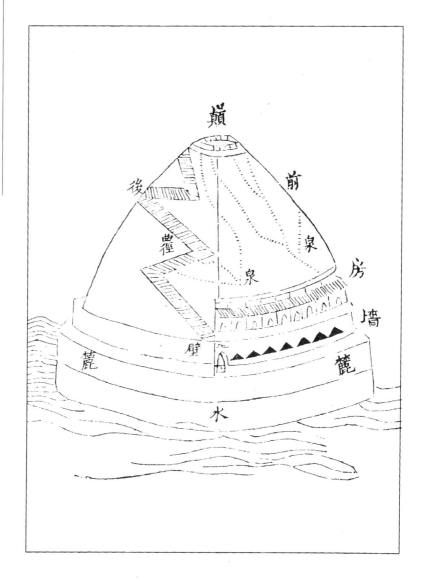

润土炮台图说 丁拱辰

猝遇寇警，囊沙为墙，厚一丈，隙安炮位，其法最妙。厦门用此法，敌人炮弹击来，只入沙二三尺。惟是可暂不可久。沙袋月余朽腐，则不能得力。易成可久者，莫如润土炮台，不时泼水，可期数年不坏。可自水口至内河，择险要两岸，锹锸润土，筑炮台墙，排列各略朝外，如八字样，（上）〔土〕墙百堵。或地方狭窄，就地酌量。墙高五尺五寸，内藏数千斤大炮；每墙隙安置一位。外口阔二尺二寸，内口阔七尺，安五六七八千斤大炮。余留外口阔一尺八寸，内口阔五尺，安二三四千斤大炮。酌量炮位之大小，按留墙隙作炮眼。敌炮直来，柔能胜刚，得其弹可用。而墙内可留一路，阔三尺以便行兵。路边可开一池，深阔长与墙高阔长等。就所锹起之土，恰敷台墙之用，然后引水入池。如此则大炮火炮直来，不能中伤。天炮自空际斜坠，必落池中，若在池后，尤不为害。墙高五尺五寸，外边上下长二丈，内边长一丈六尺五分，及一丈七尺五分。二款照配，上厚八尺，下厚一丈二尺，墙顶勿作平坦，当凸起如覆竹形。炮架下及后面，共长二丈，阔七尺，当打木桩作基，上铺（维）〔细〕石板，或铺坚木，方堪演放。炮架之轮方不沉陷土内，致难转动。自海口至内河各险要，可用此法。大小炮位，当有千余，方足御寇。此是有定位，不能移动，可守不可战。若欲出洋迫逐，制胜之方，莫如造坚固夹板。或恐缓不及事，则如靖海侯施将军克复金厦二岛之策，著有成效，余无他策。

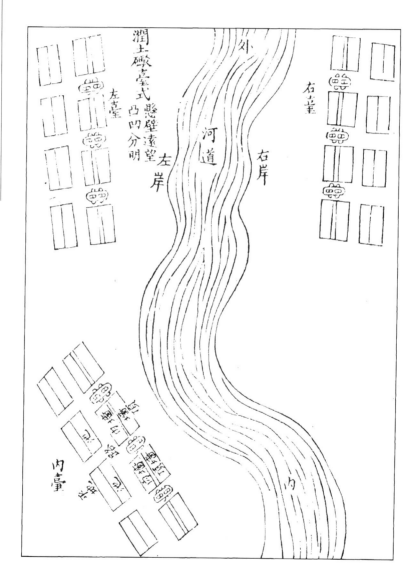

炮台旁设重险说江苏候补知府黄冕

一炮台左右旁近，宜环设暗沟、地雷，并设伏兵，以示重险也。查各省沿海炮台，以防内地海盗则有余，若以御洋夷，则适足树的招攻，毫无益于守御。缘洋夷以船炮为城郭，习惯攻战。如使我炮仅中其船舷两旁，不过倒退摇撼，无损于敌。除非适中其火药舱，方能轰裂；否则适中头鼻，亦足使驾驶不灵，安能有此准的？而夷船攻我则于数里内外，遥升高桅，用远镜测量，情形了悉。一面先用大炮飞弹，遥注炮台轰击，使我兵惊溃。即一面分兵绕出炮台后路，夹攻其后，使我水陆腹背受敌。此虎门、厦门、定海、上海、宝山失事情形，如出一辙。今议防夷，仍止以炮台坚大为事，而不讲求夷敌绕攻炮台之计，非善策也。欲求万全，必移海口炮台于内河要害之处，尤必于炮台左右远近，别设重险，方足以有备无患。其法在一伏地雷，一设暗沟。

地雷之法，有用之攻城者，必先掘地道潜入，且耗火药十百倍，非战守所用。其用之待敌者，古法用磁瓦罐罂分贮火药，或用两铁，一盖一底，联以螺丝旋，亦未以收迸裂之力。如欲用药少而得力大，必用生铁铸成浑器。而空其中，但留小孔，实以火药、毒药，并藏刀剑碎锥在内，闭气愈紧则迸裂愈雄。各就地势，酌用方圆长短之地雷，相度敌兵来路，无论高坡平地，散伏错设。平日不设药线，俟临敌之时，方始安置。其看守药线之人，或伏山坳，或伏地沟，远埋药线，伺敌入伏，即行点放。或黑夜遣谍潜往点放，或募人佯作汉奸，投敌点放。其地雷嘴口向下倒垂，以衔药线，其药线须藏于竹管内，以防雨水潮湿。此只就内地火药而言。若仿造西洋自来火药，则但须蜡封嘴口，而别埋一无药长绳于数里外，临时但一牵动其绳，而火药自发，尤可收一发聚歼之效，胜于攻剿十倍。一处受创，处处惊畏，草木皆兵，自不敢长驱无忌矣。盖炸弹即小地雷，而地雷即大炸弹，用药少而得力大，尽可多设数处数重，首尾互应，以资层层得力。

或谓敌于地雷已发之后，又遣后队冒死续进，且或先驱牛马俘卒，前行尝试，而后以精兵随之。其时地雷已罄，又将何以制敌？曰：地雷以内，又必环以暗沟，始万全无患。深掘重堑，多种荆棘蒺藜，或灌泥水，其上施板盖土，望如平地；一践其上，人马皆陷。此等如遇冲要之处，二道、三道皆可施设。但必深秘勿泄，使我兵知之而敌不知避，则必堕吾计中矣。至于炮台，不过虚张旗帜，佯置兵炮以诱敌。其得力之处，全在炮台以外，别伏精兵，相机策应。若夫当地雷之处，或佯走以诱敌；而无地雷之处，设疑形以误敌。此则临时制变，存乎其人，有非笔墨所能尽者。

语曰：三（拆）〔折〕肱始为良医。又曰：不经一失，不长一智。是故前车者，后车之鉴也。夷变以来，非无宿将忠谋，皆以承平剿内寇之法，施之外夷。证治不符，方药屡换。冕从事浙海，目击情形，痛深创巨。因病悟方，不敢以败军之将，遽忘报国之心。爰成御夷数策，一炸弹，二轻炮，以利其器；_{见前卷。}三地雷，四暗沟，以重其险。皆前人所未有，而边防所必备。曾从林制军剿番青海，已将炸弹轻炮制造，试用有效，曾经奏闻。至地雷之法，不过就炸弹而扩充之，无论西北东南，皆可为陆战陆守之奇器。用力少而成功多，省兵省饷，妙难殚述。盖亲尝利害，又竭耳目心思而后得之。其炸弹飞炮，英夷陆战长技，实不外此。至轻炮地雷，则英夷遇之尚不能当。此合之粤中所造攻船水雷而用之，水陆皆操胜算。而犹患海防无备者未之有也。然此法止可施之外夷剧寇；若内地乱民，胁从居半宜剿抚兼施，未可玉石俱焚。

敬告仁者，慎毋轻试。

地雷图说 江苏候补知府黄冕

地雷造法，空其中，以藏利器，以出药线，窍其旁；内用泥胚，外用木模。铸成后，去泥实药，一切如造炸弹之法。每具轻者一二十斤，重者一二三百斤。计每铁十斤，配炸药一斤许，轻重照数加减。

一、造地雷之法，以闭气紧固为得力。一二十斤者，留孔方圆不过一二分；一二百斤者，留孔不过一寸。铸成时宜用口对孔吹之，遇有铁窝露气之处，宜以油灰粘糊，使不出气为度。

一、地雷一二十斤者，可击数十丈；一二百斤者，可击数百丈。铸造须量其空处，装药多少，酌定铁之厚薄以为模式，总以炸力猛勇为度。盖铁太厚而药力少，则炸必缓而力弱，药太多而铁过薄，则地雷过于扬高，恐冒过贼面，而击贼无多。是在制造时每成一土模，必加斟酌，使恰合机宜，方可留用。否则另修土模，期于尽善。

一、地雷之法，必先试验于天津陆地，或南苑空旷之处，由火器营监造演放。如果得力，再行多造，分给陆路各营，以及各海口水师。

一、地雷安设，宜于容敌最多最要之路，分伏数层；以数十具为一层，药线牵连，如同瓜藤蔓引，一发皆发。

一、地雷腹内藏有锋利之物，倘铁铸地雷或不敷用，则并用瓦罐多贮石灰，夹放火药小炸弹于其中，用三合油灰封盖整固，以佐铁雷之不及。同时点放，则炸飞无数，皆能击贼。而石灰迷贼，亦可助我制敌。

一、地雷紧要全在引线，制造得法，安放得宜，不潮湿，不迸断，不泄露。宜专派心腹备弁一二员，带兵数十名，或登高瞭贼，或挖地数尺以藏身，勿令贼望见。其引线制造，必须试过。倘试而不效，加意讲求，必以尽善为度。否则有治法无治人，而谓地雷之不可用，则谬之甚者也。

地雷之利，三言蔽之，曰：省铁、省火药、省兵饷而已。何谓省铁？内地铸造三四千斤及七八千斤之大炮，费铁费人工无数；笨重难运，及敌以飞炮火箭遥攻，守台兵弃炮溃窜，徒委之于敌。今地雷外匣不过生铁十余斤，及一二百斤不等。连在内锥刃计之，每地雷小者不过需银一二两，大者需银一二十两而止。合计用银一二万两，即可造地雷一二千具。分布天津、江、浙、闽、粤五省，每省数百具，即皆固若金汤。视大炮之费铁多而得力少者何如？其善一也。古法所制地雷，皆掘坑藏窖，全恃火药之多。其攻城地道，固需火药数万斤；即拦路地雷埋伏罂罐，亦动需火药数百斤不等。由其少迸裂之能，但仗焚烧之焰。今则生铁铸成浑器，闭愈紧固则力愈猛烈。小者不过火药数斤，大者不过十余斤，而可当千百斤之用。且外而铁片，内而刀剑，皆同时炸裂四出，不止焚烧之力。敌不入伏，断不点放，无虚发浪费之弊。视大炮之乱轰浪放者，固殊天渊。即视古法地雷，亦费省而力大，其善二也。海夷船艘飘忽，沿海处处设防，每苦兵饷浩大。今但于天津、江、浙、闽、广海口登陆之处，相度形势要害，凡容敌最多最要之区，分设数伏，多设数处，可以一登再发。此外纷歧可绕之路，或开沟挖断，或安放小地雷，或别设疑阵误敌。但需阅定形势之远近，安轰击之大小，绘图贴说，秘存营县，入于交代。或埋桩暗记，秘授心腹弁兵，则水师人人胸有成算，识定胆壮，临时毫不张皇，数十兵守险扼要，可当千百兵之用，可轰歼千万之敌。视纷纷多调外省客兵，劳费万倍者何如？其善三也。至地雷形制，不拘一定，略图于后：

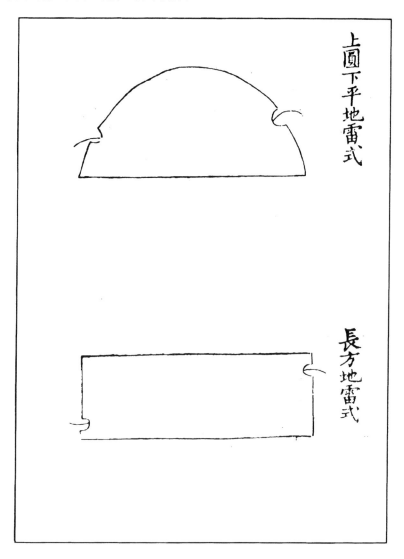

上圓下平地雷式

長方地雷式

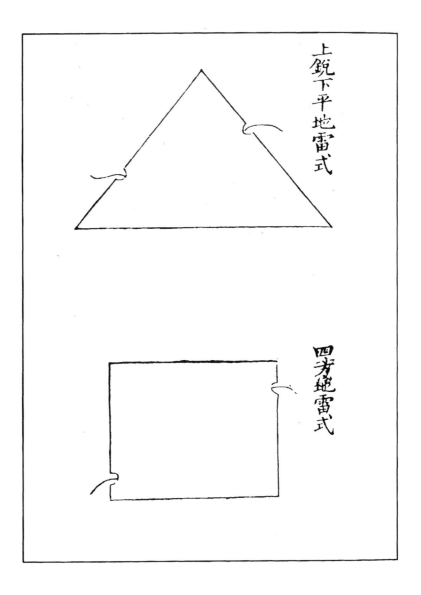

上銳下平地雷式

四旁地雷式

详复用地雷法道光二十二年八月户

部主事丁守存

窃职奉谕制造地雷四十个，前经呈请札饬粮台收贮存案。兹奉札询地雷机关，暨装药埋伏等法。按地雷乃择地埋伏之物，均系自拟式样，用生铁铸成圆炮，装盛红油木柜，每个计重八十斤，计容炸药五斤。内有铁管一个，重八斤，计容药十两。内竹管一根，上头作马蹄形，入纸捻药线，由柜底木槽，顺出闸板之外。其木槽内实以烘药一两（计）〔许〕，上糊棉纸一层，以防烘药泛出。烘药槽之上，有方形圆孔木板，中有铁叶机关。上层有空底瓦盆一个，将炭球烧着入内，煨以热灰。其铁叶机关有铁钉一根箭住，再将上面圆孔木盖盖住，并将铁炮上面薄木板，用四小钉钉住。择要害路口，不致积潦之所，掘坑二尺许，将油柜埋入，上面盖以防雨木盖，覆以浅土令无露出。以一面留一气眼，以出火气。并又为每日换火之用。再于地雷柜二三尺之外，照翻车大小刨深二尺许长坑，横拦来路。其木柜旁竹管之内，铁钉之上，（数）〔系〕以坚细麻绳，由地内埋通节竹，将绳横入，引过翻车下深坑，以一端用橛拴住，再将翻车安妥。翻车之上，盖以浮土，令与（平地）〔地平〕，造成车辙马迹之形，令人不疑。贼来踩着翻车，车压其绳，绳牵其机，火坠药燃。其炮出地七八尺许，然后炸裂，铁片飞空，皆能杀贼。其炸裂远近之数，无从预定，大约可在周围数十丈外。现在均未装药，易于存贮。其药必临时再装，方免疏虞，并可免日久生潮。覆查监造时，系由天津派外委王天文督催工役，登记帐簿。此外尚造有自来火竹炮喷筒等式样四件，据该外委禀称：共领用过制铁五百七十千文。至地雷机关，该外委亦能通晓，合并声明。伏乞鉴核施行。

按：丁之地雷与黄之地雷，二法迥殊。黄之地雷，由我兵自发之，丁之地雷，则候敌践机自发之。但引线自行点放者，全在得人伺便，否则失之毫厘，此黄之法难于丁也。丁之由敌践机自发者，止能轰伤其前队。黄法则可俟敌全队入伏，并可俟敌已入二伏、三伏，而后同时点放。如得其便，可奏大功。此丁之逊于黄也。且丁法机巧，而登陆之路甚多，难于遍设。黄法简易，即陆路最旷之天津，亦不难处处安伏。若于隘处用丁法，而于容敌最多最旷之路用黄法，则敌登陆即入彀中，计出万全矣。故并存其说。

海国图志卷九十一 邵阳魏源辑

西洋自来火铳法

西洋自来火铳制法户部主事丁守存

中华铳炮或用纸信，或用烘药，总系火绳点燃。其不便有二：临阵忙乱，倘装放偶疏，则贻害甚巨；又纸信恐雨淋湿，烘药恐风吹散，晦夜尤为不便。故洋夷创为自来火机，以螺丝转嵌火石，以钢板为火门盖，即以出火。内层置大曲钢镶一，小曲钢镶一，垫机一，绾斜齿二。外层小钢镶一，小钢轮一，龙头一，鸭嘴一，螺丝一。底层攀机龙尾一，护机钢圈一。层层密合，皆按弧三角线，取其圆棱恰对，制造可谓工细。然火石须常换，否则击而无火。又大风之中，火星随风乱扑；一放不燃，虑其误事，是犹精而未尽精也。近复有自来火药一法，红铜为筒，径分许，长分许，中空；底粘白药一层。其铳之信眼，突出一小小钢管，以红铜筒冒其上，后设攀机铜镶等件如前。惟龙头端无鸭嘴，其端下垂，作深分计之圆槽，攀之起，放之下，一击则火出而铳响，其法始万全无弊。但不知白药为何物所配，视其火光所迸，并嗅其气味，知为有硝无磺之物，然不知更有何药。或谓系噶唎水，杂硝磺为之者，非也。夷人甚秘其方，但云以药水化银为之。药水一名强水，投锡铜铅汞立化乌有。惟用银化后，底澄白沫一层，收而晾之，以铁锤对铁砧敲之立爆。近日粤中大吏向夷人购得其方。其火乃烧酒蒸出，而用银收干成药。造成，可以为大铳，可以为三寸之小铳，取诸怀中，可以防身。无烦觅火种，不忧仓猝，不忧黑夜。既安铜冒药在内层，若以蜡固铳口，虽水中可放，并不忧风雨。此西夷数百年泄造物之秘而创此法。予既得其法，因详其理以告人，盖因理以悟事则难，即事以寻理则易也。

造药方

净硝　　火酒　　潮脑　　砒霜　　青粉　　纹银

第一次，将净硝置新广锅中，用雨水，或长流水，炭火化开，以鲜柳枝左右搅之，加水胶汁。俟浊沫上浮，撇去倾有铳磁缸，盖严冷定，将硝牙取去。

第二次，将炼过硝牙再入锅，炭火化开，加鸡子清石膏。收取如前法。

第三次，用白矾末，收取如前法。

第四次，再用水胶加萝葡汁，如前法。

第五次，鸡子清石膏，如前法。

第六次，白矾末，如前法。

第七次，水胶萝葡汁，如前法。

第八次，鸡子清石膏，如前法。

第九次，白矾末，如前法。

九次以后，再加清水煮提三次，不加药料，上无沫，下无渣，此为纯硝。每硝十斤，所余不过一斤。此硝明透若水晶，莹莹可爱。再用小口大腹粗磁罐一个，约容硝二斤许者，底层先装青粉八两，上加炼过硝一斤，不令满。再定造凹底小口玻璃瓶一个，凹底留一透孔，足容磁罐之口，如有不严，以（不）〔木〕灰和泥固之。玻璃瓶上口，先以玻璃塞住，再以（不）〔木〕灰泥固之，再以皮扎之。置铁火架上，用木炭文武火，熬炼一炷香，水升至玻璃瓶凹处，周围不复下。仍以布醮凉水，常湿玻璃瓶。俟火足取下上下层之水，各分置一玻璃瓶，紧固其口，无令出气。悬风日处晾之，以消其浮水。晾三日取下，即以此玻璃瓶作底层，另用前次之凹底透心玻璃瓶套于口上。拔去口塞，（不）〔木〕灰泥紧固之，上口亦固之。将铁锅一口，满盛密石砂，将瓶坐砂上，文火炼之，俟水升上，亦分置之。统用上层水为精药，仍以玻璃瓶固其口。此为制硝法，硝既制成，乃制酒。

上品广锡制径尺大花露蒸甑一具，盖用银，底用红铜，合缝处要极严，勿透丝毫之气。取上好烧酒盈底铜釜十之七，文火蒸之，流出之酒，以小口大腹磁瓶盛之。蒸毕，再入甑蒸之如前，共蒸九次。每酒一斤，入潮脑二两，白砒末一两蒸之，仍以小口瓶盛之，万无泄丝毫之气。此为制酒法。酒既制成，乃配强水。花露甑见泰西水法。将炼过硝水置玻璃瓶，每水八钱，兑入炼过酒七钱，即成强水。将足纹银四钱，锤薄片如纸，剪碎入投玻璃瓶，其银立刻翻花，半时化净白（沫）〔末〕坐底。旋将上层之水另倾一瓶，留底白（沫）〔末〕若霜，阴处风晾，三日取出听用。此药一击便燃，是为丹成之候。

炼此药宜净室，择丙丁日，天火日。炉宜南北向，忌闲人出入，尤忌妇女鸡犬僧道，并诸不洁，皆能令药走泄；或至毁裂伤人，慎之。药炼成，再造铜冒。

造铜冒，用熟红铜打薄片，先造钢板一具，厚一分半，阔一寸，长五寸，平排二十眼，眼径一分许，中密画竖丝如发，底置钢砧为托，以铜小杵合空径少弱。将红铜片盖眼上，杵对之，锤击之，遂成一铜冒。二十眼击完，下其底透之出，置白药少许，仍以小杵压紧，入匣装之。如是铜冒药造成。至于装盛铜冒以便取携，则另有机器，详见别集。制铳如常铳，大小任便，惟必须螺丝转底，否则火机等物，无所安顿。透火之凸火门，用螺丝空筒。击火龙头，必用凹心，其深如铜冒之长相合，防铜冒炸飞伤手。

大镖回火法不一，有用火炉烤烘者，有用香油炸煮者，不如用铅为易。法将镖打成，弯过锉光，淬水劲极。化铅数斤，将镖投入，俟冷，再将铅炖火上熔之，将镖箍出，内生外熟，劲而不折，柔而多力。镖力须二十斤以上，否则不足攀机，与中轴须合勾股，否则不合用，且不坚久。推广自来火之用，攻守埋伏，应变仓猝，无往不利，未遑尽述。

或问：用硝何也？曰：硝之性纯乎火者也。雷电之升，原本于硝，不以点燃而灼，不以风雨而灭，此乃硝之精气，不杂形质。人之所取，则质多气少，且多染咸气，故力不猛。多方陶炼，所以取其气也。玻璃不透气而能见形，青粉缓其性，不使骤升，冷水频沃者，气遇冷际即化为水，此天地阴雨之理也。至气极清，质全降，则隔之以砂，亦所以缓之也。

或问：用酒何也？曰：酒者五谷之精，纯乎气者也。而水性居多，未能猛烈，故屡屡提之，弃粗取精。而又加以大热之品，以助其焰。故一经兑入硝水，其力甚大。

或问：用银何也？曰：五金之性，皆主收敛，而至精者惟金银。故铜朽则为绿，铁腐则为锈。金与银从未见其朽腐，而一入此水，居然化为异色莹白，是铜铁之所不及也。既化之后，水之精气，为其所敛；银质改而性不改，其收束之力，与坚凝之体，将如许火气，摄入毫厘，一经击动，引其热性，奋迅迸裂，盖有不可思议者。日为火光，雷为火声，声之火疾，光之火徐，一击之理，夫何疑欤？向来或传自来火药，乃硝磺和人骨灰为之，盖人银声近，传闻之误也。

夷人有摔炮者，棉纸裹小石砂一包，合口用松香粘滴，摔地则响，火光四射。乃用此药少许，包入砂中所制。予造试之，不谬。

夷人有拉炮者，褙纸剪条，如韭叶阔，长二寸计。一头以胶粘细石砂，粘此药少许，以纸箍之，两手拉之，火出爆炸。

夷人有自来火木条者，乃硫黄制炼十余次，将炼过烧酒搀入以木蘸之，磨之则立燃。或搀入硝水少许，其火更烈。

其他各式奇巧火法，总系强水所配，无他谬巧。此水染肉上，微痛变黑色，洗之不去，染须发亦然。若著肉过多，则肉腐烂；以入腹，殆无不立毙之理。

夫用火之法，为攻战伏守之要务。然点燃需人，则诸多未便。若精炼此药，扩充其用，炼钢炼铁炼铜，兼以创造机器；或令自蹦，或用人牵，或秘之径寸之间，或置之山谷之险，洵用间出奇之妙术也。

请仿西洋制造火药疏道光二十三年福

建提督陈阶平

窃照英夷输诚，沿海安堵，正当讲求武备，以期有备无患。臣驻守曹江，将及一载。防警之暇，察访远近各营，制造火药，能否一律认真。惟闻杭州省城，精造加工火药，现存数万斤。其余提镇各标，因防堵未及如法舂造。即调来浙江之各省征兵。裹带火药，亦系旧时陈药，并无加工新造，轰去不能甚远。查制造加工火药，奈其中有赔累之艰，人工之缺。若不彻底讲求，总有加工火药之虚名，而无加工火药之实效。何以靖海宇而卫生民？盖硝不提炙，磺不拣净，轻率制造，率难致远透坚。细察历年营员，在省领回营硝，一经提炙，必亏折三成；一经拣净，必亏折一成。此亏折之苦，往往视为畏途，不肯踊跃从事。又虑造成之后，仍须补足向定额数，坐使赔累，其难一也。制备石臼木杵一切器具，不可不良。加以提炙之柴薪，轮舂之工食，在在不能短少。无款补苴，其难二也。再查营中造药，向来多用碾盘，一牛一日，可碾药百余斤。今若加工舂造，每臼三人轮舂，每日造药不过十五斤。此多寡劳逸之攸殊，经办营员，未有不贪多而好逸，其难三也。有此三难，功无实济，是以各营造药，自奉行后，略加工一二成，其余照旧。臣昼夜思维，夷炮甚短，何以猛烈较甚于内地之长炮？其为火药精工无疑。因多方购得夷炮火药一小包，用鸟枪试远，实有二百四十号之数。是以臣造药时，照提硝复加一次，共提三次。愈舂愈细，加至三万（捍）〔杵〕。试远亦能到二百四十号，药力与之相等。内地大炮，本长加倍，倘遇使用，权操必胜。是加工造药，非比别技，两相用则远者胜，别自为用，则精者远，宜乘此闲暇之时，备不虞之用。可否仰恳敕下各直省督抚，预先添办硝磺。嗣后凡各营请领硝磺，如领硝十斤，另加三斤；领磺十斤，另加一斤；以备折耗，同额一并给发。至炙硝柴薪舂工口粮，约计每造万斤加工火药，需用经费银五百两。各省物料夫工贵贱不一，亦有用至七百两者，由督抚筹数或作正开销，责成营员办理。工料既真，俟药造成，禀验以鸟枪二百四十号远打靶为准。如有再减料偷工，察出立予重惩。自此营员得免赔累，造药必能加工。各省一律照备，于武备实有裨益。

一、加工造药，全在煮炼硝斤。前在广西江南提煮二次，鸟枪试准一百六十号；厦门添煮一次，鸟枪试准二百四十号。硝性劲直，必须煮炼如法，方能收猛力直前之效。先用大锅盛硝四十斤，清水十五斤，熬煮半炷香时候，加入牛皮胶水一茶钟，渣滓浮起，用笊篱捞去，用铁铲和之以防带底。另用瓦钵以白布漫盖，将煮成硝水冲入钵内，凝结成饼，簪牙玲珑半尺许洁白如冰雪，以舌试咸淡，绝无卤气为率。

一、硫黄拣净渣滓石性，捣碎细碾，重罗成粉。

一、柳树烧炭存性，捣碎细碾，重罗成粉。

一、造药万千零，用石臼二十个，外方内圆，深一尺四寸，径宽一尺三寸，厚五寸。以造药多寡，为置臼之增减。

一、杵用槐榆坚木，长六尺，杵嘴长一尺六寸，杵尾下挖土深一尺，俾杵扬高有力。

一、每臼用牙硝八斤，磺粉一斤二两，炭粉一斤六两，搅扣入臼。三人轮替舂踏不歇，与舂米无异，以三万杵为率。

一、用清水百斤，新大麦三斤，入锅同煮，捞去大麦，水入缸盛贮。每日每臼药舂三万杵足数，用筱筛将药摊平，口喷麦水，用力推筛，旋喷旋推，药即成珠。筛下之药，再喷再推，上下一律成珠。其珠类似黍米，晒干甚坚，收贮干燥处，永无日久碎散成灰之弊。先用手掌燃试，以不炙手为度。造药处工匠众多，勿存成珠药，以期慎重。

一、提炼硝磺，宜于春季。进药必在夏初，取其昼夜舂造晒晾，易于见功。如遇缓急需用，则长夜亦可造办，毋须拘定夏季。而提煮三次，舂杵三万，慎勿减少。

以上各条简便，并无奇巧揣（磨）〔摩〕之处，照办甚易。配造一次，立见效验。下届承办者，亦不敢再事草率。将官严加操练，较八十弓例靶药力，增加两倍，而准头仍与相等，实于军储有裨。

西洋制火药法 福建监生丁拱辰

夫枪炮之利与不利，全在制药之精与不精。若拘定常例，不求精制，不但有炸裂之虞，且恐施放不能得力。西洋人用药，极意精细，其力足以击远，其烟多系白色。我但加工加料制造，即可敌彼洋药。粤东有精制火药，其药力竟与洋药相等，烟亦白色，见火即燃，毫无渣滓。曾制数千斤，颇得其用，自宜广推其法。其制造之法，每药一百斤，须用提净牙硝七十六斤半，净硫磺一十二斤，麻秆炭一十二斤，葫芦壳炭半斤，汾酒二十斤，顶好大梅片二两，摩犀公角二两，煅炭配合而用。惟提硝之法，总以洁净为率，煎至二三次，用白糖以去尽其泥，用萝卜，以去尽其盐，用雪水以清净其矾，必至于极净而止，慎勿草率。然后取其面上之牙为用，其底再以清水漂之，必如棉花雪体，用其净而去其渣。其硫磺则用茶油煎之，以去其面；牛油煎之，以去其底。至于麻秆先去其皮，并头尾两段，取中节用明火煅炭。务令火候得宜，倘火候不到，其力不猛烈，火候太过，又不能致远。烧煅葫芦壳炭亦然。其制摩犀公角，打碎以铁锅煅之，使其烧透烟尽为止。以芭蕉树取汁多煎之，次日澄清去水，加大梅片二两，共入锅内，锅外用滚水泡之，使熔化为糊；以硝磺及炭灰、汾酒，合而同舂，愈舂愈好。碾炼极工，而后罗筛细粒制成；以少许置之手掌中，用火点试，以不烧手为佳。果能依法制造，尚可较胜洋药。切勿轻忽减工减料，此配精药之良法也。如炮中用药，平时须先较准分量，某炮某炮食药若干，一一记明，用红布袋盛之，配合药膛大小装入。再用引门铁锥探入，刺破布袋，然后下烘药点放，方为合法。特附其说，以备参考。

西人制药用药法丁拱辰

西人制火药，每百斤之中，用净硝七十五斤，硫磺十斤，杉炭十五斤，用上料极厚好烧酒及好泉水和之，舂炼足透，用纸盛少许，举火试之，火着药发，其纸不焚为度。其硝用好泉水煅煮二三次，去尽污秽渣滓，至极清净，候冷坚凝，舂至极细，用细罗斗筛出细末，粗者弃之。其硫磺煮法不用柴，防火气上腾烧化；惟用好炭烧得纯白，而无火烟出为度；次用灰掩之，使余火不腾起。即将釜安在灶上，将热，用生油少许抹遍釜内，将硫磺先落一块，每块约半斤，次用锤擂熔；再落一块，再擂均熔；又逐块再落，须各擂熔，落至满釜而止。所有污秽渣滓，乌色尽浮上面；除去净尽，方可盛入小桶。其桶务要先浸水，而后覆在地上，使水气坠尽，然后盛贮桶内。欲贮之时，硫磺尚在釜内，当仍架在灶上；灶中之火炭，虽已用灰掩之，恐有余火四出，当加瓦片盖密，方不焚烧。盛贮桶内，片时便凝结成块。再舂捣极细，用细罗斗筛出细末，即另行盛贮。其杉炭须选烧透，不存木性者，庶无黑烟蔽目。并要飞碾极细，用水过洗，筛汰粗渣，合硝与磺和厚酒及好泉水各半，舂炼足透，愈舂愈好。故演时，烟微而色白，有力能致远，此制药之法也。至于用药之法，亦各不同。中华论炮身重数，每百斤用火药四两。乃系论炮口入弹，就弹配药；大率以弹三斤，用药一斤。惟弹至四十斤或五六十斤之大，就应配之药八折算。如中华新铸四等生铁炮五千斤者，我用药十二斤半；口径五寸三分，彼就口九折算，应用弹径四寸八分；重三十一斤，应配药十斤零五两。又三千斤者，我用药七斤半；口径四寸五分，彼就口九折算，应用弹径四寸；重十八斤应配药六斤。又二千斤者，我用药五斤；口径四寸，彼就口九折算，应用弹三寸六分；

重十三斤，配药四斤五两。又如八千斤者，我用药二十斤；口径六寸六分，彼就口九折算，应用弹径六寸；重六十斤，应配药二十斤。其弹过大，不堪照配，当再八折算，堪用药十六斤。凡此四等用药，彼少我十分之二，可知彼药胜我十分之二也。彼就炮弹配药，而我论炮身用药，各从惯熟，不必更改。因数十年以前旧制炮位，其口极小，若因口用弹，因弹配药，用药过少，不能远及。惟火药制法，效之无难，似宜仿制。

海国图志卷九十二 邵阳魏源辑

攻船水雷图记上

攻船水雷图说上 广东候补道潘仕成

《阴符经》曰：火生于木，祸发必克。凡物必相克，而后可相制。水克火也，乃籍水势激发而火愈烈；相反而适以相济，其理不可测，而其巧固不可阶矣。海夷犯顺，恃其船坚炮利，而欲制炮必先制船。会米利坚夷兵官壬雷斯抵粤，自言能造水雷，遣善泅水者，潜至敌人船下；或顺流放去，泊于船底，藉水激火，迅发如雷，虽极坚厚之舟，罔不破碎，事成索酬数万。时值闽浙用兵，猝欲得其法以破敌，不惜重资，如数予约。乃禀商靖逆将军，暨督抚大宪，给札开局。凡九阅月而水雷成，演试以径尺余西桅数百本，联贯六层，排比周密，缆捝成排，广袤七尺余，厚约六七尺，将炮具载火药二百斤，安置排底，须臾机发，如迅雷惊霆，烟焰烧空，木植飞腾折裂，屡试辄验。夫夷船底厚不过尺，似此炮力猛锐，又何坚之不摧，何敌之不破哉？奏赍进呈，复于天津演试，其效如前。且每造一具，数日可成，价仅需四十金。每省但费四千金，即可造成百枚，可攻百艘之敌。制夷胜算，莫过于此。爰绘图系说，刊布流传，以便演习而靖海防。《易传》曰：水在火上既济。即继之曰：思患而豫防之。成之为此，盖亦居安思危之志也夫。

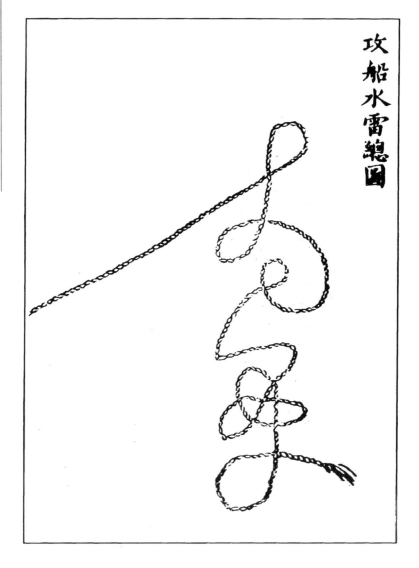

攻船水雷總圖

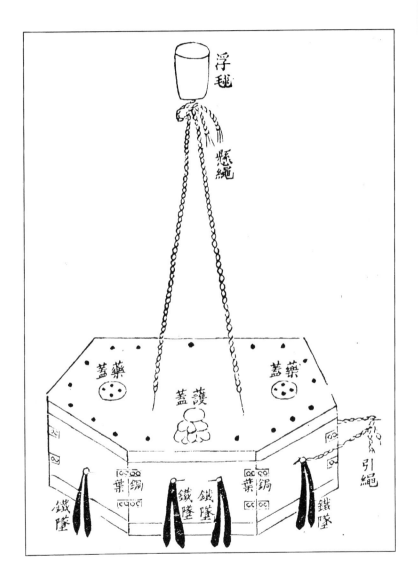

神之震威善击者莫如雷，制器以象之，利用破敌，沉之水中，既藉水激火而轰焉上发，此水雷之所由名也。凡铜之事九：〔曰〕护盖，〔曰〕罗盖，〔曰〕药盖，〔曰〕火床，〔曰〕揭板，〔曰〕火帽，〔曰〕柱套，〔曰〕直水管，〔曰〕曲水管。铁之事八：〔曰〕锔叶，〔曰〕坠，〔曰〕揭板轴，〔曰〕弹条，〔曰〕火塔，〔曰〕鼓钉，〔曰〕鼓柱，〔曰〕螺丝钉。木之事七：〔曰〕棱，〔曰〕隔板，〔曰〕浮球，〔曰〕塞，〔曰〕扛机板，〔曰〕扛锭，〔曰〕机橛。革之事二：〔曰〕鼓围，〔曰〕垫。绳之事二：〔曰〕引，〔曰〕悬。弦之事二：〔曰〕机系，〔曰〕鼓捹。合硝磺炭之事一：〔曰〕药。油灰以密之，漆布以固之，而器之事备矣。引绳之长，利搭放也。棱锐首尾，利分水也。油灰、漆布，防濡滞也。锔叶、螺丝，合缝固也。加以革垫，密无罅也。挂铅铁坠，坠使沉也。悬之浮球，宜浅深也。护盖横窍，以时启闭，通缓急也。干窍为罗，滤水滓也。水管窍细，机欲缓也。管底一曲，通鼓腹也。革木坚韧，水鼓牢也。竖柱夹鼓，欲不倚也。火床之设，在鼓旁也。床有揭板，承起弹也。揭板有轴，利转捩也。弹条三级，并有力也。并弹凡三，防或失也。自然火帽，冒火塔也。火塔中空，药管通也。揭板之鼻，系机系也。机系上系，扛机板也。扛锭承板，与鼓对举而易起也。机橛之揆也，欲系急而勿褪也。拔塞灌水，用适时也。水涨鼓起，机括动也。揭起弹落，激火发也。药气上轰，震如雷也。无坚不破，有触皆飞，而器之用利矣。

棱制八木合成，大小长短，任便配造。木以樟、榆之类为佳，其过坚及脆而松者，均不合用。今制大号者长三尺六寸，高一尺五寸，宽一尺三寸五分；木厚一寸五分。内用隔板分作三隔，中隔安置水鼓火床各机括，首尾二隔，可共受火药一百八十斤。次者长二尺八寸五分，高一尺五寸，宽一尺三寸五分；木厚一寸五分。

圖置位內檣

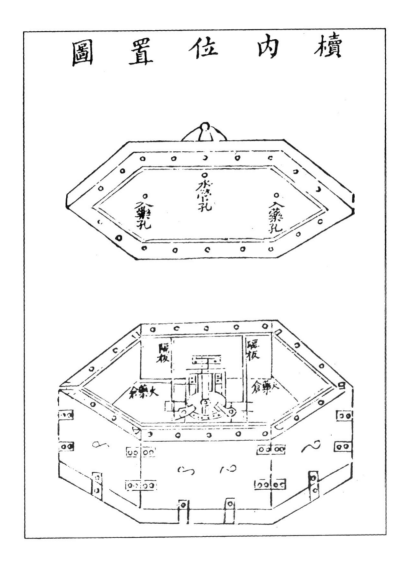

除安置机括外，可受药百二十斤。若欲多用火药三四百斤以至千斤。则将椟制拓大，自无不可。

水鼓火床等器，先按部位，安于椟内。将椟试水，保无渗漏，然后扳起三弹条，承于揭板；唇上系机系于揭板鼻端，按底水鼓，将机系上系于扛机板孔中，取机橛搠紧，使不得松褪。火帽三，紧冒于火塔之首。火床药管内，实满烘药。逐件查点妥当，用油灰螺丝钉固封椟盖。其罗盖护盖，加用皮垫，应用一切预备完全，俱运至水次。将火药由椟盖药孔倾入，首尾两隔，实满而止。即将药盖用皮垫油灰封固。系定浮球及引绳，用木塞紧塞护盖。移椟于水，四面配挂铅铁坠，使椟沉而球浮。斯水雷之事备；若同时应用有数十雷器之多，承机亦不宜太早，约预先三二日内，陆续装备。其椟试水后，须晾令全干。凡铜铁机括，用油拭过，方为妥协。缘五行相生之理，铜铁俱能生水。若装贮后封备日久，恐水气泛而锈衣积聚，或致机括涩蚀，或致烘药潮湿。有一受弊，便不能灵应如意也。

雷器装备妥协后，令极善没水之兵，潜送至敌人船底，将引绳搭系水中锚索，务使水雷恰在船底之中，勿得差错。即将护盖木塞拔出，速即登岸远避。为时约五六分久，水灌鼓涨，机板扛揭板而起，揭板起尽，弹条击落，火帽迸裂发火，迫入火塔，直透药管内，烘药然，火势横溢，药仓如迅雷轰然起矣。

雷椟入水，必须深至三尺五六寸，方能发弹。缘火床三弹条，用力扳起，承于揭板之唇，其力共用约三十斤，系定机括，任从上颠下顿，弹条终不能落，必须水灌鼓涨，扛起揭板，乃能落弹。用雷器者，断无误发机括之虞，此最妙之法也。而水鼓之力，又视水之浅深为差等。如椟入水一尺，鼓之起力约有十斤；入水三尺，则起力可得三十斤。入水愈深，鼓力愈急。若深至一丈，则鼓

承機圖

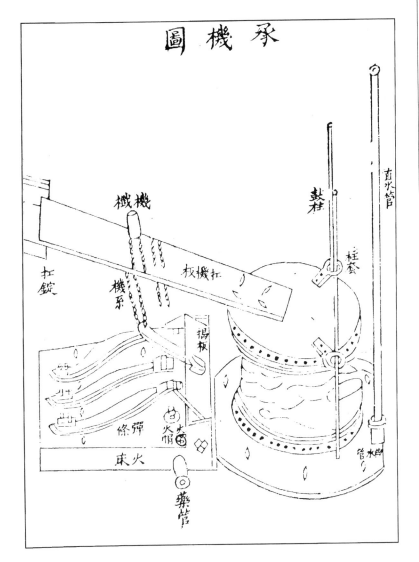

發機圖

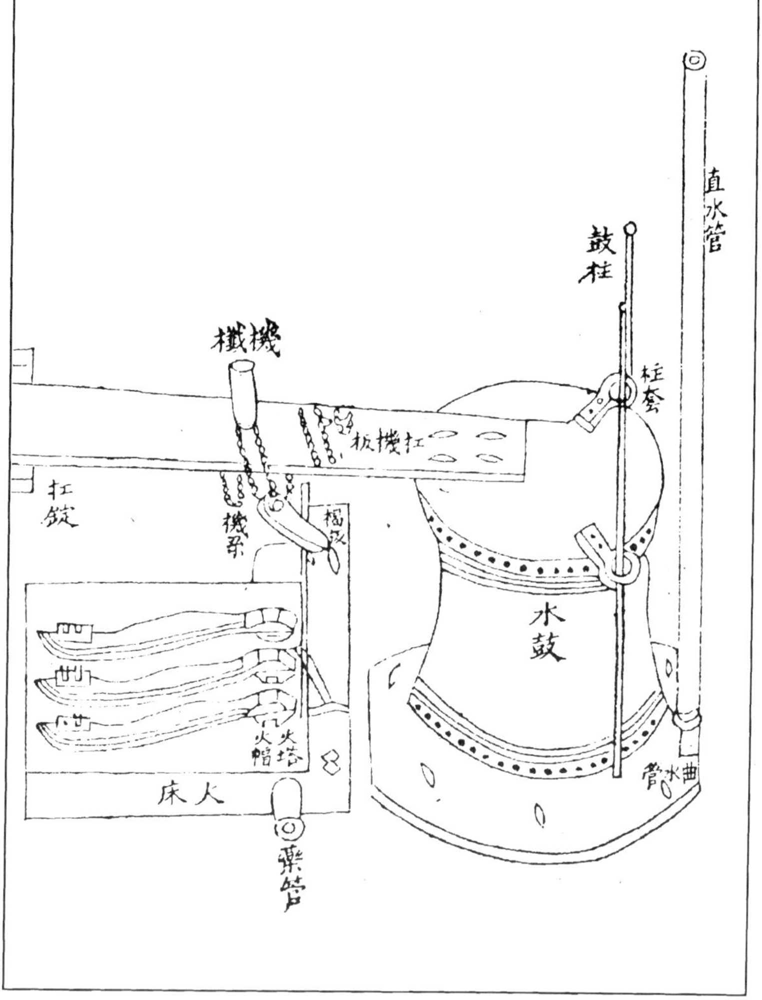

力能起百斤之弹矣。

洋舶大者长十五六丈，次者长十一二丈、八九丈不等。其系锚之索，抛在水面，离船约二三丈，水雷引绳须长七八丈方合用；计搭于锚索，放去尚可入船底四五丈间，适当大桅之下矣。若锚索或偏左偏右，度其势顺流放去，不能适当船底之中，则须另制小铁锚，系定引绳，至敌船上流安插，务使雷椟恰顺流浮在船底中间，地位不可差失。然洋船身重，泊定后风吹不甚动移；且首尾俱有锚索，若用两雷器将引绳之（稍）〔梢〕结连，一从船左，一从船右，顺流而下，引绳遇锚索挂住两雷器，恰在船底，左右夹攻更为得力。

护盖，范铜为之，厚一分，高一寸二分，径二寸四分；铺边五分。螺丝钉四，内容罗盖，外横设圆窍，管长九分，径八分，受塞木，使水不得入；欲用则拔塞以受水。取厚铜所以防搕碰，取横窍所以防上压也。

塞木，不宜过坚，松杉之类为佳。长二寸许，一头削圆以纳护盖横窍，一头削方，以便用力搜紧，务使涓滴不能渗漏，方能将此雷椟久藏水中，万无一失。如要用时，即拔去塞木，水自灌入，约为时五六分久，水涨鼓起，弹落而火发矣。此塞木先编烙字号花押，水勇缴令，即执以为凭。

罗盖，炼薄铜为之，高八分，径一寸五分，铺边二分半，螺丝钉四；周身细窍千百，罩于水管之上，藏于护盖之内，所以滤去水中渣滓，不致入塞水管。

药盖，圆铜片为之。径一寸五分，厚半分。先用油灰革垫密贴药孔，后用盖封，有四螺丝钉。缘雷椟大号者，装药后过重，难于迁移，故临用时始装药。若小号者较轻，装药后始封椟盖，则盖上未开入药之孔，药盖原可不用。

雷樻送至船底位置

護 蓋 圖

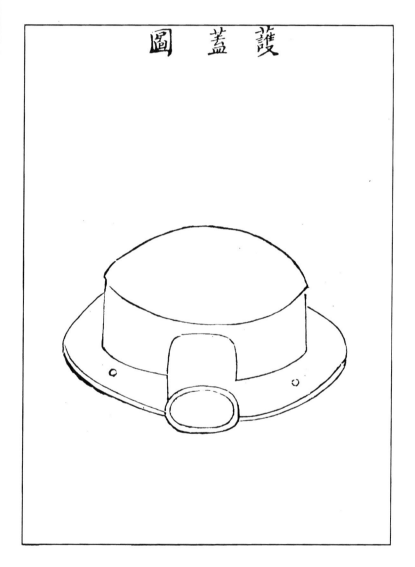

木塞圖

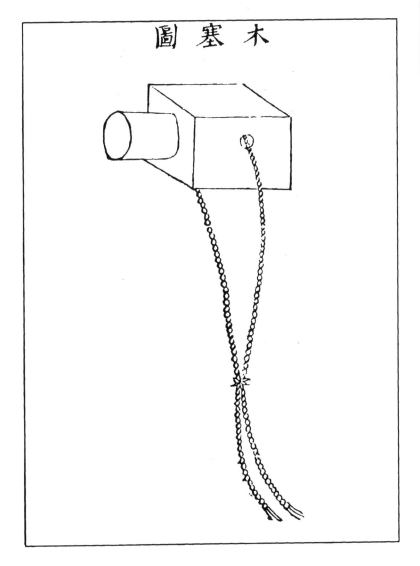

羅蓋圖

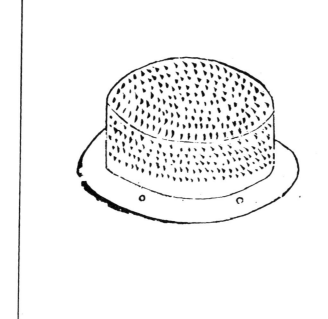

藥蓋圖

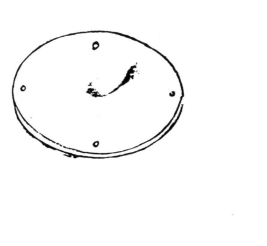

鉛鐵墜圖

坠，以铅铁为之，大小轻重任便。器大宜重坠，器小宜轻坠。先于椟外四〔围〕下半截安定有环螺丝钉，入水时始用坠，周围均匀系挂。必安于椟之下半截者，欲其下重，则波浪掀翻，无倾侧之患也。必入水时始挂坠者，欲椟与坠分运，则轻便易举也。夫木器内空，入水则力善浮，铅铁坚重，入水则力善沉。若浮力与沉力适均，则椟仅平水面，届在浮沉之间，必再加六七斤沉力而椟始沉。惟一沉必直至水底乃止，故必用浮球，有十二三斤浮力者，悬绳以提之。欲椟入水七尺，则悬七尺之绳；欲椟入水一丈，则悬一丈之绳。使浮沉浅深，因地置宜，惟我所命。浮球必须十二三斤浮力者，欲其抵对六七斤沉力之外，尚有余力，不致俱沉也。

海国图志卷九十三<small>邵阳魏源辑</small>

攻船水雷图记下

攻船水雷图说下

浮球用木制造，空其中，底盖周围俱用油灰密捵，使不渗漏。方圆长短，样式不拘，但以得浮力十余斤为度。底安环钉，系悬绳双股，绳之下系，分系于雷楼盖上环钉。其球微露水面，须用漂流弃物，如烂木板片、草束之类遮掩，使敌人不觉。

水鼓底，盖用木，围用革，于底之铺边处，设曲水管横插入鼓底，中通鼓腹。曲水管之上口，受直水管之下口，使水由直水管达于曲水管，由曲水管达于鼓腹，须完密无罅漏，方合用。未灌水时，鼓身缩小，高约三寸五分；灌水后，鼓身渐次涨满，约高六寸五分。

鼓底盖，均用坚木。盖厚一寸四分，径四寸五分，状如覆碗。旁边平处所以受缀皮之钉，卷槽处所以受拵皮之弦。鼓底径四寸五分，厚连铺边一寸四分，状如仰盂。其缀皮受钉拵弦，与盖同，惟俯仰异势。侧面凿一孔横通于仰盂之底，以纳曲水管。铺边周围宽八分，厚四分，离水管二寸。左右各竖鼓柱以夹鼓；周围螺丝钉六，所以安鼓于雷楼之底。

鼓围取厚韧牛皮，纵七寸，横一尺四寸，与鼓底盖周围配合为度。马油渍透，纫合其纵缝。次用漆灰鼓钉，密缀于鼓之底盖，

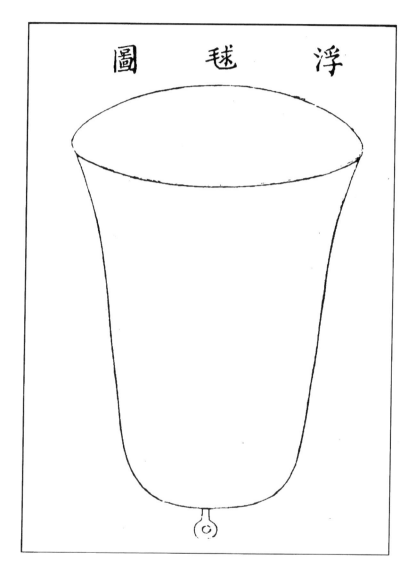

浮毬图

水鼓圖

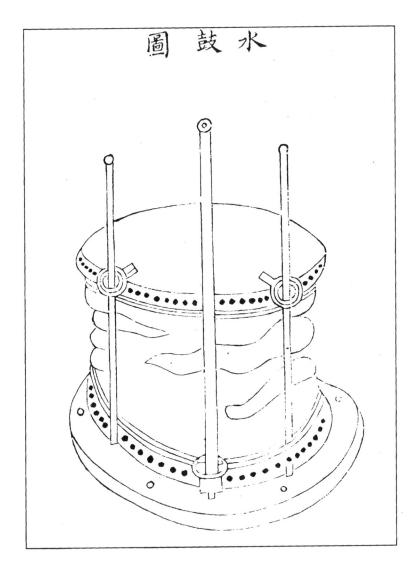

水鼓底蓋圖

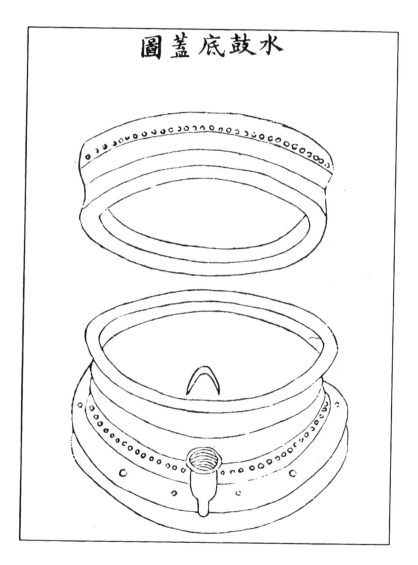

革圍圖

复用弦于底盖卷槽处拶紧。

直水管，范铜为之。径五分，长一尺一寸五分。楼高则加长，楼矮则减短，总以透出楼盖为度。管内径二分，上口收极小，仅如小米粒大，使水不得骤入，则发机不虞太疾。又须较罗盖之孔略大，庶水中渣滓能过罗盖者，则断不致滞塞于水管。脚下有盘，径七分，厚一分。盘下有牡螺丝，径四分，长四分，所以纳曲水管上口之牝螺丝。

曲水管，范铜为之。径六分，曲上处长一寸二分，口内有牝螺丝，以受直水管之牡螺丝。曲入鼓底处长二寸，管内径二分。

鼓柱凡二，以铁为之。径二分半，长七寸，上穿柱套，作牡螺丝，竖于鼓底铺边，所以扶鼓，使不得偏倚。

柱套凡二，熟铜制造，厚半分，状如环而有柄，以受钉，安鼓顶木旁。套环中空，径五分，套加柱上，使宽绰有余，鼓身起落，不致吃紧为妙。

火床，范铜为之。方长如床，横设药管，左右皆通。药管当腰开三小孔，作牝螺丝，以纳铁火塔。火塔之顶，冒以铜火帽。床首设揭板，斜起以承弹条之首。床尾安三弹条，弹条之首，适当火塔之上，承于揭板之唇。

铸纯铜为床板，长五寸八分，阔三寸五分，厚八分；首有两耳，各高六分，阔五分，长九分；耳有圆孔，受揭板之轴。离首一寸四分，横穿药管，径二分半，左右皆通药管，当腰匀排三孔，所以纳火塔药管；两端各长一寸，径六分，所以穿过楼内隔板，使药管内之火药，与隔板仓内之火药相连。尾有六小孔，可纳弹条，有六螺丝钉，身排八大孔，受螺丝钉，安床于雷楼之底。

揭板纯铜铸造，厚二分，横二寸四分；斜起处纵一寸七分，底平处纵九分。承弹条之唇，侧面宽二分半，唇上离床板面高一

直水管圖

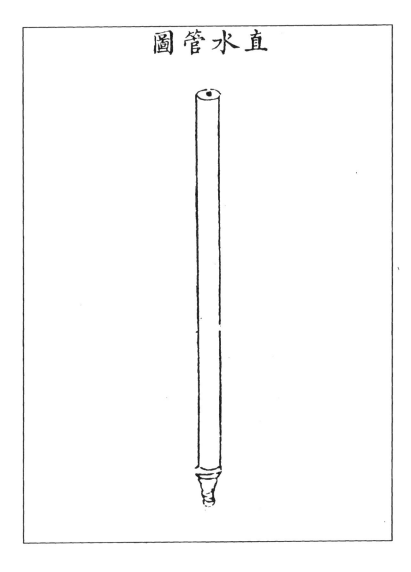

曲水管圖

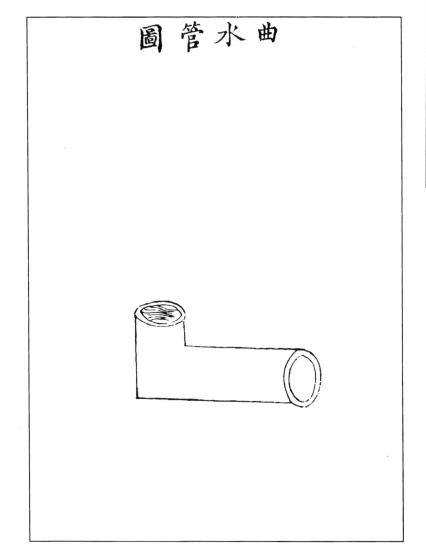

鼓柱柱套圖

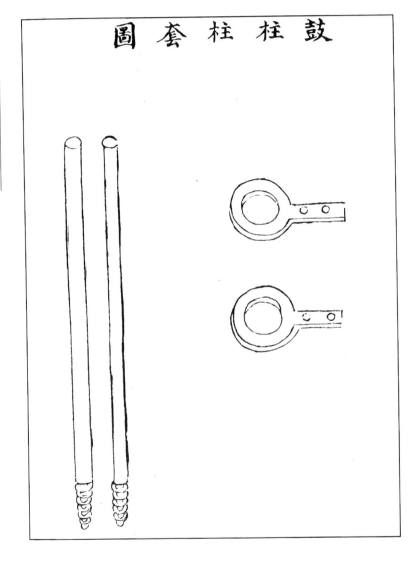

火床圖

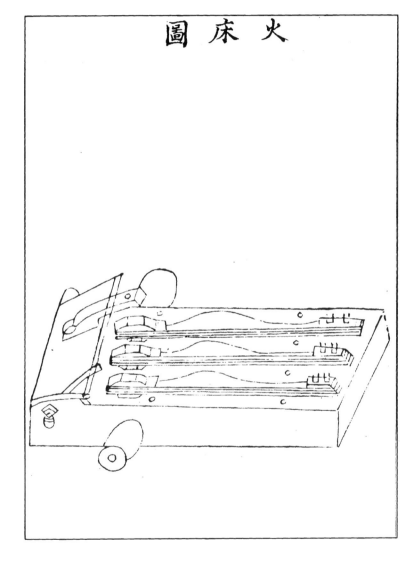

火板圖

揭板并轴圖

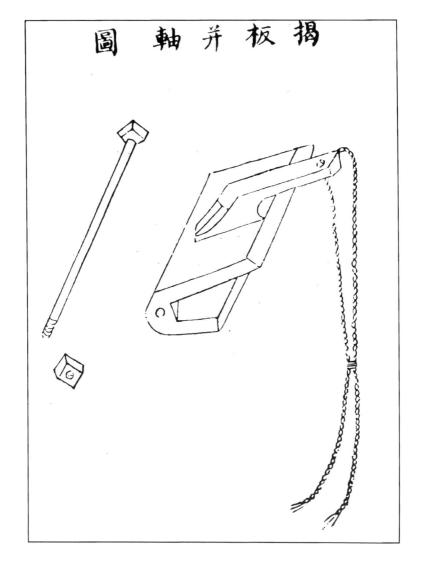

寸一分，贯轴处厚五分。有鼻自板面中间隆起，宽四分，长二寸四分；半在板面，厚四分半；出唇外厚二分，鼻端穿小孔，所以系机系。

揭板轴，以铁为之。长三寸七分，径不及二分，贯揭板连于火床板之两耳。

弹条，炼纯钢为之。下一条长四寸七分，其首独加厚二分，长六分。厚处之底中间有窝，大一分半，深半分。中一条长三寸五分，其首微屈作俯势。上一条长一寸一分，均宽四分，均厚半分。螺丝钉二，并上中下三条，安于火床之尾。下条之首独厚者，欲其力聚于首也。底之作窝者，欲其击火帽，使迸裂不得外散也。中条之俯其首者，欲其助力于下条也。上条之独短者，所以护其根，使扳弹条而起，无拗折之虞也。弹条凡三道者，防其或有一击不然之失也。

火帽，极薄红铜制造，高一分，径一分，内滴凝药，状如高帽顶平，恰紧冒于火塔。上层弹条，击落迸裂，自然迫入火塔，直达药管，由药管横达药仓，而轰然上发矣。此物本来自外夷，今广东已能仿制。价颇贱，惟收贮须干洁。若藏至五六年后，药性过陈，试击无火者，便不合用。

火塔，炼纯钢制造，长四分半，分作三层。上层戴火帽处作圆柱，长一分半，径一分。中层作八角砖，厚一分，径三分。下层作牡螺丝，长二分，径二分。中开直窍，上小下大，安于火床药管之上，三塔匀排，其窍直透药管内。

扛机板，坚木为之。宽一寸，厚五分，长约八寸。楗宽则须加长，楗狭则须裁短。腰中凿小孔以系机系，孔内用机檄搂紧，使系弦不得松褪。一头用四螺丝安于水鼓之顶，一头架于扛锭之上。

扛锭削木作锭式，宽厚各一寸，长二寸。安于水鼓对面之楗墙，

弹　條　圖

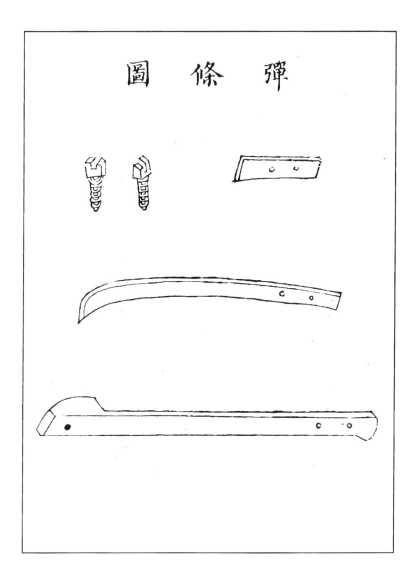

銅火帽圖

火 塔 圖

扛機板扛錠機橖圖

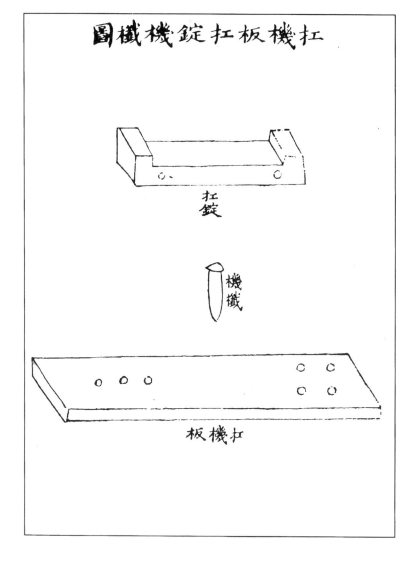

扛錠

機橖

扛機板

部位须较按低水鼓之顶高二寸，以为此头预先借起地位。

　　垫，以软薄牛皮为之。凡四：曰护盖垫，曰罗盖垫，曰水管垫，曰药盖垫。各如其器之大小裁用，垫于二器合缝之处，使吃紧而无有罅漏。

　　凡钉俱用铁，鼓围钉过小，不用螺丝；余钉俱用螺丝，欲其得力于吃紧处，且钉口无木纹（暴）〔爆〕裂之虞，兼安好后仍可脱卸之便。

　　铜火帽，来自外夷，或偶虞缺乏，即以火石机代之。其法合三火机于一床，床之首尾，各安钢条，可抑扬以取力。设钢掩以掩药盘，兼受石击。设钢喙如鸟喙，各衔火石一块。其顶扣于揭板之唇，揭板起则石击钢掩，火星纷迸药盘而轰发矣。此即洋鸟枪火机之法，略为变通，随处俱可仿制，自无庸藉铜火帽于外夷。

　　水雷造成赍京，于道光二十三年八月十六日进呈。奉上谕。前据祁埙等奏，候选道潘仕成制造水雷二十具，派令学习制造之生员李光钤，议叙八品职衔潘仕豪，议叙从九品李光业，带同匠役赍京试演。现在李光钤等业将水雷赍到，著讷尔经额遴派干员来京，会同李光钤等三人，将水雷、火药一并带至天津，交善禄、向荣，择水深宽敞之处，会同演试，是否适用。著该督即行具奏。其水雷图说一册，届时交该委员带给该总兵等阅看，以便如式试演。将此谕令知之，钦此。

　　天津镇善、通州镇向、天津道文于九月初八日在天津大沽海口，会同演试。用厚八寸，长丈六杉木四层，共厚三尺六寸，系备木筏，安于海河，坠定锚缆，将吃药百二十斤水雷，送至筏底，系定引绳，拔塞后，待时四分许，轰然一声，激起半空，将木筏击散，碎木随烟飞起，其海河水势，亦围圆激动。洵为火攻利器，旋禀直隶总督讷据情复奏。

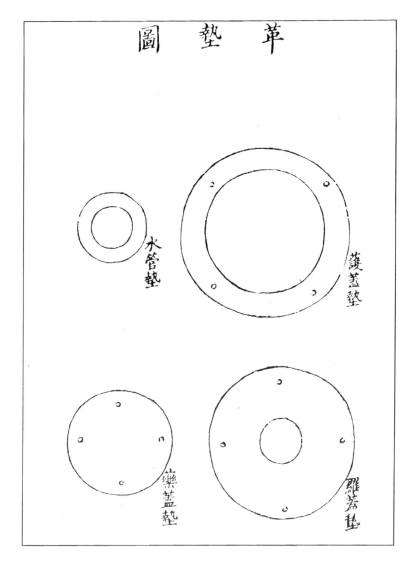

革墊圖

螺絲釘圖

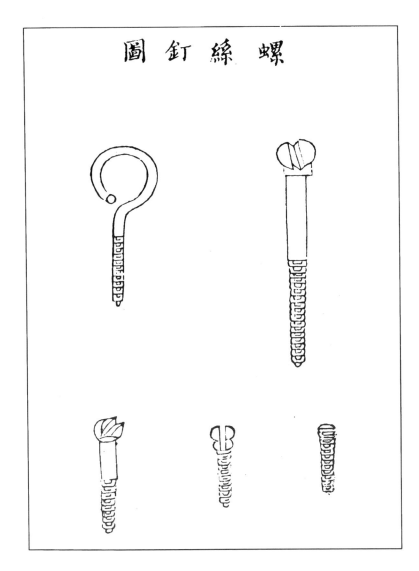

火石機圖

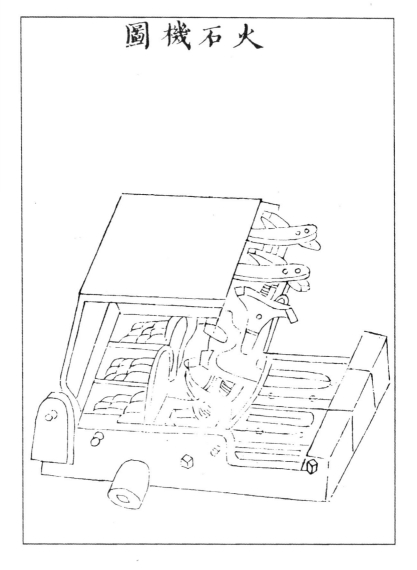

大沽口試演水雷圖一

大沽口試演水雷圖二

海国图志卷九十四 邵阳魏源辑

西洋技艺杂述

西洋器艺杂述

《海岛逸志》曰：西洋行舟，不专用指南车，以量天尺量之，则知舟行几许里。又能按图知海中沙礁泥泞之处，毫无差错。其形略似纸筮，能开阖，有一横尺，一斜尺，尺中有分有寸，俱书西洋字。每量必于午刻日中之际，其横者以定均平，其斜者以观道途之远近，海中之浅深。然明其尺量而无海图，亦无益于事。故海图为体，量天尺为用，二者不可缺一。

察天筒以玻璃筒二，式如笔管，长一尺余，内实水银，置之匣中，旁书西洋字。其水银自能升降，大约晴明则水银下沉，阴晦则水银上浮。然浮沉有高低，睹其旁字以察风雨晦〔暝〕，未尝不验。

定时钟一日十二时，分为昼夜二周。子正十二点，丑初一点，午正又十二点，至未初又一点。合一日为九十六刻，每刻十五分，是亦一道也。其钟大小不一，小者盈寸，大者高数尺。又有串连小钟十余事，声如八音，铿锵可听，以应时报刻者。又有预拨某时支字，及其时则鸣钟不已，令人警觉者，名曰闹钟。

天船短小，其式如亭，可容十人。内置风柜，极其巧，如浑天仪，用数人极力鼓之，便能飞腾，至极高之处，自有天风习习，欲往何处，则扬帆用量天尺量之，至其处乃收帆听其坠下。相传曾有被日火烧毁并曝死者，所以不敢频用也。

风铳状与铳相似，有二式。一即用铜球，装气令满，螺旋于铳之底面。一即连于铳筒，用铁条贯皮为鞴，极力鼓气令入，实铅子或泥弹，拨机放之，声不甚响，亦能伤人。每装气一次，可放数十铳，能透五分杉板于三十步外。

西洋行船指南车，不用针，以铁一片，两头尖而中阔，形如梭，当心一小凹，下立锐以承之，式如雨伞，而旋转。面书西洋字，用十六方向：曰东西南北，曰东南东北，西南西北，曰东南之左，东南之右，东北之左，东北之右，西南之左，西南之右，西北之左，西北之右；是亦一道也。唐帆欲往何方，则旋指南车之字向以准船。洋帆欲往何方，则旋船以依指南车之字向，制度虽异，其理则一。

葛留巴城海口，有甲板屿。因和兰建造甲板船之处，故名曰甲板屿。其船二十五年则拆毁，有定限也。其船板可用者用之，无用者焚之，而取其铁钉。船板厚经尺，横木驾隔，必用铁板两旁夹之。船板上复用铜铅板，连片遍铺。桅三接，帆用布，船中大小帆四十八片，其旁纽纤绊，悉皆铜铁造成，所以坚固牢实，鲜有误事。其船艄如女墙，安置大炮数十，船大者炮两层，小者炮一层。水手每人各司一事，虽黑夜雨暴风狂，不敢少懈。法度严峻，重者立斩，船主主之。所以甲板船洋寇不敢近也。

千里镜能观远景者无足称奇。有屈曲管者，能睹其室之遍隅，房中隐微之处，无不遍及。其佳者每管值数千金。用以御敌，可望敌营中，能周知其虚实，女墙衣壁，人数多寡，洞见底里。诚鬼工之奇技也。按近日西洋并无此器，或传闻太过之词。

西洋御敌多用天炮，而英圭黎之技，较之和兰又精巧，炮用铜铸，每炮尺寸长几何，围大若（千）〔干〕①，能及其远近几许，皆有定限也。譬如敌营远近几许，用量天尺量之，用屈镜观之，则举炮悉中其处，不逾尺寸，炮必向上而举，到其处，铳子即能坠落，而旋滚周遍焉。因冲天而举，故名天炮。今英夷攻城攻岸之炸弹〔从空坠下〕② 即此也。然可以惊人，而不能取准。故广东省城其炮悉落池塘空地，具见章奏，无命中不逾尺寸之事。

西洋奇器，如水琴、风琴、风锯、水锯、风磨、水磨、吊桥、城门吊桥重数千斤，早晚开闭，一人可挽。千斤称、式如筒，以铁为之，中用螺铨，一人可铨。虽厦屋巨舟，铨之立即欹斜。显微镜、自鸣钟、自来火、自转碓，飞禽走兽，自能鸣动，木偶如生，不可毕举。

番语写字曰：铢厘，和兰写字用鹅毛管削尖，作笔濡墨横书，自左而右。红毛、和兰、色仔年③，诸国皆同。爪亚④、无来由⑤、息览⑥，则用竹片削尖而书，亦横书，则自右而左。武吃⑦、猫里⑧番、把实⑨番、里猫柔⑩番，则又各别，闻有种番写字自下而上者，鲜到巴国，未之目睹也。

和兰铸圆饼银，中肖番人骑马持剑，名曰马剑。有半者名曰中剑；有小而厚者铸和兰字，名曰帽盾；有半者名曰小盾；有小而薄者，中肖甲板船，名曰搭里。又有黄金铸者，中肖番人持剑

①据甘本改为"干"。
②原缺，今据本书卷五十可补"从空坠下"。
③色仔年，即瑞典（Sweden）。
④爪亚，即爪哇，今印度尼西亚爪哇岛（Java）。
⑤无来由（Malayu），即马来人，此处指马来半岛的马来人国家。
⑥息览（Silan），锡兰，今斯里兰卡（Sri Lanka）。
⑦武吃，又作武讫，指印度尼西亚苏拉威西岛西南部的布吉斯人（Bugis）。
⑧猫里，又作猫厘、猫离等，即今印度尼西区之巴厘（Bali）岛。
⑨把实，又作把石，今加里曼丹岛东岸的巴塞尔（Passir）河流域。
⑩里猫柔，指印度尼西亚加里曼丹岛南部的 Bajau 人。

而立，名曰金钫。其马剑、中剑、大小帽盾，皆有金铸者，以两为斤，每员当十六员之用。又有红铜铸者，中肖雌虎，名曰镭，以当钱文之用。红毛国①不产金银，无所铸。和兰西铸圆饼银中肖双鹰，名曰搭里。有半者、小者，中肖狮子，亦名搭里。有小而薄者，中铸番字，名曰钫，以当十文之用。干丝腊国②最富，多产金银，铸圆饼银，中肖其国主之面，名曰洋钱。有半者二当一之用，有四当一者，有八当一者，有十六当一者，有三十二当一者，中肖一朵花，亦稀见矣。亦有金铸者，大小皆如之，作十六倍用。又有红铜铸者，中作十字形，名曰爪，以为钱文也。

《澳门杂录》曰：米利坚洋钱七钱二分，每圆值先士百个。先士系红铜所铸，中无方孔；每先士值银七厘二毫。英吉利洋钱重十九边呢，十三额连，以中国称之，重八钱一分。每圆值时令五，每时令值边呢十二。以中国银计之，每时令值银一钱六分四厘，每边呢值银一分四厘。二十时令为一棒，每棒计银三两二钱七分一厘。布路牙即大西洋国，洋钱有老格鲁色③，值里士一千；新格鲁色值里士四百。每老格鲁色，值新格鲁色二个半。老者值银九钱五分七厘六毫，新者值银三钱八分三厘零四丝。又有他国用劳碑，其劳碑与格鲁色同值。未知老耶、新耶？巴社国所用之洋钱，曰多曼。与大吕宋之洋钱同值。每金洋钱，值银十一两五钱二分。

又曰：华人视外夷国地人名，多嫌其俚，不知试以外夷转翻中土对音之字，亦犹是也。如西洋称广东曰谏党④，福建曰荐酒⑤，

---

①红毛国，此处指英吉利（English）。
②干丝腊国，即西班牙（Spania）。
③格鲁色（Gruzado），葡萄牙古货币。
④谏党（Cantáo），即广州。
⑤荐酒（Chien chou），即泉州，泛称福建。

即建州二字。安南曰故占车那①，虎门曰博低架②，濠镜曰昔今巴③，澳门曰双高④，前山曰加查白领古⑤，港口曰耕地里，老万山曰兰东弄爱伦⑥。兰东亦广东二字音。其间有对音者，有不对音者。总之以异国之音，翻本国之字，欲其雅驯，必须如《汉书》、《唐书》西域传之稍加润饰乃可。

谢清高《海录》曰：西洋木工，多用风锯，其制先为一板屋，令四柱皆活，可随意迁转。取大木一，长于板屋数尺，圆以为轴，横穿左右两壁，铁环之，以轴纳其中，两端出于壁外。以一端为轮，轮十六辐，分两层，环植于轴。内层与外层各八，相间尺余，其长数尺。编竹篾以为帆，帆有八，斜张于内外辐上以乘风。两辐则张一帆，其长视辐；宽则较内外辐之纵而定其尺寸。上复幕以布帆，帆乘风而轮转，则轴随之而转。布帆则视风之疾徐以为舒卷，疾则卷，徐则张。屋内轴上，环以数铁锯，架木于锯端，以石（厌）〔压〕之，锯随轴转，则木自断矣。所以活屋之四柱而任意迁徙者，欲以乘八风也。

西夷《火轮船图说》曰：火轮船，上安大铁缶，盛水欲满。书甲字二，下为火炉以炽炭。书乙字二，缶旁开一口为丙字筒，由丙字横斜至子字筒分为二，其上己筒，其下庚筒。由己入丁，为丁字筒，与己庚平列。丁止一筒，分为上下，中安双铁片，夹皮缩于一铁柱为戊字。而子字筒中，复设一铜片作小门，转移于己庚两小筒之间，此通则彼塞，密合其筒，而铁片与铁柱从之上

---

①故占车那（Cochinchina），亦译交趾支那，今越南南部。
②博低架（Porta），葡文意为"门"。
③昔今巴（Hoquem），即濠境澳。
④双高（Macau），即澳门。
⑤加查白领古（Casa Branco），意为"白屋"，因前山官陀以白灰粉墙而得名。
⑥兰东弄爱伦（Landron Island），意为贼岛，即老万山。

下焉。庚之下一小筒为癸，癸之下一大盘为壬。而戊字铁片所连一铁柱，上出筒外为辛字，即船面所突之白气管也。凡火炽水沸，气从丙字出，至子字小门，上己筒，进丁筒，戊字铁片，则迫下子字小门，封塞己筒，水气由庚筒下进丁筒。戊字铁片复激上子字小门，封塞庚筒。铁片常时上下，而所进之气不更，由己庚二筒而出，乃穿庚后之癸筒，出壬字之大盘，仍化水矣。水气蒸激，往来不已，戊之铁片与辛之铁管牵挽并动，在船轮机无不周转矣。其船上机轮别有图说。

《西洋奇器述》武进李兆洛曰：气枪者，为铜球大如拳，上为螺旋孔一。筒长二尺许，锡为之，圆孔径寸余，以铜挺捎其中，而帛缠其端，令周密如鞲。筒之端亦为螺旋，以合于球。乃使有力者出入而致之，使其嘘吸之气纳于球，久之气渐满，鼓之不能入。球如火热，几不可着手，乃退螺旋而下之，以合于鸟枪之火门处。火门处亦为螺旋而窍其中，附球于上而内闭之。启其机，球中之气激入火门而丸出矣。其及远中深，不减于药。约可十余发，过此则气微而不能及远矣。

洋法之绝奇者，能取气而制使之。云气有三：凡所取者皆三气杂；又有机器别之为三。其气了然有色可辨，一气微红色，一气白，一气即火也。三气之中别去一气，其二气即杀气，人中之立死。云天地之气，充塞两间，木石等物皆不能隔，惟玻璃器能隔绝天地之气，而不透漏。故制用气之机，必以玻璃为之。有一火法，不知其名，为玻璃圆罂，周尺许，四面无孔窍。罂中有二小铁锤，着其半腰，一铁丝细于发，着锤旁而出罂外。人立一玻璃几上，以手指拈铁丝，则其人须发皆植立；以一指他指，则随指有光如电，殷然作雷鸣。旁人或以指着其人即亦然，响时人皆心神震怖。云彼国制此，以治阴寒痰湿顽痹难治之病。若更大则光与声亦益大，极大则声如霹雳，或杀人。其响之发，无论远近，闻者心皆振动。天下之至疾者莫如风，而雷火则比风更疾，彼国置此器试之。响发时，数十里内同刻皆闻也。盖所制使者龙雷之火，随地气辄奋，拈铁丝之人立玻璃器上；所以隔绝地气不着其身，故着地之人指之即震；本人所指之气着地，亦即随指而震也。予濒行时，见易君山始言及之，匆匆未及一睹其器，深以为恨，其理甚可思。雷电之发，因阴阳闭隔，近击成声，于此尤可信。

乐柜高可四尺，阔二尺，厚半之，周闭之如书柜。藏风轮于中，以一机出外而转之，中排管数十，风入管而鸣，鸣鸣如吹，钟鼓方响等器皆具。一圆筒植立，随机而转。筒上缀小钉无数，高下疏密无一齐者。近筒左右，铜丝如网，筒转而钉牵其丝，即击鼓撞钟之节也。奏之凡五六节，巨细疾徐，各自不同。先开一机而转其风轮，乐即随转而作，既毕，则闭此机而复开一机，其音节又异矣。所奏即其国之乐，遍作之可四、五刻也。所排之管，以铅为之，长短参差不齐，其外圆可径半寸，管管相同，其内孔圆径即各异。此与古人制律之法，似可参校。欲购其一具拆视而细审之，惜力未能也。

源按：西洋有雷盒者，形如镜箱，前列两铜环，而以一铜丝屈绕两环之端；人试以手握左环，则其右环着手震颤如痛。若两人各一手分握一环，则其所空手指着人即痛。盖左手握之，则气达右手；右手握之，则气贯左手，以治风痹麻木之证立效。与此所述气器略同，曾见之粤中，每一具价百余洋；今海口通市，可购买也。

《美理哥国志略》曰：西国书籍，或以铅字摆板，或以铜字刊板；其摆板不过二十六字，如中华之点画钩剔。所印除经史诗词歌赋外，并印新闻纸；其纸各家不同，约千余样。始如欧罗巴刊刷，录见闻布告四方。其纸长至五尺阔至三尺；其纸不订装，底面皆印字。或每日一出，或七日出三四张，或半月出一张不等。每一出，多者约有二万张，少者约有五百张。每年收看新闻银一圆至十二圆不等。内载船只往来时日，货物价值增减，买卖田地、租赁房屋时价，并官员士子兵丁言行，及天下一切事物。此外亦有每月新闻书，书内载钦天监、医生、乐工、律例、学问、劝世文等事，其书有一季一出者，约二三百篇。亦有如中华之《时宪书》，一年一出者，约三四百篇。内载日月出没薄蚀之原由，士农工商本年应如何营作，各国本年人数增减。惟无吉凶趋避之日，然亦不过史传、舆地志、先贤言行记略，并天文、音乐、大小学文章、劝世文等书。其书有一本为一套，数十本为一套。并有来自各国者，其价或半元数十元不等，为士之家或藏书一二千，书院或藏书一二万。亦有富家立一书斋，置各书于内，任人观览。

又曰：美理哥国之文字，皆同英吉利国。虽有法兰西、荷兰等国之人，而新国独效英吉利者，因国初地广人稀，虽各国皆来贸易，惟英吉利居十之九，从其语音者较多，至今则与英吉利无异。此外则或文字相同，而言词独异，如法兰西、荷兰者是。亦有文字不同，而言词亦异，如满、汉、日本、安南、暹罗者是。虽文字言语不同，而切音未尝有异。满、汉固不异乎日本，日本亦无异乎西洋。且新国不过仿英吉利国二十六字母耳。其一曰 A 音（朕）〔唉〕，二曰 B 音碑，三曰 C 音飔，四曰 D 音毑，五曰 E 音依，六曰 F 音鸭符，七曰 G 音芝，八曰 H 音咽住，九曰 I 音矮，十曰 J 音遮，十一曰 K 音跏，十二曰 L 音唉儿，十三曰 M 音唵，十四曰 N 音燕，十五曰 O 音轲，十六曰 P 音丕，十七曰 Q 音翘，十八曰 R 音鸦，十九曰 S 音（朕）〔唉〕时，二十曰 T 音梯，二十一曰 U 音噯，二十二曰 V 音非，二十三曰 W 音嗒布如，二十四曰 X 音鸠时，二十五曰 Y 音威，二十六曰 Z 音思。其中有三字能独用，无别字贯之者，如 A、I、O 是也。A 者一也，

I 者我也，O 者叹词。字母虽止二十六，乃相连相生，变化无穷。连字之法，有以二字连成一句，或三字至九字不等。从左手起横读至右，非如汉文从上至下也。二十六字母，散之则无穷，合之则有限，其用不测；然虽三尺童子亦可学习。凡天下事物，皆赖二十六字详说之。其始岁历几百，稿三易而始成。故虽盈千累万之书，亦不外此二十六字母也。此字母西洋各国皆同。

天下山水方里数目

山四千八百五十七万零八百二十五〔方〕里。

水一万五千零三十二万三百方里。

共一万九千八百八十九万四千一百二十五方里。

四洲音语四洲音语，不知何自辨之。考康熙、乾隆中，皆曾命钦天监偕西洋人遍往各省各边，测北极高度偏度，及太阳出入早晚。或彼时遍历各地，曾辨其语言欤？

阿细亚洲音语及南海岛音语九百九十一音。

墨利坚洲音语一千二百一十四音。

欧罗巴洲音语五百四十五音。

阿末里加洲音语二百七十六音。

共三千零二十六音。

量天尺较量算法，每起加五度

初起度	六十九里	二十
二起五度	六十八里	九十三
三起十度	六十八里	十四
四起十五度	六十八里	八十四
五起二十度	六十五里	二
六起二十五度	六十二里	七十一
七起三十度	五十九里	九十二
八起三十五度	五十六里	六十八

九起四十度	五十三里	一
十起四十五度	四十八里	九十三
十一起五十度	四十四里	四十八
十二起五十五度	三十九里	六十九
十三起六十度	十四里	六十
十四起六十五度	二十九里	二十四
十五起七十度	二十三里	六十六
十六起七十五度	一十七里	九十一
十七起八十度	一十二里	一
十八起八十五度	六里	三
十九起九十度		

《畴人传》：汤若望字道未，明崇祯二年入中国。国朝顺治二年六月，若望上言：臣于明崇祯年间，曾用西洋新法，制测量日月星晷定时考验诸器，近遭贼毁，臣拟另制进呈。今先将"本年八月初一日日食，照新法推步京师所见日食分秒，并起复方位图象，与各省所见不同之数开列呈览"。及期，大学士冯铨同若望赴台测验，与所算密合。有旨行用新法。十一月，以若望掌钦天监事，累加太仆太常寺卿，敕赐通微教师[1]。十四年四月，回回科秋官正吴明烜疏言：若望所推《七政书》水星二、八月皆伏不见，今水星于二月二十九日仍见东方，八月二十四日又夕见。又言若望舛谬三事：一删紫（炁）〔气〕，一颠倒觜参，一颠倒罗计。命内大臣等公同测验，水星实不见，议明烜诈妄之罪，援赦得免。康熙四年，徽州新安卫官生杨光先上言：若望新法十谬，及选择不用正五行之误，下王大臣等集议。若望及所属各员，俱罢黜治

---

[1]《清史稿》作"赐号通玄教师"。此处避康熙帝讳。

罪。于是废西法，仍用大统。至康熙九年复用新法，康熙十七年，若望卒。武进赵氏翼《檐曝杂记》曰：余年二十许时，阅《时宪书》，即有钦天监治汤若望、副南怀仁姓名，皆西洋人，精天文。后阅蒋良骐《东华录》，则汤若望当我朝定鼎之初，即进所制浑天星球一床，地平日晷、窥远镜各一具，其官曰修政立法。顺治九年汤若望又进浑天星球、地平日晷仪器。康熙七年，治历南怀仁奏监副吴维烜所造八年时宪书，十二月应是九年正月；又一年两春分、两秋分种种错误，遂革维烜职，授南怀仁为监副。按国初至余二十许时，已一百二十余年，而二人在朝中已能制造仪器，必非少年所能，当亦在三四十岁；则余识其姓名时，盖已一百五六十岁矣。后阅《明史·徐光启传》，以崇祯时历法舛讹，请命西洋人罗雅谷、汤若望，以其国新法相参较，书成。即以崇祯元年戊辰为历元，是崇祯初已有汤若望，则又不止一百五六十岁，嗣后又不知以何岁卒也。源案：阮氏《畴人传》，据《新法算书》及《四库书总目》，言汤若望卒于康熙十七年，距崇祯初亦止五十余载，安得有乾隆初年尚存之事。至南怀仁，则《畴人传》但言其康熙初入中国，不言卒于何时。然考蒋友仁以乾隆二三十年间入中国，进《增补坤舆全图》，奉旨翻译图说，命礼部侍郎何国宗、检讨钱大昕，详加润色。又命在养心殿造水法，又命友仁同何国宗携仪器遍测新疆度数、节气早晚，增入《时宪书》。是其时，南怀仁亦久卒矣。赵氏少时所见《时宪书》，列汤南二人姓名恐是康熙初年时宪，而误记为乾隆初也。又考《海岛逸志》，言荷兰人处西北寒地，人多百岁。及居葛留巴，炎暑澡浴，终日发泄，至五六十岁即为上寿。是西人寿考，亦不过百岁，从无一百五六十岁之事。赵氏追忆少年之词，并无实据。

《畴人传》：杨光先字长公，徽州歙县人也。恩荫新安卫官生。告汤若望传天主邪教，且其造《时宪书》有十谬：一、不用诸科较正之谬，二、一月有三节气之谬，三、二至二分长短之谬，四、夏至太阳行迟之谬，五、移寅宫箕三度入丑宫之谬，六、更调参（参）〔觜〕二宿之谬，七、删除紫气之谬，八、颠倒罗计之谬，九、黄道算节气之谬，十、历止二百年之谬。于顺治十七年呈礼科不准；又于康熙三年状告礼部曰：汤若望阳假修历之名，阴行邪教之实，散布邪党于济南、淮安、扬州、镇江、江宁、苏州、常熟、上海、杭州、金华、兰溪、福州、建宁、延平、汀州、南昌、建昌、赣州、广州、桂林、重庆、保宁、武昌、西安、太原、绛州、开封并京师，共三十堂，每堂一年六十余会，每会收徒二三十人，各给金牌绣袋妖书会单，以为凭验。请照《大清律》左道妖言二条治罪。旨下礼部会吏部同审，汤若望等及传教之历官李祖白，拟大辟，免死；其作序之给事中许之渐罢黜。四年，特授光先钦天监右监副，旋授监正。光先以但知推步之理，不知推步之数；且以攻罢邪教，为邪党所忌，潜伏杀机，恐遭陷害，力辞新职。疏凡五上，卒不准辞。乃辑前后所上书状论疏为上下卷，名曰《不得已》。光先在监三年，谓戊申岁当闰十二月，寻觉其非，自行检举，时来年宪书已颁行，乃下诏停止闰月，交部治罪，议大辟，免死，归卒。康熙九年，复起汤若望为监正，用新法。十七年若望卒。钱大昕曰：光先于步天之学，本不甚深，其不旋踵而败，宜哉。然摘谬十论，讥西法一月有三节气之失，移寅宫箕三度入丑宫之失，则固明于推步者所不能废也。吾友戴东原言：欧罗巴人以重价购《不得已》而焚毁之，盖深恶之云。此篇据《畴人传》原本，参以杨氏《不得已》二卷。

鸦片来中国统计若干列 见英夷所刊汉字

日月刻度通书

丙辰年一千零七十箱　　乙亥年二千九百九十九箱
丁巳年二千三百八十七箱　丙子年二千七百二十三箱
戊午年一千九百八十五箱　丁丑年三千三百七十六箱
己未年一千七百一十八箱　戊寅年二千九百一十一箱
庚申年一千八百六十七箱　己卯年三千五百七十五箱
辛酉年三千二百二十四箱　庚辰年一千四百四十一箱
壬戌年一千七百四十四箱　辛巳年三千五百九十一箱
癸亥年二千零三十三箱　　壬午年一千九百三十六箱

甲子年二千一百一十六箱　　癸未年三千二百零七箱

乙丑年二千三百二十二箱　　甲申年三千九百二十三箱

丙寅年二千一百三十一箱　　乙酉年五千三百六十五箱

丁卯年二千六百零七箱　　丙戌年四千六百二十七箱

戊辰年三千零八十四箱　　丁亥年五千八百六十一箱

己巳年三千二百二十三箱　　戊子年七千三百四十一箱

庚午年三千零七十四箱　　己丑年四千九百零三箱

辛未年三千五百九十二箱　　庚寅年七千四百四十三箱

壬申年二千七百八十八箱　　辛卯年五千六百七十二箱

癸酉年三千三百二十八箱　　壬辰年六千八百一十五箱

甲戌年三千二百一十三箱　　癸巳年七千五百九十八箱

甲午年七千八百零八箱　　己亥年三万二千五百五十箱

乙未年一万二百零七箱　　庚子年二万八千四百四十四箱

丙申年一万二千六百六十箱　　辛丑年二万六千二百五十箱

丁酉年一万九千六百零五箱　　壬寅年二万六千六百五十箱

戊戌年三万七千零九十箱

　　合共计三十二万零三十七箱，譬如每箱五百员，计共银一千六百万零一千八百五十员。自丙辰年起至壬寅年止。

　　交易买卖，番人俱要现钱，不用货易货。以上皆英夷原文。

海国图志卷九十五<small>邵阳魏源辑</small>

西洋远镜作法

作远镜法说略<small>歙县郑复光</small>

汤若望《远镜说》，用一凹一凸，颇言其理，而作法不详。今洋制多用纯凹，因积思而得其法，今说其略焉。

《远镜说》云：人睛中有眸，睛底有◉；<small>刻本如此，想是图其形状，盖谓凹也。</small>屈申如性，高〔注〕二镜自备目中云云。其作法用套筒，安一凹镜于内，安一凹镜于外。缩筒视远，申筒视近。缩以配短视，（申）〔伸〕以配老花。然则远镜从目睛悟得也。短视睛多凸，故凹杀其凸，而短视者能见远矣。衰老睛近平，故凸益其凸，而老花者能察细矣。一补偏救弊之理耳。凹称大光明，<small>凹为大光明，凸为次光明，本《远镜说》。</small>凸能恢物象，其所长也。凹视物则小，凸视远则昏，<small>凸视近极，即是显微。</small>其所短也。明能解昏，恢以显小，是补偏救弊之术也。盖物远不能见者，影小而色淡耳。凸为外镜，恢其影矣，而未免于昏；凹为内镜，大其明矣，而未免益小，合之则兼资交济，所以成远镜也。然目有不合奈何？于短视者稍缩，则凹得力；于老花者稍（申）〔伸〕，则凸得力；于平人则在（申）〔伸〕缩之间，而目之异者同矣。然远近有差奈何？物近则稍（申）〔伸〕，使凸得力；物远则稍缩，使凹得力，而远近之差者齐矣。既悉此理，便可制造。而远近说谓须察二镜之力若何？

相合若何？比例若何？必须面授，而不肯言其所以然。今皆推说得之，并推广得三种焉。远镜创于默爵，见《畴人传》。言其理者，则汤若望《远镜说》；言其妙者，一见于阳玛诺《天问略》，一见于南怀仁《仪象志》，一见于戴进贤《星图》。于一凹一凸之制，皆无异辞，然未见其佳者。观《远镜说》图作七筒，戴进贤有非大远镜不能窥视之论，必愈长愈佳，而所见者，皆长不过尺耳，此初出之一种也。一种用两凸，外浅内深，最长者亦止尺余，视物甚大而清，但其影倒见，俱用之于仪器窥筒。盖物象既倒，偏上者反下，偏下者反上，是物一差分，则影差二分，于以侧物则目畅而差微，易得中影。此用非远镜，而亦可为远镜也。一种纯用凸镜，外用一浅凸，内用数深凸，合为一筒；从三面起，至六面止，而优劣不与焉。洋制佳者多如此，为后出一种，而诸书皆未及，惟皇朝《礼器图》有之。义取备物，故论说不详耳。统观其理，凸凹之力，相合比例，皆在乎深浅。深浅之分不可量，则量其收光之长短。其法取凸镜封日，承以板片，上蒙白纸，由近渐远，则日光射板，由大渐小，而光渐浓，过此复大又淡矣。极小最浓之尺寸，即为是镜之深力也。愈短愈深，愈长愈浅。业镜者名几寸光，此即火镜取火之法也。今以光是顺透而收小，命为顺收限。夫凸有一面凸者，为单凸；有两面凸而深恰相等者，为双凸；又有深浅不等者，命为畸凸。用虽同而力限之长短各异，惟顺收限则无论何面向日，皆如一日。若版置镜上，令不遮日，稍侧其镜，则有返照日光射版上，亦能取得极小最浓处，与顺收限理同，而度必短，命为侧收限。此限在双凸，则两面向日，其度必等，在畸凸必不等。至单凸理当一有一无，而乃一长一短，恒若一与三也。虽皆有法推算，姑不多及，只取单凸一种，以平面向日论之，有侧收限二求顺收限，法以六乘得十二；有顺收限三十，求侧收限，法以六除得五，即所求。若凹则无收限而有侧收限，必以凹面向日，平向日则无光，独与凸异。盖凹与凸反，凸以平面向日，正是凹形，此阳燧取火之理也。作远镜法，其一种凹凸相合者各求其限，取凹一而凸二为定率焉。盖一凹一凸，假如限俱一寸，则势均力齐；若相切为一，必成一平镜矣。今凹切目，推凸离之，则物影渐大。凹力止于此，凸力渐大也。至极大而清，即是远镜，能及其顺收之半则止，是凹力不足也。凹深加倍，必至顺收限而止。故以凹一凸二为定率也。凡用限法，必归一律俱顺，或俱侧皆可。凹无顺限，取侧限六乘之，用其虚数可也。其二种两凸相合者，或两凸若一，则任求一顺收限倚之，以为两镜之距，则视物影倒而极清，亦稍大焉。若内深外浅，则各取其顺收限并之以为距。盖外凸愈浅，而距愈长，影亦愈大而显，今命为距显限焉。此种最佳，易作易用，惜影侧耳。其三种内筒，用纯凸相合者，外凸亦宜浅。然所见者，至长五尺而止。或缘凸过浅，则非极大不易作，而携镜游览，长三四尺，于用已足耳。其内三凸，或同深，或深浅不等，俱以距显限为率。如用甲乙丙，则甲与乙，乙与丙，各用其距显限为之，其合为一筒，则命为大光明限。缘目切甲视远，则无所见而光烂然。离目渐远，必见物清而小，愈远愈小，同凹镜理故也。然则外加浅凸，岂非仍即凹凸相合之理欤？推其相合比例，如大光明限一尺，则外凸之顺收限二尺，是亦一与二之定率也。数筒展足，共数宜四尺余。盖外凸限二尺，则镜长宜四尺，一如加倍之理；余数寸者，以为收展及相衔之准耳。若内凸用四，则大光明限须缩之；凸用五，须再缩；凸用六，又再缩，其法各置其距显限。四凸者用一五除，合六六折。五凸者五（拆）〔折〕，六凸者四（拆）〔折〕以为距，即得大光明限。其外凸顺收限，皆视大光明限加一倍；然宜稍短二三分，不宜稍长，恐量难准确也。盖外凸顺收限，假如二尺，展足约四尺，目距凸四尺，则见倒形。而大光明限，虽合凹理实皆凸形，故能倒其倒形，使复顺也。夫用倒者，取其能清，非取其倒也。外限稍短则稍深，内外之距，用时须稍缩，不过力稍杀耳。若外限稍长则稍浅，用时稍（申）〔伸〕，必过其限，不可用矣。凹凸相合者亦然，但其器长则外凸须大，否则内凹显，外凸小矣。而纯凸者，器虽长，外凸径小而内凸亦能显使大也。此后出之镜，所以弃简就繁，必有取尔。又五凸、六凸，非能加胜。而四凸者，如甲乙丙丁，多有另作数短筒，视甲乙递深者以备调用。盖甲乙稍深，则视大而稍暗，稍浅则稍大而更明。时明物小则用深，时晦物大则用浅，亦一巧也。

海国图志卷九十六 邵阳魏源辑

地球天文合论一 西洋玛吉士撰

七政

　　夫地理者，讲释天下各国之地式，山川河海之名目，分为文质政三等。其文者，则以南北二极，南北二带。南圆北圆二线平行上午二线，赤寒温热四道，直经横纬各度，指示于人也。其质者，则以江湖河海，山川田土，洲岛湾峡，内外各洋，指示于人也。其政者，则以各邦各国省府州县村镇乡里政事制度，丁口数目，其君何爵，所奉何教，指示于人也。此三者地球之纲领也，不可缺一。且地理本乎天文，由天文方知地形如何，度数如何，地面各处之所在，天下人类之差别，是以欲穷究此理，先应思地体如球，常丸转于日球之外，相距甚远，然后能悉地身与各星相关。而地理之所谓文者，乃可推测。

　　《地球论》曰：昔人论地体，不过曰：其长无尽，其厚莫测，上居人道下属鬼方；其东升西没之日月星辰，不过为地之点缀装饰而已。又有测度而云者，地体圆扁，周围与天边相连，如表罩与表面相合。迨后人历经实据，始觉地体本圆如球，昔论皆属虚伪，故今名为地球。其实显有情形堪证。譬如天气清明，毫无遮蔽，有船开行，人则立于岸边观望，其船渐渐去远，初则不见其船身，后则不见其船桅。又如有船自远而来，初则但见其桅，后则方见其船。若海面为平者，何能有此情形？盖去船开行已远，身桅皆当不见；来船既已临近，身桅皆当见之。且船身比桅大，去船何以自下而上，先不见其身，后不见其桅？来船何以自上而下，先见其桅，后见其身乎？若船上人望此地亦如之。去船先不见其平地，后不见高山；来船先见其高山，后见其平地。可见地本圆者，此理之可征者一也。再前明正德十四年，有二人：一名玛加连士①，一名德拉给，从欧罗巴驾船向西而行，一直西进，永不改向，或有阻隔，不过略为转湾，迤驶过其处，仍然向西行。越一千一百二十四日，不料复抵当日开船故处。越数载，复有安逊、縠哥二人等，驾舟往返循环，亦皆如是。若地系直者，何能从西而往，由东而返？皆因地体本圆，故能循环。此理之可征者二也。又凡有向北而走者，但见北方各星如自下而上渐起渐高；其南方各星，又似自上而下渐垂渐低。若向南而走，则见北斗星如渐降渐下，行至赤道之间，则北斗星即不见矣。其南方各星，又似自天边而现，渐起渐高者。可见地由南而北，亦系圆形。此理之可（微）〔征〕者三也。尚有一理最易明地体之圆，在月蚀论内。

《地球循环论》曰：夫地体之圆，前已引证解明，无可疑矣。至其循环之理则何也，昔人云，地球悬于浑天之中，静而不动；日月各星，昼夜循环于其外。迨前明嘉靖二十年间，有伯罢尼亚国②人，哥伯尼各③者，深悉天文地理，言地球与各政相类，日则居中，地与各政，皆循环于日球外，川流不息，周而复始。并非如昔人所云静而不动，日月各星，循环于其外者也。以后各精习

①玛加连士，即麦哲伦（Magalian）。
②伯罢尼亚国，即波兰（Poland）。
③哥伯尼各（Copernicus），今通译哥白尼，波兰天文学家。

天文诸人，多方推算，屡屡考验，方知地球之理。哥伯尼各所言者不谬矣。并察得地球之转有二：一则日周，一则年周。日周者，本身之周而复始也。昼夜运动，西向东旋，随旋随升，凡十一时七刻十一分四（杪）〔秒〕方周。故地上之人，仰观各星，皆如东升西没，此乃地球东旋之明验也。且地球既昼夜旋转，地上之人，何以不觉其动，譬如乘舟，或东行，或西行，值风息浪静之际，在船之人，并不觉得船身摇动，惟觉岸边山林屋宇动转。船东行，视彼如西往，船西往，见彼如东行，此理亦可为证也。年周者，旋于日外之周而复始，因其随旋随升，尽历十二宫位，凡三百六十五日二时七刻三分四十五（杪）〔秒〕方能一周。故有四季之分，寒暑之别也。源案：此即西人地动太阳静之创说。但地球既运转不停，则人视北极亦当变动而不能止其所矣。姑存备一说。

《地球五星序秩》曰：按哥伯尼各之法，以日居中，地球与五星，循环于其外，本体无光，皆受日光而明。近远之度数相别，循环之日期不同。因其法顺情合理，故今之讲习天文者，无不从之。兹将日体之广大，旋转之日期，及地球五星等本体之大小，离日之远近，循环之迟速开列于左：

日径长三百一十五万里，比地径大一百一十倍；身大一百三十二万八千四百六十倍。居天之中，枢纽盘旋，不离本位，凡二十五日六时一周复始。

水星径长一万一千三百里，比地径小一倍半，身小十分之九。离日一万三千三百六十一万里，循环于日之外。凡八十七日十一时四刻十四分三十（杪）〔秒〕，方行一周。本身西向东旋；至十二时零四分，周而复始。

金星径长二万七千八百七十里，比地径微小，比地身小一分有二。离日二万五千万里，循环于日之外，凡二百二十四日八时二刻十一分二十七（秒）〔秒〕方行一周。本身西向东旋至十一时五刻六分，周而复始。

地球径长二万八千六百五十里，离日三万四千五百万里，循环于日之外，凡三百六十五日二时七刻三分四十九（秒）〔秒〕，方行一周。本身西向东旋，至十二时，周而复始。

火星径长一万五千九百二十里，比地径小一半有余，比地身不足一半。离日五万二千六百一十三万里，循环于日之外，凡六百八十六日十一时一刻三分二十七（秒）〔秒〕方行一周。本身西向东旋，至十二时二刻九分，周而复始。

木星径长三十三万一千二百一十里，比地径大十一倍有余，身大一千四百七十倍。离日一十八万万里，循环于日之外，凡四千三百三十日六时二刻，方行一周。本身西向东旋，至四时七刻十一分，周而复始。

土星径长二十七万五千二百九十里，比地径大九倍有余，身大八百八十七倍。离日三十二万九千二百万里，循环于日之外，凡一万零七百五十六日二时一刻十二分，方行一周。本身西向东旋，至五时一刻一分，周而复始。

五星之内，惟木、土二星与地球，皆有跟星相随。其地球之跟星即月也，本体亦无光，其所发之光，乃受日光照射者。其径长七千八百二十里，比地径四分之一有余，比地身小四十九倍。离地八十五万九千五百里，循环于地球之外，故曰地之跟星。其循环于地之外有二周，一为有定之周，乃自某处起行，循环一周，仍归某处也；凡二十七日三时六刻十三分四（秒）〔秒〕。一为交会之周，乃每月朔或望之际也；凡二十九日六时二刻十四分三（秒）〔秒〕。盖月绕地行于本道，地亦绕日行于本道，至二十七日三时六刻十三分四（秒）〔秒〕，月虽仍归起行之本处，而地已离原处去远二十七度，故月至起行本处，不能如前之交会，必须多行二十七度，方能与日、地三者交会也。其行二十七度，需二日二时四刻数分。故朔至朔，或望至望，每月必二十九日六时二刻十四分三（杪）〔秒〕也。每年共循环地球十二次；因其循环之十二次，不足三百六十五日之数，所以三年一闰，五年再闰也。本身西向东旋，至二十七日三时六刻十三分四（杪）〔秒〕，周而复始。

其木星有四跟星：第一离木星九十三万八千四百二十八里，循环于木星之外，凡一日九时一刻十二分三十三（杪）〔秒〕方周。第二离木星一百四十九万零四百四十五里，循环于木星之外，凡三日六时四刻十三分四十二（杪）〔秒〕方周。第三离木星二百三十八万四千七百一十二里，循环于木星之外，凡七日一时六刻十二分三十三（杪）〔秒〕方周。第四离木星三百一十九万五千三百二十六里，循环于木星之外，凡十六日八时二刻二分八（杪）〔秒〕方周。

其土星有七跟星：第一离土星四十九万里，循环于土星之外，凡一日十一时一刻三分二十七秒方周。第二离土星六十五万四千五百里，循环于土星之外，凡二日八时六刻十四分二十二秒方周。第三离土星九十二万零五百里，循环于土星之外，凡四日六时一刻十分十二〔秒〕方周。第四离土星二百一十万里，循环于土星之外，凡十五日十一时二刻十一分方周。第五离土星二百八十万里，循环于土星之外，凡七十九日三时七刻三分方周。第六比第一星相近，离土星四十一万一千九百七十四里，循环于土星之外，凡一日四时三刻八分方周。第七去土星尤近，离二十四万一千五百二十四里，循环于土星之外，凡十一时二刻七分方周。再土星除七跟星相随外，尚有一圈绕于其体之外，名之曰：土星环。以至好千里镜观之，见其如有二圈相叠，约宽六万三千里，周围离土星亦约六万三千里，旋于土星之外，凡五时二刻二分十五〔秒〕方周。其环非他，乃无数之跟星，萃聚各于本道环绕其外；其星虽非尽集于一所，人视之相离甚远，惟见其光交射，如一线之相连，故人见其环与土星相离也。可见土星虽离日甚远，所受之日光无多，然而四面环绕之跟星甚众，势必受其众光照耀而益明也。

五星离地之远近，均以离日之远近为准。其离日有比地近者，有比地远者。近者以地球离日之里数为度；除去星离日之里数若干，下余若干，即星之离地里数也。远者以星离日之里数为度，除去地球离日之里数若干，下余若干即星之离地里数也。以此推之，五星离地之远近，即可知矣。此一定之理，虽易明晓。但五星与地并行于日之外，迟速不同，远近各别，其地球五星相离之远近，曷能概论？如各星地球，错综而行，时日不同，然必有交会之期。至星地交会，或均在日上，或均在日下，势必相离较近。若各星已行至日上，而地尚在日下；或地行至日上，各星又至日下，其相离自然较远。今将五星离地至近至远里数，分列于后：

水星与地球交会之际，相离二万一千一百三十九万里；时日当中，相离四万七千八百六十一万里。

金星与地球交会之际，相离九千五百万里；时日当中，相离五万九千五百万里。

火星与地球交会之际，相离一万八千一百一十三万里；时日当中，相离八万七千一百一十三万里。

木星与地球交会之际，相离一十四万五千五百万里；时日当中，相离二十一万四千五百万里。

土星与地球交会之际，相离二十九万四千七百万里；时日当中，相离三十六万三千七百万里。

以上所论之金、木、水、火、土五星，乃自古所传。近日西士考察，始知旧五星外，又另有五星，亦循环于日之外；本体无光，皆受日光而明，远近之度数相别，循环之日期不同。内惟一星，比地大四倍，其四星皆小于地。但查出之年限未久，故中华之书，未有记载，今此书止论地球，故不暇备列也。

《太阴晦明消长论》曰：月球本体无光，借太阳之光而明。故凡循环于地球之外，每有晦明消长，隐露更生之别。此因人居地上，见其如此，其实月之本体，则总系半边光明也。譬如以线系一球，对灯光而转于人之外；则此球若在灯人之间，或上或下；其被光照而明之半边，则对于灯；其背阴而暗之半边，则对于人。若离其间往右而转，人视之见其黑者渐渐退少，亮者渐渐增多也。凡转至人在灯球之间，或上或下，其被光照而明之半边，则对于人；其背阴而暗之半边，则对于外。若离其间仍往右转，人再视之，其亮者又渐渐增多也。但球之所在，不论前后左右，其体受灯照者，永是半边，并无差别。其所以晦明消长，乃人之所见者也。月体亦然，凡行于本道在日地之间，或上或下，其有光之半边，必然向日；其无光之半边，必然向人，此乃月朔之时也。凡离于日地之间，往西行本道，越八分之一，其有光者渐长，无光者渐消。人于地上观之，见其微露一弯如蛾眉。又行本道至八分之二，则见其光渐渐长至半规，故名为上弦；又行本道至八分之三，见其光益长至多半规，犹卵形。日又行本道至八分之四，即半途之中，其光盈规；人于地上观之，见其团圆如镜，此乃朔后至月望之时也。凡行本道至八分之五，其明又渐消，晦又渐长；人于地上观之见其光初退一弯，又如卵形之式。又行本道至八分之六，则见其光渐渐消去半规，故名为下弦。又行本道至八分之七，其无光者益增，有光者益减，则见其微余一弯光明，故名为蛾眉残月。此乃望后至将晦之时也。凡行本道至八分已尽之一周，复至日地之间，其无光之半边，又向于人；其有光之半边，又向于日；此乃再月朔之时也。可见月与日合则为朔，离则为弦，对则为望。但或合或对，地、日、月三者，不能常常正直，故虽合而无日蚀，虽对而无月蚀也。盖月、地各行本道，迟速不同至相合之际，地与日正对，而月在其间，不上不下，适当其中，方有日蚀。至相对之际，月与日正对，而地在其间，不上不下，适当其中，方有月蚀。若至相合之际，地与日正对，而月在其间，或上或下，所以每月皆有月朔，而不能皆有日蚀也。至相对之际，月与日正对，而地在其间，或上或下，所以每月皆有月望，而不能皆有月蚀也。再月之上弦下弦，何以分辨？盖月光弯环者向西，则为上弦；月光弯环者向东，则为下弦也。

海国图志卷九十七 邵阳魏源补辑

地球天文合论二

日月蚀　　彗星　　恒星　　天汉

《日月蚀论》曰：人必明于月蚀之故，乃可证地圆之理。夫日蚀、月蚀，果何故耶？盖地月各行于本道不息，月乃地之跟星，离地球八十五万九千五百里，循环于地球之外，相离地球之远近，虽异于各星，却有交会之际。其交会之际，如日居上而地居下，月在其中，斯有日蚀。缘地本黑暗，必受日光而明；凡有月过其中，势必掩蔽日光，不能下照。且月之正面，受日光而明者向上，其背面黑暗者向下，故日蚀必在月朔，乃此时日月地俱平直相对也。其交会之际，如月居上而日居下，或月居东而日居西，地在其中，斯有月蚀。缘月本体亦黑暗，必受日光而明，凡有地过其中，势必掩蔽日光，不能射照。且月之循环地球之外，必于十五日方能行至地球背面，故月蚀必在月望，乃此时月地日俱平直相对也。再日月之蚀，所蚀多寡不同，故有三等之分：一曰满蚀，一曰半蚀，一曰环蚀。

其满蚀者，乃本体全被蔽者也，日月之蚀皆然。日蚀者盖月道非圆，其形如卵。故月行本道离日地有远近之分。虽本体较日甚小，但近日则不能全蔽其光，近地则可以全蔽其光也。且满蚀更有随蚀随现，蚀后微停始现之别。盖日大月小，日光照月，月之黑影下垂尖锐；离日愈远，其影愈尖，势必影随形转。地上之人，若在月影之末，其处黑影尖小；月身一动，其影即过，人则即见日光，故曰：随蚀随现也。地上之人，若在月影之中，其处黑影宽大，月身虽动，其影不能立刻过完；及至刻影过完，必缓斯须，人则方见日光；故曰：蚀后微停始现也。月蚀者，地体大于月，月经于地，受日射于影中，地大月小，可以全蔽，无所受之光，月即黑，故为满蚀。且满蚀亦有随蚀随现，蚀后微停始现之别。盖日大地小，日光照地，地之黑影上射尖锐，地离日愈远，其影愈尖，亦必影随形转；天上之月，若离地远，其处黑影窄小过之甚易，毋庸耽延，即刻可现，人则即见月光，故曰：随蚀随现也。天上之月，若离地近，其处黑暗宽大，过之较久，必需迟滞，不能即现，人则微待方见月光，故曰蚀后微停始现也。

其半蚀者，有多半少半之分，日月之蚀皆然。盖此际地月各行本道，虽然交会，未曾平直相对，或上或下，惟蔽半光，故为半蚀。

其环蚀者，乃中间黑暗，周围露光也，惟日蚀则然。盖月体较日体甚小，虽平直相对，但月近日远地，其黑影未曾到地，是以地上之人，尚可见日之周围环光，故为环蚀。且日蚀非每朔而有之，因月行本道，或左或右，不能常与日地平直相对而交会也。又月蚀亦非每望而有之，因地行本道，其影随形而转；月行本道，不能常常遇地之影也。但日蚀月蚀，每年至多不能越七次，至少不能无二次，且日蚀比月蚀较多。但月蚀比日蚀易见，至日之满蚀甚少；每十八年之间，共约七十次，乃四十一次日蚀，二十九次月蚀也。又不能天下各处皆然，因有先后之分，多寡之别，故不能画 也。

以上已解明月蚀之故，乃月上日下，地在其中，日所发之光，为地影遮蔽，不能照于月身，而地影射于月身也。夫影必如形，一定之理。若地体果方，月中之地影必露圭角。何以月蚀或满或半，或多半，或少半，人但见其黑影永为圆者，盖地必圆形，始有圆影。地球之圆，无可疑矣。

《辨彗星论》曰：夫彗星，古者不明其理，或以为硫磺之气，由地上升而然，然尽即息。或以为五星之流火，或以为地上之流星，或以为至高之云，受日光照射而明。更有以为妖星出现，主有水旱刀兵之灾。纷纷议论，不一而足。凡此皆不明彗星之理者也。自乾隆二十四年以后，西域之精习天文者，逐日多方考察，渐悉奥理。盖彗星之现，至高且久；硫磺气然，由地而起，何能及其高久。即五星流火，地上流星，亦不过瞬息之光，彗星则有数日皆现者，数月皆现者；且现必终夜光明，其非流火流星也明矣。如乾隆二十四年所现之彗星六月有余，更可知也。况流火流星，无定期亦无定向；而彗星则现有定期，行有恒道。即至高之云，日照而明，一遇风吹，或飘散，或变形，何能如其有定恒也。至妖星之论，尤属杳茫。彗星各国皆见，若主灾异，理应各处皆然。何以此国有刀兵，彼国却无？或彼国有刀兵，又无彗星出现也。此等议论，乃古人不知彗星之运动，惟见其时隐时现，故以为无定。自加西奴及合略等，考查真确，始悉彗星之本体与五星相同，惟所行之本道，与五星异耳。金木水火土五星，均循环于日之外；月及各跟星，又循环于所跟者之外。除此尚有别星，亦循环于日外者，名曰彗星；其循环之道，与五星等行法不同。盖五星绕于日外，其循环之道近于圆形，日在正中。彗星亦绕于日外，其循环之道近乎卵形，日在一边。因其本道长圆，是以所行似有多寡不同；其近于日则所行甚速，日渐分明，远于日则所行甚缓，日渐隐没，故时隐时现，人不能常见。虽用至上之千里镜观之，亦不得见。越数十载，各按其本行轮回之期而现，人方得见也。且彗星之体，大小不同，所行之道，亦有直横斜三者之分。或如卵形而行，或直道而来，绕过日体，仍直道而去，各从其所向，行于本道；所行较五星甚缓，往返之年限亦久，故人不能深悉其定期，如五星之准。然有数星，亦知其轮回之限。如前明嘉靖十年所现之彗星，越七十六载，于万历三十五年复现。西域习天文者，推算其行度，乃倒退而转，即嘉靖十年所现者，至康熙二十一年又现，较前所差不足一年之期。后之习天文者，按前推算预定其期，云至西洋之一千七百五十七八年间，即乾隆二十二三年，此星必复现，至期果然。今以七十五六年之数计之，道光十四五年间所现者，亦此星也。又康熙十九年所现之彗星，光芒甚大。查古书所载前一百零三年，即明（隆庆十一年）〔万历五年〕所现者，亦如此星。按其运动行度推算，此星乃一百零三年周而复始者。至乾隆四十八年果复现。今以一百零三年之数计之，至道光六十六年，其星必当复现也。又康熙四十一年所现之彗星，察其形体光芒，即前康熙七年所现者。按其运动行度，推算此星，乃三十四年周而复始者。越三十四载，即乾隆元年，其星复现，至乾隆三十五年又现，嘉庆九年又现，道光十八年又现，皆此星。今以三十四年之数计之，至道光五十二年，其星亦必复现也。

迄今西域之精习天文者，考查推算，共识彗星二十有一，皆循环于日之外，各行本道，运动不同，可见彗星亦如五星之类，不过法稍异耳。

犹有一者异于五星，即其光芒也。其光芒按牛敦等诸精习天文者所论，并非他故，乃日之太阳真火，锻炼其星，而星体所发之晕远射也。何以见之？如彗星之初现也，离日尚远，其光芒微细；及渐渐近日，则光芒渐渐长大。其始退也，离日尚近，其光芒远射甚长；及渐渐远日，则光芒亦渐渐短小；相离愈远，不惟光芒隐没，即本体亦不见矣。且其光芒与日相对，如日在右，其光芒则左射；日在东，其光芒则西射，常散见于背后也。譬如然物于空中，若不动摇，其烟必一直上升；若稍动之，其烟必偏斜而上；天上之彗星亦然。再彗星分为三等：一名有须者，一名有尾者，一名有发者。其有须者，比日先出，光芒在前，本体在后。其有尾者，日落方现，本体在先，光芒在后。其有发者，与日相对，地间其中，光芒在本体之后，故人视之，如在本体周围，若发之在本体，鬖鬖然也。更有数星，其体甚小，光芒微暗，人视之如无光芒者也。

以上辨论考察，详明确据，毫无疑义。前人纷纷虚谬之论，岂其然哉？

《恒星列宿论》曰：凡论星者，七政列宿，皆在其中。但因各星所发之光，有大小明暗之别；且因其所行本道，有不离本处者，有离本处可以常见者，又有离本处又不能常见者。故此分为三等：一曰恒星，一曰五星，一曰彗星。夫恒星者，乃本体有光之星也。彼此相离之远近，永无差异，惟因地球本体西向东旋，故人见其与日球每日似由东而西也。其数目莫测，其离地甚远。其天狼乃为离地之至近者，尚离一百三十八万秭里。譬如火炮所发至快之弹子，每一时能行三千三百六十里，虽飞行七百万年，亦不能及天狼之处。其他星远者，更何从测度推算哉？有用极长之千里镜测者，其见五星与月较大数倍，其见恒星则比前转小，惟光略明耳。盖凡有光者，远观之其光发散，似大而暗；近观之其光团聚，似小而明。故用千里镜观恒星五星等之大小，即此理也。其本体之广大，应按近远而拟议之。今以日球较验。譬如日体，比地球大一百三十二万八千四百六十倍，其离地不过三（杮）〔秭〕四京五兆里；（面）〔而〕① 人观之，其本体大不满五寸。若再离远十倍，不过三十四秭五京里；其体则大不满五分。再离远十倍，不过三百四十五秭里，其体则大不满五厘。再离远十倍，不过三千四百五十秭里，其体则大不满五毫。再离远十倍，不过三万四千五百秭里，其体则大不满五丝。再离远十倍，不过三十四万五千秭里，其体则大不满五忽。若论其光，亦当如之。且小至厘毫丝忽，相离又既甚远，如何能见，不过以其理而言之。今天狼离地，远至一百三十八万秭里之多，虽不用千里镜，而尚能见其体大如星，光明远耀，可见其体比日体甚大，其光比日光尤明。此离地至近之恒星尚若是，其他更何能论定哉？是以不能尽为推算其体之大小，离之远近。但各恒星离地球既极远，尚能见其光明，则本体必甚大也。

至恒星之数，不假千里镜之力，而目能得见者，约一千余。迨后按壹巴尔哥者所算定之数，二千零二十二星。后之各习天文者逐日考察，渐加渐多。至发拉摩斯德者，则论定数目，增至三千。因其身有大小之别，故分为六等。其至近者视之体大光明为一等；其次渐远，体光略小者，为第二等；再其次则愈远，体光又略小者，为第三等。以次推之，渐远渐小，次第而分，故有六等焉。不以千里镜观之，但得见其一星。若用极长之千里镜细察之，则尚有四面环绕之星甚多，萃集于一所也。即如昴宿，不用千里镜视之，惟有七星；若以千里镜观之，按胡各者算有七十八星；嗣后又有雷达者算有一百零八星之多。参宿，不用千里镜视之，则惟有三星。若以千里镜观之，按加理略②者算有八十星；嗣

---

① 原作"面"，据甘本改为"而"。
② 加理略（Galileo），今通译伽利略（1564—1642）。

后又有雷达者算之，约有二千星之多。其他宿及各星之数目，若用至上之千里镜观之，尚有见不真者，焉能尽算得其数？其跟星循环之理，亦如日月地五星等本身之盘旋。且恒星本体之光，与日相同；日则离地较近，虽盘旋而其光常明，无所分别；星则离地甚远，其本体自有之光，大小不等，故旋至光大者，下射可以到地，视之得见；若旋至光小者，下射不能到地，即不能见矣。再其光亦非常明，乃闪闪不定，与五星之光定而常明者不同。盖五星受日光而明，然其离地较近，又光力充足；故地中上升之气，不能遮蔽。其恒星虽本体自有之光明，然其离地甚远，又光力微弱，故地中上升之气，得以或蔽。但五星或临没，或始出之际，因天边之气，比天中之气甚多；故其光亦闪闪莫定，不能常明。若遇有风之时，气之飘动甚速，其光之闪闪更频也。以此推之，则恒星亦必如日球有别星环绕于其外，惟因至高极远，难以测算，故不能悉定耳。

夫列宿者，天文家以为数星之环集，借鸟兽之名而名之也。盖上古厄日多[1]同巴鼻罗尼亚[2]二国之牧童，夜间牧于田野，仰观天上各星，集于一处，或有多者，或有少者，其形不一。因以地上庶物鸟兽等之名，随意而名之。嗣后习天文者，因其名已定，且昔人皆仍之未改，习惯自然，故亦不肯改易，仍照旧名。即天文图上，亦按其名之形而绘之。但其星之集，本与所定鸟兽等名，毫不相似。至其数目，在中国不过二十有八；在西域曩时亦不过三十有三，居北方者二十有一，居南方者一十有二。今之人逐日考察，陆续增至七十七宿；在黄道者一十有二，居北方者三十有

---

①厄日多（Aigyptos），亦作阨入多，即埃及。
②巴鼻罗尼亚，即古代巴比伦王国（Babylonia）。

四，居南方者三十有一。其黄道之十二，即十二宫也，共千有百四十四星，至多者乃酉宫，内有二百零七星，至少者乃戌宫，内有四十二星。至于南北二方之宿，日渐加增，至今共查得有一百零八宿。缘此书专论地球，而各星与之相关者，不过略言大概，并非解释天文，故未备载其名也。

《辨天汉论》曰：夫天汉者，古人议论纷纷，皆无证据，非惟中华为然，即西域亦然。缘彼时尚未深悉天文之理，又无千里镜察看，不过因各臆说。如华名河汉，番名乳道，各就其名以为说辞也。今特察看真实，盖天河于晴明之夜，不用千里镜而观之，但见其茫茫如白烟一道，横于空际，似残破间断者。若以至上之千里镜而观之，乃无数甚小之星，萃集一条，其光辉射照甚多，则纷纭散乱，故但能辨其为星。而其星之数过多，亦断难推算；且离地甚远，光力微弱，是以无千里镜观之，但能见其如白云一道，而不能辨其为无数小星之萃集也。

《寒温热道论》曰：地球大小各圈，既已按处详绘，无不周备。察地理者，又观其四小圈必横分地球为五段，而各段中之处，或在南，或在北，或在中，势必有寒温热三者之别，各自不同，故以每段而名之。五道：其一曰热道，在南北二带之间者，宽四十六度五十六分。古之人以为此段地正当日光直射，其地甚热尽是荒沙，故名之曰热道。迨后人稽查详明，始知古言错误，盖此段地有日月霜露风雨及时而降，不惟人可安居，且物更繁产。每年田禾稻谷，雨季收割；且所产各香料药材，五金宝玉较他处更为精美。如印度、南洋诸岛，及南墨利加三处，在热道之中者，其水土膏腴，所产各物比地球诸处尤为丰美。盖因日行于本道，不过于二带之外，其光直射，正照其地，故较别段微热，并非人所不能安居者也。其二曰温道，有二道焉。一在北极圆线之间，一在南极圆线之间，每宽四十三度四分。名之温道者，盖因此段日光照临斜射，非同热道之正直相对；故其地热稍减，渐觉温和。如中国及地中海是也。其三曰寒道，亦有二道焉。一在北极圆线之内，一在南极圆线之内，每宽二十三度二十八分。名之寒道者，盖因其此段每岁多半不见日光，即或得日照临，其光亦不过斜射。且日凡在天边下之时，甚觉寒冷，无处不冰。其地虽不若热温二道之舒畅，与物产之丰殖，人居之合宜，然而其地亦有居人牲畜。如峨罗斯东北方，及欧罗巴近北洋诸国，并非全无人物者也。

海国图志卷九十八 <small>邵阳魏源补辑</small>

地球天文合论三

玛吉士地理备考

《气论》曰：凡运动流行于地球四面者，名曰气。由地上升不过数十里而即止，去地近者厚而密，去地远者薄而稀。其为气视之莫见，抚之莫获，放之则弥六合，卷之则退藏于密。故有轻重刚柔之殊，人物共所包罗，以通呼吸而延寿命。且又易于聚散，其散也则为热，其聚也则为冷。是以所受之热，愈炎而愈散；所受之冷，益寒而益聚，一散一聚，无不流动焉。夫何有是气哉？乃地上之山川人物、水火金石、谷蔬草木等万物之所发者也。试以其重验之。比水约轻八百五十六倍；既有轻重，其包罗人物之外者应重，势必压伏难举。而人何以不觉其重？盖因所包罗者，上下周围均同，故人不觉也。譬如人入水底，何以不觉其重？若以身接飞泉下流，何以又觉其重？盖在水底者，上下周围，均为水所载，故虽重而不觉其重。其接飞泉下流者，水往下倾，身之上皆为水压；虽轻而仍觉其重也。又譬将手入桶水之中，不觉其重；若将桶开一孔泻水，以手承之，则手自被水压而往下。盖手在水中，周围有水包之，故不觉其重。手在水下，惟有上流之水下压，故觉其重也。再譬如将海沫一团，以线系于大木桶之底，随后用水贮满桶内，海沫体质极软，而其上压之水，甚多且重，何以不能将海沫压损？盖海沫中已浸满水体，故外水虽多，乃周围包之，不能压损。况其体中所浸之水虽少，亦可敌外面之水也。气之理亦然，气比水尤轻，水既周围包罗，不觉其重；气亦周围包罗，所以尤不觉其重也。又气越厚密则越重，越薄稀则越轻。地方所在越高，则其气越薄稀而轻，越低则其气越厚密而重；是以人居地面则服其气，若去地远，则气力薄而不能保其生命也。曩者嘉庆年间，西域有人乘风球上升，去地约十四五里之远，其人即觉有耳聋者，有手瘅者，又有受万种凄凉莫可明言者，诸各不同。倘若离地愈远，不知更作何状。可见人离地面，不可过于高远也。又气之轻重厚薄，各处各时皆不相同。故西域制造阴晴表以度量其轻重。再凡运动流行之物，皆有轻重之质；而气则除轻重外，犹有刚柔之性。其体质若有外力制之，可以由大而缩小。然其体质亦具有力，或去其外力之制，又可以舒小而复大也。譬如以皮气球将气装满，封固其口，人或以手按之，则气必收缩而曲敛，将手离开，则必舒放而复元。惟人手按之之际，但觉其气势腾起而拒手。若将气球掷地，势必跳跃。若非气有刚柔之力，何能如此？再其刚柔之力，有多寡之别。若按之力小，其腾起之势亦小；按之力大，其腾起之势亦大。且本性原有三等可见：一则虽按之不论几多年限，其力终始如一，并无消减。二则热之愈甚，其力愈大。三则若无阻隔抑压者，其舒而发散即弥漫无穷也。但气之厚密，各处不同，故欲定其高量非易。所以气之凝也，愈远于地面则愈薄焉。

《风论》曰：夫气既为运动流行之物，而其本性原寂静不动；上下四旁，不偏不倚，常为均平。有一处失其均平之势，则周围之气皆因之而动，其动则为风。其成风之由：一则因热，一则因冷。热则令气发散，而此处较彼处尤为轻稀；冷则令气凝聚，而彼处比此处更重密。缘气动有迟速之殊，故风起有和迅之别。屡次试验，尝见四刻之内，有行二三里者，有行百五六十里者。且风所以常变不定，皆因其由来使然。若其由来常如一辙，则风亦始终不变也。凡在海上驾舟之人，常见热道之间，周年东风，名曰不易之恒风。其故皆因日之类行，从东而西，将在下之气曝之使散，其气俟日过复凝，于是其气已歉，则东方之气，从西流而弥缝之。故常随日俱西，流动不息，周而复始，所以恒变为东风也。又有言其处恒发东风者，因地球本体一日一周之故。盖地球每日由西而东旋转，其面上之气，自必流行其上，从东而西。如舟行逆水，或由西而东，其水过于舟身，必从东往西而流也。其风亦有时偶因他故，稍为变易。其故不一，今就南北二带之风言之。其风凡从一方而起，无甚变幻。其名为二带风者，乃由赤道至北约三十度，至南亦约三十度，南带北带之间所发者也。有三等之别，其一名曰恒吹风，北方永从正东而起，惟在赤道上及去赤道或南或北二三度之处，虽恒吹东风，然亦稍有变异，不能永为一定也。其二名曰当令风；乃六个月一方而起，再六个月从相对之方而吹。其风凡转对方之际，每有烈风暴雨，雷电交作，乃春秋二分之时也。其三名曰海地微风；乃每日自子时至午时，则由地向海而吹；自午时至子时，则由海向地而吹。因其风微细，所吹不过二三十里即息，故也。

《雷电论》曰：雷者，空中闪电发烧之声也。其鸣为雷霆，又名霹雳；其光则为闪电，又名雷鞭。夫何以有是雷电哉？凡天气炎热从地面必有能然之气，如硝磺等之类发泄而上腾。至其气在空中，积满之际，则然而化为雷电。故夏令居多，冬令甚鲜。至雷鸣之声，或云皆因于硝气迅然发泄所至。若云中无硝气，则惟有电掣而无雷鸣。又凡雷鸣必先闪电而后雷响；其鸣声长短，亦因有山应之，则其声悠长；若在谷中，其声更长。且巨声之大小疾缓，乃相离遥远，故先见其光，后闻其声也。其雷在热道一带时所恒有，若在赤道之上，则声愈洪巨，星宇舟车人物，无不震动。凡雷行纵衡不定，常于空中且进且退，往返回环，一时则千盘万旋不已。其所以致雷下降者，每因云积甚厚；倘一遇风，则吹散消灭而雷不鸣。凡塔顶之金铜等物，亦皆有吸雷下降之力。故凡雷鸣时，在高处较低处为尤多。再雷鸣之时，撞钟放炮皆属不宜。盖因钟炮之声，均能动气，恐气动而致雷下降也。又雷鸣时，所有硝磺火药等易然之物，必须藏匿，恐被雷火引著而轰击也。

《日月重见论》曰：日重见者，乃云上所形之日体也。皆由太阳之光，映射于浮云内，故人视之如别有一日也。凡日遇有重见，即有光环相随于后；且必有或雨或雪相继而下。日之重见有多寡不等，其二日尚为人所时见，然已觉其少，其三、四、五、六日则人罕见之。顺治十八年，波罗尼亚有同时见七日者，尤少之少也。月重见者，乃云上映照之月体，其数之多寡与日略同。其所重出之月，一时或旋绕于真月之外，一时或并列于真月之旁也。

《冰论》曰：冰者乃严寒所凝结之水也。夫水本流行之物，一凝则静而不动，其体坚实，必须剖之始开，击之方碎。且凝结之量，包涵甚大。试观贮水之器，往往被其鼓裂。凡石罅中若凝结充满，亦可裂开，而山或为之崩坠。凡寒冷至极，则凝结如山，距赤道数十度之处，见于海面者甚高且大，宛如岛屿，半浮水上，半没水中。春初及谷雨时，人尚可近之，迨谷雨后，则无人敢近，恐其融化倾坠而被压也。近二极之处，虽大暑时亦不融化，所以南方离赤道六十八度，北方离赤道八十一度之处，恒为积冰所阻，不能越过。

《潮论》曰：潮者，乃海水之动，而不失其常也。每日十二时三刻四分，必有二次之消长。长足则渐消，消尽而复长。其长也则名曰上潮，其落也则名曰下潮。盖日月众星皆有吸水之力，视远近为微甚；而月尤近于地，是以地球周围所包之海水，凡在月正对之下者，势必被月吸起，故各处地方，月至当头，其处海水必然长高，其长则为上潮也。不惟月至当头为然，即月至下面天顶，其上面地球之处，亦如月在当头，仍为长潮。可见月至上面天顶，上面地球正对处长潮，而下面亦长。月至下面天顶，下面地球正对处长潮，而上面亦长。盖地球上下二面各处正对之水，其与月相离至近者，则月吸之甚力，其潮上起；其与月相离至（近）〔远〕①者，则月吸之不力，其潮下坠，势必相离于地球中心，而较周围各处之水逾高愈下，所以地球上下二面之水，各为增增。地球各处地方，凡距上下二顶各九十度之间者，其海水一上一下分流，势必消减而并落，其落则为下潮也。又因月行于本道，每至一午线之上必经由二次，一则于上面，一则于下面，并须十二时三刻四分方能一周。是以四海之水，十二时三刻四分二次消长焉。夫潮每月朔望，定有两次消长，较平日为尤甚，名曰大潮。盖因朔乃日月相遇交会并在一处，其相吸之力更大；故地球上面甚高，而下面之潮，其坠亦甚大也。望乃日月相距间对列在两边，其所分吸之力亦大，故地球上面之潮较盛，而下面之潮其坠亦较甚也。其长既较平日甚大，而其落亦比平日尤低，理所必然也。又每月之内定有两次消长，较平日为尤小，名曰小潮。即在月之上弦下弦。盖因二弦之时，日月相距九十度之远；若月与潮长之处，正对其落处，乃日正对之下；若日与潮长之处，正

①据甘本改为"远"。

对其落处，乃月正对之下；其因月吸而落之水，又被日吸而长；其因日吸而落之水，又被月吸而长，故两分其水势。然月近于地，其吸力较大，日远于地，其吸力较小。故此时之潮虽长而不能大，因月吸之力，胜于日吸之力也。再大潮每年有二次，较各月尤大，小潮亦有二次，较各月尤小者，则在立春立秋之时，日近于地而吸力较大，所以潮之或长或落，较他月为尤甚。且潮之长落因乎月，时常与月相随，由西而东。是以每月于朔望而至一处午线之上，其处即为潮长；至次日则月迟三刻四分，方能再至午线上；而潮亦必须迟至三刻四分始能再长也。故凡各处十二时三刻四分

之内，有二次之长落；六时一刻九分三十秒有一次之长落。凡知一处每日长潮落潮之时，以后每一日多加三刻四分，即明晓矣。然地球并非四面全水，故潮之长落，各处亦不能尽同。况且山峡洲岛阻束水势，所以同时之潮，又有或高或低，或大或小，或长落或不长落之别焉。

夫海水之动，前于《潮论》已为详释；此外尚有别动之端，其名曰流，而流之动，与潮之动迥不相同，亦不相碍。皆因地球本体西向东旋，是以洋海之水，其流大抵由东而西，但为山峡洲岛阻隔，不能尽属顺流，故有分歧，或变为南向北流，北向南流，西向东流不等，然终归一派，仍西向而流也。总而言之，其各流甚急且大，常令舟行退回，十分险要。故驾舟之人，凡过其处，务宜预为防备，以免失落迟误之患。

《地震论》曰：地震者，乃地内硫磺各石类之然烧也。避之不得，亦莫知其动至何处。其为硫磺等各石类然烧而成者，已有实据可证。西域有勒美里者，将铁末硫磺与水三和匀，通共重三十八斤，穴埋地中。越数日，竟致地面震动坟起，且有火焰发出。又乾隆二十年，布路亚国都地动倾覆之害，自古罕见。地缝中所

出黑尘劫灰及有水翻滚，皆具硫磺气味。总之地中有温泉，及硫磺各矿，其处则必频频遭地震。因硫磺各石，其性不一，有相合者，有相反者。譬灰与水二性相反，若两相值，势必骤发。其在地中亦然，一遇聚合，即然烧爆发。若地窍宽阔，足以舒其所发之性，则无地动；倘地窍窄狭，不能舒其所发之性，其发必将周围摇动，然尽方息也。又地中有一窍然烧，而临近各窍，亦必被其殃。譬如火药，若有少许引线，则各处皆然。故凡地动一处，相离则数十里转瞬皆动也。又凡地中各窍既然，其上面周围之处，均为摇动。譬如以重物击壁之中心，其壁上下两旁周围，必皆震动。其体愈刚坚者，其震动愈远。再地动有因本处而震动他处者，有因他处而震动本处者。凡本处之动，上下摇动，其动也大。他处之动，两旁摇晃，其动也小。再凡地动之际，皆有声响，乃地中然烧，其气发散之音也。再凡地大震，必有各预兆于其先。或天边有黑云出现，缓缓上腾，弥漫空中；或地上酷热，上腾之气，被其散漫，而大风暴发；或天气极热，微风不动，万物烦燥。故凡风暴地震，必先有异兆。即天地寂静，万籁无声，而树木无风自动，此皆灾变之将至也。

《火山论》曰：火山者，乃地中之火，由此发窍而出之路也。其穴口所吐者，并有浮石、温石等，随火发出，上为黑烟，灰烬渣滓，腾空如浓云，俯不见日。其火山高低不等，其低者则火由穴口发出，高者则山旁绽裂，火由缝出。其山中喷出之石灰浆水等，则低者常多，高者常罕。总计天下之火山，现有火出者，大小共六十八处；其在洲上者二十有八，其在岛中者四十。今已无火，其形仍旧者，大、小共九十二处；其在洲上者四十有五，其在岛中者四十有七。后释其地，再为注明。

海国图志卷九十九 邵阳魏源补辑

地球天文合论四 西洋玛吉士撰

纬经二度论

古之人以地体为平坦，东西之相距，较南北甚宽，故立纬线以量二极相离之远近，立经线以量东西相距之长短；其纬度则从二极算起，其经度则从铁岛算起。盖以为画铁岛地方之午线，即至西最中之午线也。迨后人考查详明，深悉地球之形体，而欲准定地面各处之所在，仍用纬经二线之法。其法先以地球分为一百八十段，每段横画一圈，宽一度，均与赤道周围相平。在赤道之北者九十圈，南者亦九十圈。其圈则为平行线，其度则名曰纬度，每一度六十分，每一分六十（秒）〔秒〕。又以赤道于地球上分为三百六十格，每格直画一圈，宽一度，均达南北二极，与赤道相搭为直角，其三百六十度分为两半，不拘从何圈算起，往东一百八十度，往西亦一百八十度，至背面相对之处而止。其圈则为午线，其度则名曰经度也。每度数亦与纬度相同，则地球之上，各处皆有平行线，与午线相搭，而各处之地位，居于何度，相离若干，无不了然。是以欲知何所，只观其居于地球南北第几平行线与午线相搭之处，即可明矣。今凡论地纬者，乃一处之相距于赤道也。凡论地经者，乃一处之午线，相距于第一午线也。其纬度在于午线上计算，从赤道而起，往北九十度，往南九十度。其在北者则曰北纬度，在南者则曰南纬度。地愈近于极，则其纬数愈多；愈近于赤道，则其纬数愈少。各处之纬数，至多不能越九十度，盖赤道之离二极也，亦各九十度；午线由赤道至于极，亦各九十度也。其经度在赤道上计算，从第一午线而起，往东一百八十度，往西一百八十度。其在东者则曰东经度，其在西者则曰西经度。其定立午线之首，前款已为详明。其纬度因地球二极处形扁，相离稍有差别，然甚觉微细，为数无几。故诸察地理者一例计算，未曾区别也。但其经度之数有长短之别，与纬度不同，盖因地球体圆，自赤道南北两分而前，渐近于二极，其平行线渐觉圈小，而其午线之相离亦渐窄，尽于枢纽之处。故离赤道六十度之处，其经度较之在赤道上者，不过一半。所以午线相离之至远者，在赤道上，而经度之至长者，亦在赤道上也。故各处之经度，凡论远近；总应归赤道上计算也。其经线可以按度数而算，亦可以按时刻而算。按度数而算，则每一度分为六十分，每一分分为六十秒；按时刻而算，则每十五度作为四刻，每一度作为四分。又每十五度有迟早一点钟之差别，在东者迟四刻，在西者早四刻。盖日之类行由东而西，先过东边之地方，后过西边之地方。所以东边得日在先，西边得日在后。及至在西者方届其时，而在东者已越其时矣。故东迟西早，每十五度有一点钟之差。譬如京师时届午正，以东十五度之处则已交未初，以西十五度之处，则尚系午初。再东再西，总以十五度为限，按此类推。即可知其时刻也。今绘纬经二度图于后以备览。

經緯二庚圖

丙丁一线为赤道。譬如戊字为一处地方，其纬度即从己至戊之线，其经度如以甲癸乙一圈为第一午线，从癸至己即其经度也。若庚字为一处地方，其纬度即从辛至庚之线，其经度即从癸至辛也。如辛字为一处地方，则无纬度，因其在赤道上，其经度亦从癸至辛也。如癸字为一处地方，则纬经二度皆无。盖因其在赤道上故无纬度，在第一午线上故无经度也。

以上所论，以类推可见。其一，凡居于赤道上之处，不见纬度，盖纬度从赤道起算，直至二极，必须离开赤道，或往南往北，一秒半秒，方有可计算。凡居于第一午线上之处，不见经度。盖经度从第一午线起算，直至东西，必须离开第一午线，或往东往西，一秒半秒，方有可计算。所以若居于第一午线与赤道交会之处者，纬经二度皆不见，其理亦然。其二，凡同居一午线之上者，或南或北，于赤道相距同远，则彼此纬数相同，时刻不异。但因其所居南北不同方，故彼此有昼夜长短之别。譬如在南者昼五十二刻，夜四十四刻，是（画）〔昼〕长夜短也；在北者则昼四十四刻，夜五十二刻，是昼短夜长也。若北方昼长夜短，则南方必昼短夜长，此理之所必然也。推之四季，亦彼此相反。在南者时届春令，在北者则为秋令；在南者时届夏令，在北者则为冬令。若北方春令，则南方秋令，北方夏令，则南方冬令。盖其所居同线而异方，故纬数相同，时刻相等，而昼夜则相异，四季则相反也。其三，凡居两面相对一午线之上者，或在南或在北，彼此于赤道相距同远，则纬度相同，方位各异。但因其所居东西相对，故彼此有子午正对之差。譬如在东者时交午正，在西者则届子正；若东方子正，则西方必午正。然其昼夜之长短相等，四季之时令相同。盖因彼此所距于赤道同远，故纬度之数目不异也。

再各平行线，因离于赤道渐远，其圈渐小；每度数目，虽仍为六十分，每分六十（秒）〔秒〕，每（秒）〔秒〕六十微。然较之赤道上者，则逾远愈为短少，至二极之处而尽。故将各平行线较赤道，只有若干之数目算明，画图开列于后，以备查阅。

平 行 线	分	秒	微
第一	五十九	五十九	二十四
第二	五十九	五十七	三十六

平　行　线	分	秒	微
第三	五十九	五十五	一十二
第四	五十九	五十一	三十六
第五	五十九	四十六	一十二
第六	五十九	四十	一十二
第七	五十九	三十三	三十六
第八	五十九	二十五	一十二
第九	五十九	一十五	三十六
第十	五十九	四	四十八
第十一	五十八	五十三	二十四
第十二	五十八	四十	四十八
第十三	五十八	二十七	三十六
第十四	五十八	一十三	一十二
第十五	五十七	五十七	〇
第十六	五十七	四十	一十二
第十七	五十七	二十二	四十八
第十八	五十七	三	三十六
第十九	五十六	四十三	四十八
第二十	五十六	二十二	四十八
二十一	五十六	〇	三十六
二十二	五十五	三十七	四十八
二十三	五十五	一十三	四十八
二十四	五十四	四十八	六
二十五	五十四	二十二	四十八
二十六	五十三	五十五	四十八
二十七	五十三	二十七	三十六
二十八	五十二	五十八	一十二
二十九	五十二	二十八	四十八

平 行 线	分	秒	微
三十	五十一	五十七	三十六
三十一	五十一	二十五	四十八
三十二	五十	五十二	四十八
三十三	五十	一十九	一十二
三十四	四十九	四十四	二十四
三十五	四十九	九	○
三十六	四十八	三十二	二十四
三十七	四十七	五十五	二
三十八	四十七	一十六	四十八
三十九	四十六	三十七	一十二
四十	四十五	五十七	三十六
四十一	四十五	一十六	四十八
四十二	四十四	三十一	一十二
四十三	四十三	五十二	四十八
四十四	四十三	九	一十二
四十五	四十二	二十五	四十八
四十六	四十一	四十	四十八
四十七	四十	五十五	一十二
四十八	四十	九	○
四十九	三十九	二十一	三十六
五十	三十八	三十四	一十二
五十一	三十七	四十三	四十八
五十二	三十六	五十六	二十四
五十三	三十六	六	三十六
五十四	三十五	一十五	三十六
五十五	三十四	二十四	三十六
五十六	三十三	三十三	○

平 行 线	分	秒	微
五十七	三十二	四十	一十二
五十八	三十一	四十七	二十四
五十九	三十	五十	〇
六十	三十	〇	〇
六十一	二十九	五	二十四
六十二	二十八	一十	一十二
六十三	二十七	一十四	二十四
六十四	二十六	一十八	〇
六十五	二十五	二十一	三十六
六十六	二十四	二十四	三十六
六十七	二十三	二十七	〇
六十八	二十二	二十八	四十八
六十九	二十一	三十	三十六
七十	二十	三十一	一十二
七十一	一十九	三十二	二十四
七十二	一十八	三十三	〇
七十三	一十七	三十二	二十四
七十四	一十六	三十一	四十八
七十五	一十五	三十一	一十二
七十六	一十四	三十	三十六
七十七	一十三	三十	〇
七十八	一十二	二十八	四十八
七十九	一十一	二十七	〇
八十	一十	二十五	一十二
八十一	九	二十二	四十八
八十二	八	二十一	〇
八十三	七	一十九	一十二

平行线	分	秒	微
八十四	六	一十六	四十八
八十五	五	一十三	四十八
八十六	四	一十	四十八
八十七	三	八	二十四
八十八	二	五	二十四
八十九	一	三	○
九十	尽	○	○

地球时刻道论

古之察地理者，曾以地球分为五道，乃热道一段，寒道、温道各二段。外又以六十道分之，而宽狭不一。南北二方各三十段，名之曰时刻道，其故有二焉。一则指明各地彼此相去之远近，二则辨明各地昼夜时刻之长短。但欲指明地球各处之所在，或南或北，或东或西，纬经二度，既已绘定详明，而各处所在，必能洞悉胸中，斯能不迷于所视。顾后世之察地理者，未尝多用其法，以指示各处所在，故仍论之。夫时刻道者，乃地球一段地方间于二横圈之中者也。凡居每道上之人，其时较于相挨道上者之时，有二刻之差别，又有一月之差别，盖屡试屡验。凡居于赤道上之处，昼夜均平，日则六时，夜则六时。若所居相距赤道者，凡日之类行，越于春秋分处，愈近夏至之处，昼则渐长，夜则渐短，日至其处而止；愈近冬至之处，昼则渐短，夜则渐长，日亦至其处而止。且其昼夜之度，时刻之数，愈离于赤道，或南或北，则逐道愈渐加增。甚至南北二环线之处，其昼之长者，竟增至十二时之多；再由二环线至二枢纽之处，竟增至六个月之久，有昼无夜，皆为白日。是以按时刻之差别若干即分地球为若干道。自赤道起至日长六时二刻之处，横画一圈为第一道。自一道起至日长六时四刻之处，又横画一圈为第二道。因此每于多二刻差别之处，即画一圈至二环线之处。日则长至九十六刻，圈则共画二十四道。又自二环线起，至二枢纽之处，日长则逐月加增。所以由环线至日长一个月之处，横画一圈；由日长一个月之处，至日长两个月之处，又横画一圈。因此每于多一个月差别之处，即画一圈。至二枢纽之处，日则长至六个月，圈则共画六道。从此可见由赤道至环线共有二十四道，每道递增二刻。由环线至枢纽共有六道，每道递增一个月。南北相同，每方三十道，统计六十道。再二刻之道，离赤道愈远，其道愈窄，一个月之道，离环线愈远，其道愈宽。今将各道离赤道若干，宽窄度数，日长时刻，开列于后，以备便览。但其所论之月，因中华与西域之月数不同，且在北方者多一日，在南方者少一日，故改为按日而计也。

地球时刻表

赤道上　　　　　　　　　周岁　　　　　　日长六时

第一道 离赤道八度三十四分 道宽九度三十五分 日至长六时二刻

第二道 离赤道十六度四十三分 道宽八度九分 日至长六时四刻

第三道 离赤道二十四度十分 道宽七度二十七分 日至长六时六刻

第四道 离赤道三十度四十六分 道宽六度三十六分 日至长七时

第五道 离赤道三十六度二十八分 道宽五度四十二分 日至长七时二刻

第六道 离赤道四十一度二十一分 道宽四度五十三分 日至长七时四刻

第七道 离赤道四十五度二十九分 道宽四度八分 日至长七时六刻

第八道 离赤道四十八度五十九分 道宽三度三十分 日至长八时

第九道 离赤道五十一度五十七分 道宽二度五十八分 日至长八时二刻

第十道 离赤道五十四度二十八分 道宽二度三十一分 日至长八时四刻

十一道 离赤道五十六度三十六分 道宽二度八分 日至长八时六刻

十二道 离赤道五十八度二十五分 道宽一度四十九分 日至长九时

十三道 离赤道五十九度五十七分 道宽一度三十二分 日至长九时二刻

十四道 离赤道六十一度十六分 道宽一度十九分 日至长九时四刻

十五道 离赤道六十二度二十四分 道宽一度八分 日至长九时六刻

十六道 离赤道六十三度二十分 道宽五十六分 日至长十时

十七道 离赤道六十四度八分 道宽四十八分 日至长十时二刻

十八道 离赤道六十四度四十八分 道宽四十分 日至长（四）〔十〕时（二）〔四〕刻

十九道 离赤道六十五度二十分 道宽三十二分 日至长十时六刻

二十道 离赤道六十五度四十六分 道宽二十六分 日至长十一时

二十一道 离赤道六十六度六分 道宽二十分 日至长十一时二刻

二十二道 离赤道六十六度二十分 道宽十四分 日至长十一时四刻

二十三道 离赤道六十六度二十八分 道宽八分 日至长十一时六刻

二十四道 离赤道六十六度三十二分 道宽四分 日至长十二时

二十五道 离赤道六十七度二十三分 道宽五十一分 日至长北方三十一日，南方三十日

二十六道 离赤道六十九度五十分 道宽二度二十七分 日至长北方六十二日，南方六十日

二十七道 离赤道七十三度三十九分 道宽三度四十九分 日至长北方九十三日，南方八十九日

二十八道 离赤道七十八度三十一分 道宽四度三十二分 日至长_{北方}
（二）〔一〕百（一）〔二〕十四日，南方一百二十日

二十九道 离赤道八十四度五分 道宽五度三十四分 日至长_{北方一百五}
十六日，南方一百五十日

三十道 离赤道九十度 道宽五度五十五分 日至长_{北方一百八十八日，南}
方一百七十八日

辨四季寒暑论

前地球循环款内，已论地球本体之转有二：一则日周，一则
年周。日周者，本体之周而复始也。昼夜运动，西向东旋，随旋
随升。年周者，旋于日外之周而复始也。因其随旋随升，尽历十
二宫位，是以有四季之分，寒暑之别也。今将四季寒暑之故，特
为详明。夫地球循环日外之道，乃黄道中线也。其南北二极，与
天之南北二极，常为直对相应。虽运行不息，其二极所指永不更
移。盖因其轴若于黄道直竖，则地球周围循环，日光常居赤道，
其二极总无近远之别，而日之光照，终年南北相同。既同何能有
四季寒暑之别？其轴若于黄道平横，则地球周围循环，日光一时
居于赤道，一时在北极顶上，一时在南极顶上，所有地上各午线
之处，无不络绎而（偏）〔遍〕照，虽其处不无四季寒暑，但日体
出乎二带之外，何能有夏冬二至也。只因其轴于黄道略为偏斜，
有二十三度二十八分之锐角；故地球周围循环，有时北极近日，
而南极则远于日；有时南极近日，而北极则远于日；有时赤道与
日相对。凡至二极近日，故有夏冬二季；赤道与日相对，故有春
秋二季也。盖地球在春分之黄道与赤道交会处，其二极同距日远，
而所受日光照临，二方相同，故北方温和，南方凉爽。在北者则
为春，在南者则为秋。若离春分之处，向北而往，则北方之天气，

渐渐变为暑热，是由春而夏；南方之天气渐渐变为寒冷，是由秋而冬也。地球在夏至之黄道与北带相连处，其北极近于日，南极远于日，而所受日光照临，二方相异，故北热而南冷。在北者则为夏，在南者则为冬。若离夏至之处向南而旋，则北方之天气渐渐变为凉爽，是由夏而秋；南方之天气，渐渐变为温和，是由冬而春也。地球在秋分之黄道与赤道交会处，其二极亦同，距日远而所受日光照临二方相同，故北方凉爽，南方温和；在北者则为秋，在南者则为春。若离秋分之处，向南而往，则北方之天气渐渐变为寒冷，是由秋而冬；南方之天气渐渐变为暑热，是由春而夏也。地球在冬至之黄道与南带相连处，其南极近于日，北极远于日，而所受日光照临二方相异，故南热而北冷，在南者则为夏，在北者则为冬。若离冬至之处，向北而旋，则北方之天气渐渐变为温和；是由冬而春，南方之天气渐渐变为凉爽，是由夏而秋也。由此类推，而各道日之长短差别，益可以明悉矣。今画此地球，循环日外，并四季寒暑二图于后，以便备览。

甲乙丙（子）〔丁〕一圈乃地行本道也，其式如卵形；四方距日有远近之别，前已解释。兹绘图置日于其中者，以明地行各宫之节气，并四季之时令也。夫地之本道，分为十二段，每段应一宫，自乙字处起，是为第一段，乃戌宫；从右递数第二段，则为酉宫；第三段，则为申宫；第四段，则为未宫；第五段，则为午宫；第六段，则为巳宫；第七段，则为辰宫；第八段，则为卯宫；第九段，则为寅宫；第十段，则为丑宫；第十一段，则为子宫；第十二段，则为亥宫也。地行每约一月之期则过一宫，春分之时，地入辰宫，地上之人观日如进戌宫；谷雨之时，地入卯宫，地上之人观日如进酉宫；小满之时地入寅宫，地上之人观日如进申宫；夏至之时地入丑宫，地上之人观日如进未宫；大暑之时地入子宫，地上之人观日如进午宫；处暑之时地入亥宫，地上之人观日如进巳宫；秋分之时地入戌宫，地上之人观日如进辰宫；霜降之时地入酉宫，地上之人观日如进卯宫；小雪之时地入申宫，地上之人观日如进寅宫；冬至之时地入未宫，地上之人观日如进丑宫；大寒之时地入午宫，地上之人观日如进子宫；雨水之时地入巳宫，地上之人观日如进亥宫也。

四季寒暑圖

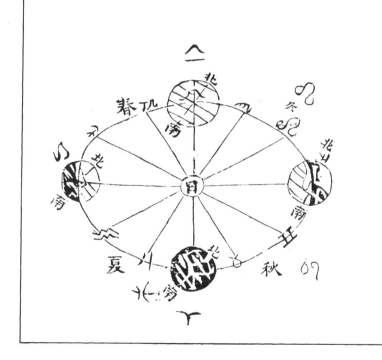

地球循环本道已为解释详明，今将地入每宫四季寒暑之别，绘图于后备览。

黄道上四球，乃地球也。各球上北字乃为北极，南字乃为南极，中通一线为地之轴。与黄道相搭为二十三度二十八分之锐角；周围循环，二极定向，永不更移。各地球上白色者，乃向日之半边；黑色者乃背日之半边。本体之转，虽一日周而复始。然向于日者，总是半边。凡地在辰宫，人则见日如在戌宫，乃北方春分之时，南方秋分之时也。地之赤道与日正对南北二极相距同远，受日光照临，二方相同，故北方温和，南方凉爽。各处从赤道两分，或往北，或往南，太阳卯正而出，酉正而没，昼夜尽为均平，日终六时，夜间六时也。自辰宫行至丑宫，人则见日如在未宫，乃北方夏至之时，南方冬至之时也。北极近于日，南极远于日，北方受日光直照则热，南方得日光斜射故冷；北方各处从赤道往北见日者多，则昼长夜短。按各处时刻道，自六时增至六月。南方各处从赤道往南见日者少，则昼短夜长，亦按各处时刻道，自六时增至六月也。自丑宫行至戌宫，人则见日如在辰宫，乃北方秋分之时，南方春分之时也。地之赤道与日再为正对，南北二极相距同远，受日光照临二方亦相同，故北方凉爽，南方温和。各处从赤道两分，或往北或往南，太阳亦卯正而出，酉正而没，昼夜尽为均平。日终六时，夜间六时也。自戌宫行至未宫，人则见日如在丑宫，乃北方冬至之时，南方夏至之时也。南极近于日，北极远于日，南方受日光直照则热，北方得日光斜射故冷。南方各处从赤道往南见日者多，则昼长夜短，按各处时刻道，自六时增至六月。北方各处从赤道往北见日者少，则昼短夜长，亦按各处时刻道，自六时增至六月也。自未宫行至辰宫，人则见日如在戌宫，乃北方又春分之时，南方又秋分之时。此十二宫一周之始终，四季循环之次序也。

海国图志卷一百 邵阳魏源补辑

地球天文合论五

平安通书论天地 美理驾国人培端撰

天自恒星外，其周太阳之各行星则有可计焉。绘图于后，以俟观天文者，考而知也。居中为日，周日第一道曰水星，其广大较地八分之一，凡八十八日限，周日一转。第二道曰金星，其广大约与地均，凡二百二十五日限，周日一转。第三道曰地球，即人所居者是，凡三百六十五日二时七刻零，周日一转。其南北极枢纽不离其处，而东西，则每一昼夜一易转，有一太阴旋绕即月也。有《月道图》、《朔望晦明图》附。第四道曰火星，较地略小，凡六百八十七日限，周日一转。第五道曰花女星，凡一千一百九十三日限，周日一转。第六道曰火女，即陆星，凡一千三百二十五日限，周日一转。第七道曰虹女星，凡一千三百四十二日限，周日一转。第八道曰海女星，凡一千三百四十六日限，周日一转。第九道曰酒女星，凡一千三百八十日限，周日一转。第十道曰义女星，凡一千五百十一日限，周日一转。第十一道曰天后，即巧星，凡一千五百九十四日限，周日一转。第十二道曰谷女，即威星，凡一千六百八十一日限，周日一转。第十三道曰武女，即焰星，凡一千六百八十七日限，周日一转。自五道至此，凡九星，较水星更小，古人未尝寻见。今用大千里镜窥其形多棱角，虽各异其道，而有相交之际；或曩为一星而分裂之，未可知也。第十四道曰木星，广大百倍于地，凡四千三百三日限，周日一转。有四大阴旋绕。第十五道曰土星，即铅星，其象与众星殊，外有长圆圈如带，较金星略小，凡一万零七百五十九日限，周日一转，有八太阴旋绕。第十六道曰天星，又较小于土星，凡三万零六百八十七日限，周日一转，有六太阴旋绕。第十七道曰海王星，亦是新寻见者，较天星略小，而大于地数十倍，凡六万零一百二十七日，周日一转。曾于寻得之时，已一见太阴旋转，然细思此星离日已远，又大于地球，必非一太阴所能遍照，俟再谛观以告同人。若彗星圈道长圆竟天，其辽远未易厘定，有时见其光下垂者，人谓之尾云。夫诸星行皆随日转，或迟或速，而日亦二十五昼夜零为之一转，果谁系之而谁运之者？呜呼仰观之下，使吾愈不能忘于真神创造之德矣。

附大小远近喻

试以一直径二尺大之圆物作日观，悬垂于大片空地上。水星之小比如芥子，离（星）〔日〕作八丈二尺；金星比如大豆，离日作十四丈二尺。地球之大同于金星，离日作二十二丈五尺。火星又小于地球，比如粒黍，离日作三十二丈七尺。火木之间九星，譬更小而如沙，离日作五六十丈不齐。木星最大，拟之以桔，离日作一百三十二丈。土星较小如中桔，离日作二百十一丈零。天星较小，比如梅子，离日作三百九十六丈。海王星略大，比如小桃然，离日作六百六十丈。然执此以喻，犹未必肖。况以片楮而绘星十七道，亦只以仿佛其痕迹，而岂能量天之高、星辰之远哉？

日晷图说

凡欲定时，先将指南针定明南北向，（乎）〔平〕铺日晷图；又将三角尖版一块，大小如式，以尖角向南，底角向北，竖在午线上，不使有偏倚斜侧，放置日中；如正午时，则版全无影，余视版影所射，便识何时矣。苟有好之者，务必选空阔片地，使日光自朝至暮常见者，置一石磴，上用细石照式，刻阔狭时辰线，毋失分毫，定南北向置磴上。又用照式三角尖铜版一，粘置午线中，可时时阅之，岂不便于作事乎？

按日晷与自鸣钟，略有迟速，详见时刻论与安息日期注。故凡定时者，亦须用加减活法，致日晷所指之时，与钟所指之时，两相吻合。

附月道图说

居中为日，日外大圈为地周日行之黄道，其绕黄道作运圈者，为月绕地行之道。自每年正月朔推至十二月晦，其于黄道一周。稍有不及，是名岁差，差至一月，则必置闰。《书》云：以闰月定四时成岁，正谓此也。

日月蚀图说图见后

日月之蚀，说如聚讼；不知日月未尝或缺，特居地面之人，有时或不见日月光耳。盖月小地大，月被地吸，故其轨道绕地而行；行与日各边相对，中隔地球，则日光不及月，而月暗无光，是为月蚀，如第一图。是地影掩月，有远近之分，月蚀即有多少之别；或正入或旁入地影，如第二图。是月与日同边，日被月掩，则日蚀。月离地近，则见日蚀多，离地远，则见日蚀少，如第三图。是有时日月虽同边，而不相对掩，则日不蚀。日月虽各边，而中隔之地球，或上下不等，则地影不掩月，而月亦不蚀。细究此理，乃有一定。按今年正月初一子时日蚀，为西洋二月初一午时，奥大利亚①与亚非利加之大龙山②等皆见，中华不见。西洋七月十三子时月蚀十分之七，卯时复圆，为中华六月十五酉正。中华月未上，故又不见。欧罗巴、北亚美理驾与亚非利加之北皆见。又西洋七月廿八卯正日蚀，为中华七月初一戌正时，中华日落已久，故又不见。盖日月之蚀，每年皆有。但各国有见有不见，即所见处，时辰分秒亦不同。考天文者，谅不以见不见为疑也。若咸丰二年十一月初一之日蚀，则中华见而西洋不见。欲详其说，以俟来年。

四时节气图说图见后

世人皆见日有出入，不知非日之出入，乃地球运动故耳。人之居地面者，不自知地之动，而反以为日之或升或落。譬如人坐行船，只见岸上之山，直趋向后，山岂有动乎哉？今绘图于后，使考天文者览焉。地球以两极为枢纽，每十二时一旋转为昼夜；地面向日处为昼，背日处即为夜。中华日方中，而吾美理驾国乃为夜半，于此可证。且其由黄道而行，则十二月一周为一岁。其周行之道，譬将竹管用刀斜截，日在管之央，地向竹管斜截处上下周行，故冬至地行高处，见日反低，日短夜长，夏至地行低处，见日反高，日长夜短。南北各反，是春分秋分。地行中间，与日不相上下，故昼夜相并。若说地行之道常平，则与日当常并，非

①奥大利亚（Australia），今通译澳大利亚。
②大龙山，亦作大浪山，即非洲南端好望角（Cape of Good Hope）。

惟昼夜常无长短，而冬夏亦不成矣。此四时节气，由于地球运动而成之说也。其又有六个月见日不落，时常为昼；六个月见日不出，时常如夜，此则近北极处有然，须究地球合参天文方晓。

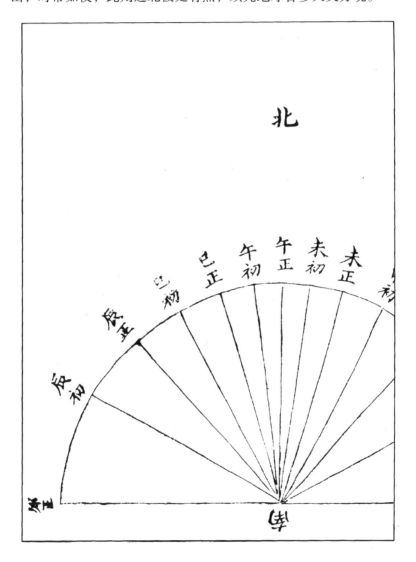

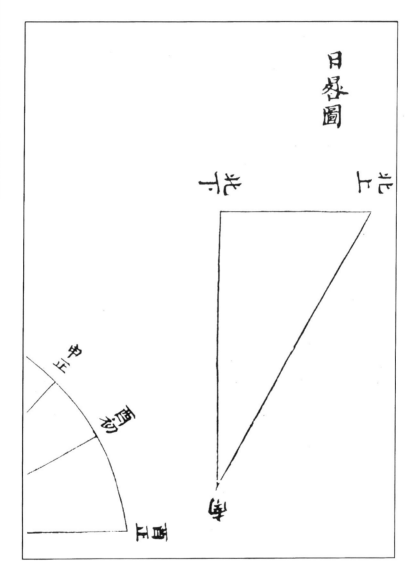

日晷圖

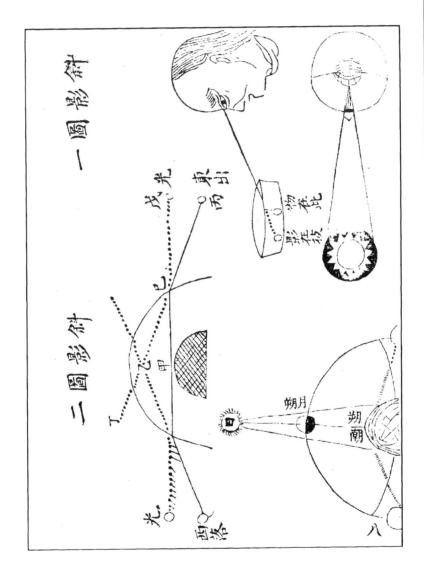

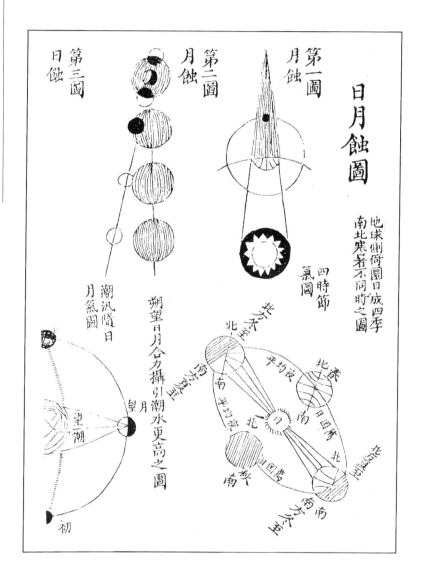

日月蝕圖

地球側俯圍日成四季
南北寒暑不同時之圖

第一圖
月蝕

四時節
氣圖

第二圖
月蝕

第三圖
日蝕

月氣圖

潮汛隨日

朔望月合力攝引潮水更高之圖

望潮

初

时刻论 _{图见后}

《通书》，日出入时刻，悉照自鸣钟。第恐无钟（镖）〔表〕处，难以家喻户晓。故今只取日晷定时刻；而又虑地球环日周行势有高低，则人见日之出入有迟速。故仍以无迟速之钟（镖）〔表〕，以较日之迟速，分注于每七日下。此《书》所云日出入时刻，只就中国宁波府而言。宁波北极出地为二十九度五十五分，其距宁波而东至舟山，距宁波而西如江西之彭泽、九江，安徽之歙县、休宁、祁门，湖北之兴国、嘉鱼等处，其北极出地同约三十度者，亦可通用。若偏南偏北，则须别算。且书中所言日之出入，乃以地平线当日之中，若日未出而先见其光，与日已入而仍见其光，是名斜影。另绘二图于后：第一图，譬如以一洋银放置在浅铅盘内，稍近此边，人目所视，只见彼边之空处。将水倾入满盘，而洋银之影，忽斜在彼边，为人全见矣。日之出入，其光被天空气升降，而人在地平上，见其斜影亦然，观第二图便可了然。甲位直视东方为地平线，乙圈为天空气。人在甲位视东方，只见戊位，早晨日出丙，日光直射宜在丁，被乙圈天空气纳入甲位，则人从己视去，日光方在丙，而其斜影恰已在戊位。人在甲位视西方，其日入之斜影，亦可如是相推。故以时刻而言，日出时须扣除二分算，日入时又须加二分算，乃为有定耳。

潮汛随日月图说 _{图另列}

宇宙间万物皆有相摄之性，今试以微物观之，将两细羽浮在碗水上，须臾必相翕合，潮汛随日月亦然。第世人只知潮汛随月，如铁随磁石，不知潮亦被日所摄。顾日大而月小，何以潮随月者反多，而随日者反小？盖日与地远，而月与地近，远势不能敌近，理固然也。今绘图于此，俾观者了然。潮水随月，月至天顶，每日约迟四十九分，故潮之迟亦如之。六十分为一点钟，一百二十分为一时辰。故二十九日半，迟至一千四百四十分，迟足一日，又成月初辰戌之涨矣。又大港潮何以与小港之潮，每差或几分、或几时？盖小港湾曲，水行稍迟故耳。试将镇海与宁波相较便明。兹图有黑晕者，为潮月朔，则日月同在一道，潮固随之。至初八廿三月行之道，与日不相对，则潮随月而亦少随日。月望之潮，与初一同，特早潮翻为夜，而夜潮遂作为早耳。

附镇海潮汛 宁波港涨退每潮迟一时辰

初一十六　初二十七　初三十八　辰戌涨　丑未退

初四十九　初五二十　巳亥涨　寅申退

初六廿一　初七廿二　初八廿三　子午涨　卯酉退

初九廿四　初十廿五　丑未涨　辰戌退

十一廿六　十二廿七　十三廿八　寅申涨　巳亥退

十四廿九　十五三十　卯酉涨　子午退

节气日离赤道表

正月初四申时立春　　日距赤道南十六度四十分

　　十九午时雨水　　日距赤道南十一度三十分

二月初四午时惊蛰　　日距赤道南六度十九分

　　十九午时春分　　日出赤道南入赤道北

三月初四酉时清明　　日距赤道北六度十九分

　　二十子时谷雨　　日距赤道北十二度三十分

四月初六午时立夏　　日距赤道北十六度十二分

　　廿二丑时小满　　日距赤道北二十度十二分

五月初七申时芒种　　日距赤道北二十二度四十六分

　　廿三巳时夏至　　　日距赤道北二十二度半

六月初十寅时小暑　　日距赤道北二十二度四十六分

　　廿五戌时大暑　　　日距赤道北二十度十二分

七月十二未时立秋　　日距赤道北十六度四十分

　　廿八寅时处暑　　　日距赤道北十一度三十分

八月十三申时白露　　日距赤道北六度十九分

　　廿九子时秋分　　　日出赤道北入赤道南

闰八月十五卯时寒露　日距赤道南六度十九分

九月初一辰时霜降　　日距赤道南十一度三十分

　　十六辰时立冬　　　日距赤道南二十度十二分

十月初一卯时小雪　　日距赤道南二十二度四十六分

　　十六子时大雪　　　日距赤道南二十三度

十一月初一酉时冬至　日距赤道南二十二度四十六分

　　十六巳时小寒　　　日距赤道南二十度十二分

十二月初一寅时大寒　日距赤道南十六度四十分

　　十五亥时立春　　　日距赤道南十六度四十分

　　三十酉时雨水　　　日距赤道南十一度三十分

西洋历法缘起

　　西洋历法，创始于罗马国王，名罗马露。其时为中华周平王之八年。罗马露造历以晓百姓，以十个月为一年，四个月有三十一日，六个月只三十日。合计每年凡三百零四日，此大谬也。至平王四十五年，弩麻王即罗马国位，改十二个月为一年。月分大小，以三十日为月大，每年凡六个月；以二十九日为月小，每年亦六个月，共计一年得三百五十四日。又作闰月，其法以四年两闰为定。第一次所闰之月，只二十二日，第二次所闰之月亦只二十三日，如此合算，每年共三百六十五日零三时辰。若后世能依弩麻王之法，虽略有未合，尚不至于大谬。盖其所定三时，嫌有略多之处，其实只两时半加四十八分零四十九（杪）〔秒〕。又一（杪）〔秒〕作百分开之，得六十二分。照自鸣钟式每一时为两点，每点该六十分，每分该六十（杪）〔秒〕。弩麻王之法所差尚属无几。而后来诸王，竟私心自用，随意加减年日之多寡。故或不应闰而闰，或应闰而不闰，以致天时与历法不合，至西汉宣帝二十三年，罗马国汝留王即位，始改其法。以日为度，不以月为度，每年定为三百六十五日，每四年闰一日，为三百六十六日。其正、三、五、七、九、十一月，每月三十一日；四、六、八、十、十二月，每月三十日。其每年二月俱系二十九日，惟至第四年得三十。又七月名汝留月，以汝留王故也。后至中华西汉元帝十二年间，罗马国奥古斯都即位，名八月为奥古斯都月，向来只三十日，奥古斯都增八月一月为三十一日，因减去二月一日。故不闰之年，二月只二十八日，又将九月、十一月俱减一日，为三十日，十月十二月俱增一日。自是以后，诸外国皆服罗马正朔，遵行无改。盖汝留王以每年为三百六十五日零三时，算至二千年，却错十五日。至汝留王后三百七十年，即中华东晋成帝三年，有一公会，从天主教主，及监督各人等，向定于每日开斋，某日课程，当公会聚集之时，向系在二月二十一日春分之节；至此春分已退至三月二十五日。迨至汝留王一千六百二十七年，即中华之万历十一年，春分又逆在三月十一日，较前三月二十五早十四日。其时天主教主，思欲除去十四日，又恐有碍公会预定之期，故只改去十日，以二十一日为春分焉。又立一闰法，每年二月只廿八日，每第四年乃闰得二十九日。又每百年不闰，每第四百年乃闰，每至千年不闰,如此推算;三千八百六十年,但多一日耳。所遵天主教诸国一时皆依此法,即不遵天主教西方诸国,亦知此法无讹,悉用其历。惟俄罗斯不用此法,故与此差有十二日。

照外洋历数定年,其每年二十四节气,分属每月每日,俱有一定之日,与中国之立春或在十二月,或在正月者不同。譬如外洋春分向在二月二十一日,其余可以类推,虽至数百年之久,所差断无一日。是以变更,即善忘者,亦偶一翻阅而已。盖至三千八百六十年后,始差足一日。此以日度定年,胜于以月度定年,有如是也。

附　录

请刊发海国图志并论求人才折 王茂荫

奏为敬筹备御恭折奏祈圣鉴事：窃见自夷务兴，论者皆谓无法，遂隐忍而专于主抚。今抚虽已就，而难实未已，则所谓无法者，不可不亟求其法矣。臣所见有《海国图志》一书，计五十卷，于海外诸国疆域形势，风土人情，详悉备载，而于英吉利为尤详。且概前此之办理未得法，后此设种种法：守之法，战之法，款之法，无不特详。战法虽较需时，守法颇为易办。果能为法以守各口，英夷似不敢近。未审曾否得邀御览？如或未曾，乞饬左右购以进呈。闻其书本故大臣林则徐在广东办夷务时所采辑，罢官后为已故知州魏源取而成之。其书版不在京，如蒙钦赏为有可采，请饬重为刊印，使亲王大臣家置一编，并令宗室八旗以是教，以是学，以是知夷难御非竟无法之可御，人怀抵制之术而日兴奋励之思，则是书之法出，而凡法之或有未备者，天下亦必争出备用，可以免无法之患。

《王侍郎奏议》卷九，页二十

咸丰八年五月二十九日

重刻海国图志叙

邵阳魏子默深《海国图志》六十卷，成于道光二十二年，续增四十卷，成于咸丰二年，通为一百卷。越二十有三年，光绪纪元，其族孙甘肃平庆泾固道光焘惧孤本久而失传，督匠重写开雕，乞余叙之。

维国家建中立极，土宇闳廓。东南尽海，岛屿星错，海道攸分，内外有截；西北穷山水之根，以声教所暨为疆索，荒服而外，大皞无垠，距海辽远，以地形言左倚东南矣。然地体虽方，与天为圆，固无适非中也。以天气言，分至协中，寒暑适均，则扶舆清淑所萃，帝王都焉，历代圣哲贤豪之所产也。海上用兵，泰西诸国互市者纷至，西通于中，战争日亟。魏子忧之，于是搜辑海谈，旁摭西人著录，附以己意，所欲见诸施行者，俟之异日。呜呼！其发愤而有作也。人之生也，君治之，师教之，上古君师一也，后则君以世及而教分，撮其大凡，中儒西释，其最先矣。儒以道立宗，受天地之中以生者学之；释氏以慈悲虚寂式西土，由居国而化及北方行国。此外为天方，为天主，为耶苏，则肇于隋唐之间，各以所习为是。然含形负气，钧是人也，此孟子所谓君子异于人者也。其无教者，如生番，如野人，不可同群，此孟子所谓人异于禽兽者也。释道微而天方起，天方微而天主、耶苏之说盛。俄、英、法、美诸国奉天主、耶苏为教，又或析而二之，因其习尚以明统纪，遂成国俗。法兰西虽以罗马国为教皇，其人称教士，资遣外出行教，故示尊崇，然国人颇觉其妄，聊以国俗奉之而已。今法为布所败，教皇遂微，更无宗之者。是泰西之奉天主、耶苏，固不如蒙与番之信黄教、红教也。释氏戒杀绝纷，足化顽犷，时露灵异，足慑殊俗。其经典之入中国，经华士润饰，旨趣玄渺，足以涤除烦苦，解释束缚，是分儒之绪以为说者，非天方所可并也。天主、耶苏，非儒非释，其宗旨莫可阐扬，其徒亦鲜述焉。泰西弃虚崇实，艺重于道，官、师均由艺进，性慧敏，好深思，制作精妙，日新而月有异，象纬舆地之学尤称专诣，盖得儒之数而萃其聪明才智以致之者。其艺事独擅，乃显于其教矣。

百余年来，中国承平，水陆战备少弛。适泰西火轮车舟有成，英吉利遂蹈我之瑕，构兵思逞，并联与国，竞互市之利，海上遂以多故。魏子数以其说干当事，不应，退而著是书。其要旨以西人谈西事，言必有稽；因其教以明统纪，征其俗尚而得其情实，言必有伦。所拟方略非尽可行，而大端不能加也。

书成，魏子殁廿余载，事局如故，然同、光间福建设局造轮船，陇中用华匠制枪炮，其长亦差与西人等。艺事，末也，有迹可寻，有数可推，因者易于创也。器之精光，淬厉愈出；人之心思，专壹则灵；久者进于渐也。此魏子所谓师其长技以制之也。鸦片之蛊，痈养必溃，酒后益醒，先事图维，罂粟之禁不可弛也。异学争鸣，世教以衰，失道民散，邪慝愈炽，以儒为戏，不可长也。此魏子所谓人心之寐患，人材之虚患也。宗棠老矣，忝窃高位，无补清时，书此弥觉颜之厚，而心之负疚滋多，窃有俟于后之读是书者。

光绪元年岁在乙亥长至日湘阴左宗棠撰

重刊海国图志序

呜呼！予读外舅《海国图志》，蠢然念先君子，涕涔涔然下也。初先君吏部公年未及冠，文名噪湖湘间，朱陵洞天之中，饶有题咏。长而学益邃，与严溪李公克钿、汝城何公庆元相友善，赏奇析疑。及外舅举于乡，暨何、李二公同科。又因二公得交先君，昕夕过从。尝于案头阅程氏全书，每篇末增以他纸，自出己意。先君曰："君固陆公书厨也，然此岂可效汉晋诸儒作注疏体乎？在求诸心而力行之耳。"外舅为敛容。后数年，先君成进士，通籍京师，戒其少年所作，壹意为经世之学。壬辰乙未，外舅应礼部试，皆馆于余家。当是时，先君齿方刚，外舅亦高自标树，纵论古今成败，国家利病，学术本末，反复辨难，自夜达旦不少衰，四座皆屈。予时总角，尚未有知，忽忽二十余年，先君归道山，外舅栖老维扬，亦殁十余岁矣。先君抑郁郎署，外舅偃蹇一官，皆未竟其用。至其平生著述，又皆飘零散佚，致慨于人琴之俱亡，不尤可恸欤！吏曹事繁，先君判牍之余，著录鲜暇，外舅撰作甚富，而烬于兵燹者亦甚多。兹《海国图志》一书，成于道光二十七年，凡六十卷。然外舅无书不览，至咸丰二年，又汇成百卷，而刻于秦邮。书既成，吴中为之纸贵。遭洪逆之乱，版多焚毁，每欲重刊，而原书已不可得。包君子庄自吴兴来粤，出其家藏善本见示，爰命梓人新之，以惠后学。呜呼！蠹残满车，不足为道，玉屑满篋，不足为宝。世俗之学，不过墨丈寻常之间，纪纲八埏而经纬六合者，有几人哉！是书穷南北之修，极东西之广，贯扃万物，橃楔呪鳎，使江文通睹之，当自愧赤县之未成，山经之莫续也。独是外舅此编，签滕渐具，而善圻南溟捧檄，不知何时得遂岣嵝之游。寻先君之遗墨，所以读此书而有怀手泽，益盡然念先君子，涕泫泫然下也。谨序。

同治七年五月日，子婿陈善圻谨识于南海县署

读魏默深先生海国图志 舒润

夫国家当泰奠之日，诸大臣从容绅佩，竞习为粉饰因循，天下人士亦靡然向风，务虚名而损实学，一旦有事，则文臣嗫口而

不能言，武臣束手而无所用，其负瑰材伟略者往往沉沦下僚，愤世疾俗，特著一书，冀以起人心之痼疾，杜将来之祸机，如邵阳魏默深先生之《海国图志》，其言虽未能尽行，然就其所处之时而论，皆明形势，切事情，不得以数十年来中国办理洋务之无效，遂归咎于发端之人，举其书而鄙夷之，则自强愈无术矣！何以？道光初元，海禁虽开，中国之藩篱未尽撤也，外夷之盘踞犹未固也，舍战言守可也，舍守言款亦可也。其议守曰：守外洋不如守海口，守海口不如守内河。盖亦慨当时兵舰不精，海道不熟，不能与敌人相角于大海之中，惟有师安南之法，于紧要海口筹备守具，先为不可败之兵，或可一挫敌锋而夺其魄，且铁路未兴，外国水师登岸，运兵转饷，每形艰难，故结怨于广东而不攻，结怨于厦门而不力攻，及陷舟山而究不敢深入，是亦可议守之明验也。何言乎可议款也？外夷牟利而来，如美利坚、法兰西皆初入中华，不悉虚实，惟恐兵连祸结，碍其通商之路，故每从中排解，劝中、英息战言和，虽非为中国起见，而其深谋妙算以为英苟得志，必更蔑视诸国，事事牵制；英如挫败，中国必大张国威，尽外夷而驱逐之，闭关绝市，则利权失矣。此款之所以可议也。自广东撤防，英人破虎门，围省会，再破厦门、定海，入宁波，又破乍浦、宝山、定海，驶入长江，肆然而无所忌。于是五口通商，兵轮四达，各国皆以中国为利薮，互相恫愒，要挟多端，时局为之一变，遂舍战无以立国，此亦先生所及料而创为师夷制夷之远谋。而夷之所长有三：一轮船，二火器，三兵制。先生言之最详，当事亦知其要也。设船政局，特置船政大臣督理其事。马江一败，船局幸存，然所造多假手西人，中国被其所欺，未能如式，不得已委出使大员购办。又设制造局专制枪炮、鱼雷、水雷一切战具。其陶育人材者，则有水师学堂、武备学堂。然平日规模，一旦倭人犯顺，海军不战而逃，倭人夺威海，踞旅顺，名城要隘，尽被疮痍。说者遂谓船炮不足恃，为令节省计，莫如自安屠弱，静以待时，勿须重整海军。不知中国之颓，由于兵制之不变。绿营固不能破敌，临时招募勇营，又皆游民惰丁，望风奔溃。外夷则寓兵于民，如普法交兵，普兵不烦征调，一呼而通国皆集。岂人心之乐战哉？特以兵制之善，有以钤制之耳！近部臣创议裁兵，各省大吏瞻顾徬徨，不过以兵力太单，恐启外侮而召内寇。然试思今日之兵何如乎？领饷之时有兵，操练之时无兵；卯册之上有兵，什伍之中无兵。非无兵也，有兵之名无兵之实，则有兵与无兵等耳。居今而图补救，惟有仿德国营制，各省于绿营裁撤后，抽练一军，约以万人为额，以备非常，或不至虚糜饷项，养兵不能卫民，反为民一大患也。效法西国，故当以兵□□。诚以兵者国之命脉，兵不足恃，百务俱堕，各国皆有鲸吞蚕食之心，其所以不先倭人发难者，盖欲夺尽中国利权，然后任其施为，其计亦深狡矣！乃师夷制夷之议亦自先生发之，奈何统事权者不能如其策以行，岂中国积习太深，只能得其皮毛，未能得其实际，故一误再误欤？至传教、禁烟二条，书中言之沉痛，或有以为过激者。而中国近因此事，交涉愈繁，虚耗日甚，安得起先生而一一筹之，以收富强之效乎？

《沅湘通艺录》卷五《舆地》，页二十二至二十四

读魏默深先生海国图志 田梓材

邵阳魏默深先生《海国图志》正六十卷，续增四十卷，通为一百卷。其《筹海》三篇，名言至论，类多切中时弊，可以见之施行。至于各国之沿革始末，政治风俗，繁征博引，搜罗宏富，

尤非小儒所能及，诚谈海国之洋洋大观也。然全书中之可申论者，约有数端，特书之以备蒙瞽之一得焉。

自古夷狄之向中国，非诚有实以感戴之，所以效顺者，冀获利耳。康熙中虽联荷兰以款俄罗斯，又联俄罗斯以逼准噶尔。然其时海禁尚严，通商者寡，故荷与俄欲因此以为通商之地，岂真视中国之患如疾痛之在身，不惜财力以求去之乎？《筹海篇》以夷攻夷之策，其不足恃也明矣！今日泰西诸大国以中国为外府者，几数十年，取之不尽，用之不竭，不独剥我脂膏，并且占我疆土，而中国无力以禁之，故每欲得而瓜分焉。至于各国因事启衅，其兵舰相若也，其枪炮相若也，将帅士卒之勇悍亦相若也，一交绥则肢骸满地，血肉云飞，观普法相持一役，而死伤之酷，可以类推。故今日各国之有心人，议立弭兵之会，诚恐战事开而其祸不可问也。其于中国则不然：如铁之在熔，惟冶者之所为；肉之在庖，惟宰者之所制。彼岂肯舍其易而攻其难，听中国之计而开百世之仇哉！故以夷攻夷之事，万不可望之外夷也。

刘鸿翔《瀛寰志略序》云：《海国图志》大半臆说。此过当之说，非善读是书者也。但此书搜采群籍，卷帙既繁，不免疏舛之处，固宜有之。《澳门月报》云：俄罗斯已带兵攻打机洼，数仗皆胜。又闻俄罗斯使者二三日内已离比特革。自注云：比特革，俄罗斯东都。案比特革即彼得罗，乃俄罗斯新都，在旧都之西，非在东也。《俄罗斯国总说》云：千六百三十九年即大清崇德之四年也，有端戈隆司之弥特厘者直至东洋荷葛斯海岸，侦探道路，复增兵前往。庵雅葛河以至麦加湖远近之地，无不征服。自注云：此即康熙初年与我争黑龙江索伦地之事。案此段乃言俄罗斯略地而东甫至麦加湖左右，事在争龙江索伦以前。又云，由彼经抵黑龙江，遇满洲兵至，与之交锋，俄罗斯败归山。自注云：麦加湖即呼伦贝尔泊也，山即外兴安大岭。案庵雅臈海即昂噶拉河，麦加湖在阿尔泰山之北，即白哈尔湖，注以为呼伦贝尔，显与原书悖谬。至论洲中海地形，谓海北为瑞、嗹、大尼、绥林四国，北界冰海。案洲中海之北，惟瑞士一国，嗹则在海南及海岛中。大尼、绥林即瑞、嗹二国之别名，非瑞、嗹之外，另有此二国也。若夫释昆仑，注以昆仑为温都斯坦迤西大泽中高山，即绕日之山。素叶川即碎叶水，与纳林河源流皆别。注又以为一水。雷翥海、咸海、达里冈阿泊为一水，里海、加土比俺腾吉思海、格腾里海为一水，注又误合为一。凡此皆略举数端，而其余之疏舛者正不少也。大地广径数万里，其形虽属椭圆，而东西南北自截然其不可混淆。自印度以西为西洋，北冰海至盛京山东为北洋，自山东至印度为东南二洋，岸国、岛国皆以所在之方位为定。西人寻得之墨瓦兰新地本在南极之下，《国志》系之于外大西洋，移南以就西，要不如系于南洋各岛之后。此体例之未甚欠当者也。虽然，此第撝其细故言之耳。

至其书之不能泯灭者，非徒以名言至论多中时弊，可以见之施行也；亦非以各国之沿革始末、政治风俗繁征博引，搜罗宏富也；又非以其于各国沿革始末、政治风俗之外，多纪有用之学，以为中国格致之本也。自嘉庆、道光以来，海内学者多讲求时文试帖、声音训诂之学，浸成风气，于中国之自治与所以制外夷者，皆漠然不关于心，惟断断于字句之间，以为弋取声名之具，故英人之变，全局震动，曾未有奇材异能之士，为我中国一雪一旦之耻者；先生蒿目时艰，屡以其说干当事不用，退而发愤著书，欲使天下英雄豪杰之徒闻其言而深有感奋，以孜孜讲求于当世之务，是即先生第传其书，而不能行其志。使得从容展布于其间，则中国新政之规模，必有非今日之比者。何至此三十余年以来，若越南、若暹逻志序所谓嗟藩属尚堪敌忾者，竟拱手而让西人乎？旧年高丽一役，日本以土岛之士卒，撤我藩服数千里，挫我师徒数十万，旅顺失而北洋之锁钥开矣！台湾割而南洋之屏蔽亡矣！虽旅顺终许退还，而台湾则永不复矣！彼日本二十余年以前，几致衰弱而难振，故《海国图志》于泰西各国甚不敢忽，而于日本若忽之者，诚以其不足自雄耳。然而日本虽小，而奋励以图，一切步武泰西，竟俨然为中国之一大敌；而中国因循颓废，块然如巨人之病痱，非徒日无起色，而凌逼迭见，已岌岌乎其可虞矣！此吾所以读默深先生之书而不禁慨然也。

《沅湘通艺录》卷五《舆地》，页十八至二十一

拟海国图志后叙 郑沅

《海国图志》一百卷，邵阳魏默深先生所著也。先生早岁破除世俗庸琐之见，深有志于古之作者，既以龃龉不用，且疾当时外彝之患，未有以已也，于是发愤著是书，冀世或有取而用之者，其大要以谓彝之所擅长者，技艺之精良，而中国可仿而行也。彝所习者，水战船艘之迅疾坚猛，外洋浩瀚之地，不足以当其冲击也，故曰：守外洋不如守海口，守海口不如守内河。避其所长，而诱以其所短，其于沿海诸彝之山川脉络、风土人情，甚得大致，揆诸古昔明体达用之旨，往往近之。

当乾隆中叶，海内学者多讲求音声故训，蔚然四起，浸以成风，不喜空谈时务，谓经济必原于经学，乃为有用，及洪逆倡乱，蹂躏十有余省，识者多咎汉学家酿成其害。先生所著《诗古微》、《书古微》，于西汉经师家法已升其堂而造其极！又能推之当时之务，本末兼赅，足为国朝诸大儒一雪斯耻。当时名臣如阮文达、

林文忠，学人如姚石甫辈皆讲求海防，不遗余力。先生独萧然物外，不得握尺寸之柄，以稍尽其藏，立言者多不能立功，其命也与哉！

君子之为学也，但当推求于理之当然，而不必及身见其事。魏司马朗议复井田，当世格而不行，及拓跋氏有中原，而二分世业之制行，沿及隋唐，守而弗失。朱子传秦风黄鸟，极言戎翟之俗之害，流毒于中国，至明英宗，始革以人殉葬之弊，言之可以行远也如此。

彝人自道光末窥伺始深，赖国威震叠，鲸鲵亦稍戢矣！然犬羊之性无常而难测。今如福建、广东、沪上、天津等处俱设有制造局，精研器械，有成效可睹，且自疆臣以下至士人，莫不讲求筹海之法，意见百出，哓哓然不能休，而先生之书具在，当事者苟有意时政，其可以取而见诸施行耶，抑犹滞碍而未能尽得其道耶？故略论其大旨，以质此之究心先生之书者。

《时学报》第十一期，光绪二十三年十一月十一日出版

后　记

　　1985 年，全国高校古籍整理工作委员会将整理近代学者魏源的《海国图志》列入重点资助项目，并由暨南大学陈华、常绍温和黄庆云三位教授合作承担，其分工为：陈华教授负责卷一至卷十八、卷三十三至卷七十，常绍温教授负责卷十九至卷三十二，黄庆云教授负责卷七十一至卷一百。十余年来，三位先生虽受疾病的困扰，但仍能坚持不懈地进行整理工作。陈华教授身患多种疾病，在生活不能完全自理的情况下，仍然笔耕不辍，甚至在重病住院期间，也不忘关注此书的整理工作；常绍温教授长期以来身患重病，几次住进医院，她便在病床上艰难地校点，或指导助手工作；黄庆云教授住院期间，亦时时关心此书的整理进度。经过三位先生的努力，《海国图志》一书的点校工作已基本完成，注释也完成了近一半。他们的辛勤劳动，为此书整理工作的最终完成奠定了坚实的基础。

　　后来，黄庆云教授去世，陈华和常绍温二位教授又重病缠身，暨南大学古籍所领导提出由我们两人接手，继续完成三位先生的未竟事业。经过协商，由张廷茂博士负责卷十九至卷三十二及卷七十一至卷一百的注释，由陈文源副研究员负责审订校点并整理已完成的注释手稿。对三位先生已经完成的部分，我们原则上不作大的改动，以便保留原整理者的风格。经过大半年的努力，现在全部书稿的整理工作已按要求如期脱稿，并交付出版社。由于时间和水平的限制，错舛之处肯定不少，我们将诚恳地接受前辈和同仁们的批评。

整理《海国图志》是件极为艰苦的工作，能如期完稿，有赖众人的支持。如陈华夫人虽患重病，仍能一如既往地支持丈夫的工作，不但要照顾陈华教授的生活，还帮助抄写卡片，从未有半句怨言。吴溢球副研究员、陈应潮助理研究员和钟吉平女士也曾协助三位先生做了大量前期工作。古籍所领导张其凡教授和程国赋博士在行政和经费方面给予了诸多方便。还有许多海内外学者，亦曾提供过资料和提出过有益的建议。对所有关心和支持此项工作的前辈和朋友们，我们在此谨致由衷谢忱。

陈文源　张廷茂
1998 年 9 月于广州